前　言

近年来，我国城市轨道交通工程建设发展迅速，安全生产专业技术和管理力量紧缺的问题日益突出，对专业人员安全生产工作提出了新的要求。目前，我国城市轨道交通机电系统施工方面缺乏有针对性的安全生产标准化手册，缺乏统一的指导，安全管理千差万别，不合格状况普遍。

为加强城市轨道交通机电系统工程施工安全标准化，贯彻《住房和城乡建设部工程质量安全监管司 2019 年工作要点》(建质综函〔2019〕4 号)中“推动质量安全标准化管理，开展城市轨道交通工程安全标准化管理技术研究”的工作要求，保障施工生产人员的安全和健康，保障财产安全，维护正常的施工生产秩序，让城市轨道交通建设工程监管、建设、设计、施工、监理等单位在建设过程中科学地应用安全标准化成果，准确把握轨道交通系统工程安全生产的特点和规律，将风险预控、关口前移，应推行轨道交通机电系统工程安全生产标准化，努力实现把风险控制在隐患形成之前、把隐患消灭在事故前面。

南京轨道交通系统工程有限公司作为从事全国轨道交通工程建设的工程总承包方、专业承包方、机电系统工程集成商，我们深深地认识到，轨道交通建设工程建设工期紧、在建规模大、战线长，参战队伍与人员众多且素质参差不齐，工程建设的前期工作滞后，工程施工的工法多样、作业面多，线路环境复杂，不可预见因素繁多。工程建设的首要任务在于安全的控制与管理，安全责任重于泰山。

基于上述的安全生产形势与认识，2019 年年底，我们开始对城市轨道交通机电系统工程在日常施工安全控制与管理方面存在的问题与不足进行了全面的研讨、总结与梳理。借鉴有关安全生产技术标准、著作并在有关专家的指导下，南京轨道交通系统工程有限公司基于哈尔滨地铁 2 号线 BOT 项目、福州地铁 2 号线机电 PPP 总承包项目以及成都、南京、南昌、嘉兴等地铁系统工程项目，精心组织策划，与城市轨道交通安全咨询单位江苏省兴安科技发展有限公司以及城市轨道交通参建单位广东省工业设备安装有限公司、中铁一局集团电务工程有限公司共同编制，完成了《城市轨道交通机电系统工程安全标准化实施指南》。

《城市轨道交通机电系统工程安全标准化实施指南》是一部指导国内城市轨道交通机电系统工程建设安全管理方面的著作，希望本书对国内城市轨道交通机电系统工程建设日常施工安全的管控起到促进作用。本书分为三篇，第一篇内容为轨道交通机电系统工程安全标准化管理制度，第二篇内容为轨道交通机电系统工程施工安全标准化，第三篇内容为轨道交通机电系统工程安全标准化检查表。

由于编者水平所限，书中疏漏和不当之处在所难免，敬请读者批评指正。

南京轨道交通系统工程有限公司总裁

2020 年 9 月

城市轨道交通机电系统工程安全标准化实施指南

主编　姜　安　徐　健

中国矿业大学出版社
·徐州·

内容提要

《城市轨道交通机电系统工程安全标准化实施指南》是一部指导我国城市交通机电系统工程建设安全管理方面的著作。本书对国内城市轨道交通机电系统工程建设日常施工安全的管控可起到促进作用，主要内容分为三个专篇：第一篇内容为城市轨道交通机电系统工程安全标准化管理制度；第二篇内容为城市轨道交通机电系统工程施工安全标准化；第三篇内容为城市轨道交通机电系统工程安全标准化检查表。

本书适合城市轨道交通建设单位、施工单位、监理单位、技术咨询单位等的工程技术人员和管理人员使用。

图书在版编目(CIP)数据

城市轨道交通机电系统工程安全标准化实施指南 / 姜安，徐健主编. —— 徐州 ：中国矿业大学出版社，2021.6

ISBN 978 - 7 - 5646 - 4894 - 7

Ⅰ. ①城… Ⅱ. ①姜… ②徐… Ⅲ. ①城市铁路—轨道交通—机电系统—安全标准—中国—指南 Ⅳ. ①U239.5—65

中国版本图书馆 CIP 数据核字(2020)第 253576 号

书　　名 城市轨道交通机电系统工程安全标准化实施指南
主　　编 姜　安　徐　健
责任编辑 潘俊成
出版发行 中国矿业大学出版社有限责任公司
(江苏省徐州市解放南路　邮编 221008)
营销热线 (0516)83884103　83885105
出版服务 (0516)83995789　83884920
网　　址 http://www.cumtp.com　**E-mail**:cumtpvip@cumtp.com
印　　刷 江苏凤凰数码印务有限公司
开　　本 787 mm×1092 mm　1/16　**印张** 23.25　**字数** 580 千字
版次印次 2021 年 6 月第 1 版　2021 年 6 月第 1 次印刷
定　　价 98.00 元
(图书出现印装质量问题，本社负责调换)

《城市轨道交通机电系统工程安全标准化实施指南》

编 委 会

主编单位：南京轨道交通系统工程有限公司
江苏省兴安科技发展有限公司
参编单位：广东省工业设备安装有限公司
中铁一局集团电务工程有限公司

主　　编：姜　安　徐　健
副 主 编：孙　艳　祁公炳　李振强　任凯楠
参编人员：包　磊　沈　鑫　施　鹏　茅卫明
邓　敏　卜　石　缪　伟　孙　宾
解　斌　段勇强　蒋　涛　于景美
田炳权　郑文勋　黄桂红　罗传文
李振秾　李存福　张梦玲　宋旭刚
李　雷　张大立　贺钢锋　杨海峰

目　录

第一篇　轨道交通机电系统工程安全标准化管理制度

第二篇　轨道交通机电系统工程施工安全标准化

第三篇　轨道交通机电系统工程安全标准化检查表

第一篇

轨道交通机电系统工程安全标准化管理制度

为规范城市轨道交通机电系统工程现场安全管理，实现安全管理的标准化、规范化、信息化，遏制安全生产事故的发生，在轨道交通机电系统建设中要严格按照“安全第一、预防为主、综合治理”的方针，建立健全安全管理制度，确定安全管理目标，组建安全管理机构，落实安全生产管理职责，确保安全管理制度落到实处。

施工单位是安全生产工作的责任主体，应建立健全以下基本管理制度：安全生产责任制，安全生产目标制度，安全生产检查制度，安全教育培训制度，安全生产费用管理制度，生产安全事故应急预案、事故报告、调查和处理制度，其他相关管理制度由公司或项目部根据实际情况制定。

第1章　安全生产责任制

第1节　一般规定

《中华人民共和国安全生产法》第四条规定，生产经营单位必须遵守本法和其他有关安全生产的法律、法规，加强安全生产管理，建立、健全安全生产责任制和安全生产规章制度，改善安全生产条件，推进安全生产标准化建设，提高安全生产水平，确保安全生产。

《建设工程安全生产管理条例》第二十一条规定，施工单位主要负责人依法对本单位的安全生产工作全面负责。施工单位应当建立健全安全生产责任制度和安全生产教育培训制度，制定安全生产规章制度和操作规程，保证本单位安全生产条件所需资金的投入，对所承担的建设工程进行定期和专项安全检查，并做好安全检查记录。

《城市轨道交通工程安全质量管理暂行办法》第三十一条规定，施工单位必须建立健全安全质量责任制和管理制度，加强对施工现场项目管理机构的管理。

第2节　通用要求

城市轨道交通施工企业应按照国家有关安全生产的法律、法规，建立和健全各级安全生产责任制度，按照“横向到边、纵向到底”的原则，建立覆盖所有职能部门和员工、全部生产经营和管理过程的安全生产责任制，并根据法规要求和岗位调整及时补充和修订。

第3节　范　　例

以下列出施工企业主要人员及部门安全生产责任制。

1. 企业主要负责人安全生产责任制

(1) 贯彻执行国家、省、市有关安全生产的方针政策和法律、法规，掌握本企业安全生产动态，定期研究安全工作，对本企业安全生产负全面领导责任。

(2) 建立、健全安全生产责任制，组织制定各项安全生产规章制度及奖惩办法，并领导、组织考核工作。

(3) 组织落实安全生产保证体系，建立健全安全生产监督管理机构，保证安全生产投入的有效实施。

(4) 督促、检查安全生产工作，及时消除生产安全事故隐患。

(5) 组织制定并实施生产安全事故应急救援预案。

(6) 及时、如实报告生产安全事故。在事故调查组的指导下，领导、组织有关部门或人员，做好事故调查处理的具体工作，监督防范措施的制定和落实，预防事故重复发生。

2. 企业主管生产负责人安全生产责任制

(1) 贯彻执行安全生产的方针政策和法律、法规，协助公司主要负责人落实安全生产管理制度及奖罚办法，对本企业安全生产负直接领导责任。

(2) 组织实施安全工作规划、目标及实施计划，落实安全生产责任制。

(3) 组织制定安全生产考核指标，落实考核工作。

(4) 领导、组织安全生产宣传教育工作，领导、组织对分包分供方安全生产主体资格的考核与审查。

(5) 领导安全监督管理机构开展工作，定期组织安全生产例会，领导、组织安全生产检查，及时解决生产过程中的安全问题。

(6) 认真听取、采纳安全生产的合理化建议，保证安全生产保障体系的正常运转。

(7) 发生生产安全事故，组织实施生产安全事故应急救援；参与、组织事故的调查、分析及处理工作。

3. 企业技术负责人安全生产责任制

(1) 贯彻执行国家和上级的安全生产方针、政策，协助公司主要负责人做好安全生产的技术领导工作，对本企业安全生产负技术领导责任。

(2) 结合企业生产经营需要，组织研究并制订安全生产的技术措施和安全技术规范。

(3) 组织编制和审批施工组织设计和施工方案，审查其安全技术措施及其可行性，并做出决定性意见。

(4) 领导开展安全技术攻关活动，并组织技术鉴定和验收。

(5) 新材料、新技术、新工艺使用前，组织审查其使用和实施过程中的安全性，组织编制或审定相应的操作规程，重大项目应组织安全技术交底工作。

(6) 参加生产安全事故的调查和分析，从技术上分析事故原因，制订整改防范措施。

4. 企业总会计师安全生产责任制

(1) 组织落实本企业财务工作的安全生产责任制，认真执行安全生产奖惩规定。

(2) 组织编制年度财务计划的同时，编制安全生产费用投入计划，保证经费到位和合理开支。

(3) 监督、检查安全生产费用的使用情况。

(4) 审批劳动保护用品、防暑降温等相关费用投入。

5. 企业其他负责人安全生产责任制

企业其他负责人应当按照分工抓好主管范围内的安全生产工作，对主管范围内的安全生产工作负领导责任。

6. 工程管理部门安全生产责任制

(1) 在计划、布置、检查、总结、评比生产工作的同时进行计划、布置、检查、总结、评比安全工作，对改善劳动条件、预防伤亡事故的项目必须视同生产任务，纳入生产计划，优先安排。

(2) 在检查生产计划实施情况的同时，要检查安全措施项目的执行情况，对施工中重要的安全防护设施、设备的实施工作要纳入计划，列为正式工序，给予时间保证。

(3) 坚持按合理的施工顺序组织生产，保证施工人员劳逸结合，认真按施工设计组织施工。

(4) 在生产任务与安全保障发生矛盾时，必须优先解决安全工作的实施。

(5) 参加安全生产检查和生产安全事故的调查、处理。

7. 技术管理部门安全生产责任制

(1) 贯彻执行国家和上级有关安全技术及安全操作规程规定，保证施工生产中安全技术措施的制订和实施。

(2) 在编制和审查施工组织设计和专项施工方案的过程中，要在每个环节贯穿安全技术措施，对确定后的方案，若有变更，应及时组织修订。

(3) 检查施工组织设计和施工方案中安全措施的实施情况，对施工中涉及安全方面的技术性问题，提出解决办法。

(4) 按规定组织危险性较大的分部分项工程专项施工方案编制及专家论证工作。

(5) 组织安全防护设备、设施的安全验收。

(6) 新技术、新材料、新工艺使用前，制订相应的安全技术措施和安全操作规程；对改善劳动条件、减轻笨重体力劳动、消除噪声等方面进行研究解决。

(7) 参加生产安全事故和重大未遂事故中技术性问题的调查，分析事故技术原因，从技术上提出防范措施。

8. 机械动力管理部门安全生产责任制

(1) 对机电、起重设备、受压容器及自制机械设施的安全运行负责，按照安全技术规范经常进行检查，并监督各种设备的维修、保养。

(2) 对设备的租赁，要建立安全管理制度，确保租赁设备完好、安全可靠。

(3) 对新购进的机械、受压容器及大修、维修、外租回厂后的设备必须严格检查和把关。新购进的设备要有出厂合格证及完整的技术资料，使用前制订安全操作规程，组织专业技术培训，向有关人员交底，并进行鉴定验收。

(4) 参加施工组织设计、施工方案的会审，提出设计安全的具体意见，同时负责督促下级落实，保证实施。

(5) 对特种作业人员定期培训、考核。

(6) 参加生产安全事故及重大未遂事故的调查，从事故设备方面，认真分析事故原因，提出处理意见，制订防范措施。

9. 物资管理部门安全生产责任制

(1) 贯彻执行国家或有关行业的技术标准、规范，制订物资管理制度和易燃、易爆、剧毒物品的采购、发放、使用、管理制度，并监督执行。

(2) 确保购置(租赁)的各类安全物资、劳动保护用品符合国家或有关行业的技术标准、规范的要求。

(3) 组织开展安全物资抽样试验、检修工作。

(4) 参加安全生产检查。

10. 人力资源部门安全生产责任制

(1) 审查安全管理人员资格，足额配备安全管理人员，开发、培养安全管理力量。

(2) 将安全教育纳入职工培训教育计划，开展安全教育培训。

(3) 落实特殊岗位人员的劳动保护待遇。

(4) 负责职工和建设工程施工人员的工伤保险工作。

(5) 依法实行工时、休息、休假制度，对女职工和未成年工实行特殊劳动保护。

(6) 参加生产安全事故的调查，认真执行对事故责任者的处理。

11. 财务管理部门安全生产责任制

(1) 及时提取安全技术措施经费、劳动保护经费及其他安全生产所需经费，保证专款专用。

(2) 协助安全主管部门办理安全奖、罚款手续。

12. 保卫消防部门安全生产责任制

(1) 贯彻执行国家和上级有关消防保卫的法规、规定。

(2) 制订消防保卫工作计划和消防安全管理制度，并监督检查执行情况。

(3) 参加施工组织设计、方案的审核，提出具体建议并监督实施。

(4) 组织开展消防安全教育，会同有关部门对特种作业人员进行消防安全考核。

(5) 组织开展消防安全检查，排除火灾隐患。

(6) 负责调查火灾事故的原因，提出处理意见。

13. 行政卫生部门安全生产责任制

(1) 对职工进行体格普查和对特种作业人员身体定期检查。

(2) 监测有毒有害作业场所的尘毒浓度，做好职业病预防工作。

(3) 正确使用防暑降温费用，保证清凉饮料的供应与卫生。

(4) 负责本企业食堂(含现场临时食堂)的饮食卫生工作。

(5) 督促施工现场救护队组建，组织救护队成员的业务培训工作。

(6) 负责流行性疾病和食物中毒事故的调查与处理，提出防范措施。

14. 安全管理部门的安全生产责任制

(1) 宣传和贯彻国家有关安全生产的法律法规和标准。

(2) 编制并适时更新安全生产管理制度，监督实施。

(3) 组织或参与企业生产安全事故应急救援预案的编制及演练。

(4) 组织开展安全教育培训与交流。

(5) 协调配备项目专职安全生产管理人员。

(6) 制订企业安全生产检查计划并组织实施。

(7) 监督在建项目安全生产费用的使用。

(8) 参与危险性较大工程的安全专项施工方案专家论证会。

(9) 通报在建项目违规违章查处情况。

(10) 组织开展安全生产评优评先表彰工作。

(11) 建立企业在建项目安全生产管理档案。

(12) 考核评价分包企业安全生产业绩及项目安全生产管理情况。

(13) 参加生产安全事故的调查和处理工作。

15. 项目部安全生产责任制

根据项目实际具体制订，报公司审批发布。

16. 劳务管理安全生产责任制

(1) 对职工(含外包队工)进行定期的教育考核,将安全技术知识列为工人培训、考工、评级内容之一;对招收新工人(含外包队工)要组织入厂教育和资格审查,保证招收的人员具有一定的安全生产素质。

(2) 严格执行国家、上级有关特种作业人员上岗作业的有关规定,适时组织特种作业人员的培训工作,并向安全部门或主管领导通报情况。

(3) 认真落实国家、省、市有关劳动保护的法规,严格执行有关人员的劳动保护待遇,并监督实施情况。

(4) 参加生产安全事故的调查,从用工方面分析事故原因,认真执行对事故责任者的处理意见。

第2章　安全生产目标管理制度

第1节　一般规定

《国务院关于进一步加强企业安全生产工作的通知》(国发〔2010〕23号)规定,各地区、各有关部门要把安全生产纳入经济社会发展的总体布局,在制定国家、地区发展规划时,要同步明确安全生产目标和专项规划。企业要把安全生产工作的各项要求落实在企业发展和日常工作之中,在制定企业发展规划和年度生产经营计划中要突出安全生产,确保安全投入和各项安全措施到位。

《建筑施工企业安全生产管理规范》(GB 50656—2011)规定,建筑施工企业应依据企业的总体发展目标,制定企业安全生产年度及中长期管理目标。安全管理目标应包括生产安全事故控制指标、安全生产隐患治理目标,以及安全生产、文明施工管理目标等,安全管理目标应予量化。

第2节　通用要求

安全生产目标管理制度应明确目标的制订、分解、实施、考核等内容。

制订包括人员伤亡、机械设备安全、交通安全、火灾事故及职业病等控制目标,安全生产隐患治理目标,以及安全生产管理目标等安全生产总目标和年度目标。

第3节　范　　例

安全生产目标管理制度

1. 目的

为进一步加强公司安全生产工作,强化安全生产目标管理,落实企业安全生产责任,防止和减少安全生产事故,根据《中华人民共和国安全生产法》《国务院关于进一步加强企业安全生产工作的通知》《建筑施工企业安全生产管理规范》等法律法规和技术标准,结合公司实际,特制定本制度。

2. 范围

安全生产目标管理制度包括目标的制订、分解、实施、考核等内容。

3. 职责

（1）公司安全生产委员会负责安全生产目标的制订、考核工作。

（2）各部门、项目部负责安全生产目标的分解、实施工作。

（3）安委会办公室、安全质量部负责具体管理工作。

4. 工作程序

（1）目标制订与分解

① 公司安全生产委员会制订公司中长期安全工作规划、安全生产总体目标。

② 安委会办公室制订年度安全工作计划和年度目标。

③ 各部门应根据公司安全生产总体目标和年度目标，制订各部门安全生产总体目标和年度目标。

④ 各项目部应根据公司安全生产总体目标和年度目标，制订本项目的安全生产总体目标，必要时制订安全生产年度目标。

⑤ 安全生产目标的主要内容应包括：

（a）事故控制目标。

（b）隐患治理目标。

（c）安全生产管理目标。

（d）文明施工管理目标。

⑥ 安全生产目标应尽可能量化，便于考核。目标的制订应考虑以下因素：

（a）国家的有关法律法规、规章制度和规程规范的规定。

（b）城市轨道交通行业安全生产监督管理部门的要求。

（c）项目法人的要求。

（d）公司的技术水平和项目特点。

（e）采用的工艺和设备设施状况等。

⑦ 安全生产目标应经主要负责人审批，并以文件的形式发布。

⑧ 安全生产目标应逐级分解到各管理层及相关人员。

（2）目标落实

① 各部门、项目部根据各自的职能，分解年度安全生产目标。

② 公司、项目部逐级签订安全生产目标责任书，制订并落实安全生产目标保证措施。

③ 公司、项目部应制订并落实安全生产目标保证措施，保证措施应力求量化，便于实施与考核。

④ 项目部的安全生产目标实施计划，应报公司安全质量部备案。

（3）目标实施与考核

① 对安全生产目标的执行情况定期进行监督、检查，及时纠偏、调整安全生产目标实施计划。

② 当发生伤亡事故等，致使目标管理难以按计划实施的，应及时调整。项目部可根据实际情况，调整目标实施计划，并重新备案。

③ 公司各部门应根据目标责任书的内容，进行安全生产目标实施情况的自查，自查报告每年年底报公司安全质量部备案。

④ 公司每半年应对各部门的安全生产目标实施情况进行监督检查。项目部每月应对

各部门和各施工队的安全生产目标实施情况进行监督检查。及时纠偏、调整安全生产目标实施计划。

⑤ 公司年终对各部门的安全生产目标完成效果进行考核；项目部每月对各部门和各施工队的安全生产目标完成情况进行考核。

⑥ 公司、项目部应根据年终考核结果，按照考核办法进行奖惩。

5. 记录

保存责任制、责任书、目标、计划、监督检查、纠偏、调整、效果考核和奖惩记录并按有关规定归档。

第3章　安全生产检查制度

第1节　一般规定

《中华人民共和国安全生产法》第四十三条规定，生产经营单位的安全生产管理人员应当根据本单位的生产经营特点，对安全生产状况进行经常性检查；对检查中发现的安全问题，应当立即处理；不能处理的，应当及时报告本单位有关负责人，有关负责人应当及时处理。检查及处理情况应当如实记录在案。

《建设工程安全生产管理条例》第二十一条规定，施工单位主要负责人依法对本单位的安全生产工作全面负责。施工单位应当建立健全安全生产责任制度和安全生产教育培训制度，制定安全生产规章制度和操作规程，保证本单位安全生产条件所需资金的投入，对所承担的建设工程进行定期和专项安全检查，并做好安全检查记录。

第2节　通用要求

城市轨道交通机电系统工程施工企业应建立安全生产检查制度，并应明确检查的机构、人员、形式、频次、方法和要求，对安全检查的组织实施和记录、检查中发现的问题的处理程序做出具体规定。

1. 安全生产检查的内容

(1) 安全目标的控制情况。

(2) 各项安全管理制度的执行情况。

(3) 关键岗位人员安全生产责任制的落实情况。

(4) 遵守适用法律、法规、标准、规范和其他要求的情况。

(5) 施工管理活动与安全管理规定的相符性。

(6) 危险性较大工程的活动特性、设施和设备的状态、人员的意识和行为。

(7) 安全事故、险肇事故和其他不良安全业绩的调查、处理情况等。

2. 安全检查的频次与形式

城市轨道交通机电系统工程施工企业应每月对施工现场进行检查，集团企业对下属单位每季度组织检查。除定期检查外，企业还应根据生产经营和施工风险的实际情况，组织专业检查、专项检查、不定期的抽查和季节性检查。

城市轨道交通机电系统工程停工后又复工的，施工企业在复工前应采取措施，对施工现场的安全设施和机械设备等重新进行检查维修，消除事故隐患。对发生生产安全事故或重大未遂事故的下属单位，在其自查、自纠的基础上，施工企业应组织安全检查。

3. 安全考核和整改

城市轨道交通机电系统工程施工企业应对检查中发现不符合规定要求和存在隐患的设施、设备、过程、行为，定人、定时间、定措施进行整改处置，并跟踪复查。对检查中发现问题和隐患较多的施工项目和普遍存在的问题，企业应制订治理措施，重点防范。对严重或发生频次高的薄弱环节，未遂事故或事故，进行调查和原因分析，制订预防措施。

城市轨道交通机电系统工程施工企业应定期对安全检查的数据和结果进行汇总分析，明确企业安全生产的薄弱环节，制定纠正或预防措施，为责任考核提供依据。

第3节　范　　例

安全生产检查制度

1. 目的

为了切实保证城市轨道交通机电系统工程在安全的条件下进行施工作业，必须对施工现场进行安全检查，检查的目的在于确认施工过程是否满足安全生产的要求，并及时发现、排除事故隐患，结合城市轨道交通机电系统工程实际，制定本制度。

2. 适用范围

本制度适用于轨道交通工程建设的机电设备、系统安装、轨道敷设、装饰装修等相关单位的安全生产及隐患排查情况。

3. 职责

(1) 建立健全安全生产组织机构、安全生产责任制和安全生产管理制度。

(2) 按相关规定配备专职安全管理人员，进行现场日常巡视、安全全面检查等现场安全工作。

(3) 积极做好现场安全隐患的整改工作。

4. 安全生产检查

1) 检查范围

轨道交通机电系统工程相关的场所、材料、环境、人员、设备设施和生产活动等。

2) 检查形式

(1) 综合安全生产检查

公司根据年度安全检查计划，每季度组织有关安全生产管理人员或邀请专家对轨道交通机电系统工程开展综合性安全生产大检查。

(2) 专项安全生产检查

公司相关部门根据季节特点、工程进度，结合实际，在不同施工阶段开展相关安全生产专项检查。

(3) 安全生产抽查

公司相关部门不定期进入施工现场、生活区等区域对场所、材料、环境、人员、设备设施和生产活动等进行抽查。

3) 检查内容

（1）安全生产检查前应根据实际情况，制订检查方案计划，保证检查工作的实效性。

（2）综合安全生产检查的内容：

① 履行国家各种安全法律、法规及相关程序的情况。

② 安全生产规章制度的建立和落实情况。

③ 安全管理组织机构建立、安全管理人员配备及安全管理体系运行情况。

④ 安全生产技术方案和措施的制订和执行情况。

⑤ 安全生产技术规程的执行情况。

⑥ 施工现场安全生产和社会公众安全状况。

⑦ 环境、职业健康安全、劳保用品配备、安全资金投入情况。

⑧ 施工现场消防安全情况。

⑨ 危险性较大分部分项工程及施工现场发生重大事故的部位、环节的预防监控措施和应急预案。

⑩ 项目负责人、安全生产管理人员的安全合格证、施工现场特种作业人员的操作证。

⑪ 施工起重机械检测合格证。

⑫ 安全生产的档案。

⑬ 其他必要项目的安全检查。

（3）专项安全生产检查的内容：

① 雨季施工检查。

② 节假日期间安全检查。

③ 季节性检查（防汛、防台）。

④ 消防检查。

⑤ 用电检查。

⑥ 起重机械检查。

⑦ 应急预案落实情况检查。

⑧ 施工专项预案检查。

⑨ 风险源管理检查。

⑩ 结合工程进度特点而组织的有针对性的检查。

⑪ 按照上级指示精神和要求进行的专项检查等。

（4）抽查内容：安全生产抽查按照综合安全生产检查的内容进行抽查。

5. 检查处理措施

（1）安全生产综合检查、专项检查、抽查中所发现的问题应做详细记录，作为整改的备查依据。根据隐患记录和分析，指导安全管理决策。

（2）安全检查中应发出隐患整改通知书。受检单位应在限期内组织整改，按照要求做好整改回复，必要时需附照片、图片等形式加以补充说明。

（3）对于违章指挥、违章作业行为，检查人员可以当场指出，进行纠正；对凡是有即发性事故危险的隐患，检查人员应当立即责令其停工。

（4）对查出的隐患，项目部应立即制订整改方案，按照“三定”（即定人、定期限、定措施）立即落实进行整改。

（5）整改工作应包括隐患登记、整改、复查、销案，即整改完成后要及时通知检查单位，派员进行复查，经复查整改合格后，进行销案。

(6) 公司每季度安全生产综合检查后，将根据检查情况编制、下发通报，并按照有关规定对隐患整改情况进行督查，对隐患整改不及时的项目部按相关规定进行处理。

6. 附则

本制度自颁布之日起实行，由公司安全质量部负责制订、解释、修订。

第4章　安全生产教育培训制度

第1节　一般规定

《中华人民共和国安全生产法》第二十五条规定，生产经营单位应当对从业人员进行安全生产教育和培训，保证从业人员具备必要的安全生产知识，熟悉有关的安全生产规章制度和安全操作规程，掌握本岗位的安全操作技能，了解事故应急处置措施，知悉自身在安全生产方面的权利和义务。未经安全生产教育和培训合格的从业人员，不得上岗作业。

第二十六条规定，生产经营单位采用新工艺、新技术、新材料或者使用新设备，必须了解、掌握其安全技术特性，采取有效的安全防护措施，并对从业人员进行专门的安全生产教育和培训。

第二十七条规定，生产经营单位的特种作业人员必须按照国家有关规定经专门的安全作业培训，取得相应资格，方可上岗作业。

第2节　通用要求

(1) 公司及项目部均应建立健全安全教育培训制度，每年年初制订安全教育培训计划，明确教育培训的类型、对象、时间和内容。安全教育培训实施流程如图1-1所示。

(2) 公司负责人(A证)、项目负责人(B证)、专职安全生产管理人员(C证)，按规定参加企业注册地所在政府相关部门组织的安全教育培训，取得相应的安全生产资格证书，并在三年有效期内完成相应学时的继续教育培训。

(3) 项目部应确保用于开展安全培训和安全活动的有关费用支出，并建立相应台账。做好安全教育培训记录，建立安全教育培训档案，对培训效果进行评估和改进。

(4) 项目部对作业人员的培训除采用传统的授课式培训方式外，鼓励采用仿真模拟培训、体验式培训、多媒体培训等方式。

(5) 入场三级安全教育培训：

① 新进场的工人，必须接受公司、项目、班组的三级安全教育培训，经考核合格后，方可上岗。

② 公司安全教育培训的主要内容：从业人员安全生产的权利和义务；本单位安全生产情况及规章制度；安全生产基本知识；有关事故案例等。

③ 项目安全教育培训的主要内容：作业环境及危险因素；可能遭受的职业伤害和伤亡事故；岗位安全职责、操作技能及强制性标准；安全设备设施的使用、劳动纪律及安全注意事

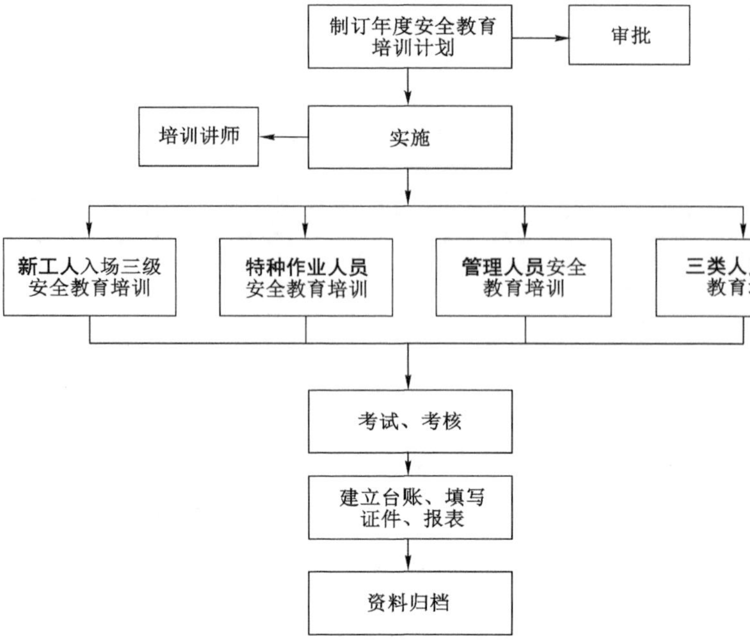

图 1-1　安全教育培训流程图

项;自救互救、急救方法、疏散和现场紧急情况的处理等。

④ 班组安全教育培训的主要内容:本班组生产工作概况、工作性质及范围;本工种的安全操作规程;容易发生事故的部位及劳动防护用品的使用要求;班组安全生产基本要求;岗位之间工作衔接配合的安全注意事项。

⑤ 对工人转岗、变化工种应进行相应的安全教育培训。

(6) 日常安全教育:

① 应结合季节性特点、施工要求进行日常安全教育,每月不少于一次。

② 应督促各作业班组每天上岗作业前开展班前安全教育。

(7) 特种作业人员安全教育培训:

① 特种作业人员必须接受专门的安全作业培训,取得相应操作资格证书后,方可上岗;除接受岗前安全教育培训外,每年还须进行针对性安全培训,时间不得少于 20 学时。

② 采用新工艺、新技术、新材料或者使用新设备,必须对相关生产、作业人员进行专项安全教育培训。

(8) 管理人员的安全培训:

① 管理人员应每年至少接受一次专门的安全培训,每年接受安全培训学时如表 1-1 所列。

② 发生人员死亡的生产安全事故的,其主要负责人和安全生产管理人员应当重新参加培训。

③ 从业人员在本生产经营单位内调整工作岗位或离岗一年以上重新上岗时,应当重新接受项目和班组级的安全培训。

④ 生产经营单位采用新工艺、新技术或者使用新设备、新材料时,应对有关从业人员重

新进行有针对性的安全培训。

表 1-1　安全教育培训学时表

序号	人员类别	初次培训时间	再培训时间
1	主要负责人	不少于 32 学时	每年不少于 12 学时
2	专职安全生产管理人员	不少于 32 学时	每年不少于 12 学时
3	其他从业人员	不少于 24 学时	根据相关规定要求，重新组织培训

第 3 节　范　　例

安全生产教育培训管理制度

1. 目的

安全生产教育培训是公司贯彻“安全第一、预防为主、综合治理”的安全生产方针和实现安全生产管理工作规范化、程序化、科学化的基础工作。为不断提高公司领导、员工及项目负责人、安全管理人员的安全思想意识，进一步深入开展安全教育、培训管理，特制定本制度。

2. 适用范围

本制度适用于公司及项目部安全教育培训工作。

3. 管理职责

（1）公司根据城市轨道交通机电系统工程实际情况，负责制订安全生产教育年度培训计划，组织对公司、项目部的管理人员进行安全生产教育培训。

（2）公司办公室负责本单位员工的安全生产教育培训工作的组织实施。

（3）公司各部门应根据《生产经营单位安全培训规定》《建筑业企业职工安全培训教育暂行规定》等相关要求，结合城市轨道交通机电系统工程建设项目的特点具体安排培训。

（4）公司和项目部的特种作业人员按规定持证上岗，安全生产教育培训由相关主管部门实施。

4. 安全生产教育培训的种类

（1）公司相关负责人、部门管理人员、项目部主要负责人和专（兼）职安全生产管理人员，必须按照有关规定接受安全教育培训，取得资格证书，并按时参加复审。

（2）公司和项目部的新员工（包括临时工、实习人员）必须进行公司、部门和岗位的三级安全生产教育。

（3）特种作业人员除进行一般的安全教育外，还要执行《特种作业人员安全技术培训考核管理规定》的有关规定，按国家、行业、地方和企业规定进行本工种专业培训、资格考核，取得《特种作业人员操作证》后方可上岗。

5. 安全生产教育培训的内容

（1）主要负责人的安全生产教育培训的内容

① 国家安全生产方针、政策和有关安全生产的法律、法规、规章及标准。

② 安全生产管理基本知识、安全生产技术、安全生产专业知识。

③ 重大危险源、重大事故防范、应急管理和救援组织以及事故调查处理的规定。

④ 职业危害及其预防措施。

⑤ 国内外先进的安全生产管理经验。

⑥ 典型事故和应急救援案例分析。

⑦ 其他需要培训的内容。

(2) 安全生产管理人员安全生产教育培训的内容

① 国家安全生产方针、政策和有关安全生产的法律、法规、规章及标准。

② 安全生产管理、安全生产技术、职业卫生专业知识。

③ 伤亡事故统计、报告及职业危害的调查处理方法。

④ 应急管理、应急预案编制以及应急处置的内容要求。

⑤ 国内外先进的安全生产管理经验。

⑥ 典型事故和应急救援案例分析。

⑦ 其他需要培训的内容。

(3) 三级安全生产教育培训的内容

三级是指公司、部门(项目部)、岗位(班组)这三级。对新员工或调换工种的员工,必须按规定进行安全生产教育和技术培训,经考核合格,方可上岗。

① 公司级安全生产教育培训(一级)内容包括国家有关安全生产的法律、法规、制度和标准,安全生产基本知识,消防知识,职业卫生知识,公司安全生产规章制度,作业场所和工作岗位存在的主要危害因素、防范措施及事故应急措施,事故案例等。由办公室负责培训,经考试合格后,方可分配到相应岗位。

② 部门(项目部)级安全生产教育培训(二级)由部门负责人及兼职安全员负责,主要内容包括本部门的生产特点、工艺流程、主要设备的性能、安全技术操作规程和制度,本部门作业场所和工作岗位存在的危险因素、防范措施及事故应急措施、事故案例等。经考试合格后,方可分配到相应岗位。

③ 岗位(班组)级安全生产教育培训(三级)由兼职安全员负责,主要内容包括岗位生产任务、特点,消防安全知识,主要生产设备结构原理、操作注意事项,岗位责任制,岗位安全技术操作规程,事故案例及其预防和应急措施,安全装置和工(器)具,个人防护用品、防护器具和消防器材的使用方法等。

(4) 特种作业人员安全生产教育培训的内容

特种作业人员除进行一般的安全教育培训外,还要进行本工种专业培训、资格考核,取得《特种作业人员操作证》后,方可上岗。

(5) 特定情况下的适时安全生产教育培训的内容

① 季节性(如冬季、夏季)、雨雪天气及汛期施工。

② 节假日前后。

③ 节假日加班或突击赶任务。

④ 工作对象改变。

⑤ 工种交换。

⑥ 新工艺、新材料、新技术、新设备施工。

⑦ 发现事故隐患或发生事故后。

⑧ 新进入现场等。

(6) 安全生产宣传的形式

公司和项目部在做好安全生产教育培训的同时，还必须做好安全生产宣传教育。安全生产宣传教育的形式多种多样，应贯彻及时性、严肃性、真实性，做到简明、醒目，具体形式如下。

1) 公司宣传形式

① 会议形式，主要有安全知识讲座、座谈会、报告会、先进经验交流会、事故教训现场会等。

② 张挂形式，主要有安全宣传横幅、标语、标志、图片、安全宣传栏等。

③ 音像制品形式，主要有安全教育光碟、安全讲座录像等。

④ 现场观摩演示形式，主要有安全操作方法演示、消防演习、触电急救方法演示等。

2) 项目部宣传形式

① 施工现场(重要设备房间)入口处的安全警示牌。

② 安全生产宣传栏、挂图或宣传画、安全标志和标语口号。

③ 安全生产简报、通报等。

6. 安全生产教育培训的考核

(1) 公司主要负责人、安全生产管理人员和特种作业人员的安全生产教育培训考核，由上级有关部门组织进行。

(2) 项目部主要负责人、安全生产管理人员和特种作业人员的安全生产教育培训考核，由上级有关部门和相关部门组织进行，公司负责检查督促。

(3) 公司安全质量部门负责收集、整理、归档相应考核资料及其附件。

7. 安全生产教育培训的资料整理、归档

(1) 公司办公室负责建立公司员工安全生产教育培训档案，安全质量部门负责收集、整理、归档对项目部进行的安全生产教育培训的资料。

(2) 公司负责建立本单位人员安全生产教育培训档案，详细、准确地记录安全生产教育培训考核情况，做好教育培训资料的整理、归档。

8. 附则

本制度自颁布之日起实行，由公司安全质量部门负责制订、解释、修订。

第5章　安全生产专项费用管理制度

第1节　一般规定

安全生产专项费用是指企业按照规定标准提取，在成本中列支，专门用于完善和改进企业或者项目安全生产条件的资金。根据《中华人民共和国安全生产法》《企业安全生产费用提取和使用管理办法》《城市轨道交通工程安全质量管理暂行办法》等规定，城市轨道交通工程施工企业应制定安全生产费用提取和使用管理制度。按照财政部、国家安全生产监督管理总局(现应急管理部)《企业安全生产费用提取和使用管理办法》(新版文件征求意见稿已发布，正式施行后依据新规)规定，城市轨道交通工程施工企业应采用不低于建筑安装工程造价2.0％的比例计取。

第2节　通用要求

安全生产专项费用管理应坚持“规范计取、合理计划、计量支付、确保投入”的原则，并按照有关规定、行业标准以及合同约定确定提取标准。建设单位在编制工程招标文件时，应明确安全生产专项费用的总金额或比例、预付金额或比例、计量支付方式与时限、具体使用要求、调整方式等条款。安全生产专项费用不足时，应协商解决。

安全生产专项费用的计量与支付应按照施工单位申报、监理单位审查核实、建设单位审批支付的程序实施。安全生产专项费用的计量与支付应以现场计量为主，现场计量与总额包干相结合的方式进行，原则上以当月计价施工产值为计提依据。安全生产专项费用计量应由施工单位制定计量报表、计价清单并附有关安全生产专项费用投入使用的相关证实性书面材料。监理单位应及时审查相关资料，必要时应予以追溯。施工总承包单位依法将部分工程进行专业分包时，分包合同中应明确专业分包工程安全生产专项费用及支付条款，根据分包单位的投入使用情况专款专用，及时支付。

第3节　范　　例

根据城市轨道交通机电系统工程特点，以下列出安全生产专项费用管理制度。

安全生产专项费用管理制度

为了加强公司安全生产管理，保证安全生产专项费用的有效投入，以改善劳动条件，防止工伤事故的发生，保障职工生命和身体健康，进一步明确安全生产专项费用（以下简称专项费用）使用、管理要求，根据《中华人民共和国安全生产法》《建设工程施工安全生产管理条例》《建筑工程安全防护、文明施工措施费用及使用管理规定》（建办〔2005〕89号）以及《建筑施工安全检查标准》（JGJ 59—2011）等有关法律、法规和标准的规定，特制定本制度。

（1）公司财务应单独设立“安全生产专项费用”科目，使专项费用做到专款专用，任何部门和个人不得擅自挪用。

（2）城市轨道交通工程施工企业应采用不低于建筑安装工程造价2.0%的比例计取，每个工程项目开工前，项目部应编制安全生产专项费用计划，上报公司财务、安全部门及分管领导审批。根据不同阶段对安全生产和文明施工的要求，专项费用实行分阶段使用，原则上由项目部按计划进行支配使用，项目部安全员提出申请，项目部经理批准后实施。

（3）专项费用的用途主要包括以下几个方面：

1）安全技术措施费用（含租赁设备费用）

① “三宝”，即安全网、安全带、安全帽。

② “四口”，即楼梯口、电梯口、通道口、预留洞口。

③ “邻边”，即阳台周边、楼板周边、屋面周边、基坑周边、接料平台的两侧等。

④ 施工用电，即标准化电箱、电器保护装置、电源线路的敷设、外电防护设施。

⑤ 施工机械与用具，即新增的安全设备、器材、装备、设备检验检测、维修保养、安全检测工具、仪器、仪表等。

2）劳动保护用品的费用

按所在地省市有关规定执行，其发生的费用列入劳动保护用品费用。

3）安全生产宣传和教育培训费用

① 安全生产宣传标语牌、横幅等宣传用品费用。

② 各类人员的安全教育培训、操作证培训、复训以及经常性教育培训等费用。

③ 现场警戒警示标志等其他安全防护费用。

④ 应急预案措施费、演练费。

（4）项目部在编制安全生产资金计划时，在充分考虑安全生产需要的同时，还要考虑利用现有的设备和设施，挖掘潜力，讲究实效，安全生产资金的投入与工程进度同步，避免安全生产资金脱节现象。

（5）属于安全生产专项费用范围内的费用的使用与报销，按财务规定要求，经项目部经理审核签字确认后，方可向财务部门报销。公司财务部根据项目部使用安全生产专项费用情况每季度予以汇总，并同项目部对账，发现差错，及时整改。

（6）公司财务部与项目部每季度做出安全生产专项费用投入与使用报表：

① 公司财务部做出《安全生产费用投入及使用汇总表》。

② 项目部做出《工程项目安全生产费用投入及使用明细表》。

（7）对财务部与项目部安全生产专项费用投入与使用情况，由公司分管领导、安全部门负责人、财务负责人每季度进行一次监督检查，检查内容如下：

① 检查项目部安全生产专项费用投入使用的台账、报表等。

② 实物与账册是否相符。

③ 报销手续是否齐全，报销凭证是否有效。

④ 财务设置科目与列入科目、记账是否符合要求。

对检查中发现的问题，要求相关责任人及时予以整改，如屡次违反，公司将对责任人按有关规定进行处罚。

（8）项目部编制的安全生产专项费用不足时，应及时追加投入资金额，新增的计划仍按上述审批的要求执行；项目部在工程竣工后，其安全生产专项费用尚有盈余，由项目部以福利、奖励等形式予以分配，或累积到下一个承接工程项目作为安全生产专项费用的积累。

（9）本制度由公司财务部负责编制、修订、解释，自发布之日起实施。

城市轨道交通机电系统工程施工企业安全生产专项费用使用范围如表1-2所示，各类安全生产专项费用清单如表1-3所示。

表1-2　安全生产专项费用使用范围

序号	类　别	内　容
1	设置、完善、改造和维护安全防护设施设备支出	（1）指为保障工程安全生产而设置的相关安全防护设施、设备，以及对其进行技术、性能、质量等方面的完善、改造和维护等所发生的相关费用。 （2）设置费用主要指直接用于项目安全生产的相关设施设备购置、制作、安装等费用。 （3）完善费用主要指因正常损耗或因工程变更导致的安全防护设施、设备的补充购置、制作、安装等费用。 （4）改造费用主要指为增加安全防护设施设备的安全系数，增强施工安全，对现有安全防护设施、设备进行的设计、试验与制作加工等费用。 （5）维护费用主要指对现有安全防护设施、设备的日常保养费用。
2	配备、维护、保养应急救援器材、设备支出和应急演练支出	（1）指施工单位应急救援器材、设备的购置、使用、维护、更新以及按照合同约定所组织的应急演练等所发生的相关费用。 （2）应急救援指在应急响应过程中，为消除、减少事故危害，防止事故扩大或恶化，最大限度地降低事故造成的损失或危害而采取的救援措施或行动。 （3）应急救援器材、设备指在应急救援过程中需要使用的消防、急救等常用小型器材与设备，不含消防车、救生船等由社会专业救援机构配备的大型救援设备或非常用器材。 （4）应急演练指由建设单位或施工单位依据应急预案，模拟应对突发事件组织的应急救援活动。
3	重大风险源和安全事故隐患评估、监控和整改支出	（1）指针对重大风险源和事故隐患进行评估、监控和整改所发生的相关费用。 （2）重大风险源指风险影响因素比较复杂，事故发生的可能性较大或事故严重程度较高，必须从结构、环境、施工工艺、安全管理等多个角度进行控制和防范的风险源。对于重大风险源的识别，根据风险源的性质、场所、设备、设施等的不同，接合城市轨道交通工程实际情况，重大风险源应重点关注以下几类：危险性较大的分部分项工程；易燃、易爆物质的存储区；具有爆炸危险的生产场所；重大事故隐患。
4	安全生产检查、评价、咨询和标准化建设支出	（1）指安全生产检查、评价、咨询和标准化建设过程中所发生的相关费用。 （2）安全生产检查指施工单位日常安全生产工作检查以及聘请专业安全机构或专家对项目安全生产情况进行的检查；安全生产评价指施工单位聘请专业安全机构或专家对项目进行的施工安全风险评估，或对其安全方案、安全工作情况进行评价，并出具相应的评价报告；安全生产咨询指就安全生产工作中存在的问题向相关专业安全机构、咨询单位或专家进行咨询，由其给出咨询意见；安全生产标准化建设指施工单位按照有关规定或合同约定进行的安全生产方面的标准化建设。

表 1-2(续)

序号	类　　别	内　　容
5	配备和更新现场作业人员安全防护用品支出	指保障现场施工人员人身安全和身体健康而配备的供现场施工人员使用的防护必需品所发生的相关费用。
6	安全生产宣传、教育培训支出	指施工单位在施工现场对安全生产进行宣传,对施工人员进行安全知识教育、安全技术交底、安全操作规程培训等所发生的相关费用。
7	安全生产试用的新技术、新标准、新工艺、新装备的推广应用支出	指施工单位配合相关科研机构,对其安全生产方面的新技术、新标准、新工艺、新装备等研究成果进行试用所发生的相关费用。
8	安全设施及特种设备检测检验支出	指施工单位邀请法定检测检验机构对相关安全设施及特种设备进行安全性检测检验所发生的相关费用。
9	其他安全生产费用支出	指不在以上范围内,由施工单位根据项目实际情况,在投标书中列支的相关安全生产费用。

表 1-3　各类安全生产专项费用清单

序号	类　　别	清单细目
1	设置、完善、改造和维护安全防护设施、设备支出	施工现场安全防护费。安全防护设施包括:临边、临口等危险部位防坠、防滑等设施;防止物体、人员坠落而设的安全网、棚;其他与工程有关的交叉作业防护、防火、防爆、防尘、防毒、防雷、防风、防汛、防台、防地质灾害、有害气体监测、通风、临时安全防护等。 警示、照明等灯具费。警示、照明等灯具包括:施工车辆、机械、构造物的警示灯,危险报警闪光灯,施工区域内夜间警示灯,照明灯,等等。 警示标志、标牌费。标牌包括:各类警告、提示、指示等设施。 安全用电防护费。安全用电防护设施包括:各种用电专用开关、室外使用的开关、防水电箱、高压安全用具、漏电保护等设施。 施工现场围护费。施工现场围护设施包括:改扩建工程施工围挡;施工现场高压线塔、杆围护;施工现场光缆围护等。对施工围挡有特殊要求的路段的围挡费用不在此列。 其他安全防护设备与设施费用。应计入安全生产费用的其他安全防护设备与设施的完善、改造和维护等费用。
2	配备、维护、保养应急救援器材、设备支出和应急演练支出	应急救援器材与设备的配备(或租赁)、维护、保养费。这些器材及设备包括:灭火器、消防斧等小型消防器材;急救箱、急救药品、救生衣、救生圈、应急灯具、救援梯、救援绳等小型救援器材与设备。消防车、救护车等大型专业救援设备所发生的相关费用不在此列。 应急演练费。由建设单位或施工单位依据应急预案,模拟应对突发事件组织的应急救援活动,应由施工单位分担或由施工单位自行负责的部分或全部费用。

表 1-3(续)

序号	类　别	清单细目
3	重大风险源和安全事故隐患评估、监控和整改支出	重大风险源和事故隐患评估费。由建设单位、相关行政主管部门组织的，或者施工单位委托专业安全评估单位对项目重大风险源、重大事故隐患进行评估所发生的相关费用。 重大风险源监控费。对项目重大风险源进行日常监控所发生的相关费用。施工监控不在此列。 重大事故隐患整改费。根据建设单位、相关行政主管部门或者专业安全评估单位出具的评估报告，对重大事故隐患进行整改所发生的相关费用。
4	安全生产检查、评价、咨询和标准化建设支出	日常安全检查费。施工单位专职安全员日常安全巡视所发生的车辆与相关器材使用费，车辆与器材的购置费不在此列。 专项安全检查费。施工单位聘请专业安全机构或专家对项目安全生产过程中的特殊部位、特殊工艺、特别设备的施工安全检查所支付的相关费用。 安全生产评价费。施工单位聘请专业安全机构或专家对项目专项施工方案、风险评估进行讨论、论证、评估、评价所支付的相关费用，但不包括新建、改建、扩建项目安全评价所发生的费用。
5	配备和更新现场作业人员安全防护物品支出	安全防护物品配备费。施工单位根据有关规定在日常施工中必须配备的安全帽、安全绳(带)、手套、雨鞋、工作服、口罩、防毒面具、防护药膏等安全防护物品的购置费用。 安全防护物品更新费。施工单位对安全防护物品的正常损耗进行必要补充所产生的费用。
6	安全生产宣传、教育培训支出	安全生产宣传费。包括制作安全宣传标语、条幅、图片、视频等宣传资料所发生的费用。 安全生产教育培训费。包括施工单位对施工人员进行安全技术交底、安全操作规程培训、安全知识教育等支出的课时费；安全报纸、杂志订阅或购置费；安全知识竞赛、技能竞赛、安全专题会议等活动费用；安全经验交流、现场观摩等费用。
7	安全生产试用的新技术、新标准、新工艺、新装备的推广应用支出	(1) 安全生产用到的新技术、新标准所发生的相关费用。 (2) 增设施工现场安全信息化系统等安全新装备所发生的相关费用。
8	安全设施及特种设备检测检验支出	安全设施检测检验费。施工单位对拟投入本项目的安全设施送交或邀请具有相关资质的检测检验机构进行检测检验，并出具相关报告所发生的费用。 特种设备检测检验费。施工单位根据有关规定对拟投入本项目的特种设备邀请具有相关资质的检测检验机构进行检测检验，并出具有关报告所发生的费用。
9	其他安全生产费用支出	办公用品费。专职安全员办公用计算机、照相器材等办公必需的设施配备费用。 雇工费。保障施工安全，对施工现场进出口部位进行交通管制而雇用交通协管人员进行看护所支出的人工费用。 其他费用。招投标时不可预见的，在施工过程中建设单位与监理单位认可，可在安全生产费中列支的其他与安全生产直接相关的费用。

第6章　施工设备管理制度

第1节　一般规定

《中华人民共和国安全生产法》第三十三条规定，安全设备的设计、制造、安装、使用、检测、维修、改造和报废，应当符合国家标准或者行业标准。生产经营单位必须对安全设备进行经常性维护、保养，并定期检测，保证正常运转。维护、保养、检测应当作好记录，并由有关人员签字。

《建设工程安全生产管理条例》第三十四条规定，施工单位采购、租赁的安全防护用具、机械设备、施工机具及配件，应当具有生产（制造）许可证、产品合格证，并在进入施工现场前进行查验。

第三十五条　施工单位在使用施工起重机械和整体提升脚手架、模板等自升式架设设施前，应当组织有关单位进行验收，也可以委托有相应资质的检验检测机构进行验收；使用承租的机械设备和施工机具及配件的，由施工总承包单位、分包单位、出租单位和安装单位共同进行验收。验收合格的方可使用。

《中华人民共和国特种设备安全法》第二条规定，特种设备的生产（包括设计、制造、安装、改造、修理）、经营、使用、检验、检测和特种设备安全的监督管理，适用本法。

第四条规定，国家对特种设备的生产、经营、使用，实施分类的、全过程的安全监督管理。

第三十五条规定，特种设备使用单位应当建立特种设备安全技术档案。安全技术档案应当包括以下内容：

（一）特种设备的设计文件、产品质量合格证明、安装及使用维护保养说明、监督检验证明等相关技术资料和文件；

（二）特种设备的定期检验和定期自行检查记录；

（三）特种设备的日常使用状况记录；

（四）特种设备及其附属仪器仪表的维护保养记录；

（五）特种设备的运行故障和事故记录。

第2节　通用要求

(1) 施工设备管理制度应包括设备租赁、安装（拆除）、验收、检测、使用、检查、保养维修、改造、报废等职责和流程。

(2) 设置施工设备管理机构或配备设备管理专（兼）职人员，形成设备安全管理网络。

(3) 特种设备安装(拆除)单位具备相应资质;安装(拆除)施工人员具备相应的能力和资格;安装(拆除)特种设备应编制技术方案,安排专人进行现场监督,安装完成后组织验收,并报请有关单位检验合格后投入使用。

(4) 建立施工设备台账并及时更新;施工设备管理档案资料齐全、清晰,管理规范。

第3节 范 例

施工设备管理制度

1. 目的

为加强公司设备与周转材料管理,提高生产装备水平和周转材料的使用效率,保证生产需要、设备与周转材料的正常使用及其安全工作,预防设备与周转材料使用管理不当引发的事故,保障人身和财产安全,促进经济社会发展,根据公司实际情况,制定本制度。

2. 范围

本制度包括设备购置、租赁、安装(拆除)、验收、检测、使用、检查、保养维修、改造、报废等职责和流程。

3. 管理组织机构及职责

(1) 公司财务物资部是公司设备与周转材料管理的职能部门,负责公司设备与周转材料的各项管理工作。

(2) 设备租赁公司负责公司本部大型生产设备与周转材料的调配、大修理、保管、检测、检查、保养维修、改造、报废申请等工作,公司办公室负责办公设备和非生产性机动车辆的管理工作,综合管理部负责生活设施设备的管理工作,公司所属项目部负责各自单位设备与周转材料的管理工作。

(3) 各项目部对设备与周转材料只有使用权,没有处置权等其他权益。各项目部应设有相应的管理部门和责任人,负责项目部设备与周转材料使用的日常管理和安全管理,填报各种统计报表,设备与周转材料管理人员名单报财务部备查。

(4) 项目部负责外部设备的租赁管理工作。

(5) 本制度所指设备包括公司范围内承包工程、基本建设、维护修理用的施工机械、生产设备和列为固定资产管理的其他设备等;周转材料包括公司范围内购置或加工的模板、贝雷架、脚手架和其他周转材料等。

(6) 各级设备管理部门应明确专人或兼职负责设备管理工作,并形成公司设备安全管理网络。

4. 购置管理

(1) 随着施工水平的不断提高,特别是采用新技术、新工艺、新设备、新材料的情况下,对施工设备和周转材料先进性、技术性的要求进一步加大。公司为保证总体施工能力,对大中型机械设备和常用周转材料遵循先调剂、后购置的原则。在总体调剂不能满足需求的情况下,由公司统一购置后租赁给各项目部,其余专用设备与周转材料由各项目部申请批准后自行购置。

① 公司所属各项目部根据年度生产经营计划,结合现有设备与周转材料状况,在当年

度的12月底前编制下年度设备和周转材料更新计划并报公司财务部，由公司财务部分析汇总后报公司领导审批。

② 各项目部根据使用需求编制设备与周转材料使用计划并报公司财务部。公司财务部会同办公室、综合部在充分调配现有设备与周转材料或外租设备和周转材料仍然不能满足需求的情况下，办理设备购置和周转材料申请，报公司领导审批。

③ 公司财务部根据批准的申请单，会同办公室、综合部组织有关人员进行比价采购，确定供应商，签订供货合同，确保双方的权利和义务。未经申请，项目部不得自行购买设备。

(2) 特种设备的购置还需按国家有关规定办理相关手续。

① 特种设备使用单位应当使用取得许可生产并经检验合格的特种设备。禁止使用国家明令淘汰或已经报废的特种设备。

② 特种设备应当在特种设备投入使用前向负责特种设备安全监督管理部门办理使用登记，取得使用登记证书，登记标志应当置于特种设备的显著位置。

③ 特种设备安装、拆除单位应具备相应的资质，安装、拆除施工人员应具备相应的能力和资格，安装、拆除特种设备前应编制技术方案。项目部安排专人进行现场监督，安装完成后组织验收，并报请有关单位检验合格后投入使用，并按规定定期进行检验。

④ 项目部要保存特种设备生产厂家的资质、资格等证照复印件以及技术方案和现场监督验收、检验记录等文字、照片资料。

⑤ 特种设备应当建立岗位责任、隐患治理、应急救援等安全管理制度，制订操作规程，保证特种设备安全运行。

(3) 办公室、财务、审计部门参与采购过程，并对设备购置程序、价格等进行监督检查。

5. 验收管理

(1) 公司新购设备(包括自购、改造等)由财务部会同办公室、综合部及项目部组织专业人员进行验收。一经验收，即按分类统一编号、钉牌，并建立台账、卡片账，大型设备必须填写设备履历表，同时建立设备台班运行记录卡、维修跟踪记录卡等。原始资料及有关记录由公司设备档案管理部门统一存档，对使用部门提供复印件，以保证资料的完整性和可追溯性。

(2) 各项目部要建立单台设备卡片和档案，包括产品出厂合格证、精度检验单、装箱单、使用说明书、设备安装验收移交书、设备附件及工具清单、事故报告单、封存启封单、大修任务书、设备改造技术资料等。同时要建立设备台账并按年度报公司财务部备案。

(3) 公司购置或加工的周转材料由财务部会同项目部，组织专业人员进行验收，建立周转材料台账，经验收合格的周转材料需办理入库手续方可转入再用，调出、调入的周转材料应填写发料单、入库单，并逐笔登记入账。

(4) 特种设备还应当建立特种设备安全技术档案。安全技术档案应当包括以下内容：

① 特种设备的设计文件、产品质量合格证明、安装及使用维护保养说明、监督检验证明等相关技术资料和文件。

② 特种设备的定期检验和定期自行检查记录。

③ 特种设备的日常使用状况记录。

④ 特种设备及其附属仪器仪表的维护保养记录。

⑤ 特种设备的运行故障和事故记录。

（5）公司办公室、综合部的设备台账，每年应与财务部的固定资产设备台账核对一次（包括核对设备金额）；财务部定期（至少半年一次）与实际使用部门核对、清点，做到账账相符，账物一致。

6. 运行管理

（1）办公室、综合部会同设备使用部门确定专职或兼职管理员，负责设备的进退场、运行管理和贯标管理工作，专职或兼职管理员须报财务部备案。

（2）设备运行前应进行全面检查，检查合格后投入使用。

（3）设备运行过程中应按规定进行自检、巡检、旁站监督、专项检查、周期性检查，确保设备性能完好。

（4）设备检查：

① 设备与周转材料进场运行前应进行全面检查，各项性能、指标应满足要求。

② 设备金属结构、运转机构、电气控制系统应无缺陷，各部位润滑良好。

③ 安全保护装置齐全可靠；防护罩、盖板、梯子、防护栏杆完备可靠。

④ 设备醒目的位置悬挂有标识牌、检验合格证及安全操作规程。

⑤ 设备干净整洁。

⑥ 基础、轨道符合要求；作业区域无障碍物，满足安全运行要求。

⑦ 同一区域有两台以上设备运行可能发生碰撞时，应制定相应的安全措施。

（5）设备运行：

① 设备应制定操作规程和保养规程。严格按规程操作运行设备，不带病操作，无违章操作，以保证设备正常安全运行，充分发挥其性能。设备运行记录齐全。

② 建立设备使用责任人制度。

③ 设备使用实行“四定”：定人、定机、定岗、定责。

④ 操作人员要做到“四会”：会使用、会保养、会检查、会排除故障，坚决杜绝盲目使用、只用不养的现象。做到“三好”：管好、用好、修好。

⑤ 设备使用要执行“五项纪律”

（a）特种设备操作人员必须持证上岗。

（b）严格执行安全操作规程，新设备的操作人员要先培训后上岗。

（c）遵守交接班制度，保持设备整洁。

（d）按规定维护保养，发现异常立即停机检查，不得带病操作。

（e）保管好随机工具和附件，不得遗失。

（6）设备维护保养：

① 根据设备性能及安全状况对设备进行维修、保养；维修结束后组织验收，合格后投入使用，并做好维修保养记录。

② 租赁设备和分包单位的设备管理：

（a）设备租赁合同或分包合同中应明确双方的设备管理安全责任和设备技术状况等要求。

（b）租赁设备或分包单位的设备进入施工现场经验收合格后方可投入使用。

（c）租赁设备或分包单位的设备应纳入公司设备安全管理范围，按要求进行管理。

③ 加强对起重、运输、压力容器、检验测量等设备的维护，定期开展检查检测和预防性

实验。

④ 使用部门应始终保持设备运行处于良好状态。对因管理不善而发生严重设备事故的，必须查清事故的原因和责任，按“四不放过”的原则，追究分管负责人和相关人员责任；对因玩忽职守、违章指挥、违反操作规程等发生事故造成直接经济损失的，根据情节轻重，分别追究相关人员经济和行政责任。构成犯罪的，移交司法机关依法追究法律责任。

⑤ 特种设备安装、改造、修理竣工后，应当在验收后三十日将相关技术资料和文件移交特种设备使用单位。特种设备使用单位应当将其存入该特种设备的安全技术档案。

⑥ 周转材料在使用过程中应严格按操作规程安装、拆除作业，搬运、装卸时应轻拿轻放，不得随意改变其原有状态；施工现场备用的周转材料，必须分类堆码整齐，并做好标识。

⑦ 每年年末，财务部应对公司范围内的设备与周转材料进行清查，对损坏或短少的应查明原因；每季季末，设备使用部门应向财务部报送公司设备与周转材料的租赁情况，以便财务部及时与各项目部结算租赁费用。

7. 修理

(1) 大修：设备的大修理是保证设备技术状况良好、运行安全可靠的重要技术措施，是保证设备恢复原有功能、继续为生产服务的必要条件。根据设备的完好状况，公司按规定编制年度大修理计划报公司领导批准，并负责实施设备大修理工作，对大修理设备做好记录并实行“三包”，责任到人。

(2) 中小维修及保养：各项目部必须做好设备的日常保养和中小型维修、修复工作，并做好维修保养记录。

(3) 设备修理完成后组织验收，检验合格后方可投入使用；修理档案应保存。

(4) 因野蛮作业造成设备损坏，或因人为因素造成设备丢失，责任人应原价赔偿；影响生产施工进度的，视情节给予处罚或赔偿。

(5) 财务部应根据批准的大修理计划落实资金，保证修理工作的正常进行。

(6) 项目部应根据实际情况成立维修班组，对周转材料进行日常性保养和简单整修工作。

8. 报废和变价处理

(1) 根据设备使用年限及周转材料使用情况，由财务部会同使用部门，对到龄设备，高耗低能、陈旧设备，存在严重安全隐患设备，无改造、维修价值或者超过规定使用年限的设备和周转材料组织技术鉴定，以确定是否应淘汰报废处置。同意报废的设备与周转材料应及时拆除，退出施工现场。

(2) 项目部对报废的公司设备与周转材料，由项目部填写报废申请给财务部，经公司分管领导批准后，由财务部组织总工办、工程部、使用部门技术人员进行鉴定，经鉴定后确需报废的设备与周转材料，经公司分管领导审核及总裁审批后方可实施。

(3) 报废设备与处理废旧周转材料，应遵循公开、公平、公正的原则，由分管领导、设备和财务等相关部门组成工作小组，制订工作程序和办法，对外招标竞价出售。

9. 附则

本制度由财务物资部负责解释，自印发之日起实施。

第7章　生产安全事故应急预案

第1节　一般规定

（1）《中华人民共和国安全生产法》第十八条规定，生产经营单位的主要负责人对本单位安全生产工作负有下列职责：（六）组织制定并实施本单位的生产安全事故应急救援预案。

（2）《中华人民共和国特种设备安全法》第六十九条规定，特种设备使用单位应当制定特种设备事故应急专项预案，并定期进行应急演练。

（3）《生产安全事故应急条例》（国务院令第708号）第七条规定，易燃易爆物品、危险化学品等危险物品的生产、经营、储存、运输单位，矿山、金属冶炼、城市轨道交通运营、建筑施工单位，以及宾馆、商场、娱乐场所、旅游景区等人员密集场所经营单位，应当将其制定的生产安全事故应急救援预案按照国家有关规定报送县级以上人民政府负有安全生产监督管理职责的部门备案，并依法向社会公布。

（4）《国务院关于进一步加强企业安全生产工作的通知》（国发〔2010〕23号）规定，企业应急预案要与当地政府应急预案保持衔接，并定期进行演练。

（5）《生产经营单位生产安全事故应急预案编制导则》（GB/T 29639—2020）规定，生产经营单位应急预案分为综合应急预案、专项应急预案和现场处置方案。

第2节　通用要求

（1）在危险源辨识、风险分析的基础上，根据《生产经营单位生产安全事故应急预案编制导则》的要求，建立健全生产安全事故应急预案体系（包括综合应急预案、专项应急预案和现场处置方案等），项目部的应急预案体系应与项目法人和地方政府的应急预案体系保持一致。

（2）建立应急预案评审制度，并根据评审结果和实际情况进行修订和完善。

第3节　范　　例

生产安全事故综合应急预案

1. 总则

（1）编制的目的

为了认真贯彻落实“安全第一、预防为主、综合治理”的安全生产方针，全面提高公司应对各类突发事件的快速反应能力，建立健全各类生产安全事故预警和应急机制，及时有效地组织开展应急救援、抢险救灾工作，最大限度地减轻事故造成的损失，确保广大员工及周边群众生命财产安全，结合公司实际情况，制定本预案。

（2）编制的依据

①《中华人民共和国安全生产法》

②《中华人民共和国消防法》

③《中华人民共和国突发事件应对法》

④《中华人民共和国特种设备安全法》

⑤《突发事件应急预案管理办法》

⑥《建设工程安全生产管理条例》

⑦《国务院关于进一步加强企业安全生产工作的通知》

⑧《国家处置城市地铁事故灾难应急预案》

⑨《生产安全事故应急条例》

⑩《生产安全事故应急预案管理办法》

⑪《生产安全事故报告和调查处理条例》

⑫《生产经营单位安全生产事故应急预案编制导则》

⑬《城市轨道交通建设工程质量安全事故应急预案管理办法》

（3）适用范围

本预案适用于城市轨道交通工程项目在实施过程中，发生的各类生产安全事故应急响应、应急救援处置工作。

（4）应急预案体系

生产安全事故应急预案由一个综合应急预案、X 个专项应急预案和 X 个现场处置方案构成。如发生本应急预案不能控制生产安全事故或重大事件，按照上级应急预案规定的程序，报请启动上级应急预案。

（5）应急工作原则

① 统一指挥、快速反应、各司其职、协同配合、以人为本、减少危害的原则。

② 以人为本，生命第一。把保障生命安全和身体健康、最大限度地预防和减少生产安全事故造成的人员伤亡作为首要任务。充分发挥人的主观能动性，充分发挥先期配置的专业救援力量的骨干作用和社会救援力量的互补作用。

③ 统一领导，条块结合，分级负责。公司应急领导小组统一组织和协调应急救援行动，依据职责和权限，负责突发事故的应急管理和处置工作。

④ 快速反应，资源整合。加强处置队伍建设，形成统一指挥、反应灵敏、功能齐全、协调有序、高效运转的应急救援体系。

⑤ 依法规范、科学管理。实行科学决策，优先采用先进的救援设备和技术，严格按照预案规定的程序、方法组织实施，以最快速度、最有效方法、最大限度减少或杜绝事故造成的人员伤害和财产损失。

⑥ 坚持“安全第一、预防为主、综合治理”的方针，平时做好预防、预警、预报、队伍建设、装备准备和预案演练等工作，战时发挥“一呼百应、一触即发、一战就胜”的精神。

2. 事故风险描述

（1）公司基本概况。

（2）危险源与风险分析：

公司及各项目生产安全事故风险存在于各个重要部位或环节，而且一定程度还受到人的不安全行为、物的不安全状态及周边环境的影响，都可能造成生产安全事故的发生，导致不可挽回的后果。针对公司及各项目的实际情况，发生生产安全事故的类别及风险主要有如下几类：

① 触电。

② 高空坠落。

③ 火灾。

④ 机械伤害。

⑤ 起重伤害。

⑥ 食物中毒。

⑦ 电梯安全。

⑧ 物体打击。

⑨ 其他。

3. 应急组织机构及职责

（1）应急组织体系

公司应急组织体系由应急领导小组和应急指挥部组成，应急领导小组统一领导、决策应急救援管理工作。应急指挥部预警启动后，组织应急处置突发事故，下达应急抢险等调度命令，动员公司及各项目部力量参与应急救援工作等。各项目部应设立应急救援指挥机构，在公司应急指挥机构领导下，负责本项目部内应急救援工作。

（2）应急领导小组

① 公司成立突发事故（事件）应急领导小组，应急领导小组是公司事故（事件）应急救援最高决策机构，负责统一领导公司及各项目部应急救援工作。应急领导小组组长由公司总裁担任，公司副总裁担任副组长，公司总裁助理、总裁专务助理、总裁专项助理及各部门负责人担任应急领导小组成员。

② 应急领导小组下设办公室，办公室与安全质量部合署办公，安全质量部负责人兼任办公室主任，负责日常应急管理工作。公司各项目部应参照公司设立应急救援小组办公室。

（3）应急指挥部

① 公司根据突发事件或者事故现场抢险需要，以及事故性质和等级，成立现场应急指挥部。在突发事件初期，由事发项目部进行自救，自救总指挥由事发项目部负责人担任。突发事件上报公司后，由应急领导小组组长任命现场应急指挥部总指挥，组建现场应急抢险指挥部。

② 应急指挥部是处置突发事故（事件）的领导机构，公司总裁担任总指挥，公司副总裁为副总指挥，指挥部根据需要设置4个小组，包括综合协调组、抢险救援组、安全警戒组、善后救护组。各小组成员由各小组组长拟定。各小组组长与成员为公司兼职应急救援人员，各项目部应根据项目实际情况，组建兼职应急救援抢险队伍。

（4）各级应急组织职责

1）应急领导小组职责

① 贯彻落实国家、省、市有关应急工作方针、政策，建立完善的公司生产安全事故及突发事件应急预警机制。

② 落实上级主管部门有关应急救援管理的工作部署，监督公司各项目部应急体系建设。

③ 建立和完善应急预警机制和原则，研究、决定、部署应对重大应急工作，研究解决人、财、物等问题。

2）应急领导小组办公室职责

① 组织编制、修订、论证、评审、备案、培训应急预案。

② 组建、管理兼职应急救援人员，负责抢险物资设备的需求、更新、统一调配、补给工作。

③ 负责对一般事故应急处理工作进行指导，参与处理一般事故，协助开展重大及以上事故的调查取证工作。

④ 负责应急管理工作信息发布工作。

⑤ 协同组织各项目部进行应急预案的演练工作。

3）应急领导小组成员（部门）职责

① 组长职责：

（a）及时向公司以及当地政府主管部门等报告事故及处理情况，必要时请求援助，并接受其领导，落实指令。

（b）下达应急救援启动和终止指令。

（c）负责生产安全事故的应急救援指挥工作，统一协调应急资源。

（d）审批并落实项目应急准备及救援资金。

② 副组长职责：

（a）协助组长开展应急救援相关工作。

（b）检查督促各应急救援工作小组做好抢险救援、信息上报、善后处理以及恢复生活、生产秩序的工作。

（c）负责对外联络，向新闻媒体发布相关信息。

（d）负责检查监督应急准备工作情况，组织开展应急培训教育及应急预案的演练、操练等活动。

③ 总裁助理、总裁专务助理、总裁专项助理职责：

（a）负责或参与应急事件的善后处理工作。

（b）负责为应急领导小组组长或副组长提供应急处置方案和意见。

④ 总裁办公室职责：

（a）负责应急处置工作的后勤保障工作。

（b）参与综合治理突发事件的协调处置工作。

（c）迅速、客观、准确、真实地提供事故原因和处置情况等，将组长审定后的新闻通稿提供给新闻媒体发布，引导媒体报道。

⑤ 人力资源部职责：

（a）负责或参与处置应急事件的善后工作。

(b) 负责或参与应急处置的后勤保障工作。

(c) 负责监督抢险救灾过程中人员到岗、廉洁、工作纪律等行为考核。

⑥ 财务部职责：

(a) 负责或参与突发事件应急处理经费的支付工作。

(b) 参与应急事件的协调处理工作。

⑦ 投融资部职责：

参与应急事件的后勤保障工作。

⑧ 计划与采购部职责：

参与应急事件的安全警戒工作。

⑨ 合约部职责：

参与应急事件的协调、善后处理工作。

⑩ 安全质量部职责：

(a) 负责突发事件现场安全警戒工作。

(b) 负责或参与协调与应急工作相关的部门、单位，传达指挥部领导指示。

(c) 汇总突发事件信息，按要求向相关领导和上级报送信息，参与突发事件中涉及生产安全事故的调查处理工作。

⑪ 总承包部职责：

(a) 负责突发事件的抢险救援工作。

(b) 负责突发事件中涉及工程结构、工程质量等的应急处置。

(c) 负责或参与提供技术支持和处置建议。

⑫ 通信系统部职责：

协助参与现场抢险、救援、疏散等工作。

⑬ 综合自动化系统部职责：

协助参与应急事件的安全警戒工作。

⑭ 牵引系统部职责：

协助参与现场抢险、救援、疏散等工作。

4) 应急指挥部各项职责

① 应急指挥部职责：

(a) 负责安全生产事故、突发事件等级评估，启动相应级别应急响应。

(b) 控制事故灾害蔓延，必要时划定警戒区域并疏散人员，最大限度地避免或减少人员伤亡。

(c) 负责安全生产事故、突发事件原因分析，制订应急处置方案与措施。

(d) 领导和监督安全生产事故、突发事件处置工作的开展和实施，将事故损失降至最低程度。

(e) 负责事故(事件)调查和处理以及信息发布工作。

(f) 协助事故项目部做好善后处理及恢复生产秩序工作。

② 总指挥职责：

(a) 决定启动应急预案，组织召开现场应急抢险会议，研究事故抢险方案，落实抢险组织。

(b) 负责指挥和协调公司的事故应急救援工作，申请社会应急救援单位。

(c) 负责听取现场事故描述，针对事故现场状况，及时调整救援方案。

(d) 负责安排事故的信息上报工作，必要时，请示上级专业应急救援分队的支援。

(e) 负责下达预警和预警解除指令，决定应急预案的启动与终止时间。

(f) 负责组织事故善后处理工作。

③ 副总指挥职责：

(a) 协助总指挥做好现场各项应急指挥工作。

(b) 负责调集应急救援人员、物资、设备、车辆等。

(c) 根据确定的应急救援方案，负责指挥调度各应急小组开展应急救援工作。

④ 综合协调组职责：

综合协调组由总裁办公室组织财务部、合约部组成，组长由总裁办公室负责人担任，其职责如下：

(a) 及时了解生产安全事故或突发事件的最新动态，并及时向应急总指挥或副总指挥进行汇报。

(b) 负责组织生产安全事故或突发事件信息的收集、整理和发布以及媒体宣传引导等工作。

(c) 负责应急处置工作的后勤保障，确保应急处置工作顺利开展，包括饮水、就餐、车辆安排、抢险工作联络、接待工作等。

(d) 在条件许可的情况下，及时组织恢复水电供给，或根据需要组织临水临电供应。

(e) 负责协调、调度救援物资、设备、器材等，及时组织调运现场。

⑤ 抢险救援组职责：

抢险救援组由总承包部组织通信系统部、牵引系统部组成，组长由总承包部负责人担任，其职责如下：

(a) 根据指挥部确定的实施方案组织人员进行应急抢险和救援。

(b) 负责抢险救援的具体组织工作，抢救遇险人员、控制事态发展、消除次生和衍生事故隐患等。

(c) 根据现场抢险处置状况，及时向总指挥报告抢险进展情况。

(d) 负责兼职应急抢险人员的日常培训学习，熟练掌握应急抢险救援技能。

⑥ 安全警戒组职责：

安全警戒组由安全质量部组织综合自动化系统部、计划与采购部组成，组长由安全质量部负责人担任，其职责如下：

(a) 负责划定警戒区域，维持现场秩序，守护重点目标和重要设置，确保应急处置工作的顺利开展。

(b) 负责组织事故现场人员疏散，清点人数，如对周边单位有影响，应及时通知周边单位人员进行疏散。

(c) 负责事故现场的交通管制，确保消防通道畅通，并引导消防、救护等车辆进入。

(d) 负责对事故造成其他设施的损坏情况进行排查。

(e) 负责现场及比邻建筑物、管线、地面稳定性监测，及时向指挥部汇报监测情况。

⑦ 善后救护组职责：

善后救护组由公司领导层组织总裁办公室、人力资源部、投融资部组成，组长由总裁助理担任，其职责如下：

(a) 负责组织或协调医疗救护力量救治、转运受伤人员，开辟临时医疗救护点，为应急处置提供医疗救护保障。

(b) 负责事件原因的调查处理等工作。

(c) 负责伤亡人员家属接待、安抚、安置等善后工作，必要时通知保险公司派人到现场了解情况。

5) 各项目部应急救援机构职责

① 制定本项目部各项安全生产管理制度、综合应急预案、专项应急预案和现场处置方案。

② 组织训练本项目部的兼职应急救援人员，对人员进行应急救援知识的培训，配备必要的防护、救援物资、设备、器材，指定专人管理，并定期进行检查和维护保养，确保性能完好。

③ 事故(事件)或抢险发生时，立即启动应急预案，组织自救、疏散，同时向业主、监理、项目负责人、安全质量管理部门报告，并视事故的严重程度报公司应急领导小组或上级安全监督管理部门。

④ 在应急指挥部的指挥下，按应急预案分工和事件处置过程要求，相互配合、密切协作，共同开展应急处置和救援工作。

⑤ 当本项目部应急救援体系无法正常运行或救援力量、抢险物资设备器具不足，需要上级有关部门介入时，应全力配合有关方面进行救援。

⑥ 当已经报 119、120 或其他应急救援单位时，派专人到路口接警。

⑦ 有效消除潜在的危险源，尽快恢复生产。

⑧ 配合有关部门及时清查事故原因和受损情况。

⑨ 将项目部的应急预案与本预案相对应的应急救援机构、工作小组名单和联系电话报公司安全质量部备案。

4. 预警及信息报告

(1) 预警

1) 风险源监控的方式、方法

① 建立并严格执行风险源管理制度，落实监控措施。

② 建立风险源台账、档案及监控记录。

③ 指定专人对风险源定期巡检并记录，查“三违”，查事故隐患，发现问题及时报告并落实整改措施。

2) 预防措施

① 落实安全责任、实施责任管理

建立、完善以公司负责人为第一责任人的安全生产领导组织，承担组织、领导安全生产的责任；建立各级人员的安全生产责任制度，明确各级人员的安全责任，抓责任落实、制度落实。

② 安全教育与训练

管理人员应具备安全生产的基本条件与素质；经过安全教育培训，考试合格后方可上岗。

③ 安全检查

安全检查是发现危险源的重要途径，是消除事故隐患，防止事故伤害，改善劳动条件的重要方法。

④ 作业标准化

按科学的作业标准，规范各岗位人员的行为，是控制人的不安全行为，防范安全事故的有效措施。

⑤ 生产技术与安全技术的统一

生产技术与安全技术在保证生产顺利进行、实现效益这一共同基点上是统一的，体现出“管生产必须同时管安全”的管理原则和安全生产责任制的落实。

⑥ 正确对待事故的调查与处理

安全事故是违背人们意愿且又不希望发生的事件，一旦发生安全事故，应采取严肃、认真、科学、积极的态度，不隐瞒、不虚报，保护现场、抢救伤员，进而分析原因、制订避免发生同类事故的措施。

（2）预警行动

1）预警条件

当公司的危险源处于或即将处于危险之中，应急领导小组接到可能导致灾难事故的信息后，应按照分级响应的原则及时研究确定应对方案，并通知有关部门、项目部采取有效措施预防事故发生；认为事故较大，有可能超出本级处置能力时，要及时向上级单位及政府主管部门报告，采取进一步的预警行动。检测、抢险、救援人员进入事故现场必须事先了解危害区域的地形等，做好进场防护。现场监测事故抢修任务结束后，经总指挥同意，方可撤离。当遇有事态恶化或有可能发生失控时，监测、抢救人员撤离现场并启动应急预案。

2）预警方式、方法

预警信息通过手机、电话的通信方式发布，预警内容要明确事故地点、事故类型、事故后果，明确预案启动指令、预警信息通过应急指挥部→现场→岗位作业人员。

3）预警级别

预警级别根据事故严重程度分为Ⅰ级、Ⅱ级、Ⅲ级。当可能发生一般事故，事故不会造成人员死亡，发出Ⅲ级预警；当可能发生一般及较大事故，事故可能会造成人员死亡，发出Ⅱ级预警；当可能发生重大人员伤亡事故、重大财产损失事故，发出Ⅰ级预警。

（3）预警发布与解除

① 对事故信息进行分析判断，必要时组织专家进行分析、评估和预测，确认各种来源信息可能导致安全事故程度，初步确定预警范围并向生产安全事故应急指挥部报告，由现场指挥部发布预警信息。

② 预警警报发布后，应急救援小组应当迅速做好有关准备工作，应急队伍应当进入待命状态。

③ 经对安全事故信息进行分析、判断，或者经应急指挥部会商，事故得到控制或隐患已消除，可宣布预警结束。

（4）信息报告

1）信息报告电话

① 公司应急救援领导小组办公室24小时应急值守电话：联系人、固定电话、手机号码。

② 应急领导小组成员必须保持24小时通信设备畅通，组织应急处置工作。

③ 常用应急电话号码

火警电话：119

急救电话：120

报警电话：110

2）信息汇报原则

遵循“如实、准确、精简”的原则。

3）报告内容

事故报告的内容包括：报告人的单位、姓名及联系方式；事故发生的时间、地点、部位及事故现场情况、已造成的人员伤害及财产损失、采取的应急措施及对外影响情况；其他应报告的情况；出现新情况的及时补报。

4）报告程序

① 首报

当发生一般事故（事件）后，公司、项目部应立即进行应急处置工作，在1小时内上报公司应急领导小组办公室，并上报事故（事件）快报，应急领导小组办公室经组长批准后立即向上级有关单位及区（县）以上安全生产监督管理部门报告。

当发生较大事故后，公司、项目部应立即向公司应急领导小组办公室报告，并于1小时内上报书面报告，应急领导小组办公室接报后经组长批准后立即向上级有关单位及区（县）以上安全生产监督管理部门报告，并在2小时内向上级有关单位及区（县）以上安全生产监督管理部门报告事件基本情况。

当发生重大、特别重大事故时，公司、项目部要立即向公司应急领导小组办公室报告，公司应急领导小组办公室接报后经组长批准后立即向上级有关单位及区（县）以上安全生产监督管理部门报告，或直接向市应急办报告，由市应急办根据相关规定向省政府报告。

② 续报

事故（事件）处置过程中，公司、项目部应将事故（事件）发展变化情况及时报告公司应急领导小组办公室，并由应急领导小组办公室向上级有关单位及区（县）以上安全生产监督管理部门报告。

③ 终报

一般事故及以上事故（事件）处置工作结束后，公司或项目部应将事故（事件）处理结果报告公司应急领导小组办公室，并由应急领导小组办公室向上级有关单位及区（县）以上安全生产监督管理部门报告，并编写事故处理报告进行存档。

5. 应急响应

（1）响应分级

生产安全事故或突发事件应急响应分为四级：Ⅳ级、Ⅲ级、Ⅱ级、Ⅰ级，根据事故（事件）等级，启动相应响应等级。

Ⅳ级应急响应：对于一般事故（事件），公司或项目部立即报公司应急领导小组办公室，最迟不超过1小时。领导小组办公室接到事故（事件）报告后，报组长同意后启动相应预案，并报上级有关单位和区（县）以上安全生产监督管理部门。副总指挥和指挥部办公室负责人立即赶到现场，协调相关部门和单位开展工作，必要时指挥长赶往事发现场组织开展应急处置工作。

Ⅲ级应急响应：对于较大事故，在Ⅳ级应急响应基础上，统一协调公司各方面应急资源，在市相关应急机构的领导下实施应急处置工作。

Ⅱ级应急响应：对于重大事故，应由省级相关应急机构负责组织实施。在Ⅲ级应急响应基础上，统一协调公司各方面应急资源，做好人员的疏散、撤离工作，积极配合省市相关应急机构做好应急处置工作。

Ⅰ级应急响应：对于特重大事故（事件），由国家机关应急机构组织实施，在Ⅱ级应急响应基础上，统一协调公司各方面应急资源，做好人员的疏散、撤离工作，积极配合国家、省市相关应急机构做好应急处置工作。

（2）响应程序

根据事故的大小和发展态势，明确应急指挥、应急行动、资源调配、应急避险、扩大应急响应等程序。

应急响应程序如图 1-2 所示。

（3）处置措施

① 当启动Ⅳ、Ⅲ、Ⅱ、Ⅰ级应急响应时，由公司应急领导小组办公室启动应急预案，应急领导小组组长向上级单位及政府应急机构报告，并向外部救援力量求援，积极协调、配合政府应急机构组织开展应急处置，做好外围防护，严防事态扩大。

② 先期处置：迅速撤出事故发生现场被困人员（含组织人员疏散和安置等避险程序），并协助医疗救护人员做好受伤人员的抢救工作。若事故有扩大可能，进而影响周边环境，应立即联系相关部门及时撤离、疏散附近人员。组织加强应急救援的事态监测工作，对灾后可能引发的潜在危险进行监测，对事故可能引发的风险进行全面评估，监测和分析事故造成的危害性质及程度，以便升高或降低应急警报级别及采取相应对策评估。要按预案的要求和事故严重程度，确定警戒范围，保障救援队伍、物资供应、人员疏散的交通畅通，及时疏散与安置相关人员，减少人员伤亡，控制现场秩序，保障现场救援工作顺利开展，防止次生、衍生事故灾害发生。严格保护事故现场，因抢救人员、防止事故扩大，需要移动现场物件的应做好标志和书面记录，采取拍照、摄像、绘图等方式详细记录事故现场原貌，妥善保存现场重要痕迹、物证。

（4）应急结束

事故现场得以控制，环境符合有关标准，导致次生、衍生事故隐患得以消除后，救援工作具备下列条件，遵循“谁启动，谁终止”的原则，按照“四不放过”的原则进行处置，由公司应急总指挥下达应急救援结束指令，现场应急结束。

① 死亡和失踪人员已查清。

② 事件危害得到控制。

③ 次生事件因素已经消除。

④ 受伤人员基本得到救治。

⑤ 施工生产、生活基本恢复正常。

6. 信息公开

事故的信息和新闻发布，由公司及上一级单位实行集中、统一管理，以确保信息真实、准

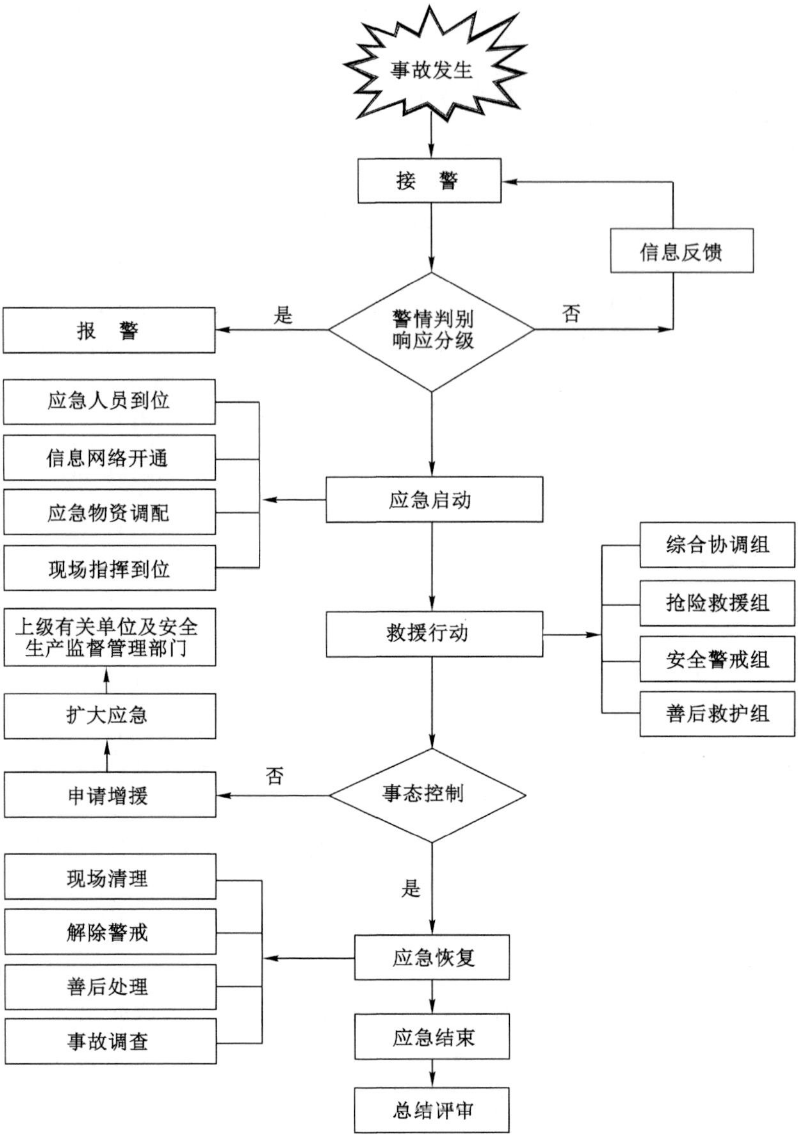

图 1-2　应急响应程序图

确、及时传递，并根据国家有关法律法规的规定向社会公布。

所有的事故信息应由应急领导小组办公室审核批准对外发布，以保证发布信息的统一性、准确性。

重大事故发生后，媒体很可能获悉事故消息，当地报纸、电视和电台的记者会涌到事故现场或企业大门前采集有关新闻消息。必须有专门的负责人定期召开新闻发布会，提供准确信息，避免错误报道。当没有进一步信息时，应该让媒体知道事态发展情况正在调查，将在下次新闻发布会通知，但尽量不要回避或掩盖事实真相。

7. 后期处置

(1) 善后处置

应急领导小组及其办公室和事故发生项目部负责组织生产安全事故的善后处置工作，包括人员安置、补偿、救援物资供应和及时补充、恢复生产等事项，妥善安置和慰问受害及受影响人员，尽快恢复正常的生产秩序。安全事故发生后，按照有关规定要求，及时与保险机构联系，开展保险受理和保险理赔工作。

（2）事故调查、评估及处理

① 应急状态解除后，领导小组办公室中的相关职能部门应整理和审查所有的应急记录和文件等资料，总结和评价导致应急状态的安全事故原因和在应急期间采取的主要行动，并及时做出书面报告，报公司应急领导小组办公室审核备案。

② 总结报告应包括以下内容：发生事故的基本情况，事故原因、发展过程及造成的后果（包括人员伤亡、经济损失）分析与评价，采取的主要应急救援措施及有效性，主要经验教训和安全事故责任人及处理结果等。

③ 应急评估应针对发生的事故或突发事件应急救援行动，评估和检查公司应急救援工作，并及时对应急预案进行修订和完善，进一步加强和改善公司应急救援处置能力。

8. 保障措施

（1）应急队伍保障

① 公司各部门、各项目部应设置兼职应急救援人员。

② 加强兼职应急人员的业务培训和应急演练，强化兼职应急人员的应急处置能力。

③ 建立联动协调机制，提高人员应急救援装备水平。

④ 动员全员有组织地参与应急救援工作。

（2）物资装备保障

① 严格按照各级预案要求配备齐全应急救援物资，并定期和不定期地进行自查，及时补充相关缺少物资。

② 完善应急物资调配工作程序，确保应急所需物资和用品的及时供应。

③ 各项目部配齐应急物资后，需将应急物资清单上报公司应急领导小组办公室存档备案。

（3）财力保障

要保证事故（事件）应急准备、救援工作和善后处理工作所需资金。对受事故（事件）影响较大的项目及时研究提出相关补偿政策，简化应急资金使用流程。

（4）运输保障

保证紧急情况下应急交通工具的优先安排、优先调度，确保应急运输安全畅通。

（5）医疗保障

联络有关医疗机构，建立应急联络医院清单，与应急联络医院签订应急救援协议，协助组织现场救援，及时把伤员送达医院抢救。

（6）通信保障

① 建立应急值守制度，公司应急救援领导小组办公室 24 小时应急值守电话：联系人、固定电话、手机号码。

② 应急领导小组成员必须保持 24 小时通信设备畅通，组织应急处置工作。

（7）人员防护

采取必要的防护措施，严格按照程序要求开展应急救援工作，确保救援人员和作业人员的安全。

9. 应急预案管理

(1) 应急预案培训

① 公司应组织职工进行应急法律法规和预防、避险、自纠、互救、减灾等常识培训，增强员工的忧患意识、社会责任意识和自救、互救能力。

② 对兼职应急救援人员进行专业培训，提高其应急专业技能，培训学时不得少于3学时。

③ 保存培训记录。

(2) 应急预案演练

每年年初由公司安全质量部针对公司安全生产形势，制订应急演练年度计划。演练计划中确定每半年至少开展一次应急预案演练，演练形式不限，可以是实战演练，也可以是桌面推演，但全年至少举行一次实战演练，提高应急队伍的应急实战能力和专业水平。演练结束后，对应急演练的工作质量、应急预案的有效性、可操作性、充分性等进行总结与评估，必要时及时对应急预案进行修订。

(3) 应急预案修订

由安全质量部对应急预案进行制订与解释。应急预案至少每三年修订一次，修订情况应有记录并存档。有下列情形之一的，应急预案应当及时修订：

① 制定预案所依据的法律、法规、规章、标准发生重大变化。

② 应急指挥机构及其职责发生调整。

③ 安全生产面临的风险发生重大变化。

④ 重要应急资源发生重大变化。

⑤ 在预案演练或者应急救援中发现需要修订预案的重大问题。

⑥ 编制单位认为应当修订的其他情况。

(4) 应急预案备案

备案部门:公司所辖区的安全生产监督管理部门。

(5) 应急预案实施

安全质量部负责应急预案的制订与解释。

本预案自发布之日起实施。

10. 奖惩

(1) 对事故应急救援工作中做出突出贡献的先进项目部和个人给予表彰和奖励。

(2) 对迟报、谎报和瞒报事故(事件)或者应急救援工作中有其他失职、渎职行为而丧失应急救援最佳时机，造成人员伤亡或重大经济损失的，对有关责任人给予处罚或行政处分，构成犯罪的，送司法机关处理。

第8章　事故报告、调查和处理制度

第1节　一般规定

(1)《中华人民共和国安全生产法》第十八条规定，生产经营单位的主要负责人对本单位安全生产工作负有下列职责：(七)及时、如实报告生产安全事故。

第四十七条规定，生产经营单位发生重大生产安全事故时，单位的主要负责人应当立即组织抢救，并不得在事故调查处理期间擅离职守。

第八十三条规定，事故调查处理应当按照科学严谨、依法依规、实事求是、注重实效的原则，及时、准确地查清事故原因，查明事故性质和责任，总结事故教训，提出整改措施，并对事故责任者提出处理意见。事故调查报告应当依法及时向社会公布。事故调查和处理的具体办法由国务院制定。

第八十四条规定，生产经营单位发生生产安全事故，经调查确定为责任事故的，除了应当查明事故单位的责任并依法予以追究外，还应当查明对安全生产的有关事项负有审查批准和监督职责的行政部门的责任。

第八十五条规定，任何单位和个人不得阻挠和干涉对事故的依法调查处理。

(2)《中华人民共和国特种设备安全法》第七十条规定，与事故相关的单位和人员不得迟报、谎报或者瞒报事故情况，不得隐匿、毁灭有关证据或者故意破坏事故现场。

(3)《生产安全事故报告和调查处理条例》第九条规定，事故发生后，事故现场有关人员应当立即向本单位负责人报告；单位负责人接到报告后，应当于1小时内向事故发生地县级以上人民政府安全生产监督管理部门和负有安全生产监督管理职责的有关部门报告。情况紧急时，事故现场有关人员可以直接向事故发生地县级以上人民政府安全生产监督管理部门和负有安全生产监督管理职责的有关部门报告。

第十二条规定，报告事故应当包括下列内容：(一) 事故发生单位概况；(二) 事故发生的时间、地点以及事故现场情况；(三) 事故简要的经过；(四) 事故已经造成或者可能造成的伤亡人数(包括下落不明的人数)和初步估计的直接经济损失；(五) 已经采取的措施；(六) 其他应当报告的情况。

第十三条规定，事故报告后出现新情况的，应当及时补报。自事故发生之日起30日内，事故造成的伤亡人数发生变化的，应当及时补报。道路交通事故、火灾事故自发生之日起7日内，事故造成的伤亡人数发生变化的，应当及时补报。

(4)《工伤保险条例》第二条规定，中华人民共和国境内的企业、事业单位、社会团体、民办非企业单位、基金会、律师事务所、会计师事务所等组织和有雇工的个体工商户应当依照本条例规定参加工伤保险，为本单位全部职工或者雇工缴纳工伤保险费。

第十七条规定，职工发生事故伤害或者按照职业病防治法规定被诊断、鉴定为职业病，所在单位应当自事故伤害发生之日或者被诊断、鉴定为职业病之日起 30 日内，向统筹地区社会保险行政部门提出工伤认定申请。遇有特殊情况，经报社会保险行政部门同意，申请时限可以适当延长。

第2节 通用要求

（1）事故报告

① 生产安全事故报告、调查和处理制度应明确事故报告、事故调查、原因分析、纠正和预防措施以及责任追究、统计与分析等内容。

② 发生事故后按照有关规定及时、准确、完整地向有关部门报告。

③ 发生事故后，主要负责人或其代理人立即到现场组织抢救，采取有效措施，防止事故扩大，并保护事故现场及有关证据。

（2）事故调查和处理

① 按照有关规定的要求，组织事故调查组或配合有关部门对事故进行调查，查明事故发生的时间、经过、原因、人员伤亡情况及直接经济损失等，并编制事故调查报告。

② 按照“四不放过”的原则，对事故责任人员进行责任追究，落实防范和整改措施。

③ 妥善处理伤亡人员的善后工作，并按照《工伤保险条例》办理工伤，及时申报工伤认定材料，并保存档案。

④ 建立完善的事故档案和事故管理台账，并定期对事故进行统计分析。

第3节 范　　例

生产事故报告和调查处理制度

1. 总则

（1）为规范公司生产安全事故报告和调查处理工作，掌握事故发生情况，落实事故责任追究，切实减少和防止各类事故发生，根据《中华人民共和国安全生产法》《生产安全事故报告和调查处理条例》《建设工程安全生产管理条例》等国家有关法律法规，结合公司实际，制定本制度。

（2）公司及各项目部生产经营活动中，发生造成人身伤亡或者直接经济损失的生产安全事故的报告和调查处理，适用本制度。

（3）根据生产安全事故造成人员伤亡或直接经济损失，分为以下等级：

① 特别重大事故：是指造成 30 人以上死亡，或者 100 人以上重伤（包括急性工业中毒，下同），或者 1 亿元以上直接经济损失的事故。

② 重大事故：是指造成 10 人以上 30 人以下死亡，或者 50 人以上 100 人以下重伤，或者 5 000 万元以上 1 亿元以下直接经济损失的事故。

③ 较大事故：是指造成 3 人以上 10 人以下死亡，或者 10 人以上 50 人以下重伤，或者

1 000 万元以上 5 000 万元以下直接经济损失的事故。

④ 一般事故：是指造成 3 人以下死亡，或者 10 人以下重伤，或者 1 000 万元以下直接经济损失的事故。

2. 抢险与救护

(1) 发生事故，必须立即组织抢救、采取紧急措施，防止事故蔓延扩大。

(2) 单位负责人接到事故报告，立即启动事故应急预案，采取有效措施，组织抢救，防止事故扩大，减少人员伤亡和财产损失。安全、生产、防火、保卫等部门及人员应协助做好现场抢救和警戒工作。

(3) 事故发生后，有关单位和人员应当妥善保护事故现场以及相关证据，任何单位和个人不得破坏事故现场、毁灭相关证据。因抢救人员、防止事故扩大以及疏通交通等原因，需要移动事故现场物证的，应当做出标志，绘制现场简图并做好书面记录，妥善保存现场重要痕迹、物证。

3. 事故报告

(1) 事故发生后，事故现场有关人员应立即直接或逐级向本单位负责人和安全管理部门报告；事故单位负责人和安全管理部门在接到报告后，立即报告公司领导。公司应在事故发生 1 小时内向上级有关部门报告。情况紧急时（如事故发展态势严重，需动用公司、社会力量参与），事故现场有关人员可直接向公司领导报告。特殊情况下（事故应急救援需动用社会力量参与；事故报告时限紧张，通过公司报告可能超出《生产安全事故报告和调查处理条例》时限要求；公司明确指派事故单位直接上报等），在发生事故 1 小时内，事故单位可在报公司的同时直接向事故发生地县级以上人民政府安全监督管理部门和负有安全生产监督管理职责的有关部门报告。

(2) 报告事故应当包括下列内容：

① 事故发生单位概况。

② 事故发生的时间、地点以及事故现场情况。

③ 事故的简要经过。

④ 事故已经造成或者可能造成的伤亡人数（包括下落不明的人数）和初步估计的直接经济损失。

⑤ 已经采取的措施。

⑥ 其他应当报告的情况。

(3) 发生事故的单位，须在 24 小时内将书面事故报告报公司安全质量部。造成人员伤亡需办理工伤的，需同时执行公司《职工工伤保险管理制度》。对于未遂事故或没有人员受伤的事故，同样用书面材料报告公司安全质量部，以便摸索事故发生的一般规律，提出避免事故的对策，避免同类事故的发生。

(4) 事故报告后出现如下新情况的，应当及时补报。自事故发生之日起 30 日内，事故造成的伤亡人数发生变化的，应当及时补报。道路交通事故、火灾事故自发生之日起 7 日内，事故造成的伤亡人数发生变化的，应当及时补报。

(5) 对所在单位发生事故隐瞒或者拖延不报的，职工有权直接向公司领导、安全质量部、工会等部门反映。

4. 事故调查

(1) 发生一般及以上事故，由相应政府或其授权、委托的部门组织事故调查组进行调查。调查时，公司安全质量部等有关部门和事故单位应根据调查组要求积极协调配合。

(2) 接到事故报告后，公司领导立即组织安全质量部、工会、人力资源部等部门进行初步调查，以初步查明事故发生的经过、原因、人员伤亡情况及直接经济损失等情况。造成伤亡事故的，安全质量部需同时填写《职工伤亡事故调查表》。

(3) 未造成人员伤亡的一般事故，受上级部门委托可自行调查处理的，公司成立由安全质量部、工会、工程部、人力资源部、总工办等部门组成的事故调查组，按照《生产安全事故报告和调查处理条例》规定实施事故调查，形成事故调查报告。

(4) 事故调查组成员应当具有事故调查所需要的知识和专长，并与所调查的事故没有直接的利害关系。

(5) 事故调查组履行下列职责：

① 查明事故发生的经过、原因、人员伤亡情况及直接经济损失。

② 认定事故的性质和事故的责任。

③ 提出对事故责任者的处理建议。

④ 总结事故教训，提出防范和整改措施。

⑤ 提交事故调查报告。

(6) 事故调查组有权向有关单位和个人了解与事故有关的情况，并要求其提供相关文件、资料，有关单位和个人不得拒绝。事故发生单位的负责人和有关人员在事故调查期间不得擅离职守，并应当随时接受事故调查组的询问，如实提供有关情况。事故调查中发生涉嫌犯罪的，事故调查组应当及时将有关材料或者其复印件移交司法机关处理。

(7) 事故调查组成员在事故调查工作中应当诚信公正、恪尽职守、遵守事故调查组的纪律，保守事故调查的秘密。未经事故调查组组长允许，事故调查组成员不得擅自发布有关事故的信息。

(8) 事故调查组应当自事故发生之日起 30 日内提交事故调查报告；特殊情况下，提交事故调查报告的期限可以适当延长，但延长的期限最长不得超过 30 日。

(9) 事故调查报告应当包括以下内容：

① 事故发生单位概况。

② 事故发生经过和事故救援情况。

③ 事故造成的人员伤亡和直接经济损失。

④ 事故发生的原因和事故性质。

⑤ 事故责任的认定以及对事故责任者的处理建议。

⑥ 事故防范和整改措施。

事故调查报告应当附有相关证据材料。事故调查组成员应当在事故调查报告上签名。

5. 事故处理

(1) 违反公司《安全生产管理制度》，除按国家、省有关规定处罚外，公司将对发生死亡、重伤、多起轻伤事故的项目部实行经济处罚。对行政主要负责人和有关责任人视情节轻重、责任大小，按有关规定分别给予行政纪律处分和经济罚款；涉嫌犯罪的依法移交司法机关处理。

（2）事故处理坚持“四不放过”（事故原因未查清不放过、责任人员未处理不放过、整改措施未落实不放过、有关人员未受到教育不放过）的原则，认真总结事故的教训，防止类似事故再次发生。

（3）事故原因调查清楚后，要迅速制订防范或改进措施，专人负责实施，限期完成，防止事故的重复发生。整改不力或教育不到位的，将继续予以追究责任。

6. 附则

（1）项目部的安全部应认真做好生产安全事故建档工作，加强台账资料的管理。

（2）本制度由公司安全质量部负责解释，自发布之日起施行。

第二篇

轨道交通机电系统工程
施工安全标准化

第 1 章　机电系统工程安全文明施工

第 1 节　一般规定

1.1.1　安全监督手续及施工许可证的办理

（1）项目中标后开工前必须落实专人及时向当地行政主管部门进行报监，了解地方报监流程。

（2）安全监督手续所需资料包括且不限于以下内容：

① 建设工程安全监督申报表。

② 建设、施工、监理单位安全文明施工承诺书。

③ 工程项目生产安全事故应急救援预案。

④ 工伤保险缴纳凭证。

⑤ 安全文明施工措施费支付计划。

⑥ 施工组织设计。

（3）施工许可手续所需资料包括且不限于以下内容：

① 用地批准手续。

② 建设规划许可证。

③ 施工条件报告，需附两张照片（施工现场全景照片、施工围挡封闭情况）。

④ 工程资金证明或银行保函及无拖欠工程款承诺书。

⑤ 消防设计审核意见书。

⑥ 农民工工资保证金缴纳证明。

1.1.2　安全教育

（1）新进场工人必须经过三级安全教育并考核合格后方能上岗，不合格者重新组织安全教育或辞退。

（2）新进场或换岗作业人员，安全生产培训课时必须按国家相关规定执行。

（3）保留三级教育影像资料、培训内容资料、签到记录和考核资料，并建立台账。

（4）项目部还应对项目人员进行日常安全教育及专项安全教育。

1.1.3　实名制管理

（1）新进场工人必须进行实名制管理，按项目所在地住建部门的相关要求进行个人实名制信息录入。

(2) 施工现场设置实名制闸机，对工人实行每天的实名制考勤。

1.1.4 安全技术交底

(1) 制订安全技术交底制度。

(2) 安全技术交底实行三级交底制：一级交底是指公司总工程师向项目部做项目总交底；二级交底是指项目部总工程师向现场管理人员交底，三级交底是指现场施工管理人员向作业班组、作业人员交底。

(3) 交底采用书面交底形式，口头详细说明，必要时应作图示详细解释。安全交底应全面，有针对性，符合有关安全技术操作规程要求的规定，内容准确、通俗易懂，落实到各项工序施工的作业人员。

(4) 交底部门应做好交底记录，交底人和接收人必须签字，交底记录一式两份，双方各存一份。

(5) 利用现有技术，制作安全技术交底二维码，在施工现场显著位置张贴。

1.1.5 安全检查

(1) 建立安全检查制度。项目部制订安全检查制度，检查制度应明确现场安全检查的形式、检查频次、检查人员构成、检查结果处理等。安全检查包括定期检查、不定期检查、专项检查和季节性检查等。定期检查项目部一般每周 1 次，公司一级一般每月 1 次，其他形式的检查随机而定。

(2) 安全检查应对检查情况进行记录，填写书面检查记录表。

(3) 检查记录表分为公司对项目部检查记录表和项目部自查记录表。

(4) 检查记录表应载明时间、参与人员、职务(职称)、存在问题(隐患)、整改时限等，并有相关人员签字确认。

(5) 检查记录表对存在问题(隐患)的描述应客观、准确，具有针对性，列明隐患存在的部位、违反标准规范或行为的要求等。

(6) 项目部的安全检查整改情况还应由监理单位确认。

(7) 对下发的隐患整改通知单，项目部应按照“三定”(定人、定时间、定措施)原则予以落实整改。

(8) 对重大事故隐患，整改后由施工企业安全生产管理部门组织复查。

1.1.6 安全宣传

1.1.6.1 施工信息牌图

(1) 施工现场醒目位置应设置规范、整齐、统一的十三牌三图。

(2) 施工信息牌图应包括：工程概况牌、管理人员名单及监督电话牌、消防保卫(防火责任)牌、安全生产牌、文明施工牌和施工现场平面图(老五牌一图)；卫生须知牌、十项安全生产技术牌、农民工维权公示牌、安全纪律牌、安全标语牌、领导带班制度牌、二十四小时巡视制度牌、重大风险源公示牌，安全文明施工责任图、消防器材布置及逃生路线图(新增八牌二图)。

(3) 施工信息牌图排架宜采用不锈钢管制作，牌图宜采用彩色喷绘＋KT 板覆亚膜防水。如为单块条状布置，单块尺寸宜为 120 cm×200 cm；如为整块布置，尺寸宜为 3 m×11 m。

(4) 施工信息牌图的安装底边宜距地面 0.6 m。

1.1.6.2　文化宣传牌

(1) 文化宣传牌可采用宣传展板和宣传画两种形式。

(2) 宣传展板包括室内和室外两种。室内展板附着于墙壁上；室外展板采用不锈钢排架竖立于地面或采用不锈钢边框附着于墙面。

(3) 宣传展板宜采用彩色喷绘＋KT 板覆亚膜防水制作，尺寸根据实际需要确定。

1.1.6.3　安全警示标识牌

(1) 施工现场出入口、主要施工区域及危险部位必须悬挂安全警示标识牌，并指定专人负责。根据施工现场的变化及时更新安全警示标识的位置和内容。

(2) 按照《安全标志及其使用导则》(GB 2894—2008)的相关规定，对施工现场进行安全标志的设置。

1.1.6.4　材料标识牌

(1) 施工现场材料、半成品、成品应当悬挂标识牌。内容应包括：名称、生产厂家、规格型号、炉(批)号、进场日期、进场数量、检验状态、检验结论等。

(2) 标识牌采用喷绘＋KT 板或有机玻璃制作，尺寸宜为 30 cm×40 cm，放置于相对应的材料正面或侧面，高度宜为 1.2～1.5 m。

第 2 节　临建搭设

1.2.1　项目部驻地

1.2.1.1　总体规划布置

生活办公区的布置与建设应符合“安全、文明、经济、适用、环保”的原则，满足员工良好的工作、生活环境需求。

在临建设施规划布局及搭设方案中对临时消防设施应予以明确，办公区、生活区、施工区应加强灭火器材、消防给水系统、应急照明等临时消防设施的配置。

1.2.1.2　大门、门岗、旗台、围墙

(1) 大门

① 大门立柱共设置 2 处，位于大门两侧，立柱间净距不宜小于 6 m；立柱采用砖砌或钢结构，长、宽均不小于 0.8 m，进行饰面处理。

② 沿进出项目部道路最近一侧的立柱旁砌筑项目铭牌墙，墙体外表面胶粘项目名称与施工企业图形标志。

③ 大门采用电动伸缩门，并能够全部缩回铭牌墙体内。

(2) 门岗

大门内应设置门卫室，标准同施工现场门岗，并设监控显示设备。

(3) 旗台

① 旗台长 3.60 m、高 0.72 m，横断面为直角梯形。

② 底座颜色为红色或者黑色，贴光面瓷砖。

③ 三根旗杆为直径 10 cm 的不锈钢钢管，高度不低于 9 m，中杆最高。

(4) 围墙

① 办公区实行封闭管理，在围墙墙体上可贴企业宣传图，采用通透式防护栅栏、彩钢(塑)板或砖砌围墙，高度应为 1.8～2.5 m。采用砖砌围墙时，应不大于 6 m 设置一个墙垛。围墙基础尺寸和埋深根据地质情况自行选定。

② 在驻地围墙外侧设置文化墙，内容为企业精神和理念，尺寸宜大于 200 cm×520 cm。

1.2.1.3 办公室

(1) 办公室大门上方应设置部门铭牌，室内要求通风、照明良好，并设有防暑、取暖设备。

(2) 室内具备办公条件，岗位职责等有关制度、图表上墙，设施良好，文件资料归档整齐。

1.2.1.4 党建活动室

党建活动室大小根据项目党组织机构规模设置，室内要设置书柜和桌椅，书柜上放置有关党风廉政书籍和文件。

1.2.1.5 资料室

(1) 归档整理各项活动的文件、材料、音像、报表。

(2) 文档管理员必须坚持文书随时立卷的归档制度，并分门别类做好收集、整理、立卷、归档工作。

1.2.1.6 会议室

(1) 会议室形象背景墙材质为 PVC 板，施工企业标识居中，下为“施工企业及标段名称”字样。

(2) 背景墙上方根据尺寸安装 LED 显示屏，侧墙应悬挂会议室制度，墙上挂有项目工程概况牌、组织机构图、平面布置图、施工形象进度图，安全、质量、环保组织机构图，安全、质量与环保保证体系图，项目管理方针和管理目标、工程质量创优规划牌等。

1.2.1.7 农民工学校

(1) 农民工学校可设置在办公区或生活区，面积应不少于 60 m^2，教室门口应悬挂标牌，可与食堂或会议室合建。

(2) 农民工学校应设置不少于 30 张桌椅，并配备讲课使用的投影仪等设备。

(3) 室内应挂设教育培训制度、教育培训组织机构牌及相关的工作职责牌。

(4) 室内设置宣传展板，布于两侧；同时应放置相应安全教育读本。

1.2.1.8 宿舍

(1) 宿舍必须整齐一致，卫生清洁，设置可开启式窗户，室内通风照明良好。宿舍室内净高不得小于 2.5 m，通道宽度不得小于 0.9 m。

(2) 统一设置床铺，严禁使用通铺，宜配置衣帽柜、洗漱架、条桌等生活设施。住宿人员人均面积应不小于 3 m^2。每间住宿人数不宜超过 6 人。

(3) 宿舍应配置保暖、消暑、防蚊虫叮咬设施；配置独立线路的冷暖空调。

(4) 宿舍门口上应当张贴宿舍管理制度、住宿人员名单、卫生值日表、应急疏散示意图等。

(5) 宿舍内电压宜选用安全电压，用电插口必须为 USB 充电插座，采用强电照明的必须使用限流器；每间宿舍内应设置自动喷淋系统。

(6) 宿舍区域应设置人员信息登记牌、消防责任牌、安全提示牌、逃生指示及应急照明灯等标识。

1.2.1.9　厨房、餐厅

(1) 厨房

① 厨房应独立设置一栋，不得与宿舍混建。厨房应具有储物间、操作间(总面积不小于 60 m^2)及独立砖砌储气室，储气室与操作间之间应设置砖砌防火墙(高度不低于 2.5 m)。

② 食堂应在政府相关部门合法取得卫生许可证，并将复印件贴于墙上；炊事员必须定期进行健康检查，并持有有效的健康证件，工作时应穿戴工作服、工作帽。

③ 厨房操作间应有安装水晶板门帘或纱门、纱窗以及蔬菜、水产、禽肉、餐具清洗池及工具清洗池。内部设施应易于清洗、布局合理，生、熟菜及菜板等用具必须分开存放，避免生熟工序交叉污染。厨房制作台、灶台、备餐台面应采用不锈钢材质。厨房地面应铺设防滑瓷砖，排水应通畅。

④ 厨房的灶台、抽油烟机、工作台、放物架及室内的灯具、电扇等应洁净，无油垢、污垢和异味。

⑤ 食堂污水排放系统应与地下隔油池相连；下水管出口应有市政污水管线连接的过滤网，排水通畅。

⑥ 应悬挂就餐制度、食堂卫生管理制度、餐饮管服人员健康证件等，同时张贴节约食物、讲究卫生等宣传画和温馨提示。

⑦ 必须依法合规建设燃气设施；与有资质的正规燃气经营企业签订供用气合同；使用符合国家标准的气瓶；使用性能完好的燃气燃烧器具以及螺纹连接的不锈钢软管、调压阀、泄漏报警器；气瓶单独存放；瓶装燃气存放间、使用间配备满足要求的消防器材。

(2) 餐厅

餐厅应张贴食堂管理制度，设置餐桌数应按照就餐人员数量而定，设空调、餐具消毒柜、餐具储存柜等设备。

1.2.1.10　盥洗室、浴室、卫生间、晾衣棚

(1) 盥洗室

① 盥洗室应根据需要配置开水器，宜设置全自动洗衣机。

② 盥洗室内应做好排水处理，地面不得存在积水现象；地面应有防滑措施，设专人负责日常管理。

(2) 浴室

① 浴室地面应防滑，浴室应与更衣间隔离。

② 浴室应能供应冷、热水。

③ 浴室应有不少于一扇通风百叶窗和一台排风电器，浴室应通风良好。

④ 浴室的实砖墙壁应瓷砖贴面。

⑤ 浴室的室内排水与室外排水系统应相连、畅通。

(3) 卫生间

① 必须分别设置男女卫生间,高度不应低于 2.5 m。卫生间蹲位应不小于 1 m^2/人,蹲位间隔墙或隔板的高度应不小于 1.5 m。

② 卫生间应设置照明、通风、采光措施,卫生间门、窗、照明设施应当齐全,窗户应安装百叶窗,且应通风透气。

③ 卫生间墙面应张贴卫生间管理制度和卫生责任牌,每天定人定时进行清扫,确保卫生间的洁净、卫生。

④ 卫生间应有符合抗渗要求的带盖化粪池。化粪池底部和侧壁应作防渗处理,卫生间污水应经化粪池接入市政污水管网,严禁直接排入市政污水管道、河道或土坑内。

(4) 晾衣棚

晾衣棚顶和四周应采用阳光板,大小根据人员数量确定。

1.2.1.11 停车棚、电瓶车棚

(1) 停车棚车位应用黄色油漆在地面明显划分。

(2) 电瓶车棚的高度不小于 2.5 m,设置充足的充电插座,禁止私自接线充电,旁边应配置一组灭火器。

1.2.1.12 消防设施

项目生活办公区应设置消防柜,并在易燃物品旁设置消防器材;应分别设置太平斧、消防桶、黄沙池等微型消防站,每 100 m^2 至少配置一组(2 具)灭火器;消防器材按规定每半月巡检一次,对失效的消防器材进行更换。

1.2.1.13 宣传栏(文化长廊)

文化长廊内主要宣传与企业相关的文化理念,包括历史沿革、责任文化、管理文化、安全文化、形象文化、效益文化、团队文化、执行文化、人才文化、创新文化、廉洁文化、合作文化、和谐文化等。

1.2.2 工人生活区

1.2.2.1 总体布置

(1) 生活区总体布置同“项目生活办公区”中的相关要求。

(2) 活动板房材料应符合《建设工程施工现场消防安全技术规范》(GB 50720—2011)规定的 A 级燃烧性能等级要求,建筑层数不宜大于两层,总高度不宜大于 6.5 m;每层建筑面积大于 200 m^2 时,应设置至少两部疏散楼梯,房间疏散门至疏散楼梯的最大距离不应大于 25 m。

(3) 生活区应设置临时消防车道,净宽度和净空高度均不应小于 4 m,可与场内临时道路合建。当临时用房或施工区占地面积超过 3 000 m^2 时,必须设置环形临时消防车道(周边道路满足消防车通行要求及灭火救援时,施工现场内可不设置临时消防车道)。

(4) 生活区设施必须采取防台风措施,保证设施的稳固性。生活区设施搭设完成后,施工单位(使用单位)应组织临建设施的安装单位、使用单位、监理单位进行检查验收,验收通过后方可投入使用。

1.2.2.2 宿舍

工人生活区宿舍同“项目部驻地”中的相关要求,现场图如图 2-1 所示。

图 2-1　生活区宿舍图

1.2.2.3　其他

工人生活区中厨房、餐厅、盥洗室、浴室、卫生间、晾衣棚、停车棚、围墙、大门、门岗等标准等同“项目部驻地”中的相关要求。

第 3 节　安全防护

1.3.1　“三宝”个体防护

(1) 按要求定期发放劳保用品，并建立管理台账。

(2) 施工人员必须统一着装，安全防护用品穿戴整齐。

(3) 安全帽应符合《安全帽》(GB 2811—2019)的要求，并有出厂合格证、生产许可证号和安全防护标识证号。

(4) 进入施工现场必须按规定佩戴安全帽：领导及来宾安全帽为红色，施工技术人员安全帽为蓝色，监理、安检人员安全帽为白色，普通作业工人安全帽为黄色。帽衬松紧合适，下颌带系好。

(5) 安全带应符合《安全带》(GB 6095—2009)的技术和检验要求。进场应提供生产日期、生产许可证、产品合格证、检验证。

(6) 安全带上的各种部件不得随意拆除、接长使用。安全带应高挂低用，使用 3 m 以上长绳应加缓冲器。高空作业场所应佩戴全身背带式安全带。

(7) 安全网应符合《安全网》(GB 5725—2009)的相关规定，必须有出厂检验合格证，所使用的密目式安全网网目密度不低于 2000 目/100 cm^2 的要求，并应具有抗冲击、耐贯穿、阻燃性能检测合格报告。

(8) 立网和平网必须严格区分使用，立网绝不允许当平网使用。

(9) 安全网在不使用时，必须妥善存放、保管，防止受潮发霉。

1.3.2　“四口”安全防护

(1) “四口”是指楼梯口、电梯井口、预留洞口、通道口。

(2) 施工过程中在深度 2 m 及以上的桩孔、沟槽与管道孔洞、楼梯口、电梯口及设备安装预留洞口、上料口、通道口等周边作业，需设置洞口防护。孔、洞采取的防护措施及构造、强度、刚度应符合《建筑施工高处作业安全技术规范》(JGJ 80—2016)的规定要求。轨道交通工程施工现场常见洞口类型及防护措施见表 2-1。

表 2-1　常见洞口类型及防护措施

序号	洞口类型	防护措施
1	结构板、板面和平台等面上短边尺寸小于 25 cm 但大于 2.5 cm 的孔口。	必须用坚实的盖板盖严,并有固定其位置的措施。
2	板面等处边长为 25～50 cm 的洞口、安装模板绑扎钢筋预留的洞口及临时形成的其他洞口。	可用竹、木等作盖板,盖住洞口,盖板须能保持四周搁置均衡,并有固定其位置的措施。
3	边长为 50～150 cm 的洞口。	必须设置以扣件扣接钢管而形成网格,并在其上满铺脚手板;也可采用贯穿于混凝土板内的钢筋构成防护网,钢筋网格间距不得大于 20 cm。
4	位于车辆行驶道旁的洞口、深沟以及管道坑、槽。	加设盖板应能承受不小于来往车辆有效承载力 2 倍的荷载。
5	墙面等处的竖向洞口。	凡落地的洞口应加装开关式、工具式或固定式的防护门、门栅,网格的间距不应大于 15 cm,也可采用防护栏杆,下设踢脚板。
6	下边沿至板面或底面低于 80 cm 的窗台等竖向洞口。	侧面落差大于 2 m 时,应加设 1.2 m 高的临时护栏。
7	对邻近的人或物有坠落危险性的其他竖向的孔、洞口。	均应予以盖严或加以防护,并有固定其位置的措施。
8	站台层、站厅层预留洞口四周有墙体砌筑(距洞口边沿 2.5 m 范围内)、二次结构模板安拆的部位。	人员无可靠落脚点时需逐步搭设满堂脚手架,并采取可靠的平面防护(满足 300 kg/m^2 的荷载要求)。
9	边长在 150 cm 以上的洞口。	四周设防护栏杆,洞口下平面部位设安全平网。
10	端头井孔、施工临时预留孔。	随板面施工逐步消除洞口,或参照预留洞口防护。

1.3.3　"五临边"安全防护

施工现场中,工作面边缘无围护或围护设施高度低于 80 cm 时的高处作业需要设置临边防护。临边防护应连续设置,防护设施的构造和强度、刚度应符合《建筑施工高处作业安全技术规范》的规定要求。对临边高处作业,必须设置防护措施,并符合下列规定:

(1) 尚未安装栏杆或栏板的阳台与挑平台周边,雨篷与挑檐边,无外脚手架的屋面与楼层边,都必须设置防护栏杆。

(2) 临边防护栏杆杆件的规格及连接要求,应符合要求:钢管横杆及栏杆柱均采用 ϕ48 mm×3.5 mm 的管材,以扣件固定。

(3) 搭设临时防护栏杆时,必须符合下列要求:

① 建筑物楼层的楼面周边、楼梯口和梯段边、脚手架、建筑物通道的两侧边以及各种垂

直运输平台等必须设置防护，防护采用钢管栏杆，栏杆由立杆及两道横杆组成，上横杆离地高度为1.0～1.2 m，下横杆离地高度为0.5～0.6 m，立杆间距为1.5 m，并加挂安全网，设踢脚板，作警戒色标记，加挂警示牌。施工过程中如需拆除防护设施，施工过程中质安员监督指导，施工完后立即恢复。

② 栏杆柱的固定：当在基坑四周固定时，可采用钢管打入地面50～70 cm深，钢管离边口的距离不应小于50 cm。在混凝土楼面、屋面或墙面固定时，可用预埋件与钢管或钢筋焊牢。

(4) 防护栏杆必须由上而下用安全网封闭，或在栏杆下边设置严密固定的、高度不低于18 cm的挡脚板或40 cm的挡脚笆，挡脚板或挡脚笆上如有孔眼应不大于25 mm，板与笆下边距离地面的空隙不应大于10 mm。

(5) 临近小区路边的脚手架外侧每层还应设置宽度不小于2 m的安全挡板进行封闭。

(6) 防护栏杆的拆除：临边防护栏杆应在防护区域作业停止后方可拆除。拆除前必须经项目部质安员同意并对拆除人员进行安全技术交底，拆除时必须有质安员在场进行监督指挥。拆除下来的材料不能乱抛乱扔，必须堆放整齐。

1.3.4 移动操作平台安全防护

(1) 移动式操作平台应按规定进行设计计算。

(2) 操作平台应按设计和规范要求进行组装，铺板应严密。

(3) 移动式操作平台的面积不超过10 m^2，荷载不宜超过1.5 kN/m^2。

(4) 行走脚轮和导向脚轮应配有制动器或刹车闸等使脚轮切实固定的装置，防止平台失控、滑移(图2-2)。

(5) 移动式操作平台脚轮的承载力不应小于5 kN，脚轮的制动器不应小于2.5 N·m的制动力矩。移动式操作平台架体必须保持垂直，不得弯曲变形，平台脚轮的制动器除在移动情况外，均应保持制动状态。

(6) 移动式操作平台可以采用ϕ48 mm×3.5 mm镀锌钢管作次梁与主梁，上铺50 mm脚手板作铺板。铺板应采用绑扎等方式固定，并以ϕ48 mm×3.5 mm的钢管作主柱。

(7) 移动操作平台在施工中，不得在倾斜或移动状态时上下人，不得载人移动。

(8) 移动式操作平台轮子与平台连接应牢固、可靠，立柱底端距地面高度不得大于80 mm。

(9) 使用移动操作平台作业人员身体条件必须符合登高作业要求，作业前必须接受专项安全教育和安全技术交底。

(10) 作业前，应检查移动操作平台是否平整稳固，架体和构配件是否齐全，存在脱焊、裂缝、变形、锈蚀严重和滑轮刹车失灵的不准使用，不配套的操作平台不得混合使用于同一操作平台上，必须有验收确认和挂移动式操作平台验收牌。

(11) 操作移动式平台的注意事项：

① 作业人员必须戴好安全帽，系好安全带，穿好防滑鞋。

② 人员上架时必须用固定梯架，不准手持工具、材料等物品攀爬。

③ 平台上方摆放的材料要平稳、固定，防止滑落。工具应随手放入工具袋。物件应上下传递，禁止抛扔任何物件。

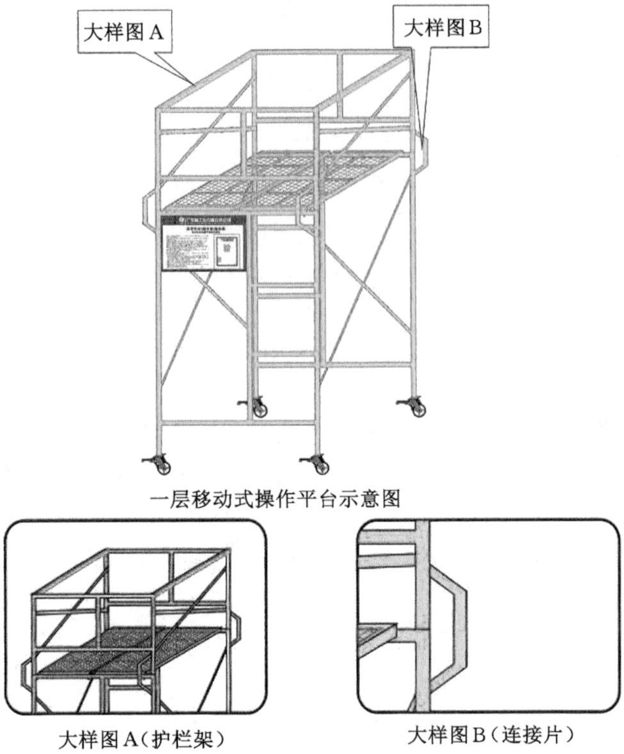

图 2-2　移动式操作平台展示图

④ 配电箱、电焊机等笨重机具不得放置于架体层间和平台上方。

⑤ 不准直接在平台上操作烧焊、气割、敲击等作业，以免造成平台结构损坏。

⑥ 任何人不得擅自拆除、改动平台所有安全措施。使用移动操作平台前必须经项目部相关部门验收及办理审批手续才能使用。

⑦ 移动操作平台时，平台上方严禁有人和物件，并且必须有防止倾覆措施，防止倾覆。每次使用前及移动后必须仔细检查，确认符合安全要求才能继续使用。

第4节　临时用电

1.4.1　一般规定

建筑施工现场临时用电工程专用电源中性点直接接地的220/380V三相四线制低压电力系统，必须符合以下规定：

(1) 采用三级配电系统。

(2) 采用TN－S接零保护系统(称“三相五线制”)。

(3) 采用二级漏电保护系统。

1.4.2　临时用电管理

(1) 施工现场临时用电设备在5台及以上或设备总容量在50 kW及以上者，应编制用电组织设计。

(2) 施工现场临时用电组织设计应包括下列内容：

① 现场勘测。

② 确定电源进线、变电所或配电室、配电装置、用电设备位置及线路走向。

③ 进行负荷计算。

④ 选择变压器。

⑤ 设计配电系统：

(a) 设计配电线路，选择导线或电缆。

(b) 设计配电装置，选择电器。

(c) 设计接地装置。

(d) 绘制临时用电工程图纸，主要包括用电工程总平面图、配电装置布置图、配电系统接线图、接地装置设计图。

(e) 设计防雷装置。

(f) 确定防护措施。

(g) 制定安全用电措施和电气防火措施。

(3) 临时用电工程图纸应单独绘制，临时用电工程应按图施工。

(4) 临时用电组织设计及变更时，必须履行“编制、审核、批准”程序，由电气工程技术人员组织编制，经相关部门审核及具有法人资格企业的技术负责人批准后实施。

(5) 临时用电工程必须经编制、审核、批准部门和使用单位共同验收，合格后方可投入使用。

(6) 电工及用电人员：

① 电工必须经过按国家现行标准考核合格后，持证上岗工作；其他用电人员必须通过相关安全教育培训和技术交底，考核合格后方可上岗工作。

② 安装、巡检、维修或拆除临时用电设备和线路，必须由电工完成，并应有人监护。电工等级应同工程的难易程度和技术复杂性相适应。

③ 各类用电人员应掌握安全用电基本知识和所用设备的性能，并应符合下列规定：

(a) 使用电气设备前必须按规定穿戴和配备好相应的劳动防护用品，并应检查电气装置和保护设施，严禁设备带“缺陷”运转。

(b) 保管和维护所用设备，发现问题及时报告解决。

(c) 暂时停用设备的开关箱必须分断电源隔离开关，并应关门上锁。

(d) 移动电气设备时，必须经电工切断电源并做妥善处理后进行。

(7) 施工现场临时用电必须建立安全技术档案，并应包括下列内容：

① 用电组织设计的全部资料。

② 修改用电组织设计的资料。

③ 用电技术交底资料。

④ 用电工程检查验收表。

⑤ 电气设备的试验、检验凭单和调试记录。

⑥ 接地电阻、绝缘电阻和漏电保护器漏电动作参数测定记录表。

⑦ 定期检(复)查表。

⑧ 电工安装、巡检、维修、拆除工作记录。

⑨ 安全技术档案应由主管该现场的电气技术人员负责建立与管理。其中,“电工安装、巡检、维修、拆除工作记录”可指定电工代管,每周由项目经理审核认可,并应在临时用电工程拆除后统一归档。

⑩ 临时用电工程应定期检查。定期检查时,应复查接地电阻值和绝缘电阻值。

⑪ 临时用电工程定期检查应按分部、分项工程进行,对安全隐患必须及时处理,并应履行复查验收手续。

1.4.3 配电室

(1) 配电室应靠近电源,并应设在灰尘少、潮气少、振动小、无腐蚀介质、无易燃易爆物及道路畅通的地方。

(2) 成列的配电柜和控制柜两端应与重复接地线及保护零线作电气连接。

(3) 配电室和控制室应能自然通风,并应采取防止雨雪侵入和动物进入的措施。

1) 配电室布置应符合下列要求:

① 配电柜正面的操作通道宽度,单列布置或双列背对背布置均应不小于 1.5 m,双列面对面布置不小于 2 m。

② 配电柜后面的维护通道宽度,单列布置或双列面对面布置均应不小于 0.8 m,双列背对背布置不小于 1.5 m,个别地点有建筑物结构凸出的地方,则此点通道宽度可减少 0.2 m。

③ 配电柜侧面的维护通道宽度不小于 1 m。

④ 配电室的顶棚与地面的距离不低于 3 m。

⑤ 配电室内设置值班或检修室时,该室边缘距配电柜的水平距离大于 1 m,并采取屏障隔离。

⑥ 配电室内的裸母线与地面垂直距离小于 2.5 m 时,采用遮拦隔离,遮拦下面通道的高度不小于 1.9 m。

⑦ 配电室围栏上端与其正上方带电部分的净距不小于 0.075 m。

⑧ 配电装置的上端距顶棚不小于 0.5 m。

⑨ 配电室内的母线涂刷有色油漆,以标志相序,母线涂色见图 2-3 所示;以柜正面为基准,其涂色符合表 2-2 的规定。

图 2-3 配电箱标准化展示图

表 2-2　母线涂色

相线	颜色	垂直排列	水平排列	引下排列
L1(A)	黄	上	后	左
L2(B)	绿	中	中	中
L3(C)	红	下	前	后
N	淡蓝			

⑩ 配电室的建筑物和构筑物的耐火等级不低于 3 级，室内配置砂箱和可用于扑灭电气火灾的灭火器。

⑪ 配电室的门向外开并配锁。

⑫ 配电室的照明分别设置正常照明和事故照明。

2）配电柜应装设电源隔离开关及短路、过载、漏电保护电器。电源隔离开关分断时应有明显可见分断点。

3）配电柜或配电线路停电维修时，应挂接地线，并应悬挂“禁止合闸、有人工作”停电标志牌。停送电必须由专人负责。

4）配电室应保持整洁，不得堆放任何妨碍操作、维修的杂物。

1.4.4　配电箱及开关箱

（1）施工现场用电的配电系统应实行三级配电，即由总配电箱（一级箱）或配电柜→分配电箱（二级箱）→开关箱（三级箱）→用电设备。

（2）总配电箱以下根据现场情况可设置若干分配电箱；分配电箱以下可设置若干开关箱；在设置分配电箱及开关箱的同时应充分考虑以下因素：分配电箱与开关箱的距离不得超过 30 m；开关箱与其控制的用电设备水平距离不得超过 3 m。

① 开关箱向用电设备配电应执行“一箱一机一闸一漏电保护”的规定，每台用电设备必须有各自专用的开关箱，严禁用同一个开关箱直接控制 2 台及以上用电设备（含插座）。

② 动力电箱与照明配电箱应分别设置。

③ 配电箱、开关箱周围应有足够 2 人同时工作的空间和通道，不得堆放任何妨碍操作、维修的物品。

④ 配电箱、开关箱应采用冷轧钢板或阻燃绝缘材料制作，钢板厚度应为 1.2～2.0 mm，其中开关箱箱体钢板厚度不得小于 1.2 mm，配电箱箱体钢板厚度不得小于 1.5 mm，箱体表面应做防腐处理。

⑤ 配电箱、开关箱应装设端正、牢固。固定式配电箱、开关箱的中心点与地面的垂直距离应为 1.4～1.6 m。移动式配电箱、开关箱应装设在坚固、稳定的支架上，其中心点与地面的垂直距离宜为 0.8～1.6 m。

⑥ 配电箱、开关箱内的电器（含插座）应先安装在金属或非木质阻燃绝缘电器安装板上，然后方可整体紧固在配电箱、开关箱箱体内。

⑦ 金属电器安装板与金属箱体应作电气连接。

⑧ 配电箱、开关箱内的电器（含插座）应按其规定位置紧固在电器安装板上，不得歪斜和松动。

⑨ 配电箱的电器安装板上必须分设 N 线端子板和 PE 线端子板。N 线端子板必须与金属电器安装板绝缘;PE 线端子板必须与金属电器安装板作电气连接。

⑩ 进出线中的 N 线必须通过 N 线端子板连接;PE 线必须通过 PE 线端子板连接。

⑪ 施工现场所用配电箱必须符合施工现场临时用电规范,配电箱内电气元件的设置必须符合相关规范要求,配电箱必须有可靠接零,并采取有效的防护措施。

⑫ 电箱内漏电保护器宜采用透明外壳式漏电保护器。

⑬ 总配电箱、分配电箱、开关箱经验收合格后,应粘贴“验收合格牌”及“电箱责任卡”,电箱责任卡应标明企业 logo、名称、编号、责任人、联系方式等。

1.4.5 外电保护及线路敷设

1.4.5.1 外电保护

(1) 在建工程不得在外电架空线路正下方施工、搭设作业棚、建造生活设施或堆放构件、架具、材料及其他杂物等。

(2) 在建工程(含脚手架)周边与架空线路边线最小安全操作距离应符合表 2-3 的规定。

表 2-3 外电线路电压与工程安全操作距离表

外电线路电压等级/kV	<1	1~10	35~110	220	330~500
最小安全操作距离/m	4.0	6.0	8.0	10	15

① 施工现场的机动车道与外电架空线路交叉时,架空线路的最低点与路面的最小垂直距离应符合表 2-4 的规定。

表 2-4 外电线路电压与路面最小垂直距离表

外电线路电压等级/kV	<1	1~10	35
最小垂直距离/m	6.0	7.0	7.0

② 在外电架空线路附近吊装时,起重机的任何部位或被吊物边缘在最大偏斜时与架空线路边线的最小安全距离应符合表 2-5 的规定。起重机严禁越过无防护设施的外电架空线路作业。

表 2-5 外电线路电压与起重机安全操作距离表

安全距离	电压/kV						
	<1	10	35	110	220	330	500
沿垂直方向/m	1.5	3.0	4.0	5.0	6.0	7.0	8.5
沿水平方向/m	1.5	2.0	3.5	4.0	6.0	7.0	8.5

1.4.5.2　线缆敷设

（1）电缆线路应采用埋地或架空敷设，严禁沿地面明设。

（2）电缆埋地敷设时，应尽量避开施工开挖场所；电缆在穿越建筑、道路、易受机械损伤、介质腐蚀场所时，必须加设防护套管。

（3）电缆敷设应沿墙壁、围挡敷设，安装 PVC 绝缘阻燃弯钩用于悬挂固定电缆。电缆敷设应布局合理、整齐美观、安装牢固、维修方便和安全可靠。

1.4.6　施工临时照明

（1）施工现场宜优先选用 LED 节能灯带作为施工照明，且灯带安装距地面不得低于 2.5 m。

（2）在同一个工作场所内，不得只设局部照明，必须确保现场照明不留死角。

（3）站台板下施工时，应使用行灯，且应符合下列要求：

① 电源电压不大于 36 V。

② 灯体与手柄应坚固、绝缘良好并耐热耐潮湿。

③ 灯头与灯体结合牢固，灯头无开关。

④ 灯泡外部有金属保护网。

⑤ 金属网、反光罩、悬吊挂钩固定在灯具的绝缘部位上。

（4）当采用普通灯具时，其与易燃物的距离不宜小于 300 mm；聚光灯、碘钨灯等高热灯具与易燃物距离不宜小于 500 mm，且不得直接照射易燃物。

（5）碘钨灯及钠、铊、铟等金属卤化物灯具的安装高度宜在 3 m 以上，灯线应固定在接线柱上，不得靠近灯具表面。

第 5 节　消 防 安 全

1.5.1　组织保障

（1）施工项目部应根据工程规模，成立以项目负责人为总指挥的义务消防队，负责项目全周期的消防安全管理工作，明确义务消防队的各项工作职责，由安全质量部归口管理。

（2）施工项目部应当履行下列消防安全义务：

① 制订并落实消防安全管理措施和消防安全操作规程。

② 建立本项目消防安全责任考核奖惩制度。

③ 开展消防安全宣传教育和消防知识培训。

④ 进行经常性的内部防火安全检查，及时制止、纠正违法、违章行为，发现并消除火灾隐患。

⑤ 按规定配备消防设施、灭火器材并指定专人维护管理，保证消防设施、器材的完好有效。

⑥ 按规定设置安全疏散指示标志和应急照明设施，保证消防安全疏散指示标志、应急照明处于有效状态。

⑦ 保证疏散通道、安全出口畅通，不得占用疏散通道或在疏散通道、安全出口设置障碍

物，不得遮挡安全疏散指示标志。

⑧ 发生火灾应及时报警、迅速组织扑救和疏散人员，不得瞒报、迟报、谎报火警。

⑨ 结合项目实际，编制《施工现场灭火及疏散应急预案》，并每半年组织一次演练，结合实际，不断完善应急预案。

⑩ 建立消防安全管理台账，详细反映本项目消防安全工作的基本情况，并及时补充、更新。

1.5.2 临时消防设施

施工现场临时消防设施应满足《建设工程施工现场消防安全技术规范》的相关要求。

(1) 灭火器

在建工程及临时用房的下列场所应配置灭火器：

① 易燃易爆危险品存放及使用场所。

② 动火作业场所。

③ 可燃材料存放、加工及使用场所。

④ 厨房操作间、锅炉房、发电机房、设备用房、办公用房、宿舍等临时用房。

⑤ 其他具有火灾危险的场所。

(2) 灭火器配置的规定：

① 灭火器的类型应与配备场所可能发生的火灾类型相匹配。

② 灭火器最低配置标准应符合表 2-6 的规定。

表 2-6 灭火器的最低配置标准

项目	固体物资火灾		液体或可熔化固体物质火灾、气体火灾	
	单具灭火器最小灭火级别	单位灭火级别最大保护面积/(m^2/A)	单具灭火器最小灭火级别	单位灭火级别最大保护面积/(m^2/A)
易燃易爆危险品存放及使用场所	3A	0	89B	0.5
固定动火作业场	3A	50	89B	0.5
临时动火作业场	2A	50	55B	0.5
可燃材料存放、加工及使用场所	2A	75	55B	1.0
厨房操作间、锅炉房	2A	75	55B	1.0
自备发电机房	2A	75	55B	1.0
变配电房	2A	75	55B	1.0
办公用房、宿舍	1A	100	—	—

③ 灭火器的配置数量应按《建筑灭火器配置设计规范》(GB 50140—2005)的规定经计算确定，且每个场所的灭火器数量不应少于 2 具。

④ 灭火器的最大保护距离应符合表 2-7 的规定。

表 2-7　灭火器的最大保护距离　　单位：m

灭火器配置场所	固体物质火灾	液体或可熔化固体物质火灾、气体火灾
易燃易爆危险品存放及使用场所	15	9
固定动火作业场	15	9
临时动火作业场	10	6
可燃材料存放、加工及使用场所	20	12
厨房操作间、锅炉房	20	12
发电机房、变配电房	20	12
办公用房、宿舍	25	—

⑤ 灭火器应经常检查、维护、保养，保证灭火器材灵敏有效。

(3) 消防架

消防架是一种类似于微型消防站的消防器材组合柜（图 2-4），一般设置于出入口等重要通道口。

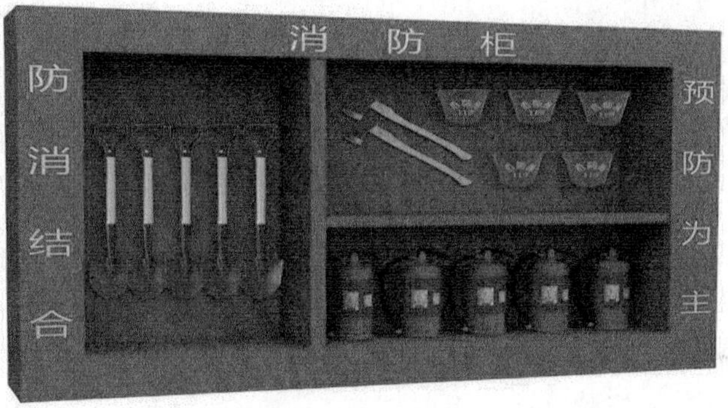

图 2-4　消防柜展示图

① 消防架应配备消防锹、消防桶、消防斧、消防沙箱、消火栓、防毒面具等消防用品。

② 消防架配备的所有器材在非应急状态下，严禁挪用（图 2-5）。应急使用后应及时补充、更新。

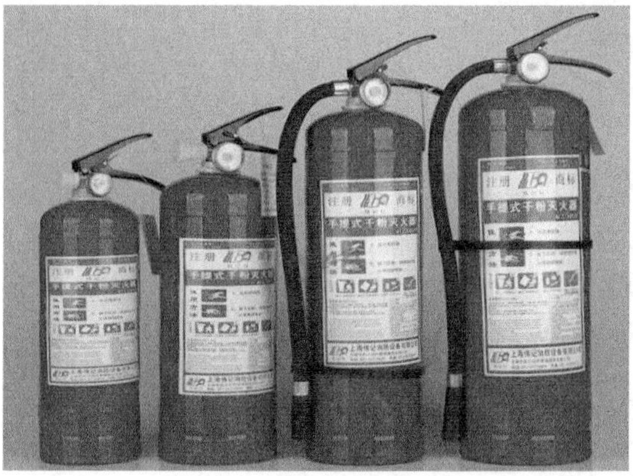

图 2-5　消防器材展示图

(4) 消火栓

① 施工现场消火栓应布局合理,消防干管直径不小于100 mm,消火栓处昼夜要设置明显标志,配备足够消防水带,且周围3 m内不得堆放杂物。

② 消火栓必须符合防火规范。

③ 高度超过24 m的建设工程,应当安装临时消防竖管,管径不得小于75 mm,每层应设消火栓口,配备足够的消防水带。消防供水应保证足够的水源和水压,严禁消防竖管作为施工用水管线。

(5) 应急照明

① 施工现场应设置应急照明。

② 作业场所应急照明的照度不应低于正常工作所需照度的90%,疏散通道的照度值不应小于0.5 lx。

③ 临时消防应急照明灯具宜选用自备电源的应急照明灯具,自备电源的连续供电时间不应少于60 min。

(6) 消防车道

施工现场必须设置临时消防车道,其宽度不得小于3.5 m,禁止在临时消防车道上堆放物料,保证临时消防车道畅通。

1.5.3 防火管理

(1) 施工单位应针对施工现场可能导致火灾发生的施工作业及其他活动,制订消防安全管理制度。消防安全管理制度应包括下列主要内容:

① 消防安全教育与培训制度。

② 可燃及易燃易爆危险品管理制度。

③ 用火、用电、用气管理制度。

④ 消防安全检查制度。

⑤ 应急预案演练制度。

(2) 施工单位应编制施工现场防火技术方案,并根据现场情况变化及时对其修改、完善。防火技术方案应包括下列主要内容:

① 施工现场重大火灾危险源辨识。

② 施工现场防火技术措施。

③ 临时消防设施、临时疏散设施配备。

④ 临时消防设施和消防警示标识布置图。

(3) 施工单位应编制施工现场灭火及应急疏散预案。灭火及应急疏散预案应包括下列主要内容:

① 应急灭火处置机构及各级人员应急处置职责。

② 报警、接警处置的程序和通信联络的方式。

③ 扑救初起火灾的程序和措施。

④ 应急疏散及救援的程序和措施。

(4) 施工人员进场时,施工现场的消防安全管理人员应向施工人员进行消防安全教育和培训。消防安全教育和培训应包括下列内容:

① 施工现场消防安全管理制度、防火技术方案、灭火及应急疏散预案的主要内容。

② 施工现场临时消防设施的性能及使用、维护方法。

③ 扑灭初起火灾及自救逃生的知识和技能。

④ 报警、接警的程序和方法。

(5) 施工作业前,施工现场的施工管理人员应向作业人员进行消防安全技术交底。消防安全技术交底应包括下列主要内容:

① 施工过程中可能发生火灾的部位或环节。

② 施工过程中应采取的防火措施及应配备的临时消防设施。

③ 初起火灾的扑救方法及注意事项。

④ 逃生方法及路线。

(6) 施工过程中,施工现场的消防安全负责人应定期组织消防安全管理人员对施工现场的消防安全进行检查。消防安全检查应包括下列主要内容:

① 可燃物及易燃易爆危险品的管理是否落实。

② 动火作业的防火措施是否落实。

③ 用火、用电、用气是否存在违章操作,电、气焊及保温防水施工是否执行操作规程。

④ 临时消防设施是否完好有效。

⑤ 临时消防车道及临时疏散设施是否畅通。

(7) 施工单位应依据灭火及应急疏散预案,定期开展灭火及应急疏散的演练。

(8) 施工单位应做好并保存施工现场消防安全管理的相关文件和记录,并建立现场消防安全管理档案。

(9) 施工现场应根据施工作业条件制订消防制度或消防措施,并记录落实效果。

(10) 按照不同作业条件,合理配备灭火器材。如电气设备附近应设置干粉类不导电的灭火器材;对于设置的泡沫灭火器应有换药日期和防晒措施。灭火器材设置的位置和数量等均应符合有关消防规定。

(11) 当建筑施工高度超过 30 m 时,为解决单纯依靠消防器材灭火效果不足问题,要求配备有足够的消防水源和自救的用水量,立管直径在 2 寸以上;有足够扬程的高压水泵,保证水压和每层设有消防水源接口。

(12) 施工现场应建立动火审批制度。凡有明火作业的必须经主管部门审批(审批时应写明要求和注意事项),作业时应按规定设监护人员,作业后必须确认无火源危险时方可离开。

第 6 节　其　　他

1.6.1　属地管理

属地管理的基本原则:界面清晰,责任明确,服从管理,相互监督。

(1) 属地管理单位制订落实属地管理工作方案,履行人员配置、场地移交与分配、安全协议、治安门卫、视频监控、起重吊装(主要指场地协调、进场登记)、临水临电、高处作业、临边及洞口防护、场内照明、通风除湿、扬尘控制、场地保洁、成品半成品保护、防火防盗等属地管理方面的具体工作。

(2) 属地单位项目部应按每个车站至少配置 1 名站区经理或负责人、1 名专职安全员、2 名地面保安、2 名站台保安(电客车动调前或机电中心指定单位接管前)、2 名专职保洁人员、1 名场内调度(可由站区经理或负责人兼任),共 8 人以上。项目部还必须同时设置总调度 1 名(可由项目部生产副经理兼任),负责受理、批复其他单位的进场申请。

(3) 按轨道公司现场协调会确定的计划安排或双方商定的计划结果,及时受理、批复其他单位在正式施工前 3 日提出的进场施工许可申请,签订安全协议,明确双方责任,开展属地管理工作方案交底,明确进场施工的工作程序和管理要求,并在其他单位进场施工的前日或当日办结现场准入手续,安排其他单位当日进场施工。

(4) 负责属地现场门卫治安及人员、材料、设备进出管理。

① 在满足消防安全要求的前提下,原则上一个车站开通一个供施工用的出入口,且至少设置一个供消防疏散用的出入口,其他出入口或与轨行区的连通部位(包括站台板外缘、站台层至隧道口以及土建单位正在施工、未能交付的出入口等),均应采用金属夹芯板(俗称彩钢板,芯材的燃烧性能等级应为 A 级)或钢格栅封闭隔离。若需增加供施工用的出入口,应征得监理和业主工程师同意,并按要求设置地面岗亭和门卫保安。

② 属地单位应在已移交的地面场地的大门口或进出车站通道口的地面上设置岗亭和 24 小时门卫保安。24 小时门卫保安应在场地接收之日立即完成。

③ 属地单位应在工地大门口、进出车站的人行通道口、隧道口、轨行区进出口等部位设置有效的昼夜视频监控系统。昼夜视频监控系统应在场地接收之日起 3 日内完成且数据保存时间应不少于 15 天。

④ 依据上列第①项规定,车站与轨行区已完全隔离封闭,但结合轨行区施工实际,属地单位应在左右线站台通往轨行区的楼梯口位置的封闭设施上,留置供人员、材料、设备进出的临时通道门,并安排 24 小时站台保安,负责临时通道门的锁闭及进出登记管理(凭轨行区作业票进出)。同时,应在临时通道门的临轨行区侧设置门铃或呼叫系统,以便轨行区作业人员提示站台保安及时从站台侧打开临时通道门。除此之外,所有可以进入轨行区的通道(如由站厅层、站台层设备区进入轨行区的通道)一律锁闭或封闭,严禁进出。

⑤ 属地单位应落实门卫保安严格管控人员、材料、设备的进出管理,并做好登记。登记信息应包括人员姓名、单位、所持证件、同行人数、进入目的及地点、进入时间、所带物件及机具、退出时间、带出物件及机具等。进出人员一律凭有效证件进入工地,门卫保安应严格查验、核对人员进出信息,必须人、证、物三者对应后方可放行。建设单位人员凭工作证进入;监理单位、监测单位、检测单位人员凭工作证或胸卡进入;其他单位人员凭当日“准入证”或当日轨行区“作业票”进入。未持证件者,一律不得入内。

(5) 负责属地现场日常保洁、扬尘、排水、除湿管理。

① 属地单位每个站区至少配置 2 名及以上的专职保洁人员,专门负责场内的日常保洁工作,同时检查督促或清理其他单位的卫生保洁和机具材料整理情况。保洁人员每天上午、下午至少清扫或冲洗 1 次场内卫生,并留有记录。保洁范围包括且不限于地面、车站公共区、设备区等部位。

② 属地单位应在每个站区设置场内垃圾存放点,供场内单位集中存放垃圾,并保证每天清理外运,不出现垃圾积压现象(属地单位可与其他单位协商收取清运费用)。

③ 属地单位应在每个站区的站厅层或地面至少设置 1 座临时厕所，方便场内人员如厕，并定时保洁清理。

④ 属地单位应在场内合适位置设置挡水坎、集水坑，集中引流雨水、污水、渗漏水，并负责场内积水的统一抽排，保证场内不出现大面积（指 5 m^2 以上）积水、积泥现象。其中，区间隧道正式泵启用之前，区间积水由区间属地单位抽排至车站废水泵房，车站属地单位应及时抽至地面排放，严禁站内积水流至区间。区间风井积水由车站属地单位直接抽排至地面排放。

⑤ 站内通风设施启用前，属地单位应在站厅层、站台层、通道口分别设置不少于 2 台大功率通风设施，及时通风除湿，保证站内不得有明显湿气、浮尘积聚。

（6）负有属地现场安全防护巡查责任。

① 属地单位应在每个站区至少配置 1 名站区专职安全员，专门负责施工现场日常安全巡查及安全防护检查工作。

② 站区专职安全员每天上午、下午至少分别巡查 1 次施工现场，发现问题及时解决处理，并留有书面和影像记录。

③ 专职安全员巡查内容应包括但不限于以下内容：地面场地的管理情况、风亭口围闭及洞口防护情况、地面作业情况（如起重吊装、材料垂直运送等）、地面保安和站台保安对进出人员查验登记的履职情况、视频监控系统运行情况、预留洞口临边防护设施和区域隔离设施的设置及维护情况、临时照明的设置与维护情况、场内临时用电设施的设置及维护情况、消防安全情况（动火令开具及消防临时给水、灭火器、焊接接渣盆设置等）、各单位责任区划分执行情况、场内各种警示警告禁止提示标识设置及维护情况、扬尘控制以及保洁除湿排水情况、高处作业防护情况、成品半成品保护情况等，必要时开具处罚手续，并通报项目领导、监理及业主项目工程师。

（7）负责属地现场临时照明设施的设置与维护。

属地单位负责场内包括梯道、公共区、设备区、商业开发区、站厅、站台以及地面等所有区域临时照明设施的设置与维护，并保证昼夜供电（地面部分白天不供电）。如有损坏必须及时修复。照明必须覆盖所有区域，不得留有死角和盲区。照度要求应满足进入场地无须配备电筒增加照明的标准。

（8）负责属地现场消防安全管理。

属地单位应按照《建设工程施工现场消防安全技术规范》要求，配置相应的消防安全设施，包括灭火器、临时消防给水、应急照明、疏散指示等，并对电气焊等动火作业进行属地检查管理。

（9）负责属地现场的水电供给及管理。

① 属地单位应在站厅层、站台层两端和中间部位为场内其他单位提供配置合理、方便接入的水、电接口，并制订临时用水、用电管理办法，承担现场用水用电管理职责。

② 属地单位应根据现场实际和其他单位的用电需求编制临时用电组织设计，报监理审核批准后实施，并及时许可、管理其他单位用电接入和使用，不得出现私拉乱接或擅自接入的现象。

③ 考虑机电安装及装修阶段水电转户手续比较烦琐且增加过户费用等因素，场内业主提供的原水电总接口由土建阶段属地单位直接转交机电阶段属地单位，或由机电阶段属地

单位向原土建阶段属地单位申请接入并按时缴纳场内水电费用。其他单位只能向机电阶段属地单位申请接入且缴纳费用，原土建阶段属地单位不得向其他单位直接供电供水且收缴费用。

④ 属地单位可参照建设单位所列的费用标准或按双方商定的费用标准在其他单位办理进场许可手续时，向其他单位收取水电费用。

(10) 负责属地现场成品、半成品保护管理。

属地单位应每天对属地范围内成品、半成品保护情况进行巡查，发现有不当行为的，应立即制止，拒不执行的，有权依照本办法予以处罚。现场成品、半成品发生丢失且损失金额在 10 000 元以上的，经调查确认属地单位未尽到属地管理责任的，属地单位承担损失金额的 10% 的连带赔偿责任。

(11) 负责属地范围内计划协调管理。

属地单位应根据现场实际需要，及时召集相关单位的业主、项目负责人或站点负责人、安全负责人及监理人员召开属地管理协调会议，协商解决现场计划安排、责任区划分、工序衔接、违章处罚等问题。

属地单位应留存会议记录及签到手续，并于次日形成会议纪要下发至各与会单位。

(12) 公示并及时更新属地管理工作方案和责任人信息。

属地单位应在属地权限接收之日起 3 日内，在每个站区已移交的地面场地的大门口或地面进出车站的通道口醒目位置除设置应有的文明施工标识牌外，还应设置属地管理相关信息牌，并根据现场调整变化及时更新。所公示内容至少应包括：属地管理工作方案或细则、进场施工许可办法及流程、门卫治安管理制度和人员材料设备进出管理制度、场内责任区域划分图(含地面区域)、现场相关责任人信息(必须要有项目经理、站区经理或负责人、专职安全员、地面保安、站台保安、保洁人员、站区专职调度等相关人员的姓名、电话)等。同时应在站厅层、站台层醒目位置设置现场相关责任人(同上)信息，便于其他单位查找。

(13) 准确行使场内违规违章行为处罚权力。属地单位应根据本办法对现场违规违章行为进行管理和处罚。发现其他单位的违规违章作业行为，必须予以制止。若不制止而造成生产安全事故，则承担由此而引起的属地管理连带责任。

(14) 按照业主要求落实其他属地管理工作。

1.6.2 起重吊装

1.6.2.1 一般规定

(1) 机电安装及装修阶段使用的吊车一般为汽车吊。

(2) 应选择有资质的汽车吊租赁公司，签订租赁合同并签订安全管理协议。

(3) 汽车吊进入施工现场前使用单位必须向总包单位报告登记，并提交设备出厂合格证，汽车吊年度检测报告，该设备的保险单据、行驶证、租赁单位资质、租赁合同、安全协议等，并应加强对汽车吊年度检测报告真伪的辨识。

(4) 起重机司机、司索指挥信号工等特种作业人员必须持证上岗。

1.6.2.2 起重作业

(1) 严格执行“吊装令”审批制度。

(2) 起重吊装作业前，应根据施工组织设计要求划定危险作业区域，设置醒目的警示标志，防止无关人员进入。

(3) 应视现场作业环境，专门设置监护人员，防止高处作业或交叉作业时造成的落物伤人事故。

(4) 当起重机在地面、吊装作业在高处作业或地下作业的情况下，必须专门设置信号传递人员，以确保司机清晰准确地看到和听到指挥信号。

(5) 起重机行驶和工作的场地应保持平坦坚硬，并应与沟渠、基坑保持安全距离。

(6) 吊装作业前应检查吊钩、钢丝绳、限位器等，确保安全有效，签发吊装令后方可实施吊装。

(7) 汽车吊作业时，支腿应全部伸出，并在支腿底座下垫枕木或钢板，面积不小于支腿底座的 3 倍。支腿有定位销的必须插牢。作业中严禁扳动支腿操作阀。

(8) 起重机在进行满负荷或接近满负荷起吊时，禁止同时进行两种或两种以上的操作动作。严禁斜吊、拉吊或快速起落。不准吊拔埋入地面的物件，严禁在高压线下作业。

(9) 起重机在工作时，作业区域、起重臂下、吊钩和被吊重物下面严禁任何人站立、工作或通行。

(10) “十不吊”内容：

① 超载不吊。

② 违章指挥或指挥信号不明确不吊。

③ 吊物捆绑不牢不吊。

④ 吊物上有人或浮置物不吊。

⑤ 安全装置不齐全或动作失效不吊。

⑥ 吊物埋入地下、与地面建筑或设备有钩挂不吊。

⑦ 视线不清、光线阴暗、照明不足不吊。

⑧ 吊物棱角处无防护衬垫保护不吊。

⑨ 斜拉歪挂吊物不吊。

⑩ 风力超过五级或者阵风超过五级不吊。

第 2 章　通风、空调工程

第 1 节　一般规定

2.1.1　通风空调系统工程施工注意事项

（1）在脚手架上施工，施工前必须检查脚手架和高凳是否牢靠。

（2）在脚手架上施工，严禁向下抛物，以免坠物伤人。

（3）选择四周有砖墙的房间作为易燃物品专用仓库，仓库内不能生火、吸烟，并挂上明显安全标志，在仓库四周配置足够的灭火器材，制订出有关易燃易爆物品的仓管制度，并安排专人看管仓库。

（4）设备材料到场后，切实按照技术标准，对关键参数和尺寸、技术文件进行点（检）验，并妥善保管存放，防止受损、丢失或变动。

（5）吊装孔周围应设置 800 mm 高矮围栏，运输完设备后采用 10 mm 厚的轧花钢板封堵。

（6）各种设备安装顺序尽量按先大型后小型、先设备后材料管道的原则进行。

（7）施工安装人员必须密切做好相关工种间的配合，各种管路在安装过程中，应根据车站各专业的综合管线图和通风空调施工布置详图进行安装。按避让原则，处理好通风管道、空调冷冻水管与其他各专业管道的干扰、碰撞问题。

（8）大型设备的安装运输要注意隔墙砌筑顺序，组合式风阀应在其周围的设备安装定位后再行安装。

（9）水管标高为管中心标高，风管标高为管底标高（不含保温层），采用相对于该层公共区的相对标高，标高以米计。

（10）在吊顶内的阀门应设活动检查孔，检查孔的尺寸为 500 mm×500 mm，建筑装饰时要留有可拆装的活动天花板。

（11）车站两端中板所有无风阀设置的风孔四周均需设置安全护栏，地面敞口风亭风孔四周均需设置安全护栏。

（12）风管上的可拆卸接口不得设在墙体内，水管接头焊缝不得置于套管内。

（13）施工期间做好工地防火、已安装各种设备材料的安全保护措施。

（14）夜间施工必须加强防护力度，确保防护措施的落实。

2.1.2 材料吊装作业安全措施

(1) 根据施工图纸及施工方案选择匹配的起重设备及机具等,禁止超载吊装。

(2) 吊车的站位及支脚支撑应严格按施工方案中的计算说明书的规定进行,切勿因站位不正、支撑不足而造成歪拉斜吊,违章作业。

(3) 材料起吊前应找准吊物的重心和吊点,并对起吊物的捆绑绳索按要求严格检查,各捆绑点不应有松动、打滑现象。

(4) 风和雨天等恶劣天气不进行准进行吊装作业。

(5) 起吊时起重机臂应先伸至合适位置,角度、回转半径等应符合施工方案及操作规程的要求,严禁超负荷起吊。

(6) 正式吊装前应先进行试吊装,应将起吊物吊离地面 10～15 cm,停滞 5～10 min,检查所有捆绑点及吊索具工作状况,确认无误后,进行正式吊装。

(7) 在吊装区域内应设安全警戒线,非工作人员严禁入内,同时起吊过程应由专人指挥,统一行动。起重臂下严禁站人。吊装时,安排专职安全员在场。

(8) 起重机驾驶员、起重工等必须持证上岗,严禁无证操作。

2.1.3 轨行区施工安全措施

(1) 严格遵守轨行区作业申请制度,各施工队必须凭调度批准的作业票进场施工,未办理申请许可手续,不得进入轨行区施工。

(2) 严格按照规定时间进出轨行区,不得提前进入,不得滞后退出。进入轨行区作业前,应由班组负责人清点班组人数、材料、工器具等,作业完成后同样要清点班组人数、工器具及剩余材料等,不得遗留人员、材料及工器具等在轨行区内。

(3) 在轨行区作业时,所有人员必须穿好反光防护服,戴好安全帽;作业区域两端至少 100 m 外必须各设一盏红闪灯(作业区域变化时红闪灯也应相应变化);作业时班组中必须安排专人负责瞭望来往车辆,一有情况立即通知班组作业人员避让轨道列车。

(4) 轨行区施工时应保证照明充足,不得摸黑作业。电源线需过轨时应从钢轨下部穿过(以利于快速避让列车),所有材料及工器具等应尽量靠边摆放以不影响轨道列车通行为宜。作业完成后所有垃圾必须工完场清。

(5) 按计划进入轨行区的材料必须在规定时间内安装完毕,否则必须运出轨行区;使用的工机具必须及时带出轨行区;施工时不得以轨道作为受力支撑点。

(6) 轨行区每时段工作完成后,要及时报告专职安全员和各站站长进行检查确认,确保不留下安全隐患。对轨行区完成的成品和半成品要及时进行保护。

(7) 当轨行区接触轨送电后,严禁进入轨行区作业。特殊情况下经办理手续并断电后方能进去作业,所有人员应注意与接触轨保持 1 m 以上安全距离。

2.1.4 施工机械设备管理、使用安全措施

(1) 由于施工现场中小型机械设备较多,因此必须加强安全运行的管理,以确保安全生产和人身安全。

(2) 设置机械管理专职人员做好机械使用前的验收工作,平时做好机械检查和了解机

械运行情况。

(3) 按规定搭设材料加工区。

(4) 机械设备必须接地和接零,随机开关灵敏可靠。

(5) 机械操作人员必须持有效证件上岗,机械设备做到定机、定人、定岗位,督促机操人员做好定期检查、保养及维修工作,并做好运转记录和检查维护人签名。

(6) 机械设备的防护装置必须齐全有效,严禁带病运转。固定机械设备和手持移动电器,必须实施二级漏电保护。

2.1.5 临时用电安全措施

(1) 现场临时用电线路的安装和使用,必须按配电规程、安全操作规程和临时用电设计执行,不准任意拉线接电。

(2) 临时用电配电箱、开关箱,必须专设漏电保护装置。

(3) 临时用电的配电必须使用甲方建议指定的专用配电箱,以保证临时用电安全。

(4) 临时用电必须使用三相五线制电源,电缆的截面符合载流要求,不能以小代大,以次充好。

(5) 施工临时用电设施要设专人管理,严格控制,施工完毕,要及时切断电源,在安全管理人员确认后,方可离开。

2.1.6 电焊机使用安全措施

(1) 电焊工必须持特种作业证上岗,遵守安全操作规程和安全生产纪律。

(2) 电焊、气割,严格遵守“十不烧”规程操作。

(3) 电焊作业要严格执行动火审批规定。

(4) 每台电焊机要设置漏电保护器和二次空载降压保护器,应放在防雨的闸箱内,拉合闸时,应戴手套侧向操作,进出线两侧防护罩完好。

(5) 操作前应检查所有工具、电焊机、电源开关及线路是否良好,金属外壳应安全可靠接地,进出线应有完整的防护罩,进出线端应用铜接头焊牢。

(6) 焊机与开关箱的距离不大于 3 m,保险丝的熔断电流应为该机额定电流的 1.5 倍,严禁用金属丝代替保险丝,并配专用触电保护器。

(7) 施焊场地周围及下方要先清除可燃、易燃物品(包括可燃杂物、废料),并在焊点下方设接火斗,设置警戒,不准行人通过或停留,指定专人带灭火器进行监护。

(8) 严禁在带压力的容器或管道上施焊,焊接带电的设备必须先切断电源。

(9) 在潮湿地点施焊工作,应站在绝缘胶板或干燥木板上。在高处作业,必须系挂好安全带。

(10) 把线、地线禁止与钢丝绳、外脚手架钢管和井字架接触,更不准用钢丝绳或机电设备代替零线。

(11) 作业中,必须戴防护眼镜、防护罩,穿劳保鞋、长袖衣裤,戴皮手套。更换焊条时也应戴手套。

(12) 更换场地移动把线时,应先切断电源,并不得手持把线登高。

(13) 清除焊渣,也要戴防护眼镜或面罩,面部不应正对焊纹,防止铁渣飞溅人眼伤人。

(14) 多台焊机在一起集中施焊时，焊接平台或焊件必须接地，并有隔光板。

(15) 钍钨极要放置在密闭铅盒内，磨削钍钨极时，必须戴手套、口罩，并将粉尘及时排除。

(16) 雷、雨、大雾、大雪或五级大风以上，应停止露天焊接作业。

(17) 焊机的变压器不得超负荷，温升不得超过 60 ℃，机壳上不准盖放可燃易燃物品。

(18) 暂停作业，应将焊钳挂起，不得放在楼地面或潮湿场所。

(19) 工作完成后，应切断电焊机电源，收好电缆线和焊钳，检查作业地点及下方，确认无起火危险后，方可离开。

2.1.7 中小型机具安全操作措施

(1) 各种机电设备的操作人员都必须经过专门培训，懂得机械的性能、操作、维护等。操作员还要拥有有关部门考核后颁发的操作证方可操作，严禁无证操作。

(2) 工作时间操作者要集中注意力，服从统一指挥，不得玩忽职守。

(3) 各种固定式机电设备都要安装在稳定平整的平面上，不得放在倒塌或滑坡的地方。

(4) 机械的传动及危险部分都必须设安全防护装置。

(5) 工作前检查机械各部件和传动件是否有松动或损失等现象，各部件运转应灵活，液压系统无泄露现象，各仪器正常，检测合格后方可使用。

(6) 机电设备不得带病或超载运转。

(7) 使用电动机械，手持电动工具和用电安全装置，应符合相应的国家标准、专业标准和安全技术规程，并有产品合格证和产品说明书。

(8) 建立和执行专人专机负责制，并定期检测和维护保养。

(9) 电机、变压器、电器、照明工具、手持电动工具的金属外壳、电气传动装置的金属部件必须做好保护接零和设备漏电保护器。

(10) 每一台手持电动设备或电动机械的开关箱内除了装有负荷短路漏电保护外，还必须装设隔离开关。

(11) 手持式电动工具的外壳、手柄、负荷线、插头、开关等必须完好无损，使用前必须做空载检查，运转正常方可使用。

(12) 手持电动工具安全电压不得超过 220 V，在危险地方不得超过 36 V。如果必须要使用 220 V 电压时，要做好一切防护措施。

(13) 用电设备的专用开关箱固定在安全位置，离地垂直距离在 1.4 m 以上，实行一机一闸，一漏一箱，禁止一闸多用。

2.1.8 成品与半成品保护措施

(1) 设备、原材料、风口、风阀、阀门、保温材料等尽量保证按进度计划要求时间进场，以减轻现场保管难度。

(2) 制作完毕的风管安装时抬放到安装位置临时存放，存放场地要设纤维板。在运输过程中要用软质木方或其他材料垫牢，隔离，防止风管互相磨损、碰撞。

(3) 在加工预制场地，原材料、成品、半成品按要求分区存放，码垛整齐。风口、阀门等附件和部件分类理顺堆放整齐，禁止露天放置，采取防雨、防潮措施，专人保管，防止生锈、损坏、丢失。

(4) 通风空调设备到达施工现场临时存放时，存放场地不得积水，能防雨，保持干燥、通风，并不得影响现场交通和其他专业施工。设备须垫实、垫牢，避免倾覆。设备未安装前，保持其包装箱完好，若进行开箱检验，完毕后及时将包装箱复原，以利于设备的保护。

(5) 暂停施工的风管及空调管道，要将管口封闭，防止杂物进入。

(6) 风管深入结构风道时，其末端要安装上钢板网，以防止系统运行时杂物进入风管内。

(7) 交叉作业的场地，严禁利用安装完的风管及水管作支吊架，不允许其他支吊架焊在已安装好的支吊架和管道上。

(8) 运输和安装阀件时，要轻拿轻放，避免由于碰撞而使执行机构和叶片变形。风口成品须采取防护措施，保护饰面不受损伤。

(9) 管道及风机盘管水压试验后，要随即将水排放干净，并用空气吹扫干净。保证管道内部的洁净，为投入运行打好基础。

(10) 对已抹好水泥或白灰的墙面以及做好的地面，要注意保护，尽量避免开洞。若因设计变更或其他原因必须开洞时，须先征得结构工程师的同意，且要制订出妥善的施工方式，洞的大小要严格控制，开洞的垃圾必须及时清理干净。

(11) 风管中断安装前，必须将所留管口作临时封闭(用木塞、塑料塞或用牛皮纸、塑料布包扎好)处理。

(12) 在管道刷漆前，必须清理施工现场环境，并在现场覆盖塑料薄膜，以免油漆污染地面。每次刷漆后，专人看护，禁止摸碰，防止灰尘污染油漆表面，油漆后 4 h 内严禁沾水。管道套丝前，要在套丝机下设置集油槽，以免滴油污染地面。

(13) 风管及管道保温后要有专人巡护，防止其受踩踏及其他人为破坏。

(14) 未配管之前敞开的设备口一定要做好临时遮盖，以防异物进入。能关门上锁的设备房，遵循严格的钥匙交接制度，严禁非专业人员和无组织、非允许启动设备。

(15) 设备进场后，开箱检验位置尽量靠近其基础进行。无法运至基础附近时，先不开箱检验，待二次运输后再开箱检验，以免二次运输时损坏设备。

(16) 设备二次运输时要根据设备包装箱或机体上标志的捆绑点和吊装点进行捆绑和吊装，钢丝绳和设备机体接触时，要垫以软木或胶皮垫保护。吊装和运输过程中要严格按操作规程施工，以免造成设备的人为破坏。

(17) 由于施工时多专业交叉施工，对安装完的设备要用塑料薄膜或原包装材料进行遮护，并挂明显的保护标志，以防施工时受到损伤和灰尘进入设备内部。

(18) 施工过程中积极同土建配合，注意保护土建已施工的结构。设备预留通道和运输通道要提前留出，利用构筑物系结索具时，必须经过验算，能够安全承受并经批准后方可使用。使用时要垫软厚木板，以保证构筑物和连接索具不致磨损。

(19) 冷水机组或其他较大较重设备用钢制拖排和滚杠在建筑物内运输时，要用枕木铺设轨道，以保护地面。在建筑物内运输其他设备时，严禁直接在地面上拖拉。

(20) 设专职工程防护组，随时在现场巡查，对现场成品与半成品进行防护检查，直至办好交工验收及移交手续，业主接收后方能撤离。

第 2 节　金属风管与配件的制作

目前，地铁通风与空调系统中主要有金属风管和非金属风管两种。金属风管有镀锌钢板、冷轧钢板风管两种，镀锌钢板、冷轧钢板风管均采用角钢法兰连接工艺，镀锌钢板风管采用铆接方式，冷轧钢板风管采用焊接方式。非金属风管主要是彩钢复合风管，采用槽型插件连接或法兰连接。

2.2.1　施工准备

(1) 材料要求及主要机具

① 所使用镀锌板材、镀锌型钢等材料应具有合格的产品合格证明书或质量鉴定文件，材料品种、规格、性能与厚度等应符合设计和现行国家产品标准的规定，并满足招投标文件中关于提供材料技术性能的要求。

② 彩钢复合风管板材应符合设计及相关产品国家现行标准的规定，成品的彩钢复合风管管道必须具有相应的合格证明，包括主材的材质证明、检测机构提供的风管耐压强度及严密性检测报告。

③ 制作风管及配件的钢板厚度见表 2-8。

表 2-8　风管板材厚度选型表

矩形风管长边尺寸 b/mm	通风空调风管壁厚/mm	排烟风管壁厚/mm
b≤1 000	0.8	1.2
1 000<b≤2 000	1.0	1.2
2 000<b≤4 000	1.2	1.5

④ 镀锌钢板厚度、镀锌层等除满足设计要求外，还应满足《地下铁道工程施工及验收标准》(GB/T 50299—2018)，镀锌钢板表面不得有裂纹、结疤及水印等缺陷，应有镀锌层结晶花纹。

⑤ 主要机具包括电冲剪、手用电动剪、倒角机、咬口机、折方机、型钢切割机、电动拉铆枪、台钻、手枪钻、电气焊接设备以及不锈钢板尺、钢直尺、角尺量角器、划规、划针、铁锤、木锤等小型工具。

(2) 作业条件

① 集中加工作业区应保证宽敞、明亮、洁净、通风、场地平整等。

② 应设置半成品堆放区，并具有防雨、防风、防潮等设施。

③ 加工作业区内使用的带电设备应保证有可靠的接地系统，并配有消防器材。

④ 风管制作应有批准的图纸，经审查的大样图、系统图，并有技术及安全交底。

2.2.2　金属风管操作工艺

(1) 工艺流程

金属风管操作工艺流程如图 2-6 所示。

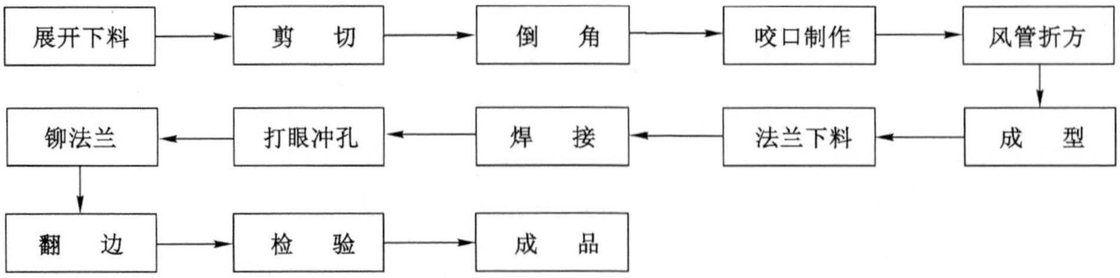

图 2-6　金属风管操作工艺流程图

（2）操作要求

1）基本线有直角线、垂直平分线、平行线、角平分线、直线等分、圆等分等，根据图及大样风管不同的几何形状和规格，分别进行画线。

2）板材剪切必须进行下料的复核，以免有误。复核后，接线形状采用机械剪板机、电动手剪及手动手剪进行剪切。剪切过程中要仔细、认真，不得跑线。在咬口前应进行剪口倒角，倒角必须用专用倒角工具，以免出现误差。

3）风管的咬口需按规定进行。圆形风管采用单平咬口，圆形风管部件采用单立咬口，矩形风管角咬口采用联合角咬口或接扣式咬口，矩形风管弯头、异径管等部件必须采用联合角咬口。咬口不得出现半咬口及胀裂等情况，以免成型后的风管漏风。对管径大的风管，需进行拼接，拼接缝要求平整，单节风管尽量减少拼接缝。

4）咬口后的板料进行折方，首先需核对折方线，确认无误后进行折方。折方的关键是位置正确、角度准确，尤其对变径弯头及变径三通等零部件的折方角度必须准确，以免影响管径。

5）风管成型前，应检查下料、咬口折方等工序是否无误，核对下料的几何尺寸是否正确。风管合口必须用木制榔头及木制打板，以免损坏镀锌层。风管合口必须打实、打严，以免漏风，且四边平齐。

6）通风空调系统中的弯管、三通、四通、异径管、导流片和法兰所用材料规格、板材厚度及连接方式与风管制作相同。所有 90°弯头，当风管长边尺寸 $b \geqslant 630$ mm 时应设为内弧（$R=200$ mm）外直角加导流片形式；风管长边尺寸 $b<630$ mm 时应设为内外弧形弯头并加导流片（内弧 $R=200$ mm）；非 90°弯头应设为内外弧形弯头（内弧 $R=200$ mm）并加导流片。

7）矩形风管所用法兰材料在满足国家相关规范的前提下，不应低于表 2-9 的规定。螺栓和铆钉直径、间距应符合规范规定，且不应大于 150 mm。

表 2-9　风管法兰材料规格选型表

风管长边尺寸 b/mm	法兰用料规格（角钢）
$b \leqslant 630$	25 mm×3 mm
$800 \leqslant b < 1250$	30 mm×4 mm
$1\,600 \leqslant b < 2\,000$	40 mm×4 mm
$2\,000 \leqslant b < 4\,500$	50 mm×5 mm
$4\,500 \leqslant b < 5\,500$	56 mm×5 mm

8）法兰加工：法兰由四根角钢组焊而成，画线下料时应注意使焊成后的法兰内径不能小于风管的外径，用砂轮切割机按线切断；下料调直后放在钻床上钻出铆钉孔，孔距不应大于 150 mm，均匀分布；铆钉孔加工完成后，角钢放在焊接平台上进行焊接及组对，焊接时按各规格模具卡紧压平；焊接完成后，在台钻上钻螺栓孔，螺栓孔距不大于 150 mm，均匀分布。角钢法兰如图 2-7 所示。

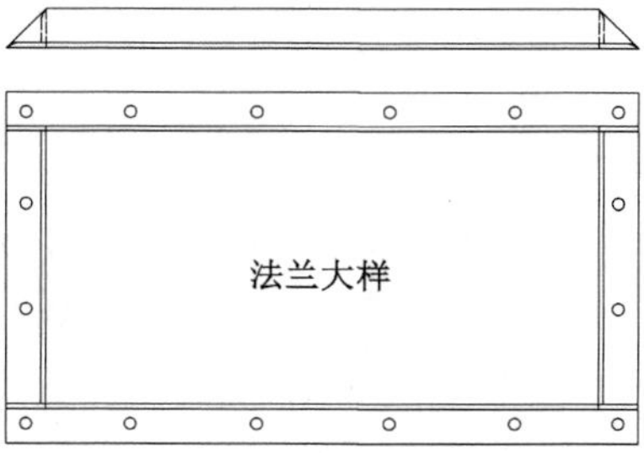

图 2-7　角钢法兰大样图

9）风管法兰焊接缝应融合良好、饱满，无假焊、漏焊和孔洞。法兰平面度允许偏差为 2 mm，同一批量加工的法兰孔洞排列间距应该一致。

10）风管外径或边长允许偏差：边长小于 300 mm 时，允许偏差为 2 mm；边长大于 300 mm时，允许偏差为 3 mm。管口平面度允许值不大于 2 mm，矩形风管对角线长度之差不大于 3 mm。

11）风管与角钢法兰连接。风管与法兰连接前，应检查风管的外边长和法兰内边长的偏差是否符合要求。

① 风管铆接连接，必须使铆钉中心线垂直于板面，铆钉头应把板材压紧，使板缝密合并且铆钉排列整齐均匀。

② 风管板厚不大于 1.2 mm 的风管，与角钢法兰连接宜采用翻边铆接。风管的翻边应紧贴法兰，翻边宽度应为 6～9 mm，咬缝及四角处应无开裂与孔洞。铆接应牢固，无脱铆和漏铆。铆钉间距为 100～120 mm，且数量少于 4 个。风管板厚大于 1.2 mm 的风管，与角钢法兰连接可采用翻边间断焊。风管与法兰应紧贴，风管端面不得凸出法兰接口平面，间断焊的焊缝长度宜在 30～50 mm，间距不应大于 50 mm。

③ 风管制作中采用联合式咬口进行施工，风管之间连接采用法兰＋螺栓连接。

④ 当矩形风管不保温大边长不小于 630 mm 或保温风管大边长不小于 800 mm 且风管长度在 1 000～1 200 mm 以上时，采取措施加固风管。风管加固采用角钢框，风管大边长 1 000 mm 以内时采用 25 mm×4 mm 的角钢，大边长大于 1 000 mm 时采用 30 mm×4 mm的角钢，角钢加固框用 $d=4\sim5$ mm 的铆钉锚固于风管外侧，铆钉间距为 150～200 mm。风管大边长为 630～800 mm 时，加固间距为 1 000～1 200 mm；风管大边长不小于 1 000 mm 时，加固间距为 700～1 000 mm。

2.2.3　非金属风管操作工艺

地铁通风与空调系统采用的非金属风管主要是彩钢酚醛复合风管。

（1）工艺流程

工艺流程如图 2-8 所示。

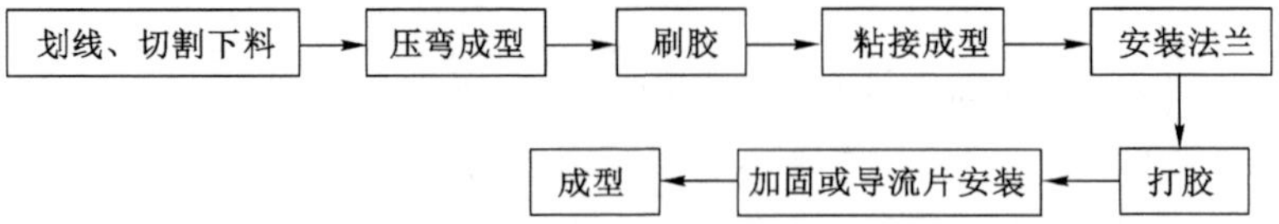

图 2-8　非金属风管操作工艺流程图

(2) 操作要求

1) 用 90°刀裁 V 形槽,单刃刀中,斜刀刀片长度一般以不切穿下层彩钢为准,运刀时用力均匀,速度平稳,使用完毕后侧立放置刀具,以防损坏。板材下料后用磨光机磨掉彩钢边上不整齐的地方,这样有利于合管,如图 2-9 所示。

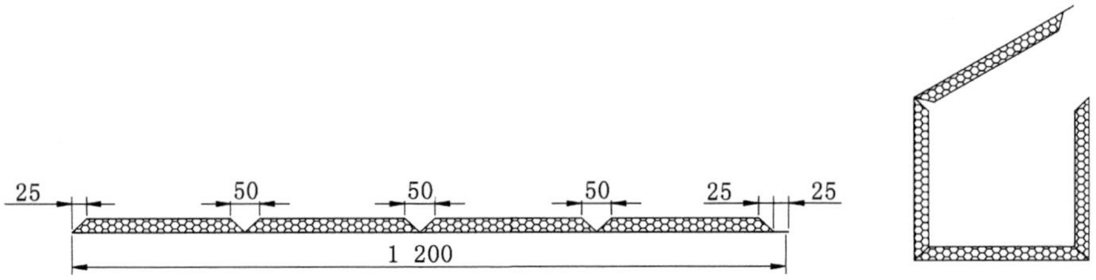

图 2-9　板材切 V 形槽

2) 风管折弯使用专制折弯机。将开好 V 形槽的板材逐个折弯,折弯机冲压刀口对准 V 形槽中线,要求必须垂直,操作时应注意操作安全,按照规定步骤操作。

3) 刷胶前,胶水浓度调配到适中,每个刷胶部位都需刷三道胶水,后一道胶水在前一道胶水干了(手摸时不粘手)后进行。

4) 风管粘接时要使用酚醛专用胶水。粘接过程中注意保证风管的规范尺寸和风管边角的垂直度。风管粘接后边角的锚固连接可以直接使用板材下料时预留的彩钢包边折弯,同时用铆钉固定。

5) 组装异型风管时,折边点或内外弧形边要在彩钢包边上开槽,开槽间距根据弧线弯度调整。粘接后使用铆钉固定,使用铆钉固定边角要注意保证固定点分布均匀、美观,其相邻两固定点之间合理的距离不大于 100 mm。

6) 在风管内表面的接缝处打玻璃胶,打玻璃胶前保证风管内壁的清洁度,以确保粘接牢固。涂满胶后插接到位且与风管平行,连接牢固。法兰平面度允许偏差为 2 mm,使用法兰连接的风管板面平面度允许偏差为 5 mm。

7) 平面连接法兰的使用:平面连接法兰为铝合金断桥法兰,主要用于风管与风管之间的连接。法兰两端裁切成 45°角,安装时要保证法兰面平直,相邻两法兰交界处拼缝严密,夹角保证 90°,如图 2-10 所示。

8) 侧面连接法兰的使用:侧面连接法兰为铝合金断桥法兰,主要用于主风管与支管之间或风口开口后需要连接下送风管短管部位。管道开口后,安装时要保证法兰面平直,以便于与支管和下送风管短管的连接,如图 2-11 所示。

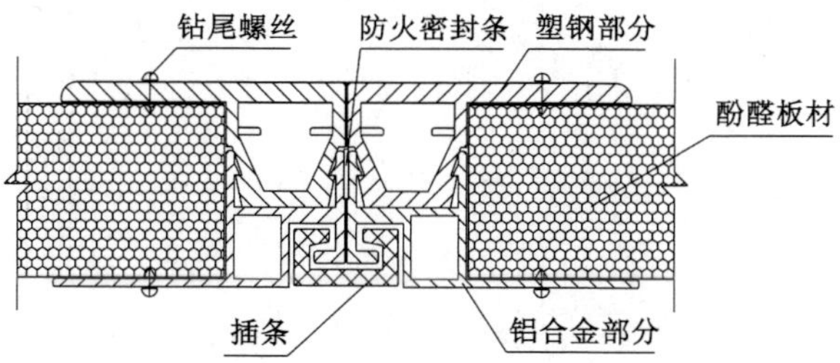

图 2-10　平面法兰安装示意图

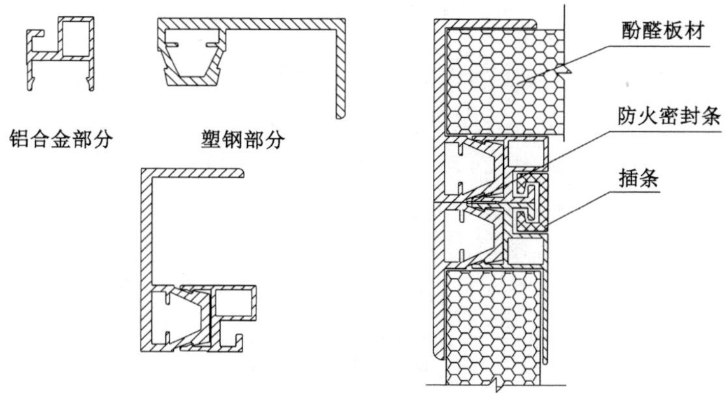

图 2-11　侧面法兰安装示意图

9) F 形法兰是风管系统中常用的连接法兰之一，可将风管与许多部件相连接，主要连接规格较大的风量调节器阀、消音器、铁皮风管等。与部件连接时，要求部件与 F 形法兰紧密接触后使用螺栓连接，如图 2-12 所示。

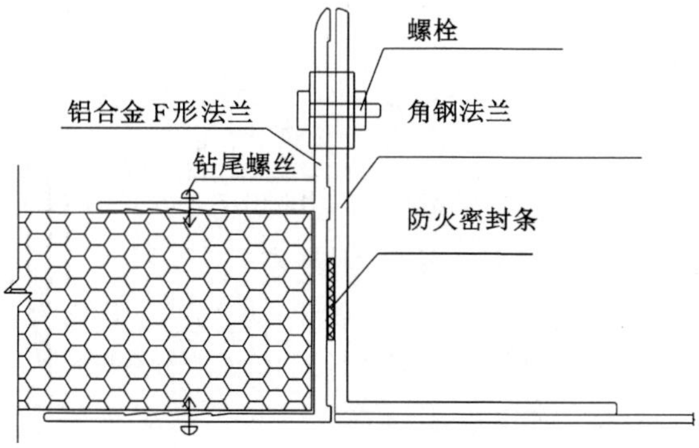

图 2-12　F 形法兰安装示意图

单边长不小于 2 500 mm 的送风管采用角钢外加固的方式，使用材料为 3# 角钢、ϕ8 mm丝杆、16 mm 和 20 mm PVC 线管、加固盘等。加固间距为：单边长不小于 2 500 mm 的风管纵向加固 2 道，单边长不小于 3 000 mm 的风管纵向加固 3 道，单边宽不小于 800 mm的风管横向加固 1 道。先加固两个长边，固定后测量风管对角线，误差不大于3 mm

时，将两短边焊接到长边上，要求焊点均匀、平整。角钢外边角裁切成45°角，打磨圆润，避免转运和吊装时划伤人员。

2.2.4 制作风管的安全注意事项

(1) 搬运和加工风管时，防止风管割手等受伤情况，操作人员应佩戴手套。

(2) 风管制作时，下料所留下的边角料，应随时清理，以免扎伤。

(3) 使用电动剪板机时，上刀架不准放置工具等物品。严禁用手摸刀片。

(4) 使用折边机时，手拿工作物不要过紧，手离刀口和压脚需大于20 mm。

(5) 使用咬口机时，要将铁皮咬口处对好后再开车。风管咬口时，拉杆必须复原后再开车，开车后手指不得放在轨道上。

(6) 焊接风管法兰和支架时，必须戴好防护手套和防护面罩，电焊作业要严格执行动火审批规定，申请办理动火证，并派专人看火，严禁在禁烟地方吸烟动火。

(7) 焊接必须持特种作业证上岗，遵守安全操作规程和安全生产纪律。

(8) 每台电焊机要设置漏电保护器和二次空载降压保护器，并放在防雨的闸箱内。拉合闸时，应戴手套侧向操作，进出线两侧防护罩完好。

(9) 焊机与开关箱距离不大于4 m，保险丝的熔断电流应为该机额定电流的1.5倍，严禁用金属丝代替保险丝，并配专用触电保护器。

(10) 作业中，必须戴防护眼镜、防护罩，穿劳保鞋、长袖衣裤，戴皮手套。更换焊条时也应戴手套。清除焊渣，也要戴防护眼镜或面罩，面部不应正对焊纹，防止铁渣飞溅入眼伤人。

(11) 操作卷圆机、压缝机，手不得直接推送工件。

(12) 使用台钻禁止戴手套。

(13) 调节台钻夹头高度前，应先检查调节座是否将夹头支起。防止卡子松开后，夹头迅速坠落伤人。

(14) 安装或拆卸加工件时，应将台钻关闭，等待钻头停止转动后，再安装或拆卸加工件。

(15) 使用手锤、大锤，不准戴手套，锤柄、锤头上不得有油污，打大锤时甩转方向不得有人。

(16) 使用型材切割机时，要先检查防护罩是否可靠，锯片运转是否正常。切割时，型材要量准，固定后再将锯片下压切割，用力要均匀适度。

(17) 制作工序中使用的粘胶剂应妥善存放，注意防火，不得直接在阳光下暴晒。失效的粘胶剂和空的粘胶剂容器不得随意抛弃或燃烧，应集中堆放处理。

(18) 使用手持电动工具时，使用前要检查工具是否状况良好，并严格按操作规程操作，严禁违章操作。

(19) 进入施工现场的施工设备、机具经专业机械管理员进行查验、登记，确保是合格的设备和机具，其安全防护装置完好有效，才可投入使用。使用中，机械管理员要进行日常的维护和保养，出现故障要由专业检修人员检修，严禁带“病”运行。

(20) 严格遵守工地的各项安全、文明施工的规章制度，工完场清。

第 3 节　风管及部件安装

2.3.1　工艺流程

工艺流程如图 2-13 所示。

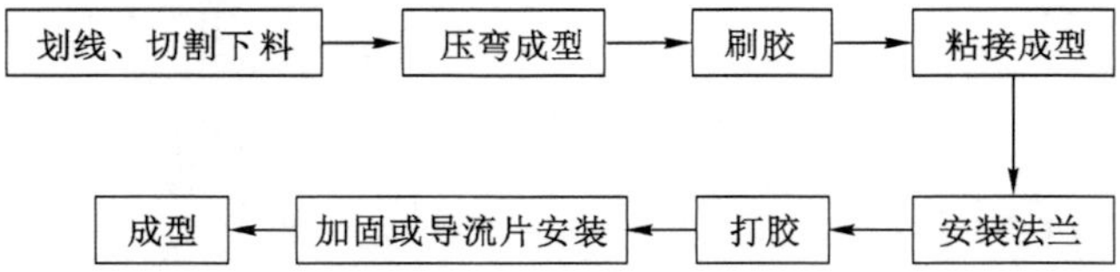

图 2-13　风管及部件安装工艺流程图

2.3.2　支、吊架制作安装

(1) 风管支、吊架式样

风管支、吊架形式一般如图 2-14 所示。

(2) 根据《通风管道技术规程》(JGJ/T 141—2017)要求,对不同规格的风管采用不同大小的支、吊架,具体规格详见表 2-10 所示。

表 2-10　金属矩形水平风管吊架的最小规格

风管边长 b /mm	吊杆直径 /mm	横担规格/mm	
		角钢	槽钢
$b\leqslant400$	$\phi8$	∠25×3	[40×20×1.5
$400<b\leqslant1\,250$	$\phi8$	∠30×3	[40×40×2.0
$1\,250<b\leqslant2\,000$	$\phi10$	∠40×4	[40×40×2.5 [60×40×2.0
$2\,000<b\leqslant2\,500$	$\phi10$	∠50×5	—

(3) 风管吊架膨胀螺栓的规格:风管截面不大于 1.0 m^2 时用 M12 膨胀螺栓;风管截面大于 1.0 m^2 时用 M14 膨胀螺栓。

(4) 风管支、吊架制作要点

① 支架的悬臂、吊架的横担宜采用角钢或槽钢;斜撑宜采用角钢;吊杆采用圆钢。

② 型钢钻孔,不得采用氧气—乙炔焊切割,应采用机械钻孔。

③ 支、吊架的焊缝应熔合良好、饱满,无假焊和孔洞,保证有足够的承载能力。

④ 抱箍应紧贴并箍紧风管。

⑤ 吊杆应平直,螺纹完整、光洁。吊杆的加长采用搭接双侧连续焊时,搭接长度不应小于吊杆直径的 6 倍;采用螺纹连接时,拧入连接螺母的螺丝长度应大于吊杆直径,并有防松

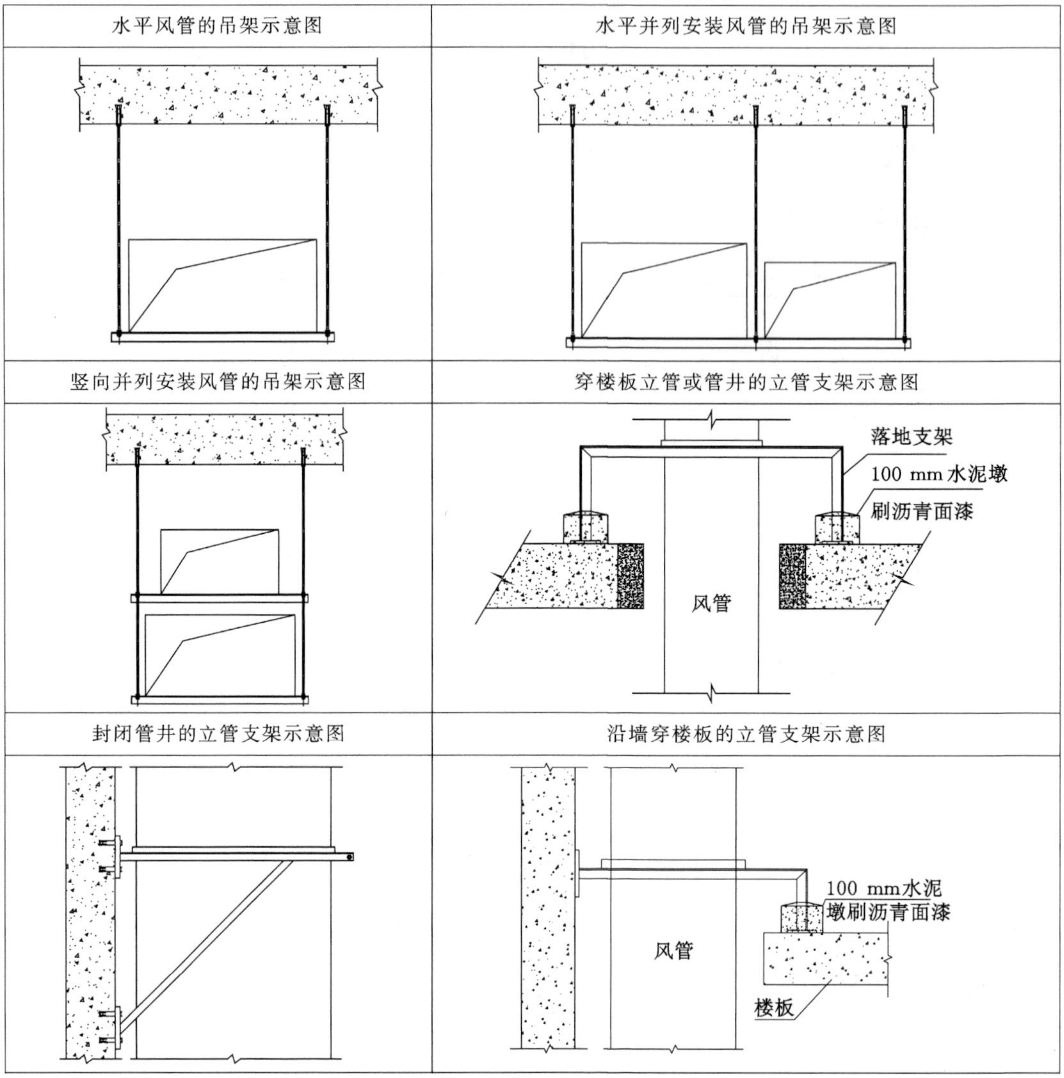

图 2-14　风管支、吊架式样图

措施。

⑥ 吊杆的长度要根据风管的尺寸、安装高度以及楼层梁的高度来下料加工。吊杆底端外露螺纹不宜大于螺母的高度。吊杆的吊码用角钢加工，吊杆的末端螺纹丝牙要满足调节风管标高的要求，吊杆的顶部与角钢码焊接固定，吊杆涂防锈底漆和面漆各两遍。

⑦ 非镀锌的钢件(埋入墙体部分的支架除外)均需除锈后涂刷两遍防锈底漆和两遍灰色调和面漆。

(5) 支、吊托架制作好以后，就可以根据风管的布置方位进行安装，间距要符合设计及规范要求。金属风管水平安装支、吊架最大间距详见表 2-11。

(6) 风管垂直安装时，其支架间距不应大于 4 000 mm，长度不小于 1 000 mm 的单根直风管至少应设置 2 个固定点。每层楼板面均设置支架，层内按风管规格及部件位置合理布置。

表 2-11　金属风管水平安装时支、吊架最大间距

风管边长或直径/mm	矩形风管/mm	圆形风管/mm	
		纵向咬口风管	螺旋咬口风管
≤400	4 000	4 000	5 000
>400	3 000	3 000	3 750

注：TFD 机制法兰风管的支、吊架间距不应大于 3 000 mm。

(7) 水平悬吊的风管长度超过 20 m 的系统，应设置不少于 1 个防止风管摆动的固定支架。保温风管的水平管支架设置在保温层外面，并在风管与支架横担之间加垫保温板。

(8) 风管安装后，支、吊架受力应均匀，且无明显变形，吊架横担挠度应小于 9 mm。

(9) 支、吊架不应设在风口、阀门、检查门及自控机构的操作部位，距离风口的距离不宜小于 200 mm。

(10) 立管与支架接触的地方垫橡胶垫或木方(浸沥青)，橡胶垫厚度与保温层厚度相同。

2.3.3　风管的连接

(1) 风管组对

风管闭合、组装完毕后，按编号进行排列。风管系统的各部分尺寸和角度确认准确无误后，开始组对。

(2) 风管连接

各段连接后在法兰边四周涂上密封胶，连接螺母置于同一侧；法兰接口处为确保严密，法兰间应有垫料，送回风、新风、排风系统为厚 3～5 mm 的无石棉环保垫片，排烟风管为厚 3～5 mm 的阻燃密封环保垫片。加密封胶在上螺栓之前完成，在螺栓内侧，不得挤进风管；加垫片在风管上螺栓之后完成，且不得超出法兰外边，然后再紧螺栓。法兰垫片的叠接见图 2-15 所示。

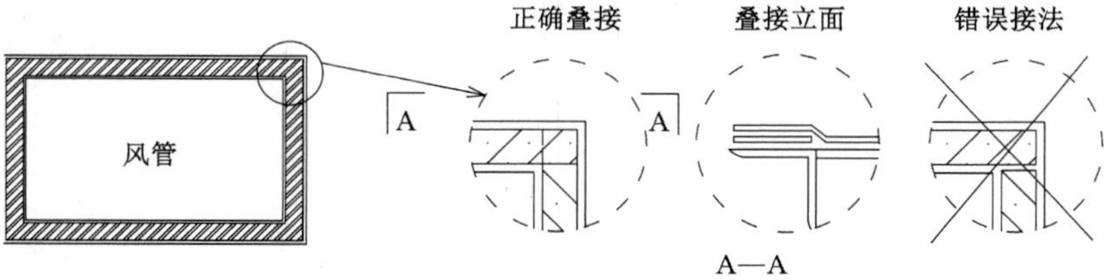

图 2-15　普通风管法兰垫片的叠接方式图

将水平风管放在设置的支撑架上逐节连接，将角钢法兰风管连成 20 m 左右，共板法兰风管连成 10 m 左右，以方便吊装。

(3) 风管加固

风管加固一般采用压筋加固、外框加固和点加固。通过加固，使风管达到相应刚度要求。

① 风管加固等级及间距见表 2-12 所示。

表 2-12 风管加固等级及间距

刚度等级	风管边长 b/mm								
	≤500	630	800	1 000	1 250	1 600	2 000	2 500	3 000
低压风管允许最大间距/mm									
G1	3 000	1 600	1 250	625					
G2	3 000	2 000	1 600	1 250	625	500	400	不使用	
G3	3 000	2 000	1 600	1 250	1 000	800	600		
G4	3 000	2 000	1 600	1 250	1 000	800	800		
G5	3 000	2 000	1 600	1 250	1 000	800	800	800	625
G6	3 000	2 000	1 600	1 250	1 000	800	800	800	800
中压风管允许最大间距/mm									
G1	3 000	1 250	625						
G2	3 000	1 250	1 250	625	500	400	400	不使用	
G3	3 000	1 600	1 250	1 000	800	625	500		
G4	3 000	1 600	1 250	1 000	800	800	625		
G5	3 000	1 600	1 250	1 000	800	800	800	625	
G6	3 000	2 000	1 600	1 000	800	800	800	800	625

② 风管加固形式见表 2-13 所示。

表 2-13 风管加固形式

加固形式			加固件规格/mm	加固件高度/mm					
				15	25	30	40	50	60
				刚度等级					
压筋加固	压筋间距≤300 mm		风管板厚	J1					
外框加固	角铁加固	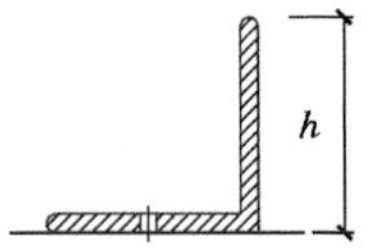	L25×3	—	G2	—	—	—	—
			L30×3	—	—	G3	—	—	—
			L40×4	—	—	—	G4	—	—
			L50×5	—	—	—	—	G5	—
			L63×5	—	—	—	—	—	G6
	槽形加固	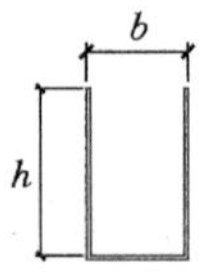 $b \leqslant 20$ mm	$\delta=1.2$	—	G2	—	—	—	—

表 2-13(续)

加固形式			加固件规格/mm	加固件高度/mm					
				15	25	30	40	50	60
				刚度等级					
点加固	螺杆内支撑	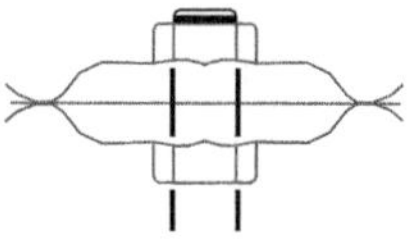	≥M8 螺杆	J1					
点加固	扁钢内支撑	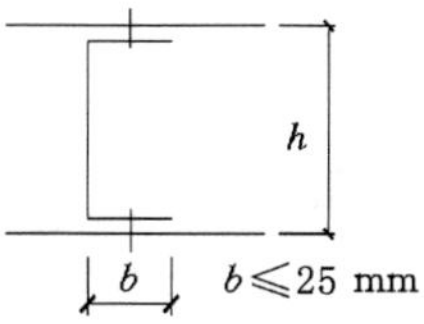	25×3 扁钢	J1					

2.3.4　风管的吊装

(1) 风管安装时，可以把风管在地面上连成一定长度，采用吊装的方法就位，也可以把风管一节一节地放在支架上逐节连接，一般顺序是先主管后支管。

(2) 不允许将可拆卸的接口装设在墙或楼板内。

(3) 风管系统吊装支架采用膨胀螺栓固定时，必须保证牢固。

(4) 各种阀件的安装，应装在便于操作的位置。

(5) 为保证今后送风不吹出尘土，应保护装饰品的清洁，因而在安装完送、回风管及新风管的敞口部分应用塑料布密封。

(6) 在风管穿过需要封闭的防火、防爆的墙体或楼板时，应设预埋管或防护套管，其钢板厚度不应小于 1.6 mm。风管与防护套管之间，应用不燃且对人体无危害的柔性材料封堵。做法如图 2-16 所示。

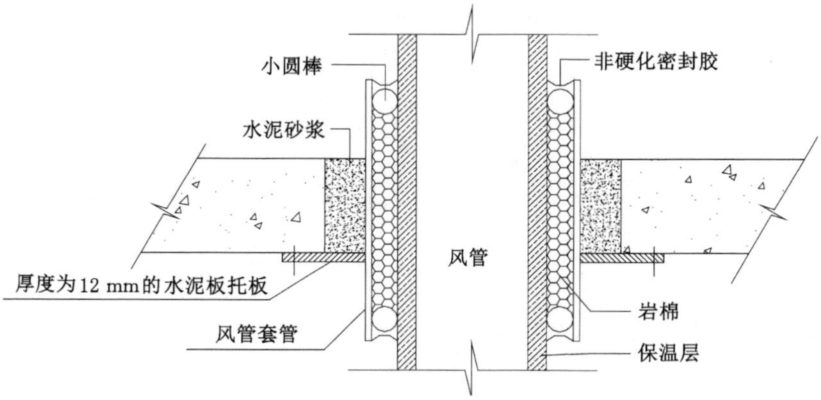

图 2-16　风管过楼板示意图

(7) 风管的连接应平直、不扭曲。明装风管水平安装，水平度的允许偏差为 3/1 000，总偏差不应大于 20 mm。明装风管垂直安装，垂直度的允许偏差为 2/1 000，总偏差不应大于 20 mm。暗装风管的位置，应正确、无明显偏差。除尘系统的风管，宜垂直或倾斜敷设，与水平夹角宜大于或等于 45°，小坡度和水平管应尽量短。对含有凝结水或其他液体的风管，坡度应符合设计要求，并在最低处设排液装置。

(8) 各类风阀应安装在便于操作及检修的部位，安装后的手动或电动操作装置应灵活、可靠，阀板关闭应保持严密。防火阀直径或长边尺寸大于等于 630 mm 时，宜设独立支、吊架。

(9) 防火阀安装时应顺气流、靠墙安装，且距墙壁最大距离不宜超过 200 mm，如图 2-17 所示。

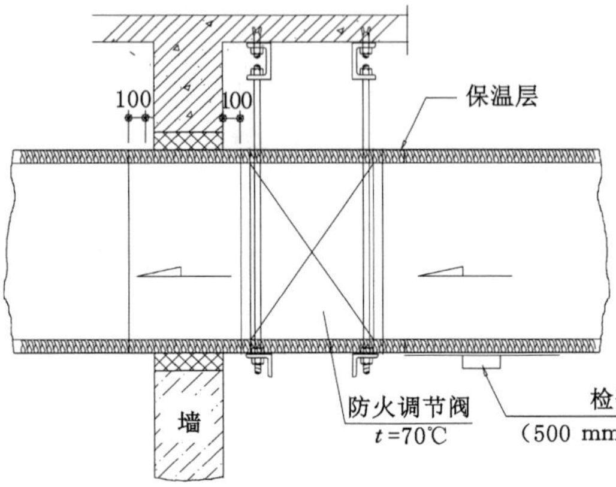

(a)

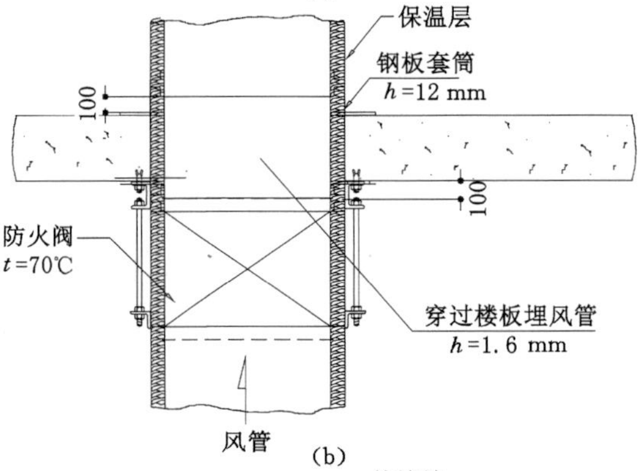

(b)

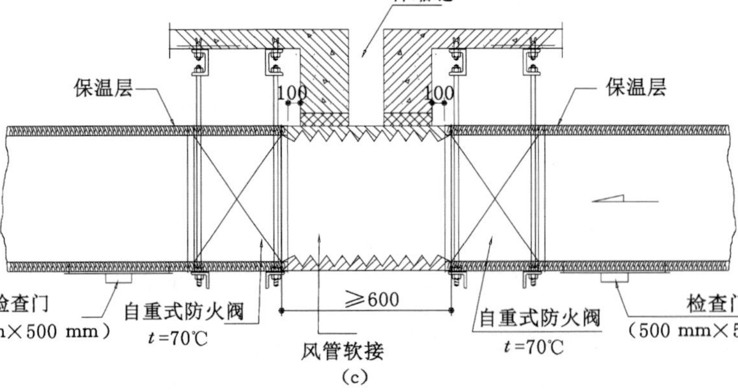

(c)

图 2-17 防火阀安装示意图

(a) 穿墙风管防火阀安装；(b) 垂直风管防火阀安装；(c) 穿伸缩缝风管防火阀安装

2.3.5　风管漏风量测试

漏风试验法是用离心风机向系统风管内鼓风，使风管内静压上升并保持在工作压力，此时该进风量即等于漏风量。该进风量用风机与风管之间设置的孔板和压差计测量。风管内的静压则由另一台压差计来测量。试验装置可分为正压风管和负压风管式两种，一般采用正压条件下的测试来检验。正压风管的试验装置及风管系统连接的方法，如图 2-18 所示。

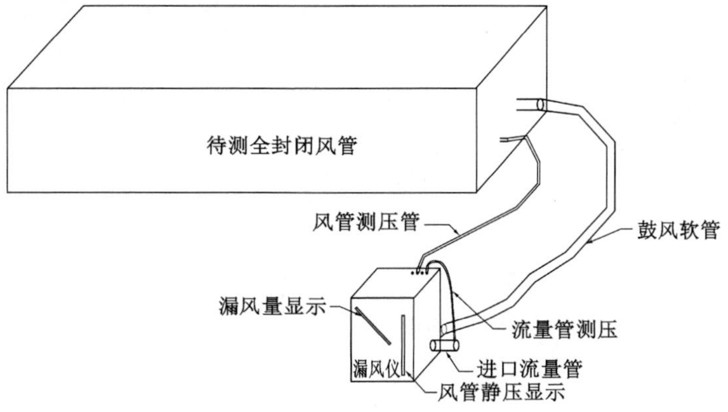

图 2-18　漏风量测试示意图

漏风量试验的方法：

试验前将连接风口的支管取下，并将开口管端用盲板密封。

试验步骤：整个试验过程应作详细记录，其内容包括漏风部位、漏风量、漏风的原因及如何处理等情况。

① 漏风声音试验：在漏风量测量之前，先用盲板和胶带密封管端开口处，将试验装置的软管连接到被试风管上，关闭进风挡板，启动风机，逐步打开进风挡板，直到风管内静压值上升并保持在规定压力为止。此时注意听风管所有接缝和孔洞处漏风的声音，将每个漏风点做出记号并逐步修补。

② 漏风量测量试验：在漏风声音试验后，将漏风声音点进行修补和密封，再次启动风机，逐步打开进风挡板，直到风管内静压值上升并保持在规定压力时，读取气流通过孔板产生的压差，即可对漏风量进行计算。

2.3.6　风口的安装

(1) 安装通则：风口安装从接口和外观两方面要求。风口与风管连接严密、牢固，保证风口与风管接缝处不漏风；风口在室内墙面或吊顶做到横平竖直，表面平整，风口与装饰面贴实，无明显缝隙。

(2) 同一厅室、房间内的相同风口的安装高度应一致，排列应整齐。明装无吊顶的风口，安装位置和标高偏差不应大于 10 mm。风口水平安装，水平度的偏差不应大于3/1 000。风口垂直安装，垂直度的偏差不应大于 2/1 000。

(3) 外墙百叶式防水进排风风口安装为工程的必要环节，安装时需要注意风口的安装方向以及与风管连接处的密闭处理，避免雨水渗入。

(4) 防、排烟风口安装为工程安装的重点，安装时需要注意保证风口的安装方向、安装的高度以及与风管连接处的防火处理，以保证防火系统的功能。

(5) 散流器及百叶风口的安装形式如图 2-19 所示。

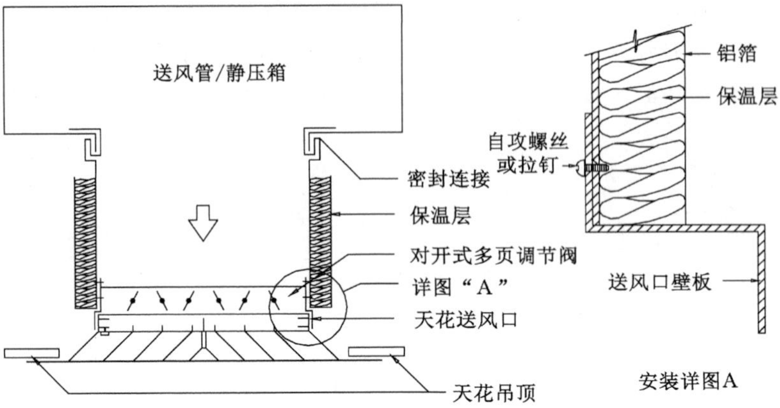

图 2-19　散流器、百叶风口安装示意图

2.3.7　成品保护及现场文明

(1) 制作完成的成品风管，应设置固定的存放区，并应设置防隔离措施。

(2) 成品风管运输时，应注意不得碰撞摔损，防止成品风管变形损坏。

(3) 存放区内的成品风管，应按规格分开码放，便于清点数量。

(4) 加工完毕，未成形的风管应码放在半成品存放区，与成品风管分开码放。

(5) 风管加工区每天应在下班后清理干净，做到工完料净。

(6) 加工完毕的剩余板材下脚料，应集中存放，不得随意丢弃、摆放。

(7) 对于粘接、加固完毕的成品风管，应集中摆放在通风的环境中，保证粘接的强度达到要求后，方可开始连接成品风管。

2.3.8　风管与部件安装的注意事项

(1) 用于风管吊装作业所用的索具、脚手板、吊篮、吊笼、平台等设备均需经过技术鉴定或检测后方可使用。

(2) 在 2 m 以上高空作业应系安全带，防止摔下跌伤。

(3) 使用脚手架作业前，应检查地基夯实平整，架体和构配件是否齐全，不配套的门架与配件不得混合使用于同一脚手架。

(4) 在脚手架的操作层上应满铺与门架配套的挂扣式脚手板，并扣紧挡板，防止脚手板脱落和松动。脚手板上下不准超荷堆放构配件材料，上层必须配置防护栏网、栏杆或其他安全设施。

(5) 高处作业之前，应进行安全防护设施的逐项检查和验收，验收合格后，方可进行高处作业，验收也可分段、分层进行。

(6) 风管安装前首先检查支吊架是否牢固、有无脱落的危险，布置的数量、位置是否符合设计和施工规范要求。

(7) 严格落实现场管理制度，风管吊装区域四周 10 m 范围拉警戒线，挂警示牌，严禁非操作人员进入警戒线内。操作人员作业时严禁在吊装平台下方作业。

(8) 在吊装风管时，必须要有专职安全员旁站监督。

(9) 吊装时，风管下方严禁站人，并有专人负责指挥吊装，注意周围是否有障碍物，特别注意防止与电线接触，严禁带电作业。

(10) 风管垂直吊装时，应检查吊装索具是否符合要求，风管、部件起吊离地 200 mm 左右时，必须检查绳索卡具是否牢固，确定安全后继续起吊，下面人员应散开，以免掉下伤人。

(11) 风管吊装时，必须等支吊架安装完毕、标高调整到位、法兰连接好后才可以释放拉链，解开绳索。

(12) 严禁用风管作脚手架或其他承重的支点，不允许随意踩踏风管或其他物体撞击风管。

(13) 临边洞口作业，对需要拆除洞口现场安全防护设施和施工现场安全标志，须由安全员会同技术员商议，并采取相应措施后方可由有关工种进行操作。

第 4 节　消声器的安装

2.4.1　管式消声器的安装

应单独设置支、吊架，其重量不得由风管承重。安装前进行检查，保证安装的位置、方向正确，与风管的连接应严密，不得有损坏与受潮。

2.4.2　金属外壳式消声器的安装

安装前应检查金属壳体壁板平整度，如有变形则需校正。制定工艺，其组装顺序为先连接四面壁板，后装入消声片，消声片安装顺序为先安装两侧壁，后由一端开始逐片装入。消声片与金属壳体上下壁板连接处铺设耐热橡胶板，并画线定位保证消声片片距符合要求。

2.4.3　片式消声器的安装

(1) 工艺流程

片式消声器安装工艺流程如图 2-20 所示。

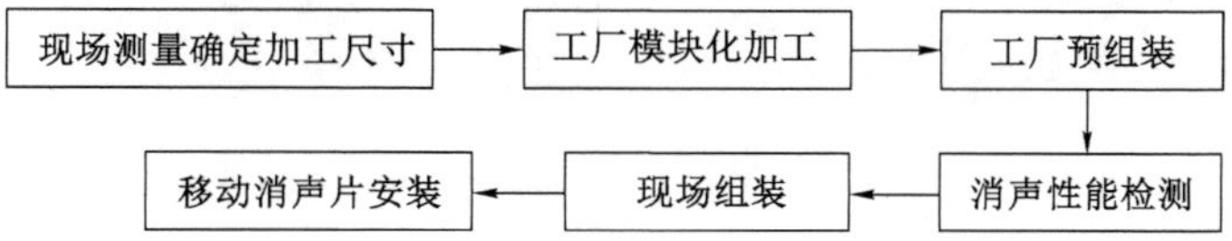

图 2-20　片式消声器安装工艺流程图

(2) 消声器组装工艺说明

① 地铁片式消声器体积大，质量大，因此，采用模块化散装进场，然后用螺栓或铆钉等紧固件连接组装。

② 安装时，原则上从下到上，从外到内，最后安装顶外壳。

③ 整体式消声器与风机前后渐缩、渐扩管法兰连接，法兰现场钻孔，并加密封条，切忌漏风。

④ 安装过程中，尤其要注意消声片及外壳免受损伤，不然会导致消声器使用寿命缩短。

⑤ 为保证安装方便，结构片式消声器片间距采用 200 mm。消声片与消声片之间采用连接板联结，连接板与消声片之间采用 M10 mm×30 mm 的螺栓连接。消声片与土建墙之间采用直角连接板连接。直角连接板与土建墙之间采用 M10 mm 的膨胀螺栓连接，直角连接板与消声片之间采用 M10 mm×30 mm 的螺栓连接。安装节点如图 2-19 所示。

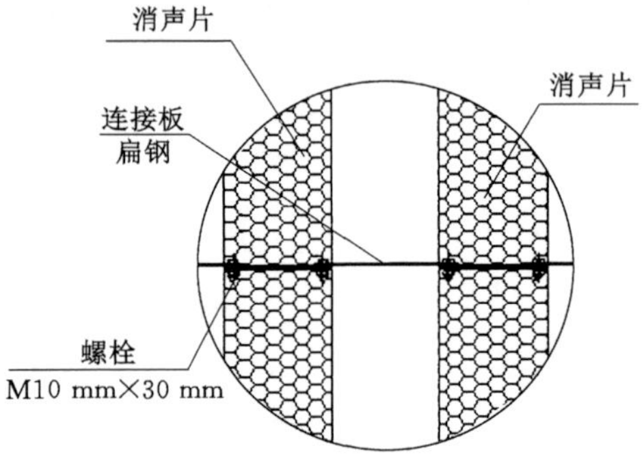

图 2-21　安装节点

⑥ 安装活动消声片时，首先安装活动门下方的万向轮。依据图纸要求，万向轮与活动片之间采用 M5.5 mm×30 mm 的自攻钉连接，再用连接板将已打好万向轮的活动门片与两侧固定消声片用螺栓连接，如图 2-22 所示。

图 2-22　消声器安装图示

2.4.4　消声器安装的注意事项

(1) 在搬运消声片过程中要防止碰撞、割手等情况，操作人员应佩戴手套。

(2) 在搬运组装上层片时，注意防止上层片坠落伤人。

(3) 吊装上层消声片所用的索具要牢固,吊装时应加溜绳,并与电线保持安全距离。

(4) 吊装区域四周 10 m 范围拉警戒线,挂警示牌,严禁非操作人员进入警戒线内,操作人员作业时严禁在吊装平台下方作业。

(5) 整体未安装完的消声器应有防倒塌措施,并设警戒线,挂警示牌。严禁非操作人员进入警戒线内,操作人员作业时严禁在吊装平台下方作业。

(6) 安装的部件全部为金属部件,容易存在漏电现象,施工机具应有自动保护装置,且电源线应绝缘良好。

(7) 高空作业使用手持机械钻孔,施工人员容易麻痹,发生坠落事故。

(8) 拼接消声器过程中,板材的边角容易造成身体伤害。

第 5 节　通风机的安装

2.5.1　区间风机的安装

(1) 基础验收:基础表面无蜂窝,基础标高和平面位置符合设计要求,基础形状和各部主要尺寸、预留洞的位置和深度符合设计要求;放置垫铁位置的基础表面要平整,混凝土的强度要满足要求。

(2) 开箱检查:根据设计图纸核对名称、型号、设备编号、传动方式、旋转方向等。

(3) 通风机的搬运:首先根据工程实际条件制订有关施工方案,搬运和吊装的绳索不能捆绑在机壳和轴承的吊环上,搬运时不得将叶轮和齿轮轴直接放在地上滚动或移动。

(4) 安装前核对基础合格后方可就位,就位后用成对斜垫铁找平,使通风机达到要求的标高和水平度。垫铁放在地脚螺栓的两侧,垫铁间的距离为 500～1 000 mm。为便于调整,垫铁要露出机座外边 25～30 mm,垫铁距离地脚螺栓 1～2 倍螺杆直径。垫铁高度一般为 30～60 mm,每组垫铁不超过 3 块,厚的放下面,薄的放上面,最薄的夹在中间,同一组垫铁尺寸要一样,放置必须整齐。设备安好后,同一组垫铁要点焊在一起,以免受力时松动。预留孔灌浆前应清除杂物,用碎石混凝土灌浆。垫铁组与混凝土表面应平整,贴合良好,接触紧密。地脚螺栓应垂直,并有防松装置。

(5) 通风机若安装在减震装置上,除要求地面平整外,还应注意各组减震器受荷重的压缩量应均匀,不得偏心。安装后,应采取保护措施,防止损坏,如图 2-23 所示。

2.5.2　小风机的安装

(1) 安装小风机时,如发现弹簧中心线与水平面不垂直、不同心,一般在弹簧盒内的底部加斜垫铁来消除偏差。如果偏差过大,不易调整,应更换合格产品。

(2) 减震器应按设计或标准图的要求布置,做到各减震器受力均匀。为避免引起耦合振动,减震器的布置尽量对称于设备的主惯性轴,或布置在设备重心的平面内,以使各减震器受力均匀、变形量相等。如果安装在设备下的各减震器变形量不相等时,不移动减震器,为使其变形量相等,应使减震器上的设备重心与减震器垂直方向刚度中心重合。

(3) 风机与风管采用软管连接,长度为 150～250 mm。为保证软管在系统运转过程中不扭曲,安装的松紧应适度。对于装在风机吸入端的软管,可安装稍紧些,防止风机运转时

图 2-23　区间风机安装

被吸入。排烟风机前后均设置硅钛合成耐高温耐火软接管。

（4）未接风管的通风机进出口均应装不锈钢防鼠网，室外通风机进出风口均设不锈钢防护网，如图 2-24 所示。

图 2-24　不锈钢防鼠网

2.5.3　区间射流风机的安装

（1）开箱检查：根据设计图纸核对名称、型号、设备编号、传动方式、旋转方向等。

（2）射流风机安装工艺说明：

① 检查预埋件的位置桩号是否符合设计要求。

② 检查预埋件的数量、位置是否满足设计及安装要求。预埋件的偏差应不大于通风机安装的允许偏差，既中心线平面位移小于 10 mm，标高位移小于±10 mm。

③ 将风机的连接附件焊接在预埋件上，并加载荷做预埋件的抗拉拨力实验。拉拔试验值应为实际静载荷的 15 倍以上。

④ 风机吊装时，应用软索具，以免损坏设备漆层。转子、轴颈和轴封等处均不应作为捆缚部位。

（3）区间射流风机安装施工要求：

① 轨行区施工环境复杂，严格按照制定的运输要求，听从专业工程师和工班长的指挥。

② 运输中,注意保护设备,避免破坏。

③ 区间施工作业应建立严格的作业制度。进入轨行区作业,施工人员身穿荧光服,配备对讲机,联络施工。严格按照作业规定施工,执行请消点制度。

④ 区间使用电动工具时,严格按照电动工具操作规范执行,做好接地,防止漏电伤人。

⑤ 轨行区内作业,提前做好相关专业接口的联系工作和施工准备工作,设备材料和安装完成后必须满足限界要求,以免造成事故,如图 2-25 所示。

图 2-25　射流风机安装

2.5.4　通风机安装的注意事项

(1) 吊装区域四周 10 m 范围拉警戒线,挂警示牌,严禁非操作人员进入警戒线内。操作人员作业时严禁在吊装平台下方作业。

(2) 起吊前应先进行试吊,检查各部位的受力情况,确认正常后方可起吊。

(3) 搬动和安装大型风机时,应由起重工配合进行,并设专人指挥,统一行动。施工用的机具必须经过检查安全可靠,对于吊装的吊具、绳索等应进行试吊,确认安全可靠后方可进行吊装。

(4) 设备在起吊和时,要缓慢行动,并注意周围环境,不要破坏其他建筑物、设备和砸伤手脚。

(5) 设备吊装必须按施工方案选用索具、工具以及机械设备,严格按照设备吊装方案执行。

(6) 钢丝绳吊索挂好后,应稍加受力,以使千斤顶受力均匀,同时也使设备的部件保持平衡,然后再起吊,离地 5～10 cm 检查是否平衡,一切正常后方可正式起吊。设备和附件未经固定或放稳,严禁松钩。

(7) 设备落地时,检查地面是否有杂物。

(8) 在轨行区作业时,所有人员必须穿好反光防护服,戴好安全帽;作业区域两端至少 100 m 外必须各设一盏红闪灯(作业区域变化时红闪灯也应相应变化);作业时必须安排专人负责瞭望来往车辆,一有情况立即通知班组作业人员避让轨道列车。

(9) 轨行区施工时应保证照明充足,不得摸黑作业。电源线需过轨时应从钢轨下部穿过(以利于快速避让列车),所有材料及工器具等应尽量靠边摆放,以不影响轨道列车通行为宜。作业完成后所有垃圾必须工完场清。

(10) 按计划进入轨行区的材料必须在规定时间内安装完毕，否则必须运出轨行区；使用的工机具必须及时带出轨行区；施工时不得以轨道作为受力支撑点。

(11) 轨行区每时段工作完成后，要及时报告专职安全员和各站站长进行检查确认，确保不留下安全隐患。对轨行区完成的成品和半成品要及时进行保护。

第6节　制冷管道的安装

空调水系统管道材质及连接方法：管径小于 DN100 mm 采用镀锌钢管、丝扣连接，管径大于等于 DN100 mm 采用镀锌钢管或无缝钢管、法兰、沟槽连接或焊接。

2.6.1　工艺流程

工艺流程如图 2-26 所示。

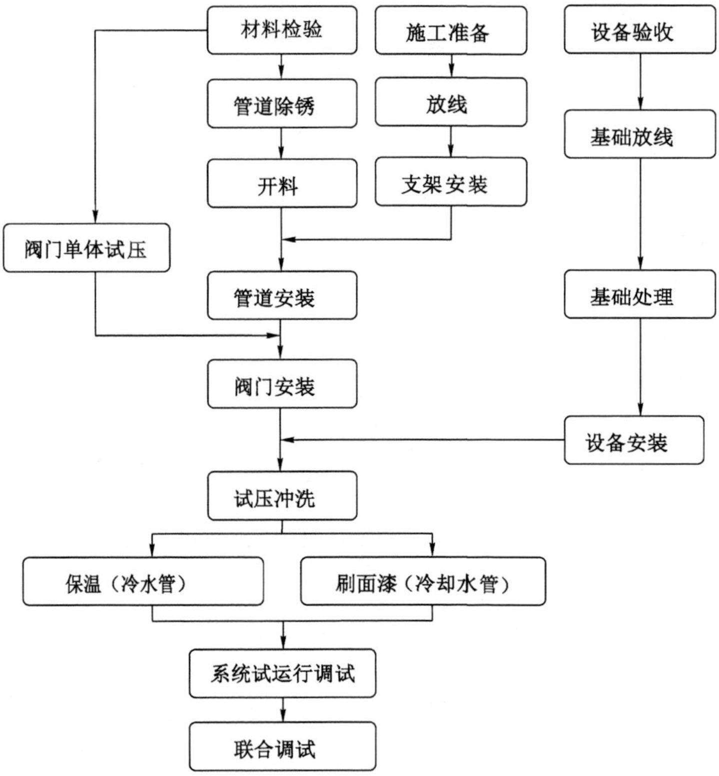

图 2-26　制冷管道安装工艺流程图

2.6.2　支架的制作及安装

(1) 管道支、吊架的间距及形式应满足施工图及相关规范的要求。

(2) 管道支、吊架的位置应正确，安装平整牢固，与管道接触应紧密，固定应牢固。

(3) 固定在建筑结构上的管道支、吊架，不得影响结构安全。

(4) 固定支架的安装位置原则上按施工图纸进行。管路需要固定时，在任何方向都不准有位移的位置设置。

(5) 管道穿越墙体时，从墙面两侧各向外量出 1 m，以确定墙两侧的两个活动支架位置。

(6) 管道转弯处的支撑要特别予以重视，自管道转弯的墙角、补偿器拐角各向外量1 m，定位活动支架。

(7) 在穿墙、转弯处定位活动支架后，剩余的长度里按不超过最大间距的原则，尽量均匀地设置活动支架。

(8) 首先根据图纸确定管道的位置，在墙壁或顶板上标出管道中心线，应严格按图纸标定的位置，并参照综合管线图中其他专业的管线位置，避免管线交叉。支架的安装应位置合理，牢固可靠，间距符合规范及设计要求。

(9) 立管或横管的支、吊架间距不应大于表 2-14 的规定。

表 2-14　管道支、吊架最大间距表

公称直径	保温/m	不保温/m	公称直径	保温/m	不保温/m
DN15	1.5	2.5	DN65	4	6
DN20	2	3	DN80	4.5	6.5
DN25	2	3.5	DN100	4.5	6.5
DN32	2.5	4	DN125	5	7
DN40	3	4.5	DN150	6	8
DN50	3	5	DN200～DN300	7～7.5	9.5～12

(10) 支、吊架的受力部件，如横梁、吊杆及螺栓等规格应符合设计或有关标准的规定，不得把管道及其配件的重力传递给设备承受。

(11) 管网中大型或重型设备设独立支撑，避免对管道造成过大的压力。

(12) 水系统管道机房内总、干管的支、吊架，应采用承重防晃管架。当水平支管的管架采用单杆吊架时，在管道起始点、阀门、三通、弯头处及直线长度每隔 15 m 设置固定吊架。

(13) 管道支、吊架的焊接不得有漏焊、欠焊或有焊接裂纹等缺陷。

(14) 管道的支、托、吊架使用的硬垫木，经过沥青蒸煮防腐并喷涂防火涂料。垫木与保温层厚度相同，宽度与支架一致，表面平整，垫木结合面空隙填实。

(15) 管卡与管道接触紧密，但不得损伤管道表面。金属管卡与管道间采用塑料、橡胶或酚醛等隔垫。

(16) 各安装部位的支架安装，如图 2-27 所示。

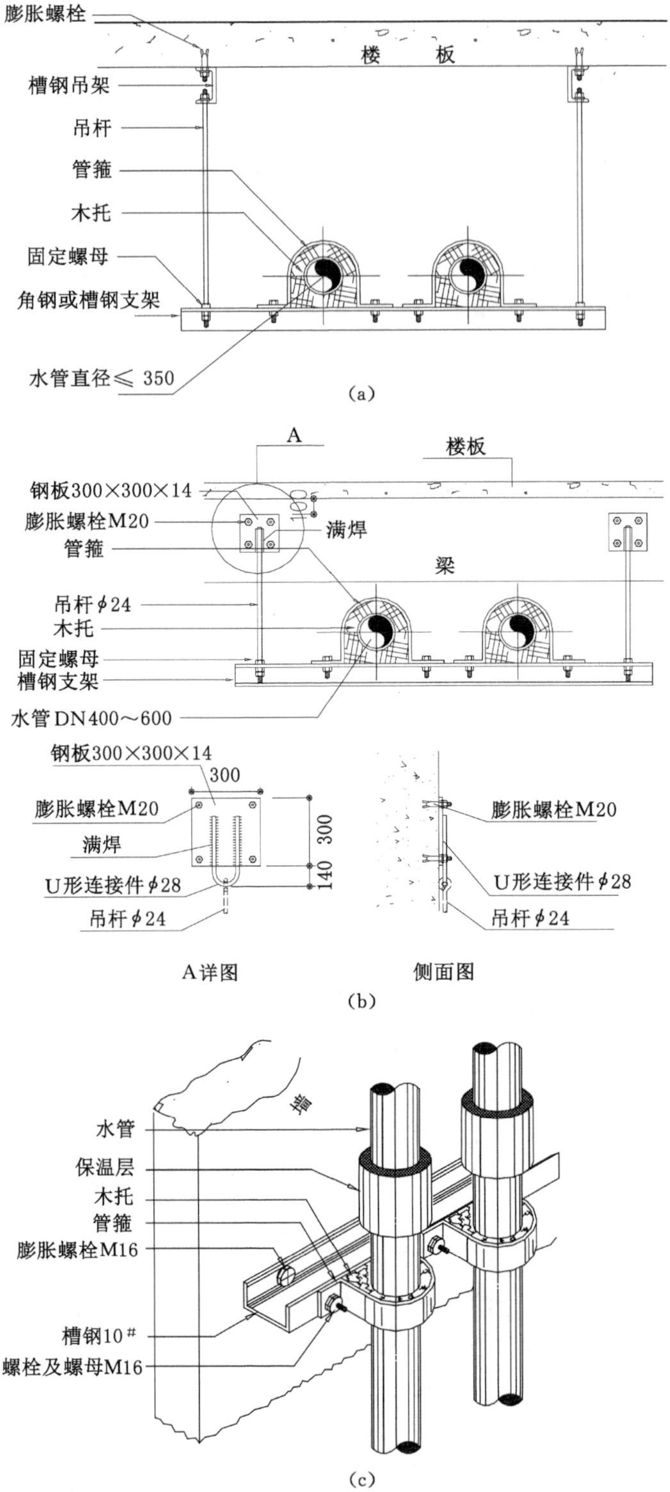

(c)

图 2-27　制冷管道的安装示意图

(a) 水平管道支架(1)；(b) 水平管道支架(2)；(c) 垂直管道活动支架

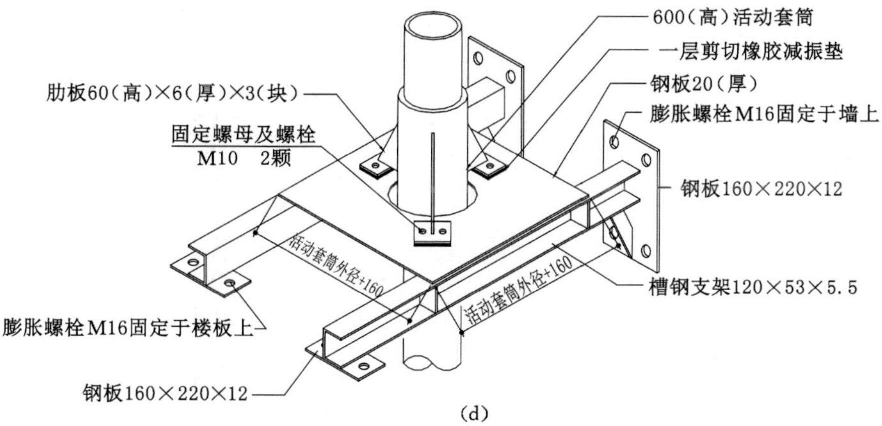

(d)

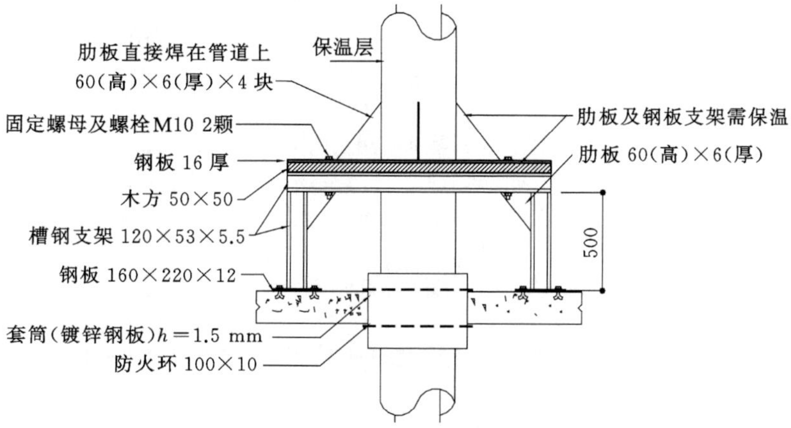

(e)

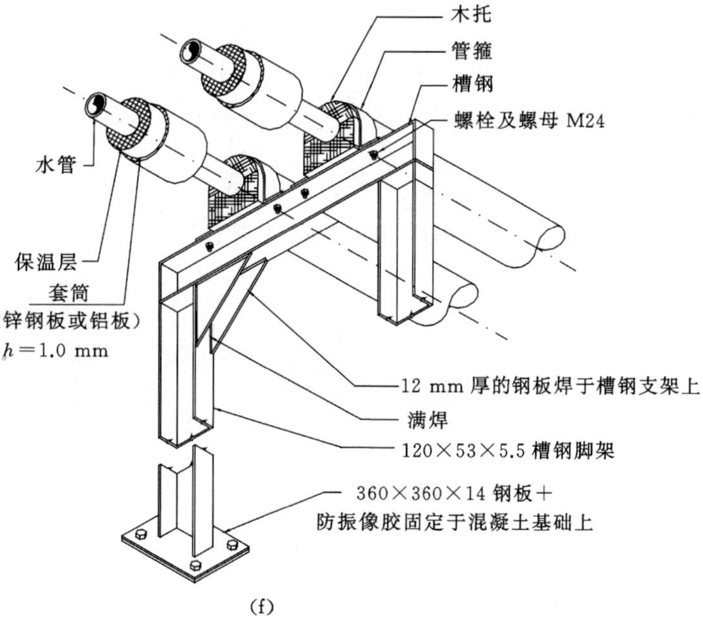

(f)

图 2-27（续）　制冷管道的安装示意图

（d）垂直管道固定管卡；（e）垂直管道支架；（f）制冷机房水管地面支架

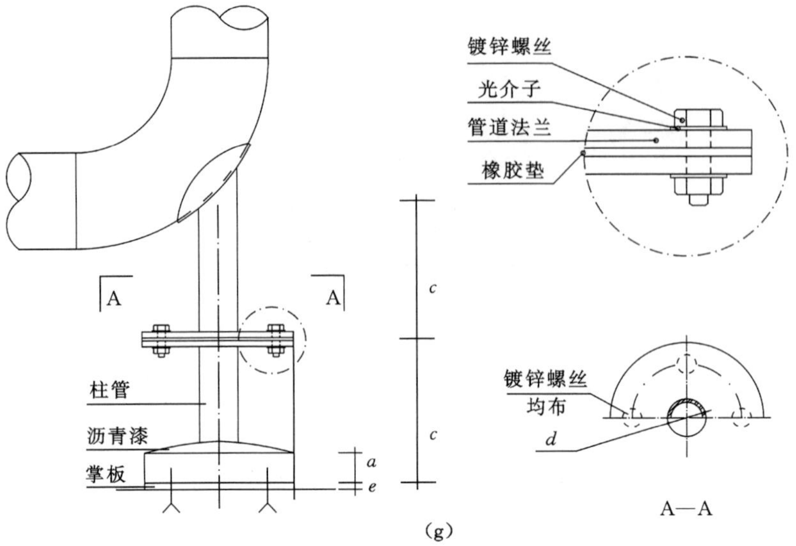

(g)

图 2-27(续) 制冷管道的安装示意图

(g) 设备出口的管道支架安装大样图

说明:1. 弧形掌板厚度为母管壁厚的50%~70%,但不小于4 mm;连接后,弧形掌板外缘与柱管外缘距离为30~60 mm。

2. 柱管与掌板间需焊接;当弧形掌板不宜焊接时,需采取其他缓冲措施。

3. 采用黑色橡胶垫,厚度为3 mm。

4. 圆形落地掌板需设置方形水泥墩(高度以能封盖膨胀螺丝头为宜),水泥墩顶层表面需有5%的泄水坡度并刷沥青。

2.6.3 管道的制作与安装

管道的预制加工,必须根据现场情况做出草图,进行下料制作。断管时必须对准画线,用力要均匀,不要用力过猛,尽量保证断面与管道轴线垂直,以保证后续管道端头的加工质量。

2.6.3.1 管道沟槽式卡箍施工工艺

(1) 钢管的沟槽加工过程如下图所示。

工艺说明:

① 钢管定尺截断,去掉断口上的毛刺。

② 将需要加工沟槽的钢管架设在滚槽机下压轮和托架上,托架位置放置在钢管中部略向外的位置;调整钢管使其处于水平或托架处略高一点,将钢管端面与滚槽机主轴的接触位置贴紧。

③ 启动滚槽机,徐徐扳动轴泵手柄,使上压轮滚压钢管至要求的沟槽深度为止,停机。

④ 检查沟槽的深度和宽度，确认符合要求。

（2）沟槽式卡箍管件的安装如下图所示。

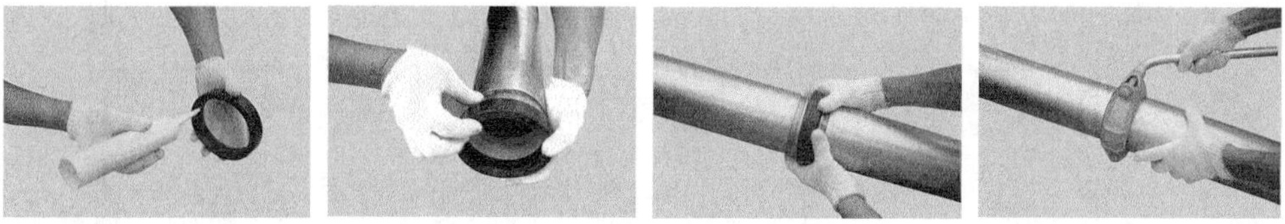

工艺说明：

① 检查沟槽是否符合标准，去掉管子和密封圈上的毛刺、铁锈、油污等杂质，在管子端部和橡胶圈上涂润滑剂。

② 将密封橡胶垫圈套入一根钢管的密封部位。

③ 将另一根加工好沟槽的钢管靠拢，将橡胶圈套入管端，使橡胶圈刚好位于两根管子的密封部位，卡入卡件。

④ 拧紧螺栓，安装完成。

（3）钢管开孔：钢管采用沟槽式卡箍连接时，在需要开三通的管道上必须使用专用的钢管开孔机进行机械开孔，不允许使用气割开孔。开孔后必须做好开孔断面的防腐处理。钢管开孔的方法如下图所示。

工艺说明：

① 开孔定位，锁紧钢管。

② 钻头定位，开孔机钻孔。

③ 去除毛刺并作防腐处理。

（4）三通安装如下图所示。

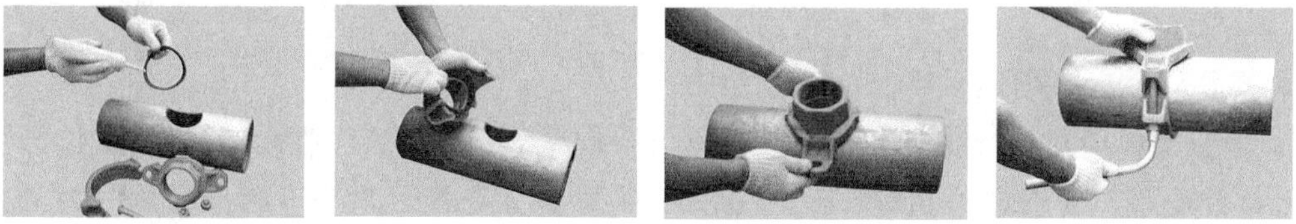

工艺说明：

① 在橡胶密封圈上涂润滑剂。

② 将密封圈放入机械三通的密封槽内。

③ 将机械三通卡入孔内。

④ 用限力扳手上紧螺栓。

2.6.3.2　管道焊接施工工艺

(1) 管道焊接工艺流程

工艺流程如图 2-28 所示。

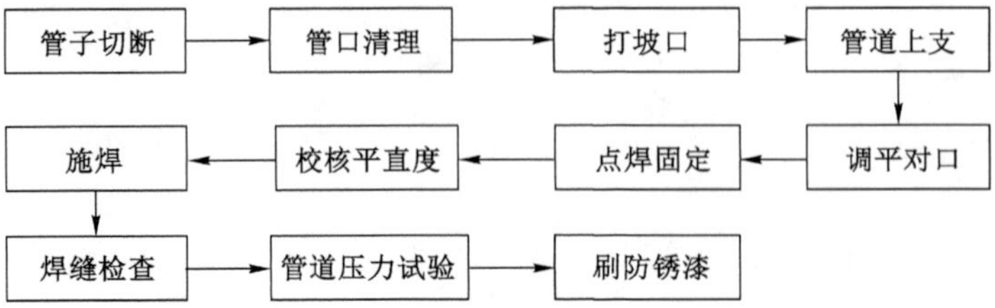

图 2-28　管道焊接工艺流程图

(2) 焊接方法的选用

常用的焊接方法主要有手工电弧焊和 CO_2 气体保护焊。对使用焊接连接的管道做如下选择：

① 管径小于等于 DN200 mm 的无缝钢管焊接采用手工电弧焊。

② 管径大于 DN200 mm 的无缝钢管焊接采用 CO_2 保护焊。

③ 管道装配时，定位焊采用手工电弧焊。

(3) 焊接机具的选择

焊接碳素钢管设备主要采用 CO_2 气体保护半自动焊机和使用普通交、直流焊机配合使用。

2.6.3.3　管道法兰连接施工工艺

(1) 安装流程

安装流程如图 2-29 所示。

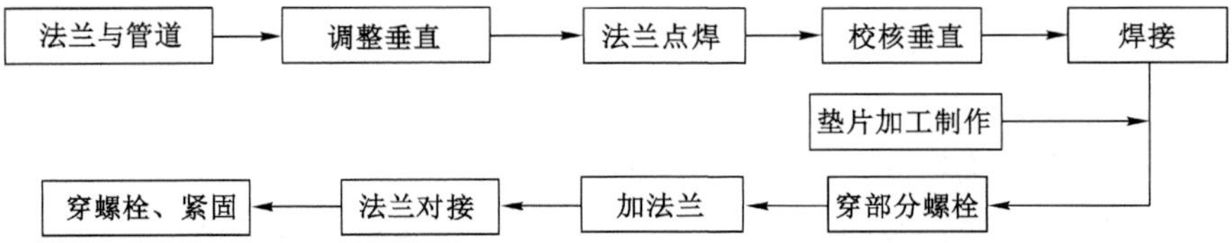

图 2-29　管道法兰连接施工工艺流程图

(2) 法兰安装工艺

① 装配与焊接：选好法兰装在相连接的两个管端，将法兰套在管端后要注意两边法兰螺栓孔是否一致。先点焊一点，校正垂直度，最后将法兰与管子焊接牢固。平焊法兰的内外两面都必须与管子焊接。如管端不可与法兰密封面平齐，要根据管壁厚留出余量。

② 制垫、加垫：现场制作的法兰垫圈用凿子或剪刀裁制。法兰片的内径不得大于法兰内径而突入管内，垫片的外径最好等于法兰连接螺孔内边缘所在的圆周直径，并留有一个“尾巴”，便于拿放。垫片上忌涂抹白厚铅油，不允许使用双层垫片。

③ 穿螺栓及紧固：法兰穿入螺栓的方向必须一致，拧紧法兰需使用合适的扳手，分 2～3 次进行，应对称、均匀地进行拧紧。螺栓长度以拧紧后伸出长度不大于螺栓直径的一半为

宜，且不少于两个螺纹。

④ 为便于拆卸法兰，法兰和管道或支架边缘与建筑物间的距离一般不应小于200 mm。

2.6.3.4　管道丝扣连接施工工艺

（1）丝扣连接流程

连接流程如图2-30所示。

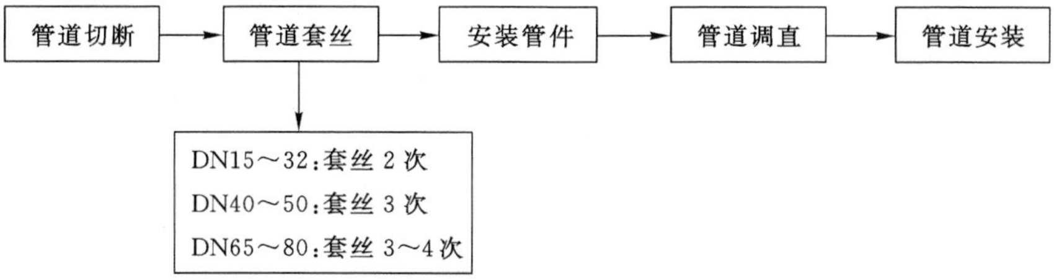

图2-30　丝扣连接流程图

（2）丝扣连接工艺

① 管道的截断应使用专用的切割锯片，管道的截断面应垂直管道的轴线。

② 如存在壁厚及材质容易发生混淆时，切割管子后，每段切割料上应做标记，标明材质、壁厚和规格。

③ 管子的切口断面应平整，偏差不得超过一扣。

④ 管子进行套丝时应分2～3次完成，管子螺纹应清楚。

⑤ 丝扣应光洁，不得有毛刺、乱丝、断丝，缺丝总长不得超过丝扣全长的10%。

⑥ 丝扣连接的管端应清洁不乱丝，并应留有2～3扣螺纹。管子连接后应及时清除外露填料，并对螺纹丝尾剩余部分及时涂刷防腐漆，以保证接口质量。

⑦ 管道变径，当图中没标示出大小头的位置时，大小头应位于三通或四通附近的小管径一侧。冷冻管道采用偏心大小头，顶平；冷凝管道与泄水及排污管采用偏心大小头，底平。

⑧ 冷冻、冷却管道安装不应形成气囊，并在管道最高点设置DN20自动排气阀，最低点设置DN25泄水阀。管道分支或汇合时只可以使用三通，禁止使用四通。

⑨ 每个楼层冷冻供回水干管末端应设置旁通冲洗阀。

⑩ 管道穿楼板及穿墙处设置套管，并用密封胶填封。

管道安装如图2-31所示。

2.6.4　管道附件的安装

（1）阀门、阀件安装前必须进行外观检查，其铭牌标注要符合国家规定。阀门开启灵活，关闭严密，填料密封完好无渗漏，手轮完好无损坏，阀门安装位置、方向、高度应符合设计要求，不得反装，连接紧密、牢固。

（2）主干管上起切断作用的阀门要逐个进行强度和严密性试验，合格后才可以安装。其余阀门可不单独试验，待和系统试压时一起试验。阀门强度试验的试验压力为公称压力的1.5倍，持续的时间不小于5 min，阀门的壳体、填料无渗漏。严密试验的试验压力为公称压力的1.1倍，在规定的持续时间内保持不变。

（3）机房内的阀门安装在成排的设备上时，其安装高度、方向要整齐一致，如空调机房、

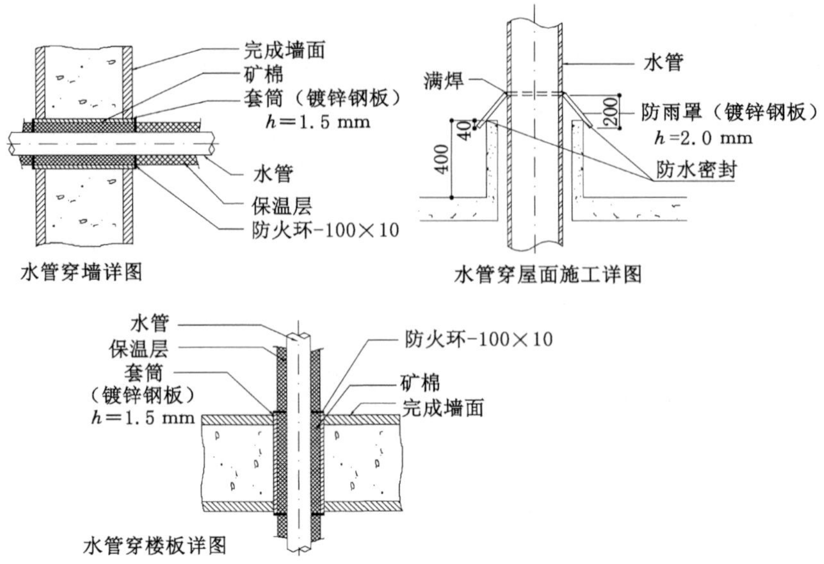

图 2-31　管道穿楼板、穿屋面及穿墙处安装图

水泵房等处的阀门在安装时要考虑阀门横、竖向的排列；在分、集水器上应把其阀门手轮的中心或阀门下口装在一条水平线上。

2.6.5　管道系统试压

在空调水系统安装完毕后，并经检查符合施工验收规范要求，应进行系统的压力试验，压力试验完毕后进行管道冲洗。

(1) 管道的试压：冷冻管道安装完毕后，要进行水压试验。试验时应关闭设备的水管阀门，或用盲板临时封堵，用电动试压泵在管网的最低点给管网加水，加压过程应缓慢进行，应一边加压一边对管网进行检查，把管网的压力加至公称压力的 1.5 倍后，在 10 min 内压力下降不大于 0.05 MP 试压合格。在强度试验合格后，将管网压力降至工作压力作外观检查，以不渗漏为合格。

(2) 试压完毕后，管道中的水通过临时管道引入附近的积水坑，利用潜水排污泵抽到地面排水井。

(3) 管道冲洗：确认系统检查合格、确认水压试验合格、确认管路上各种阀门安装正确，动作良好，并且处于正确开闭状态。为防止冲洗时有杂物进入设备，先拆除冷水机组、空调处理机组等出入水口的软接头，敷设临时旁通管将制冷设备前供回水管道连通，用盲板将与制冷设备连接的出入水口暂时封闭，使冷水机组与冲洗管道系统隔离。冲洗前，关闭每台空调机出入水口的阀门，开启旁通管道闸阀，使空调末端设备前的供回水管道旁通。水冲洗应连续进行，目测出水口，清浊度、透明度、色泽与进水基本一致为止。

(4) 管道冲洗完毕后，应将系统原状恢复。

2.6.6　管道安装的注意事项

(1) 用锯床、锯子、切管器、砂轮切管机切割管子，要垫平卡牢，用力不得过猛，临近切断时，用手或支架托住，注意防止切伤或砸伤。

(2) 使用电焊机作业时，必须戴防护眼镜、防护罩，穿劳保鞋、长袖衣裤，戴皮手套。更换焊条时也应戴手套。

(3) 管道吊装区域四周 10 m 范围拉警戒线，挂警示牌，严禁非操作人员进入警戒线内，严禁操作人员在吊装平台下方作业。

(4) 在 2 m 以上的高空作业应系安全带，防止摔下跌伤。

(5) 管道敷设过程中，未固定的管道应临时绑扎牢固，以防坠落。

(6) 管道试压要分步缓慢进行，防止加压过猛造成事故。

(7) 安装立管，必须将洞口周围清理干净，严禁向下抛掷物料。作业完毕必须将洞口盖板盖牢。

(8) 临边洞口作业，对需要拆除洞口现场安全防护设施和施工现场安全标志，须由安全员会同技术员商议，并采取相应措施后方可由有关工种进行操作。

(9) 在脚手架的操作层上应满铺与门架配套的挂扣式脚手板，并扣紧挡板，防止脚手板脱落和松动，脚手板上下不准超载荷堆放构配件材料，上层必须配置防护栏网、栏杆或其他安全设施。

第 7 节　空调水系统设备的安装

2.7.1　冷水机组的安装

(1) 工艺流程

工艺流程如图 2-32 所示。

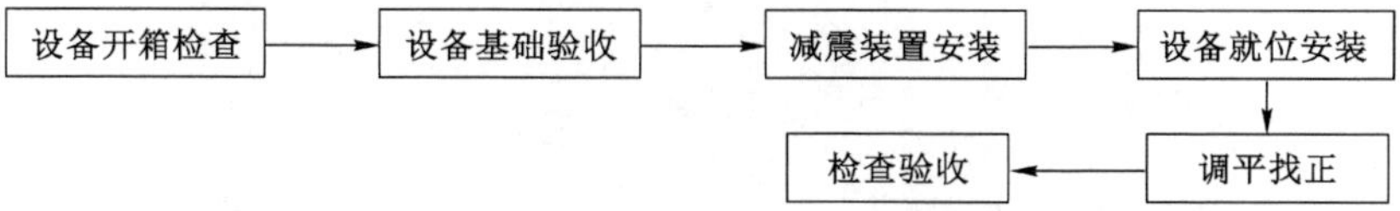

图 2-32　冷水机组安装工艺流程图

(2) 设备开箱检查

① 根据随机装箱单和设备清单，逐一核对名称、规格、数量，清点全部随机技术文件、配件、质量检验合格证书。

② 检查机组上的仪表及小零件是否完好；机组外表有无损坏；机组是否已泄压漏气；机组上的管路、线路是否有损坏和变形。

③ 开箱检查应有建设单位及供应商参加，并做好验收和交接记录。

(3) 配合土建设备基础施工

① 进场后与相关施工单位配合，从设备采购方取得有关设备技术资料，通过项目监理、建设单位，由设计单位设计冷水机组设备基础施工图。与基础施工单位配合，一起做好设备基础的预留预埋。

② 基础检查、验收、放线：设备基础施工完成，冷水机组吊装就位前，与监理、建设单位

有关人员对基础进行验收，清理基础预留螺栓孔洞。

根据设计要求、设备技术资料进行放线，在基础上弹出纵向、横向轴线，画出机组两端底座的中心线。

(4) 冷水机组运输就位

① 与相关单位协调，疏通设备运输通道。设备运输吊装就位过程中注意成品保护，不损坏其他单位已施工好的成品、半成品。

② 机组找平找正：根据冷水机组有关技术资料，特别是机组的安装要求、允许偏差，还有设计图纸，确定冷水机组的安装标高，确定一个标高基准点。

③ 根据设备的具体外形选定测量基准面，用水准仪测量，通过调整冷水机组底座下不同厚度平板垫铁的数量、楔形垫铁位置(垫铁不宜超过 3 块)，对冷水机组进行找正、找平。确保机组纵向、横向的水平偏差均符合要求，并且不大于 1/1 000。

④ 吊装机组时，设备接触处垫以软木或其他软质材料，以防止钢丝绳擦伤设备表面油漆。将机组搬运到基础旁，然后起吊到基础上方一定的高度上，使机组对准基础上事先画好的纵、横中心线，徐徐地下落到基础上。机组就位后，它的中心线应与基础中心线重合。若出现纵、横偏差，可用撬棍伸入底座和基础之间空隙处的适当位置，前后左右地拨动设备底座，直至拨正为止(图 2-33)。

⑤ 基础二次灌浆：机组找正找平后，将垫铁焊好，机组固定，然后进行设备基础二次灌浆。将基础上的杂物、污物及油垢冲洗干净，保持基础面湿润，表面麻面凹坑内没有积水。灌浆一次完成，灌浆时随时捣实，灌浆敷设的模板与预埋垫板的距离为 80～100 mm，灌浆后安排专人养护。

图 2-33 冷水机组安装图

2.7.2 水泵的安装

(1) 工艺流程

工艺流程如图 2-34 所示。

(2) 基础验收

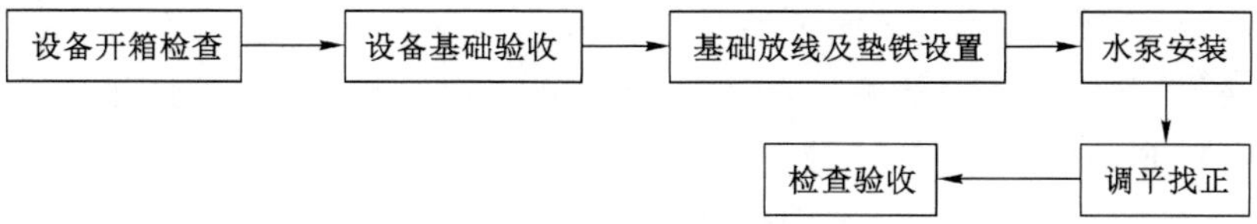

图 2-34　水泵安装工艺流程图

安装设备前对基础进行检查验收，具体内容包括以下各项：检查中心线、标高点是否准确；对照设备和工艺图检查基础的外形尺寸、标高及相互位置尺寸等；基础外观不得有裂纹、蜂窝、空洞、露筋等缺陷；所有遗留的模板和露出砼的钢筋等必须清除，并将设备安装场地及地脚螺栓孔内的脏物、积水等全部清除干净。

(3) 基础放线及垫铁设置

① 基础验收合格后进行放线工作。画出安装基准线及定位基准线，地脚螺栓的中心线也同时弹出来。在基础平面上，画出垫铁位置，放置时按设备技术文件规定摆放。垫铁放置的原则是：负荷集中处，靠近地脚螺栓两侧，或是机座的立筋处。相邻两垫铁组间距离一般规定为 300～500 mm，若设备安装图上有要求，要按设备安装图施工。

② 整个基础平面要修整铲麻面，清理干净预留地脚螺栓孔内的杂物，以保证灌浆的质量。两组垫铁位置要铲平，最好用砂轮机打磨，保证水平度不大于 2 mm/m，接触面积大于 75%以上。检查时放置标准垫铁，用塞尺测四周，检查接触面情况，用水平尺测量水平度。图纸上有要求的基础，按其要求施工。

(4) 找正找平及灌浆

1) 设备找正找平按基础上的安装基准线（纵横基准线、标高基准线）对应设备上的基准点进行调整和测量。基准规定如下：① 设备支承的底面标高以基础标高基准线为基准；② 设备中心位置以基础上的中心线为基准；③ 立式设备的方位以基础上距离最近的中心画线为基准；④ 立式设备的垂直度以设备两端部的测点为基准；⑤ 卧式设备的水平度以设备中心画线为基准。

2) 地脚螺栓光杆部分的油脂、污物及氧化皮要清理干净，螺纹部分要涂油脂。放置时要垂直无歪斜，与孔壁及孔底的间隙要符合规范要求；设备底座套入地脚螺栓要有调整余地，不得有卡住现象，螺母、垫圈与设备底座间接触良好。找正找平要在同一平面内两个或两个以上的方向上进行，找平要根据要求用垫铁调整精度，不得用松紧地脚螺栓或其他局部加压的方法调整。垫铁的位置及高度、块数均应符合有关规范要求，垫铁表面污物要清理干净，每一组放置整齐平稳、接触良好。最终找正找平后将地角螺栓拧紧，每组垫铁点焊牢固。

3) 找正找平、隐蔽工程检查合格后进行预留孔灌浆工作，用比基础砼标号高一级的细石砼浇灌，捣固密实，且不影响地脚螺栓和安装精度。强度达到设计强度的 75%以上时，方可进行设备的精平及紧固地脚螺栓工作。拧紧螺栓时应对称均匀，并保持螺栓的外露螺纹有 2～3 扣的要求。在隐蔽工程检查合格、最终找正找平检查合格后 24 h 内进行二次灌浆工作。二次灌浆要敷设外模板，模板拆除后表面要抹面处理。一台设备要一次浇灌完。

(5) 水泵的安装

① 泵体就位后，首先要通过垫铁调整，以泵轴中心线为基准找正，以进、出口法兰面为基准找平，保证纵向安装水平偏差不大于 0.1/1 000，横向安装水平偏差不大于 0.2/1 000。

② 泵安装好后要注意保护，配管时不允许管道与泵法兰接口强制连接，法兰面要采用盲板进行保护，防止杂物进入泵体内。配管管子内部和管端要清除杂物，并清洗干净，配管时要注意保护密封面，以保证连接处的气密性。管道与泵连接均应有各自的支架，以承受重力，连接后要复查泵的找正精度，发现偏差及时纠正，如图 2-35 所示。

图 2-35　水泵安装图

2.7.3　空调处理机组的安装

(1) 工艺流程

工艺流程如图 2-36 所示。

图 2-36　空调处理机组安装工艺流程图

(2) 设备开箱检查

① 根据随机装箱单和设备清单，逐一核对名称、规格、数量，清点全部随机技术文件、配件、质量检验合格证书。除上述文件外，还应进行外观检查。

② 打开设备活动面板，用手盘动风机有无叶轮与机壳异常响声，风机减震是否符合要求。

(3) 空调处理机组安装

① 机组安装位置正确，目测水平，凝结水排放畅通。

② 空调处理机组安装的地方必须平整。

③ 空调处理机组如需安装减震器，严格按设计要求的减震器型号、数量和位置进行安装、找平找正。

④ 空调处理机组的冷却水系统管道及电代动力与控制线路，由管道工和电工安装。

⑤ 空气处理室安装就位后，做好外部防护措施，防止杂物落入机组内。

2.7.4　冷却塔的安装

（1）工艺流程

工艺流程如图 2-37 所示。

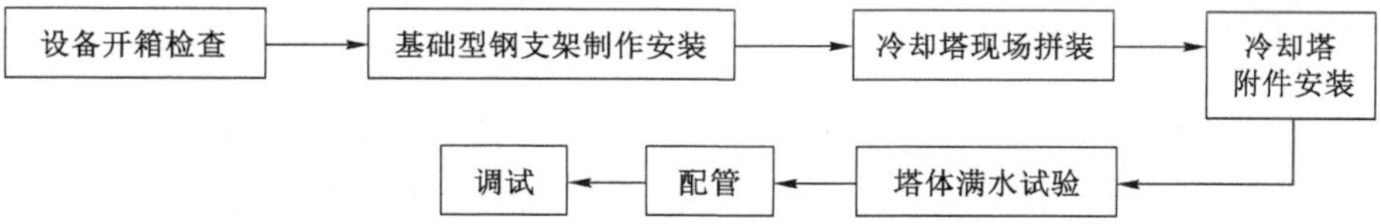

图 2-37　冷却塔安装工艺流程图

（2）施工工艺

① 按照设计要求、厂家提供的技术资料施工验收规范，对冷却塔基础进行检查验收。

② 冷却塔采用现场拼装，塔体支架安装在基础上校正找平，与基础预埋件焊牢。

③ 下塔体按编号顺序固定在塔支架上并紧固，再与底座固牢；要求下塔体拼装平整，拼缝处放有胶片或者糊制 1 mm 的玻璃钢以保证水密封良好。

④ 安装托架及填料支架，并放上点波片，要求双片交叉堆叠，每层表面平整，疏密适中，间距均匀，与塔壁不留空隙。

⑤ 风机支架安装在风筒上，电机、风机安装在支架上，风机旋转面应与塔体轴线垂直，叶端与筒壁间隙均匀，使风机保持平衡，减少振动，风向朝上，保证紧固件无松动，严禁强行装配和敲击塔体构件。

⑥ 相邻壳体不漏风，布水管安装面水平，先安装好主管再装配水管，保证进水洁净，严防残渣污垢杂物堵塞管道及布水孔。

7）冷却塔组装完成后，应进行灌水试验，以检验塔体的密封性能是否符合规范要求。

2.7.5　电子水处理器的安装

（1）根据流量、压力、管径确定水处理仪的规格和型号。

（2）电子水处理器应串联在管路中，靠近主要设备（如冷凝器、换热器、冷却塔等）。在循环系统中进入加热部位的水必须流经水处理器，即水处理仪应安装在循环管路上。设备宜安装在水泵出水管道处，尽量避免在吸水管道处安装。

（3）新设备及系统可直接安装水处理器，结垢严重（垢厚大于等于 2.5 mm）的系统，必须在安装水处理仪之前清除积垢，以防垢脱落堵塞管道。

（4）常年运行的循环水系统，宜设旁通管道，以便在不停机的情况下检修水处理器。

（5）电子水处理器应安装在室内，如必须在室外安装应加装防雨装置；安装和搬运过程中，不要使电控器受力、受潮。

2.7.6　分水器、集水器的制作与安装

（1）分水器和集水器都用无缝钢管制作，选用的管壁和封头板的厚度以及焊缝方法应按耐压要求确定。当容量超过 0.1 m^3、工作压力超过 0.1 MPa 时，应由具有资质的专门单

位制作。

（2）分、集水器管径的确定原则是使水量通过时的流速大致控制在0.5～0.8 m/s。

（3）分、集水器按设计要求焊上若干个不同管径的管接头。

（4）分水器和集水器的底部应设有排污管接口。

2.7.7　膨胀水箱的安装

（1）膨胀水箱应安装在水泵的出水管道上；35 L及以上的膨胀水箱考虑工作时进水和自重对系统管道可能产生的影响，设计有三脚支架，膨胀水箱支脚用埋地螺钉固定，保证使用过程中的平稳。

（2）膨胀水箱出水管应安装阀门，便于维修。

（3）膨胀水箱与水泵出水止回后的压力管道上，缓冲泵在起、停时候的水锤，保护系统管道。

（4）膨胀水箱与水泵之间设有防震软连接。

（5）膨胀水箱的安装位置应便于检修。

2.7.8　定压补水装置的安装

（1）定压补水装置基础应平整、干燥，位置合理。

（2）安装定压补水装置机组的房间应有良好的通风，且室内温度不低于5 ℃，不高于40 ℃。如需安装在有冻结危险的室外时，应考虑防风雨、防冻等措施。

（3）定压补水装置机组与墙面或其他设备之间应留有不小于0.7 m的间距。

（4）定压补水装置机组安装后应进行水压强度试验和严密性试验，试验按工程设计要求及有关规定执行。

（5）气压罐进行水压强度试验和严密性试验，合格后应按工程设计要求进行定压补水装置的调试。完成调试工作后，应确保充气嘴部不漏气。

（6）设备调试合格，投入运行后，可不设专人值班，但需要定期巡检。

2.7.9　空调系统设备安装的注意事项

（1）搬动和安装大型通风空调设备，应由起重工配合进行，并设专人指挥，统一行动。施工用的机具必须经过检查安全可靠，对于吊装的吊具、绳索等应进行试吊，确认安全可靠后方可进行吊装。

（2）设备在起吊时，要缓慢行动，并注意周围环境，不要破坏其他建筑物、设备和砸伤手脚。

（3）安装分段装配式空调机组时，要防止夹缝夹伤手指，紧固螺栓要用力适度，安装盖板时作业人员要相互配合，防止物件坠落伤人。

（4）设备吊装必须按施工方案选用索具、工具以及机械设备，严格按照设备吊装方案执行。

（5）钢丝绳吊索挂好后，应稍加受力，以使千斤顶受力均匀，同时也使设备的部件保持平衡，然后再起吊，离地5～10 cm检查是否平衡，一切正常后方可正式起吊。设备和附件未经固定或放稳，严禁松钩。

(6) 设备落地时,检查地面是否有杂物。

(7) 设备组装就位对孔时,严禁用手插入连接面或用手去摸螺丝孔。

(8) 吊装就位空调设备时,应选用适当的葫芦,操作前应检查绳索和吊点,确保牢固,并复核好空调设备的质量,严禁超负荷吊装。

(9) 严禁易滚动或未经捆扎的工件随设备或部件一并起吊。

(10) 设备吊装时,倒链应完好可靠,吊件下方禁止站人,设备就位卡牢后,方可松倒链吊钩。

(11) 安装设备时,应该随时注意脚下物体,防止被绊倒或悬空坠落。

第8节　空调管道的防腐与保温

2.8.1　空调系统管道的防腐

(1) 喷涂油漆前应对管道表面的污垢、锈层、尘土等杂物进行彻底清除,清理方法一般采用手工除锈和喷砂除锈。

(2) 涂漆遍数应按照规范或设计要求,涂漆的方法有手工涂刷和机械喷涂。涂刷底漆要遵守以下要求:

① 配制好的涂料要求 4 h 内使用完毕。

② 每层漆膜厚度要求达到规定要求,用测厚仪检查。

③ 涂层表面应平整,颜色一致,无针孔、气泡、流淌、渗色和破损等缺陷。

④ 为确保前道涂层溶剂的充分发挥,后道涂层又能充分遮盖前道涂层的微小气孔,要求每道涂层的间隔时间为 24 h,视天气的具体情况而定。

⑤ 最佳施工温度为 10～25 ℃,相对湿度不大于 85%。

⑥ 禁止在潮湿表面进行涂刷作业,如遇大雾、下雨、流露等天气时,应停止施工,待表面干燥后方可施工。

⑦ 作业环境内,严禁吸烟及其他明火作业,避免与其他高温热源接触。

⑧ 保证作业环境通风良好,但风力超过六级必须采取适当措施。

⑨ 管道表面有结露时不得涂装。

2.8.2　空调系统管道的保温

(1) 管道绝热层的安装

① 空调冷冻供回水管、空调凝结水管、膨胀水箱均采用离心玻璃棉管壳保温。保温材料的强度、密度、导热系数、耐热性能、吸水率及品种、规格均应符合设计要求,并且应根据制造商提供的产品合格证书或分析检验报告,对进场的产品进行检验,检查合格后方可使用。

② 管道保温工作,应在管道试压验收合格后进行。如果要求先做保温,应将管道的连接口、焊缝处留出,等管道试压工作完成后,再完成余下的连接口、焊缝处的保温工作。

③ 在支架处应采用经防腐处理的硬木,其厚度与保温层厚度相同,硬木与水管间的空隙应填实。

④ 安装保温管壳时,要核对管壳的规格与需保温的管道规格是否一致,严禁采用与管

道规格不相符的管壳进行保温。对较大管径管道及阀门、三通、弯头等复杂形状的管件保温采用板材保温。

⑤ 管壳纵向切割采用保温管壳专用切割刀，以保证纵向切口平直和接缝粘接的质量，同时避免刀口伤及管壳内壁。

⑥ 阀门、过滤器及法兰处的保温器材应能单独拆卸。阀门及法兰的保温采用板材保温，所有接缝处必须涂抹胶水。阀门及法兰保温如图 2-38 所示。

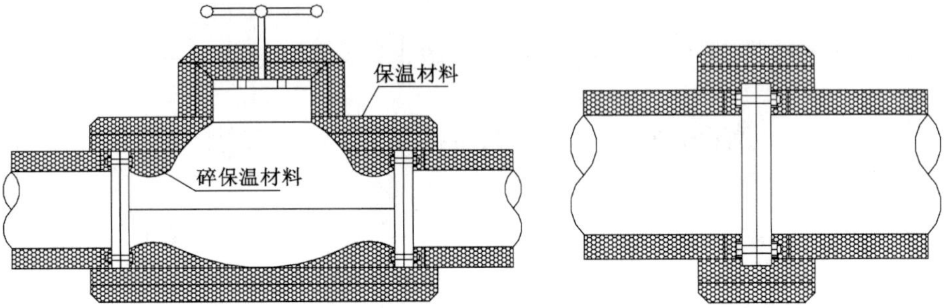

图 2-38 阀门及法兰保温

⑦ 水管与空调设备的接头处易产生凝结水的部位必须保温良好，严密无缝隙。

⑧ 保温层的搭接要顺水流方向，宽度适宜且均匀，接口平整，固定牢靠，外形美观，纵向缝应错开。

⑨ 管道保温过程中要注意弯头位保温，一般一个弯头要开 7～8 块虾节弯，以保证弯头保温的密实、美观、平缓。

⑩ 管道穿墙、穿楼板套管处的绝热，应用玻璃棉填缝，嵌缝膏封口。保温层的端部和收头处必须做封闭处理。

⑪ 保温后的阀门启闭标记明确、清晰、美观且操作方便。

⑫ 夏季保温施工，橡塑保温材料不能拉得过紧，以防冬季温度过低时保温层收缩开胶。

(2) 管道保护层的安装

① 冷水机房、空调机房内的冷冻水管保温需采用厚度为 0.5 mm 的铝板。保护层必须为易装拆设计以便进行维护工作。铝板材料表面应平整、光滑、厚度均匀，板面不得有划痕、刨伤、锈蚀等缺陷。

② 管道弯头保护壳的加工必须采用虾米弯的施工工艺，如图 2-39 所示。

③ 水平安装的壳体，其横搭接口如图 2-39 所示，以防止水的渗入；同时搭接口在中轴线以下。

④ 垂直安装的壳体要由下向上安装，以防止水从沟槽渗入。

⑤ 两壳体连接时，其横搭接口应分别在管道的两侧；如安装条件不允许，其搭接口也应尽可能错开。直壳体的安装如图 2-40 所示。

2.8.3 管道防腐及保温的注意事项

(1) 施工现场应有良好的通风条件，如在通风条件不好的场地施工时，必须安装通风设备方能施工，有害气体含量不得超过有关规定。

图 2-39 管道弯头保护壳

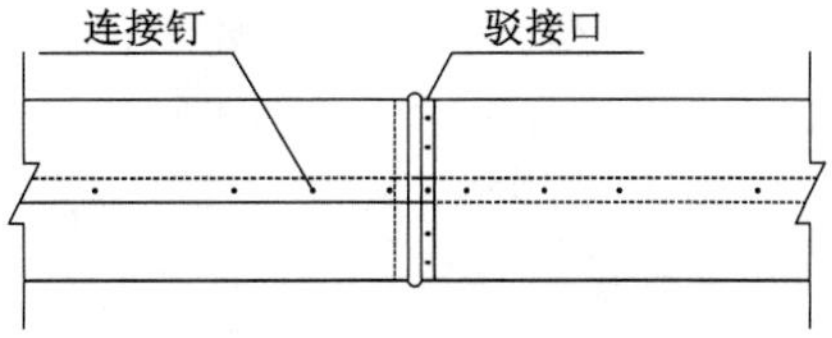

图 2-40 直壳体安装图

(2) 在用钢丝刷、板锉、气动或电动工具清除铁锈、铁鳞时，为避免眼睛沾污和受伤，应戴上防护眼镜。

(3) 在涂刷或喷涂对人体有害的油漆时，需戴上防护口罩，如对眼睛有害，需戴上密闭眼镜进行保护。

(4) 在涂刷红丹防锈漆及含铅颜料的油漆时，应注意防止铅中毒，操作时要戴口罩。

(5) 施工作业场地严禁存放易燃品(油漆材料除外)，现场严禁烟火，场地周围距离 10 m 内不准进行焊接或明火作业。存放涂料及施工现场应有必要的消防设施。在施工中应采用防爆照明设备。

(6) 各类油漆和其他易燃易爆、有毒材料，应存放在专用库房内，不得与其他材料混放，挥发性油料应装入密闭容器内，妥善保管。

(7) 绝热施工离地面 2 m 以上，应有高空作业保护措施；搭设的脚手架要坚固耐用，确保施工人员的安全。

(8) 对超细玻璃棉、离心玻璃棉进行作业时，应佩戴手套、口罩，扎紧衣领、袖口，以防止纤维材料对人体呼吸道、皮肤的刺激。

(9) 不用手直接接触黏接剂(胶)、嵌缝膏。

(10) 废弃的黏接剂、密封膏、保温胶、防火涂料及其容器和保温材料、玻璃丝布等应妥善收集，按有害废弃物处置。

(11) 橡塑板材粘接专用胶水要满足粘接技术要求和环境、职业健康要求。

(12) 严禁站在风管上进行保温作业或行走。

(13) 作业平台临边必须设防护栏杆；作业平台边缘应设安全梯等攀登设施，作业人员上下平台必须走安全梯等攀登设施。

(14) 施作金属套保护层应箍紧，纵向接口不得外翘、开裂，徒手不得触摸接口刃处。

(15) 在切割保温材料时，应注意自我保护，防止刀片伤到手或身体其他部位。

第9节　风管保温层的安装

2.9.1　风管保温的操作工艺

(1) 地下车站设备和管理用房的空调送、回风管(小系统)保温材料采用离心玻璃棉毡，接口采用铝箔胶带黏封。在黏封前先将接口处的油污或灰尘除净，以免脱落。保温板用保温钉固定，固定密度符合规范要求。

(2) 设备用房内主风管顶部和顶板距离较小的，吊装前先将单节风管完成保温，然后再进行吊装固定。风管安装后有足够操作空间的，按照先吊装后保温的顺序进行。

(3) 保温采用计算放样，手工下料，现场条件变化较大的部位，采用现场实测然后放样下料。将下好的保温材料运输到风管吊装处(不可折叠)，安装在贴好保温胶钉的风管上。法兰处严格按照规范规定实施，厚度不低于风管保温层厚度的 80%，中间无空腔的同时保证法兰处保温层的强度和厚度。风管在横担处保温棉可不连续，在风管横担与保温棉之间垫以浸过沥青的垫木，厚度与保温棉相同，宽度与横担相同，吊杆应穿过垫木。

(4) 一般保温钉长度为 70 mm，法兰部位的保温钉长度应为 120 mm。法兰处保温棉断开，并在法兰部位设置宽度为 120 mm 的保温棉(端面露出部分采用白色加筋铝箔粘贴密封好)，保温钉穿过该保温棉。安装保温材料时应采用与贴面颜色配套的专用密封胶带。风管法兰处保温处置如图 2-41 所示。

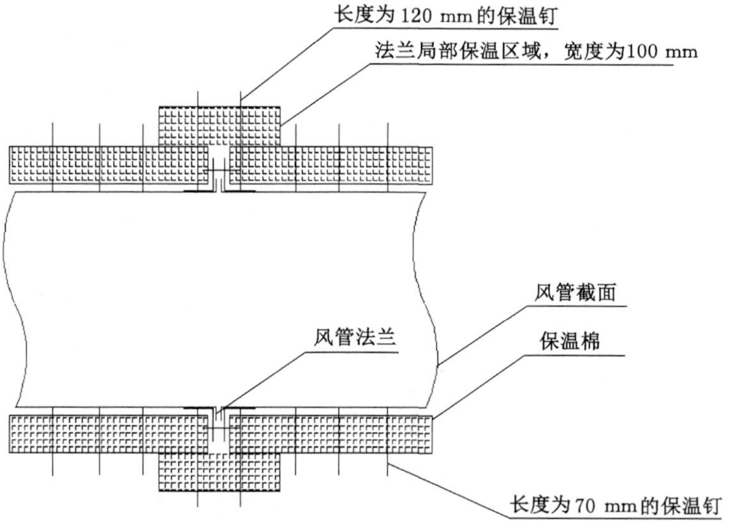

图 2-41　风管法兰处保温处置

(5) 保温钉用阻燃胶粘贴于风管外壁。粘贴保温钉前要将风管壁上的尘土、油污擦净，将黏接剂分别涂抹在管壁和保温钉的粘接面上，稍后再将其粘上。

(6) 风管穿墙体或者和结构风道连接时套管内用保温棉填满，不留空腔，以防产生冷凝水。穿过防火墙的保温风管，先用保温棉填实套管内部，然后用防火胶泥将套管表面抹平，保证防火效果，同时防止产生冷凝水。

(7) 保温层应平整密实，厚度均匀，不得有裂缝空隙，风管与保温棉接触面不可有空隙，保温材料纵向接缝不要设在风管和设备的底面。

(8) 矩形风管保温钉的分布应均匀，其数量在底面每平方米不应少于 16 个，侧面每平方米不应少于 10 个，顶面每平方米不应少于 8 个。首行保温钉至风管或保温棉的距离应小于 120 mm。轨行区保温钉增加 1 倍的数量。保温材料表面防腐防潮贴面不可破坏，以防止玻璃棉使用过程中进入湿空气，产生冷凝水腐蚀保温棉，降低保温棉的使用寿命。

(9) 保温风管设置于风室或风道内时，保温层外表面采用 0.5 mm 厚的铝板保护。

2.9.2　风管保温施工的注意事项

(1) 绝热施工离地面 2 m 以上，应有高空作业保护措施；搭设的脚手架要坚固耐用，确保施工人员的安全。

(2) 对超细玻璃棉、离心玻璃棉进行作业时，应佩戴手套、口罩，扎紧衣领、袖口，以防止纤维材料对人体呼吸道、皮肤的刺激。

(3) 不用手直接接触黏接剂(胶)、嵌缝膏。

(4) 废弃的黏接剂、密封膏、保温胶、防火涂料及其容器和保温材料、玻璃丝布等应妥善收集，按有害废弃物处置。

(5) 橡塑板材粘接专用胶水要满足粘接技术要求和环境、职业健康要求。

(6) 严禁站在风管上进行保温作业或行走。

(7) 作业平台临边必须设防护栏杆；作业平台边缘应设安全梯等攀登设施，作业人员上下平台必须走安全梯等攀登设施。

(8) 施作金属套保护层应箍紧，纵向接口不得外翘、开裂，徒手不得触摸接口刃处。

(9) 在切割保温材料时，应注意自我保护，防止刀片伤到手或身体其他部位。

第 10 节　VRV 系统冷媒管道的安装

2.10.1　工艺流程

工艺流程如图 2-42 所示。

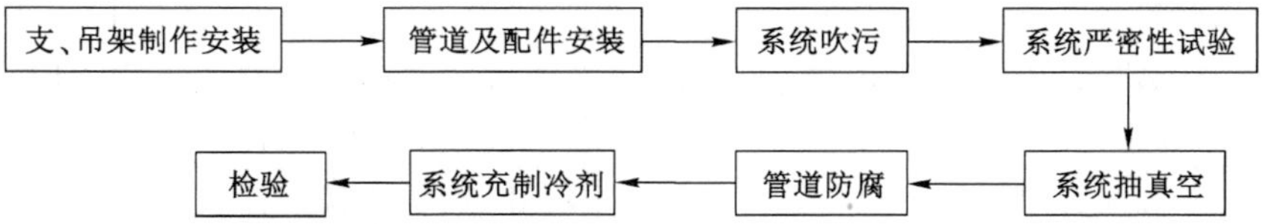

图 2-42　VRV 系统冷媒管道安装工艺流程图

2.10.2　施工工艺

(1) 冷媒管线需依据设计标高设置支、吊架，根据管径不同，吊架间距为 1～1.5 m，并且只作支托用途，不可用力卡死。

(2) 冷媒管线必须选用质量可靠、管径和管壁符合工艺要求的铜管。

(3) 冷媒管线在使用前需做清洁处理，可用净布对内壁进行处理。

(4) 清洁后的铜管用满足设计要求的保温护套穿套管，留出焊接部位。

(5) 紫铜管的连接宜采用承插口焊接或套管式焊接，承口的扩口深度不应小于管径，扩口方向应迎向介质流向。

(6) 紫铜管煨弯可用热弯或冷弯方法，椭圆率不应大于8%。

(7) 焊接采用专用磷铜银焊条进行钎焊，焊接过程中持续充氮，以防止产生氧化膜。焊点应光滑平整无泄露。钎焊应满足以下要求：

① 冷媒管钎焊前的准备：焊接设备的准备、铜管切口表面应平整，不得有毛刺、凹凸等缺陷，切口平面应平整。允许偏差为管子直径的1%。

② 冷媒管焊接温度为720～820 ℃，采用磷铜银焊条对焊口进行满焊。钎焊工作宜向下或水平侧向进行，尽可能避免仰焊，接头的分支口一定要保持水平。

③ 冷媒管水平支撑物间隔为1.2～1.5 m，直径大于200 mm以上的冷媒管间隔为1.5～2 m。注意冷媒管不能用金属托架直接夹紧，应在自然状态下，通过保温层托住铜管，以防冷桥产生。

(7) 在穿墙或楼板的位置时，均应设套管，并应符合规范要求。

(8) 冷媒分歧必须根据设备技术要求配置连接。

(9) 绝热工作需按设计要求选材施工。在冷媒管施工时一起把保温套管穿好，留出焊接口，最后进行焊口处理。

(10) 冷媒管道焊接完毕后，需做吹污处理，具体方法是：将氮气瓶压力调节阀与室外机接口连接好，所有室内机的接口用盲塞堵好。一台室内机接口作为排污口，用绝缘材料抵住管口，调节压力阀向管内充气，脏物及水分即随着氮气一起被排出，以目测为标准。这样循环进行若干次直至无污物、水分排出为止，每台室内机都要求同样工作。

(11) 冷媒管系统吹污处理后应进行系统严密性试验，具体方法是采用瓶装压缩氮气进行试压。对于较大的制冷系统也可采用压缩空气，但须经干燥处理后再充入系统。然后用肥皂水对系统所有焊口、阀门、法兰等连接部件进行仔细涂抹检漏，在试验压力下，经稳压24 h后观察压力值，不出现压力降为合格(温度影响除外)。试压过程中如发现泄漏，检修必须在泄压后进行，不得带压修补。

(12) 在冷媒管系统试压合格后，对焊点处补做保温。

(13) 在气密性试验合格后，应进行系统抽真空试验，具体方法是：采用真空泵将系统抽至剩余压力小于5.332 kPa(40 mm汞柱)，保持24 h系统升压不应超过0.667 kPa(5 mm汞柱)。

(14) 制冷系统充制冷剂时，应将装有质量合格的制冷剂钢瓶在磅秤上称好质量，做好记录，用连接管与机组注液阀接通，利用系统内的真空度，使制冷剂注入系统。当系统内的压力升至0.196～0.294 MPa时，应对系统进行检漏。查明泄漏后应予以修复，再充制冷剂。当系统压力与钢瓶压力相同时，即可启动压缩机，加快充入速度，直至符合系统需要的制冷剂质量。

2.10.3 冷凝水管的安装

(1) 根据设计图落实排水点。

(2) 放线、找坡，安装支吊架间隔为 1.2 m。

(3) 布置冷凝水管，冷凝水管按要求可采用 PVC 管，先清理管内污物，管道连接用 PVC 专用胶，接口处必须保证其清洁无尘，无泄露。

(4) 冷凝水管为无压排水管，排水坡度大于 1/100。对于有上排水的室内机，冷凝水管可按设备厂家技术资料的要求接管，但不超过排水扬程，并须保证合理美观。室内机与冷凝水管间做软连接。

(5) 所有冷凝水管必须按要求做好保温。

(6) 冷凝水管需做灌水、排水试验，连接处无泄露，水能顺畅排出为合格。

2.10.4　冷媒管道安装的注意事项

(1) 在 2 m 以上高空作业应系安全带，防止摔下跌伤。

(2) 使用脚手架作业前，应检查地基是否夯实平整，架体和构配件是否齐全，不配套的门架与配件不得混合使用于同一脚手架。

(3) 电焊工必须持特种作业证上岗，遵守安全操作规程和安全生产纪律。

(4) 氧气瓶与乙炔瓶存放和使用时，距离不得少于 5 m，与明火或焊炬的距离不小于 10 m。

(5) 焊接作业要严格执行动火审批规定，申请办理动火证，并派专人看火，严禁在禁烟区吸烟动火。

(6) 作业区或焊割部位附近如有易燃易爆物品，其距离不小于 20 m，或采取有效安全防护措施，否则严禁作业。

(7) 氧气瓶严防沾染油脂，有油脂的衣服、手套等禁止与氧气瓶、减压阀、氧气软管接触。

(8) 管道试压要分步缓慢进行，防止加压过猛造成事故。

(9) 管道试压时，禁止站到管道封堵盲板前。

第 11 节　VRV 系统设备的安装

2.11.1　室内机的安装

(1) 根据图纸，明确室内机的位置，核对室内机的型号、尺寸，确定定位点足够牢靠。

(2) 放线打孔，安装室内机吊杆(ϕ10 mm)，吊杆长度根据吊顶高度以及室内机尺寸来确定。吊杆采用丝杆，以便调节室内机的高度及水平。

(3) 打开包装，检查室内机外表无损后可进行吊装。依据设计标高，用水平仪校正水平度，采用上下对夹定位法紧固螺栓。

(4) 在吊顶结束后，安装室内机面板或固定风口。

2.11.2　室外机的安装

(1) 核对型号，依施工图检查室外机基础，复测安装尺寸，应满足空调设备技术资料中室外机要求的间距尺寸。在安装前仔细检查基础的养护强度、表面的平整度等。

(2) 利用建筑物中的运输及吊装设备将室外机运至安装地点，并对基础进行放线、定位。混凝土基础可埋设地脚螺栓或打膨胀螺栓。

(3) 拆除空调设备的包装,检查外观是否无损。根据图纸核对名称、规格 型号,同时清点随机附件清单,并做记录。因外机较轻,可采用小型升降工具或人工抬放就位。

(4) 电气配电到位后(也可接临时用电),按照规范要求对设备进行试运转,其间安排专人看护,监视设备的电流、电压和温升。如有异常,立即停机检查,并做记录。

2.11.3 VRV 系统设备安装的注意事项

(1) 在 2 m 以上高空作业应系安全带,防止摔下跌伤。

(2) 使用脚手架作业前,应检查地基是否夯实平整,架体和构配件是否齐全,不配套的门架与配件不得混合使用于同一脚手架。

(3) 在脚手架的操作层上应满铺与门架配套的挂扣式脚手板,并扣紧挡板,防止脚手板脱落和松动。脚手板上下不准超载荷堆放构配件材料,上层必须配置防护栏网、栏杆或其他安全设施。

(4) 高处作业之前,应进行安全防护设施的逐项检查和验收,验收合格后,方可进行高处作业,验收也可分段、分层进行。

(5) 安装设备前,应仔细检查起重工具以及起重绳的可靠性。

(6) 禁止安装人员利用起重工具随设备吊起。

(7) 设备被吊起移动过程中,设备下方禁止站人。

(8) 设备落地时,检查地面是否有杂物。

(9) 安装设备时,应该随时注意脚下物体,防止被绊倒或悬空坠落。

第 12 节 系统调试与试运行

系统调试是对工程质量进行体验的过程,也是使系统功能正常发挥的调整过程,主要包括:设备单机试运转,系统联动试运转,无生产负荷系统联合试运转的测定和调整,带生产负荷的综合效能试验的测定和调整。

2.12.1 准备工作

(1) 通风空调系统的准备

① 通风机试运转前,机组内、风管道及进风段应保持清洁。

② 检查通风空调设备的外观和构造有无异常。

③ 检查消声器、管道内是否打扫干净,检查风量调节阀、防火阀的开关动作是否灵活。

④ 检查和调整送风口和回风口(或排风口)的风阀、叶片的开度和角度。

⑤ 检查空调器、风机的安装和接线是否正确,内部杂物是否清理干净。

(2) 电气控制系统的准备

① 配电箱及风机等设备接线正确并试验完毕,性能符合规定的要求。

② 电气设备与元器件的性能应符合技术规定要求并已全部通电,满足空调设备投入运行的条件。

③ 继电保护装置应安装正确。

④ 电气保护和控制系统模拟试验符合要求，绝缘摇测等各类保护值符合要求。

⑤ 自控系统的敏感元件、调节器以及执行机构等的安装位置准确，动作灵活，其性能达到了标准的规定。

⑥ 各种仪表和配管、配线安装齐全，位置符合要求，灵敏度准确。

(3) 管道系统的准备

① 管道压力试验合格。

② 管道上阀门的方向和位置安装正确，阀门启闭灵活。

③ 排水管道畅通无阻，管道系统冲洗合格。

2.12.2　单机试运转

地铁通风与空调系统设备主要有：风机、空调机组、风机盘管、多联机系统、阀门、制冷机组、水泵、冷却塔、旁流水处理器、膨胀水箱等。

(1) 风机试运转

① 先进行点动，检查风机叶轮与机壳是否有摩擦和不正常的声响。如有异常现象时，应查明原因立即消除，确认正常后进行连续运转。

② 风机叶轮的旋转方向应与机壳上箭头所示方向一致，进出风向与设计一致。

③ 风机启动时，用钳型电流表测量电机的启动电流，待风机正常运转后再测量电机的运转电流。如运转电流值超过电机额定电流值时，将总风量调节阀逐渐关小，使运转电流值回降到额定电流值。

④ 风机连续试运转 2 h 后，测定轴承温度。滑动轴承最高温度不得超过 70 ℃；滚动轴承最高温度不得超过 80 ℃，同时做好测试记录。

⑤ 停机后对风机进行检查，看是否正常，同时做好数据记录。

⑥ 风机试运转后，检查风机支架螺栓有无松动现象，如有松动应及时拧紧。

(2) 电动风阀(电动调节阀)调试

① 检查风阀接线是否正确，摇测电机绝缘是否符合要求。

② 启动电源，检查风阀是否关闭灵活和严密，关闭、打开状态是否与控制箱上的显示一致。

③ 对数据进行分析，做好调试记录。

(3) 防火阀(70 ℃、280 ℃)调试

① 检查防火阀安装方向、位置是否正确，熔断器(易熔片)应位于叶片的迎风侧。

② 手动测试防火阀开关是否灵活。

③ 阀体内应清扫干净，外层应无锈蚀、无变形。

④ 利用手拉钢索，操作阀门关闭(开启)若干次，确认叶片无刮壳，关闭严密，开启顺利，微动开关的联锁信号正常。

⑤ 检查接线是否正常，检测无误后可进行通电测试，进行数据分析，同时做好调试记录。

(4) 风机盘管试运转

① 先进行点动，检查风机盘管及新风机组的风机叶轮与机壳是否有摩擦和不正常的声响，如有异常，应查明原因并立即消除。

② 风机盘管及新风机组的进出风方向应与设计方向一致。

③ 启动时，应用钳型电流表测量电动机的启动电流，待风机正常运转后再测量电动机的运转电流。如运转电流值超过电机额定电流值时，应将总风量调节阀逐渐关小，使运转电流值回降到额定电流值。

④ 试运转检查正常后，再进行连续运转，连续运转时间不少于 2 h，同时做好数据记录。

（5）水泵试运转

① 检查水泵和附属系统的部件应齐全，各紧固连接部位不得松动。

② 用手盘动叶轮时应轻便、灵活、正常，不得有卡、碰现象和异常的振动及声响。

③ 水泵与附属管路系统上的阀门启闭状态要符合调试要求。

④ 启动水泵，用钳形电流表测量电动机的启动电流，待水泵正常运转后，再测量电动机的运转电流，检查电机运行功率值，应符合设备技术文件的规定。

⑤ 水泵连续运行 2 h 后，应用数字温度计测量其轴承的温度，滑动轴承外壳最高温度不得超过 70 ℃，滚动轴承不得超过 75 ℃。

（6）制冷机组试运转

制冷机组一般由厂家负责调试，其性能应符合设备技术文件和现行国家标准的相关规定，正常运转不应少于 8 h。

（7）冷却塔试运转

① 清扫冷却塔内的杂物及尘垢，防止冷却水管路或冷凝器等堵塞。

② 冷却水管路应清洗完毕。

③ 检查自动补水阀的动作是否灵活可靠，冷却塔内补给水、溢水水位应进行校验，同时调整进塔水量，使喷水量和吸水量达到平衡。

④ 确认冷却塔风机转向正确。

⑤ 冷却塔运转时，应检查风机的运转状态和冷却水循环系统的工作状态，并记录运转中的情况及有关数据（风机的启动电流、运转电流、风机的轴承温度、冷却水进出口水温、喷水吸水平衡），如无异常状态，应连续运转 2 h 以上。

2.12.3 系统设计负荷试运转的测试

（1）系统设计负荷联合试运转的条件要求

系统设计负荷联合试运转应在达到或接近设计负荷的条件下进行。

（2）系统设计负荷联合试运转的测试项目

① 室外新风的干、湿球温度。

② 送风的干、湿球温度。

③ 回风的干、湿球温度。

④ 混合风的干、湿球温度。

⑤ 室内各控制点的干、湿球温度。

⑥ 室内正压值。

⑦ 冷媒送、回水的温度和流量。

⑧ 室内气流组织的测定、调整。

⑨ 送风量的测定。

⑩ 室内噪声的测定。

⑪ 自动调节系统的参数整定和联合调试。

⑫ 编制系统测试记录和联调记录。

（3）操作流程

① 检查送风、回/排风管路上所有风口、风阀、防火阀是否已全部打开，并将其调整到最大开度。

② 逐台启动送风机、空调器、回/排风机，检查其启动、运行状态是否正常，应达到设备技术文件的规定。

③ 逐个系统检查每个风口的风量，进行风量的测定和调整。

④ 通风系统各参数的测定、调整。

⑤ 系统风量的测定与调整：干管和支管的风量可用皮托管、微压计进行测试。对送（回）风系统调整常用“流量等比分配法”或“基准风口调整法”，从系统的最远、最不利的环路开始，逐步调向通风机。

⑥ 风口风量测试可用热电风速仪、叶轮风速仪或转杯风速仪，用定点法或匀速移动法测出平均风速，计算出风量。

⑦ 系统风量调整平衡后，风口的风量、新风量、排风量、回风量的实测值与设计风量的允许值不大于10%。新风量与回风量之和应近似等于总的送风量，或各送风量之和。总的送风量应略大于回风量与排风量之和。

⑧ 先启动冷冻水泵，检查设备运行是否正常，水压、水温、流量是否达到设计的要求。通过设备监控反馈信号调节冷水机进出口电动阀门的开启度，调节水压及流量；通过水温反馈信号自动调整水温。检查水流开关、压力传感器、温度传感器工作是否正常，反馈信号是否准确，连锁动作是否与要求相符。

⑨ 冷却水循环正常并达到设计要求后，启动冷冻水泵，检查水压及流量并通过反馈信号调节冷水机组进出口电动蝶阀的开启度，使水压及流量正常，然后启动水冷机组，运行平稳并达到设备技术文件要求的时间后，检测冷冻水的水温是否达到设计要求。此时的进水温度应为12 ℃左右，出水温度为7 ℃左右，温差应保证5 ℃，并且组合式空调器、柜式空调器、盘管等都投入负荷运行。冷冻水温的控制和调节通过机组的运行状态自动调节。

2.12.4　车站设备联调前应具备的条件

（1）车站联动调试必须在各系统单元件、分部、分系统单体试验正常后进行，并由BAS、FAS专业主负责实施。

（2）电气装置的校验调试已符合设计部门对电网和回路的各种参数和保护特性要求，控制回路及继电保护装置系统整组试验符合设计要求实际整定值，有关元件完整无损，所有测量表检验合格。

（3）配电装置、照明回路、电缆母线槽绝缘试验合格，各电机已检查并已受电运行。

（4）各柜盘、电源箱、控制二次回路已做模拟动作试验，受电试运行正常。

（5）事故照明电源成套设备的受电调试，包括正常供电、充电（均充电、浮充电）、停电、来电自动切换投入等已进行模拟调试。

（6）各种防火阀、电动蝶阀、电动风阀已调试，校验及通电试运已正常。

(7) 冷冻循环系统机泵、空调柜机及盘管风机、单机运转正常。

(8) 各种水泵、污水泵、废水泵单体试运转正常。

(9) 消防自动报警系统、气体灭火系统已单系统调试正常。

(10) 车站电力监控设备安装完毕,单元件调试正常。

(11) 系统无负荷联合试运转:在竣工季节气温符合冷源的运行条件时,空调系统应做带冷源的联合试运转。

(12) 系统设计负荷联合试运转应在地下铁道试运期间达到或接近设计负荷的条件下进行。

2.12.5 系统调试的注意事项

(1) 电动工具使用前必须进行检查、保养,所有机具必须有专人进行保养。

(2) 使用人字梯必须加设连挡绳,梯子底角要进行防滑处理。

(3) 操作高度在 2 m 以上视作高空作业,必须佩戴安全带,且安全带固定牢固。

(4) 严禁带电操作,电工应每人配备电笔,防止发生触电事故。

(5) 设备及电气箱柜送电后应挂标牌示警,并禁止任意拉合开关。送电前必须经批准后进行。

(6) 开机前,必须全面检查设备有无异常,安全保护设施完好,确认无人在设备上作业,方能启动运转。启动后如发现异常,应立即检查原因,及时反映,在紧急情况下,应按有关规程采取果断措施或立即停机。

(7) 送电前,现场各设备开机前检查工作应全部完成。送电后,现场人员通信保持畅通,无关人员不得进入现场。

(8) 在带电线路检查测试工作,设专人监护。为保证调试人员的人身安全,防止突然来电造成事故,对有可能送电到停电设备的各回路及有可能产生感应电压的回路均进行接地,并三相短路。

(8) 在全部停电、部分停电的电气设备上工作,将调试设备与运行设备以明显的标志隔开,工作时不得断开永久接地点。

(9) 在隧道轨行区进行调试工作,应上报轨行区施工计划,经审批后进行。调试期间所有与调试无关的人员均需撤离调试区域并且安排警戒人员,以防止外人误操作。

(10) 调试、检查维护蓄电池时,要防止触电;清扫电气设备时要使用绝缘工具,防止电池短路、断路及两点接地。

(11) 在充注或释放管道清洗剂、消毒剂时,注意原液、气体及挥发气体伤害事故,做好人身防护及通风工作。

(12) 管道试压要分步缓慢进行,防止加压过猛造成事故。

(13) 管道试压时,禁止站到管道封堵盲板前。

第3章　给排水工程

第1节　一般规定

城市轨道交通机电设备安装给排水工程按系统可分为室内给水系统、室内排水系统、消防水系统、卫生洁具系统、室外给水系统、室外排水系统，共六个子分部工程。

材料设备管理方面，城市轨道交通机电设备安装给排水工程所使用的主要材料、成品、半成品、配件、器具和设备必须具有中文质量合格证明文件，其规格、型号及性能检测报告符合相关要求；所有材料进场应包装完好，表面无划痕及外力冲击破损；主要器具和设备必须有完整的安装使用说明书，在运输、保管和施工过程中，应采取有效的措施防止损坏或腐蚀；阀门安装前应做强度和严密性试验。

第2节　给水系统管道的安装

城市轨道交通工程给水系统主要包括车站冲洗用水、卫生间用水、消防用水、空调系统补水和商铺用水等。车站给水多采用不锈钢管、内衬塑镀锌复合钢管、内外热镀锌钢管，区间消防给水采用球墨铸铁管或涂覆钢管，管道连接方式多采用沟槽连接、螺纹连接、承插连接或焊接。

3.2.1　施工工艺流程

施工工艺流程如图2-43所示。

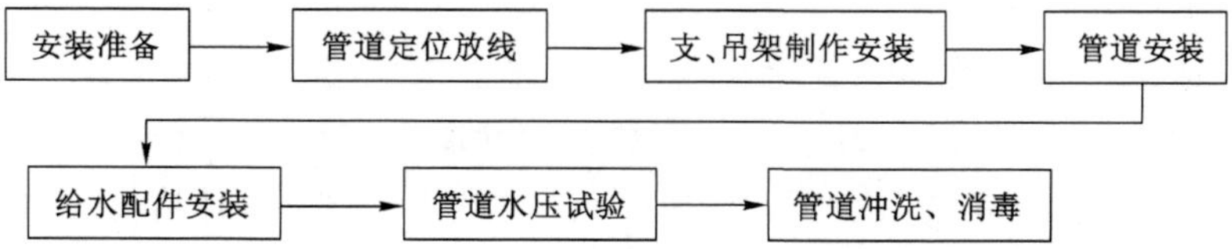

图2-43　给排水工程安装流程图

3.2.2　施工准备工作

(1) 材料准备

所使用的管道、管道配件、管件、镀锌型钢等材料应具有产品合格证明书或质量鉴定文件，材料品种、规格、性能与厚度等应符合设计和现行国家产品标准的规定，并满足用户需求书中关于相应材料的技术性能要求。

(2) 施工机具、设备、人员

施工机具：扳手、通线、登高作业移动脚手架、安全带、管钳、卷尺、羊角锤。

施工设备：电焊机、电锤、水平尺、红外线仪、电动沟槽机、套丝机、切管机、切割机、塞尺、电动试压泵。

人员：电焊工(持证上岗)、管道工、钳工、安装工。

3.2.3 施工工艺控制要点

3.2.3.1 材料控制

城市轨道交通工程给水系统所使用的主要材料、成品、半成品、配件、器具和设备必须具有中文质量合格证明文件，规格、型号及性能检测报告应符合国家技术标准或设计要求；所有进场材料应包装完好，表面无划痕及外力冲击破损；主要器具和设备必须有完整的安装使用说明书；在运输、保管和施工过程中，应采取有效措施防止损坏或腐蚀；阀门安装前，应做强度和严密性试验。阀门的强度和严密性试验，应符合以下规定：阀门的强度试验压力为公称压力的 1.5 倍；严密性试验压力为公称压力的 1.1 倍；试验压力在试验持续时间内应保持不变，且壳体填料及阀瓣密封面无渗漏。阀门试压的试验持续时间应不少于表 2-15 的规定。

表 2-15 阀门试验持续时间

公称直径 DN/mm	最短试验持续时间/s		
	严密性试验		强度试验
	金属密封	非金属密封	
≤	15	15	15
65～200	30	15	60
250～450	60	30	180

3.2.3.2 管道定位放线

管道敷设的水平位置及标高必须符合设计图纸要求，管道不得穿越供电设备房、弱电设备房、电控室等用电设备房间。设备区走廊敷设的管道应满足设计要求的天花板高度，水管不得位于电气管线上方，应遵循小管让大管、有压管让无压管原则，给排水管线布置在最下方。

3.2.3.3 支、吊架的制作安装

给水系统管道支、吊架应采用热镀锌型钢，支、吊架制作时严格按照施工图纸要求和现场实际情况确定支、吊架形式；支、吊架下料一定要准确，拼接平直，下料、钻孔时不得采用焊割或气割，每个支架的尺寸要准确，外形规则；支、吊架拼缝连接时，其拼缝应满焊，焊口光滑无焊渣、无虚焊、无焊伤等缺陷；支、吊架制作完成后，必须对破坏的镀锌层进行防腐处理，涂刷油漆前必须清理支吊架表面的灰尘、污垢、锈斑、焊渣等污物，涂刷油漆时厚度均匀，不得出现脱皮、起泡、流淌和漏刷的现象。

支、吊架安装位置正确，埋设应平整牢固，固定在建筑结构上的管道支、吊架不得影响结构的安全。钢管水平安装的支、吊架间距应不大于表 2-16 的规定。金属管道立管管卡安装应符合下列规定：楼层高度小于或等于 5 m，每层必须安装 1 个；楼层高度大于 5 m，每层不得小于 2 个；管卡的安装高度，距地面应为 1.5～1.8 m，2 个以上管卡应匀称安装，同一房间管卡应安装在同一高度上。

表 2-16　钢管管道支架的最大间距

公称直径/mm		15	20	25	32	40	50	65	80	100	125	150	200	250	300
支、吊架的最大间距/m	保温管	2	2.5	2.5	2.5	3	3	4	4	4.5	6	7	7	8	8.5
	不保温管	2.5	3	3.5	4	4.5	5	6	6	6.5	7	8	9.5	11	12

3.2.3.4　管道的安装

(1) 技术要求

管道安装前，必须了解管道的性能、结构，熟练掌握装配技能；施工现场与材料储放场地温差较大时，安装前将管材和管件在现场放置一段时间，使其温度接近施工现场的环境温度；管道系统安装前，对材料进行仔细检查，清除管材及管件内外的污垢和杂质，特别注意把密封面清理干净，没有污物、划痕、飞边毛刺。管道穿越地下室外墙、水池池壁等，预埋防水套管；穿梁、剪力墙、砖墙等，预埋钢套管；穿越人防隔墙，按照人防要求预埋套管。管道不宜穿越建筑物沉降缝、伸缩缝，当不得不穿越时，在穿越部位设置金属软管。架空管顶上部的净空不宜小于 3 倍管道外径；管道与其他材料的管材、管件和附件相连接时，有防止电化学腐蚀的措施。管道穿过墙壁和楼板时，应设置金属套管，管道安装完成后管外壁与套管内壁有 20～40 mm 的空隙，管道与套管之间的缝隙应用阻燃密实材料和防水油膏填实。安装时，管道接口及卡箍不得设在支、吊架上或套管内。

(2) 精度要求

安装立管垂直度允许偏差为 3 mm/m，管道全长 5 m 以上偏差不超过 8 mm；水平管道纵横方向弯曲，允许偏差为 1 mm/m，管道全长 25 m 以上偏差不超过 25 mm。螺纹连接管道安装的管螺纹根部应有 2～3 扣的外露螺纹，多余的麻丝应清理干净并做好防腐处理。卡箍连接两管口端应平整、无缝隙，沟槽应均匀，卡紧螺栓后管道平直，卡箍安装方向一致。采用橡胶圈接口的管道，允许沿曲线敷设，每个接口的最大偏转角不得大于 2°。法兰连接时衬垫不得凸入管内，其外边缘接近螺栓口为宜，不得安放双垫或偏垫。连接法兰的螺栓，直径和长度应符合标准，拧紧后，突出螺母的长度不应大于螺杆直径的 1/2。

3.2.4　管道螺纹连接标准化作业

3.2.4.1　施工工艺流程

施工工艺流程如图 2-44 所示。

断管 → 清理 → 套丝 → 丝接 → 清理 → 防腐

图 2-44　管道螺纹安装流程图

3.2.4.2　施工方法

(1) 主要施工机具

管道切割	管道套丝

钢管切割机适用 300 mm 以下钢管(壁厚 10 mm 以内)	电动套丝机适用 150 mm 以下钢管(壁厚 10 mm 以内)

(2) 管道套丝注意事项

序号	注意事项
1	套丝采用润滑剂润滑。
2	加工管螺纹的套丝机必须带有自动度量设备,加工螺纹时,使用螺纹量规检查螺纹是否符合国家标准的要求。
3	管道螺纹连接采用电动套丝机进行加工,加工次数为 1～4 次不等。管径为 15～32 mm 的套 2 次;管径为 40～50 mm 的套 3 次;管径在 70 mm 以上的套 3～4 次。
4	螺纹的加工做到端正、清晰、完整光滑,不得有毛刺、断丝,缺丝总长度不得超过螺纹长度的 10%。

(3) 管道螺纹的连接

序号	安装步骤	安装说明	安装图片
1	清理	清理管口端面,并形成一定坡面。	
2	螺纹连接	螺纹连接时,填料采用白厚漆麻丝或四氟乙烯生料带,一次拧紧,不得回拧,紧后留有螺纹 2～3 圈。	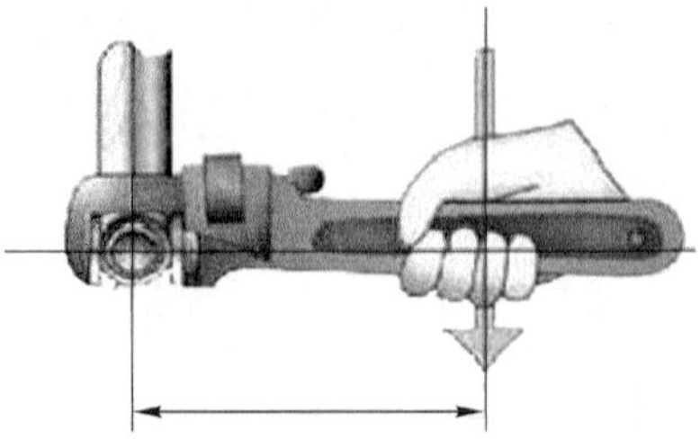

序号	安装步骤	安装说明	安装图片
3	防腐	管道连接后，把挤到螺纹外面的填料清理干净，填料不得挤入管腔，以免阻塞管路，同时对裸露的螺纹进行防腐处理。	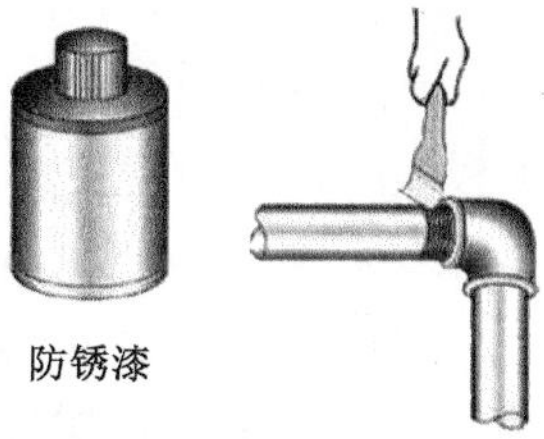

（4）管螺纹标准旋入螺纹扣数及标准紧固扭矩

公称直径/mm	旋入		扭矩/（N·m）	管钳规格/mm×施加压力/kN
	长度/mm	螺纹扣数		
15	11	6.0～6.5	40	350×0.15
20	13	6.5～7.0	60	350×0.25
25	15	6.0～6.5	100	450×0.30
32	17	7.0～7.5	120	450×0.35
40	18	7.0～7.5	150	600×0.30
50	20	9.0～9.5	200	600×0.40
65	23	10.0～10.5	250	900×0.35
80	27	11.5～12.0	300	900×0.40

3.2.4.3 管道丝扣连接程序

管道丝扣连接流程如图 2-45 所示。

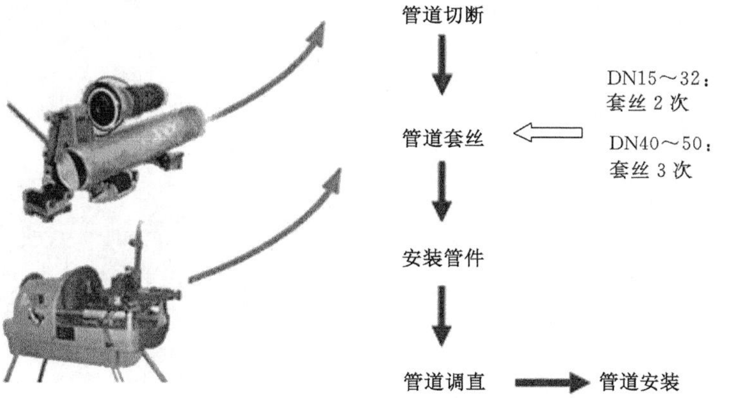

图 2-45 管道丝扣连接流程图

3.2.5 卡箍式连接施工技术措施

3.2.5.1 连接原理

卡箍式连接是用压力响应式密封圈套入连接钢管的端部，两片卡件包裹密封圈并卡入管槽边，上紧两圆头椭圆颈螺栓，实现钢管密封连接。

3.2.5.2　技术要求

（1）连接前用专用滚槽机在钢管周围上开出标准深度的凹槽。

（2）密封垫圈采用三元乙丙橡胶（EPDM），其性能符合《橡胶密封件 给、排水管及污水管道用接口密封圈 材料规范》（GB/T 21873—2008）的要求。

（3）连接螺栓采用圆头椭圆颈螺栓结构，符合《紧固件机械性能 螺栓、螺钉和螺柱》（GB/T 3098.1—2010）和《紧固件机械性能 螺母》（GB/T 3098.2—2015）的要求。

（4）产品质量要符合《沟槽式管接头》（CJ/T 156—2001）的要求。

（5）产品质量要符合《生活饮用水输配水设备及防护材料的安全性评价标准》（GB/T 17219—1998）的要求。

3.2.5.3　施工流程

施工流程如图 2-46 所示。

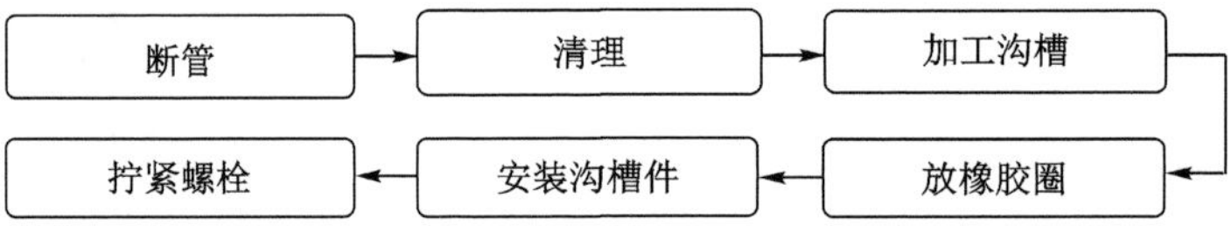

图 2-46　卡箍式连接施工流程图

3.2.5.4　主要施工机具

（1）管道切割机

序号	管道切割机	机械说明	机械图片
1	砂轮切割机	砂轮切割机 400 系列，适用 133 mm 以下钢管。	
2	钢管切割机 1	适用 300 mm 以下钢管（壁厚 10 mm 以内）。	
3	钢管切割机 2	本工程选用 63～170 mm 和 140～325 两种规格。	

（2）管道沟槽制作

压槽机	管道支架

3.2.5.5　沟槽加工措施

（1）沟槽加工方法

序号	沟槽加工方法	安装图片
1	钢管定尺截断，去掉断口上的毛刺。	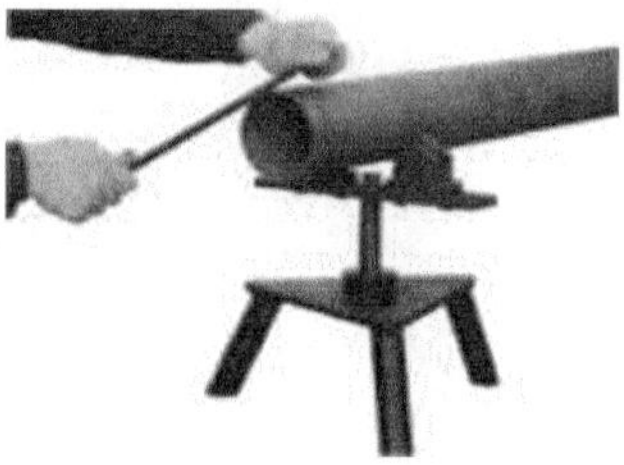
2	将需要加工沟槽的钢管架设在滚槽机下的压轮和托架上，托架位置放置在钢管中部略向外的位置；调整钢管使其处于水平或此托架处略高一点，将钢管端面与滚槽机主轴贴紧。	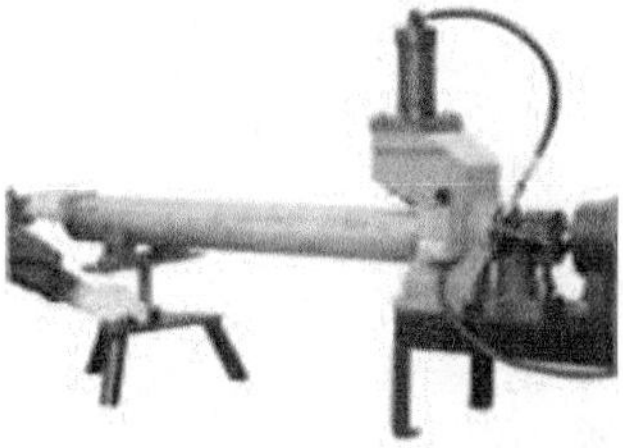
3	启动滚槽机电机，徐徐扳动轴泵手柄，使上压轮滚压钢管至要求的沟槽深度为止。	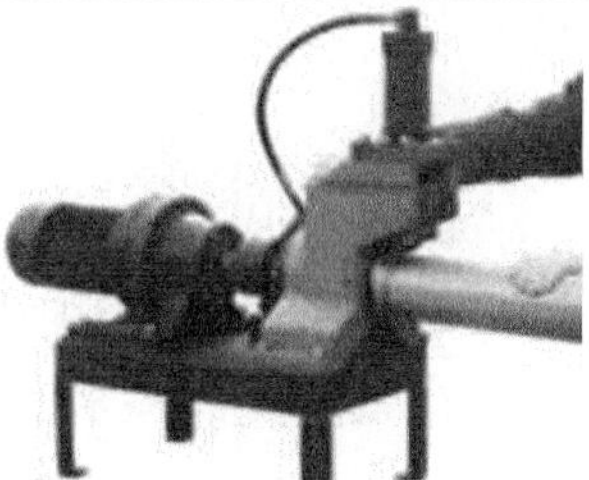

序号	沟槽加工方法	安装图片
4	检查沟槽的深度和宽度，确认符合要求。	

（2）槽深要求

公称直径/mm	沟槽至管端尺寸/mm	沟槽深度/mm	沟槽宽度/mm
DN65	15.88	1.98	8.74
DN80	15.88	1.98	8.74
DN100	15.88	1.98	8.74
DN125	15.88	2.11	8.74
DN150	15.88	2.16	11.91
DN200	19.05	2.34	11.91
DN250	19.05	2.39	11.91

3.2.5.6 沟槽式管的连接工艺

序号	安装步骤	安装说明	安装图片
1	检查管件、配件	检查管件、配件是否良好。	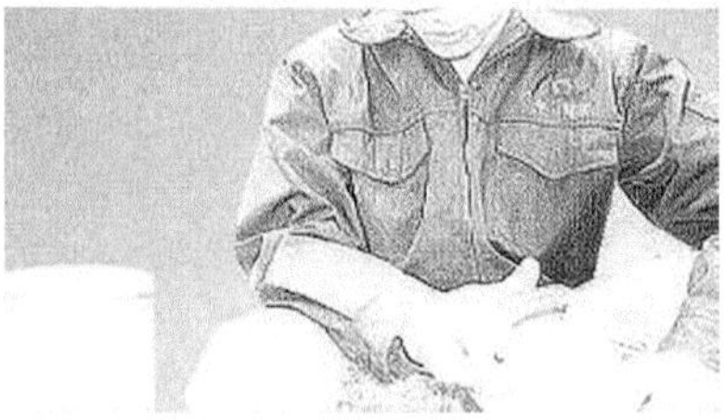
2	涂润滑剂	在管道端部和橡胶圈上涂上润滑剂。	

序号	安装步骤	安装说明	安装图片
3	上橡胶垫圈	将橡胶圈套入钢管端头，注意不得损坏橡胶圈。	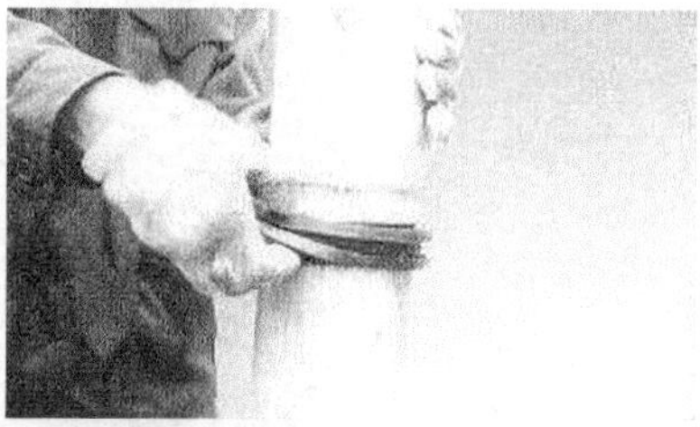
4	安装卡箍，拧紧螺母	将卡箍上、下紧扣在密封橡胶圈上，并确保卡箍凸边卡进沟槽内；用手压紧上下卡箍的耳部，使上下卡箍靠紧并穿入螺栓，螺栓的根部椭圆颈进入卡箍的椭圆孔，用扳手均匀轮换同步进行拧紧螺母，确认卡箍凸边全部在沟槽内。	

3.2.5.7　沟槽式管的连接安装要求

衬塑钢管管端的沟槽必须用专用的滚槽机进行加工，沟槽加工必须整齐，端部必须去毛刺，深度按管卡提供厂家要求的数据加工，并在其误差范围内。

安装垂直度允许偏差为 1.5 mm/m，全长大于 5 m 的管道偏差不超过 10 mm，水平管道纵横方向弯曲，全长偏差不大于 25 mm；法兰对接平行、紧密，垫片不使用双层，与管道中心线垂直，螺母在同一侧，螺杆露出螺母的长度不大于螺栓直径的 1/2。

3.2.6　阀门的安装

(1) 安装阀门前，应仔细检查核对阀门的型号与规格，是否符合设计要求。检查阀杆和阀盘是否灵活，有无卡阻和歪斜现象，阀盘必须关闭严密。

(2) 安装阀门前，必须先对阀门进行强度和严密性试验，不合格的不得进行安装。

(3) 阀门需逐个进行水压试验。阀门的强度和严密性试验用清洁水进行，试验时间不得少于 5 min，壳体、填料无渗漏为合格。

(4) 试验合格的阀门，及时排尽内部积水，密封面涂防锈油(需脱脂的阀门除外)，关闭阀门，封闭出入口。

(5) 搬运阀门时，不允许抛掷；吊装阀门时，绳索拴在阀体的法兰处，切勿拴在手轮或阀杆上。

(6) 阀门安装在操作、维修、检查方便的地方(图 2-47)。

(7) 垂直管道上阀门阀杆，必须顺着操作巡回线方向安装。阀门安装时保持关闭状态，并注意阀门的特性及介质流向。阀门与管道连接时，不得强行拧紧法兰上的连接螺栓。

(8) 一个区域内的阀门尽量安装在同一标高上(设计已标明的除外)。

(9) 在水平管道上安装阀门时，阀杆在水平方向或水平方向以上的角度内，不得向下安装。

(10) 法兰或螺纹连接时，阀门处于关闭位置。对螺纹连接的阀门，其螺纹应完整无缺，拧紧时宜用扳手卡住阀门一端的六角体。

图 2-47　阀门安装

第 3 节　排水系统管道的安装

城市轨道交通工程排水系统按压力可分为重力排水系统和压力排水系统。重力排水系统多采用 UPVC 排水管材，管道连接采用黏结方式；压力排水系统多采用内外热镀锌钢管，管道连接采用沟槽连接或螺纹连接。

3.3.1　施工工艺流程

工艺流程如图 2-48 所示。

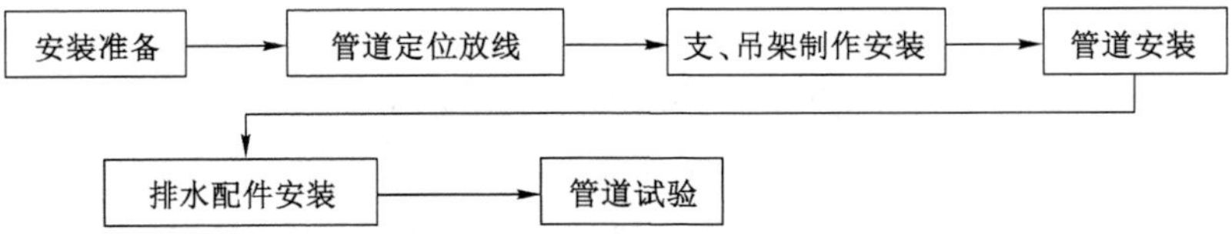

图 2-48　排水系统管道安装流程图

3.3.2　施工准备工作

(1) 材料的准备

所使用的管道、管道配件、管件、镀锌型钢等材料应具有产品合格证明书或质量鉴定文件，材料品种、规格、性能与厚度等应符合设计和现行国家产品标准的规定，并满足用户需求书中关于相应材料的技术性能要求。

(2) 施工机具、设备、人员

施工机具：扳手、通线、登高作业移动脚手架、安全带、管钳、卷尺、羊角锤。

施工设备：电焊机、电锤、水平尺、红外线仪、电动沟槽机、套丝机、切管机、切割机、塞尺、电动试压泵。

人员：电焊工（持证上岗）、管道工、钳工、安装工。

3.3.3　施工工艺及质量控制要点

3.3.3.1　施工材料控制

城市轨道交通工程排水系统所使用的主要材料、成品、半成品、配件、器具和设备必须具有中文质量合格证明文件，规格、型号及性能检测报告应符合国家技术标准或设计要求。所有进场材料应包装应完好，表面无划痕及外力冲击破损；主要器具和设备必须有完整的安装使用说明书；在运输、保管和施工过程中，应采取有效措施防止材料损坏或腐蚀；排水系统所有管件、半成品、构配件等在运输、保管、施工过程中必须采取有效措施防止器材损坏、锈蚀或变质。

3.3.3.2　管道定位放线

排水管道敷设的水平位置及标高必须符合设计图纸要求，其误差范围符合国标规范要求。车站轨行区内重力排水立管需避开轨行区内广告灯箱，并防止水平管段设于电箱上方。

3.3.3.3　管道支、吊架的制作及安装

排水管道无论是铸铁管还是 UPVC 排水管，其支、吊架都必须按设计、规范相应的要求制作。排水系统的铸铁管及 UPVC 排水管管卡安装应满足以下要求：管道的吊钩或卡箍应固定在承重结构上，横管管道支、吊架间距不大于 2 m，立管管道支、吊架间距不大于 3 m；楼层高度小于或等于 4 m，立管可安装 1 个固定件，立管底部弯管处应设支架或采取固定措施，轨行区排水管道支架宜采用热镀锌型钢支架，支架间距必须符合设计及规范要求。塑料排水管道支、吊架间距应符合表 2-17 的规定。

表 2-17　排水塑料管支吊架最大间距

管径/mm	50	75	110	125	160
立管/m	1.2	1.5	2.0	2.0	2.0
横管/m	0.5	0.75	1.10	1.30	1.6

3.3.3.4　管道的安装

(1) 检查各预留孔洞和套管的位置和尺寸，并加以疏通。

(2) 卫生间的管道安装：按管道系统和卫生器具的设计位置，结合卫生器具排水口的尺寸与排水管管口的施工要求，在墙柱和楼地面上画出管底标高线，并确定排水管道预留管口坐标，作出标记。

(3) 在连接 2 个及 2 个以上大便器或 3 个及 3 个以上卫生器具的污水横管上应设置清扫口。当污水管在楼板下悬吊敷设时，可将清扫口设在上一层楼地面上，污水管起点的清扫口与管道相垂直的墙面距离不得小于 200 mm；若污水管起点设置堵头代替清扫口时，与墙面距离不得小于 400 mm；在转角小于 135°的污水横管上，应设置检查口或清扫口。

(4) 按预留管口位置及管道中心线，依次安装管道和伸缩节，并连接各管口。管道安装一般自下向上分层进行，先安装立管，后横管，连续施工。

(5) 生活污水管道敷设坡度符合规范及设计规定。

(6) 排水管道横管与横管、横管与立管的连接（图 2-49），采用 45°斜三通或 45°斜四通和

90°TY 三通或 90°TY 四通。立管与排出管端部连接，宜采用两个 45°弯头或弯曲半径不小于 4 倍管径的 90°弯头。

（7）立管承口外侧与饰面的距离控制在 20～50 mm 之间。

图 2-49　UPVC 排水立管的安装

3.3.3.5　排水配件的安装

排水塑料管必须按设计要求及位置装设伸缩节。如设计无要求时，伸缩节间距不应大于 4 m。高层建筑中明设的排水塑料管应按设计要求设置阻火圈或防火套管。

3.3.4　塑料管安装工艺

（1）连接工艺

① 塑料管连接选用的胶水由厂家指定。管道切料时，选用专用切管机，使切口平直、光滑，无毛边，不能用一般的锯来进行切割。

② 管材或管件在承插前先将承口内侧和插口外擦拭干净，使之无尘砂与水迹。如表面粘有油污时，还需要采用清洁剂擦净。

③ 要先根据管件实测承口深度在管端表面画出插入深度标记，以便确认插入深度，保证有足够的承插面。

④ 先用胶粘剂涂刷管件承口内侧，然后涂刷管材插口外侧，涂刷到插入深度标记。胶粘剂涂刷需要迅速、均匀、适量，不可漏涂。

⑤ 承插口涂刷胶粘剂后，即找正方向将管子插入承口，施压使管端插入至预先画定的标记，再将管道旋转 90°，把挤出的胶粘剂擦净。管道承插过程不得使用锤子打击。

⑥ 安装管道时，注意按设计要求及施工规范留一定的坡度，坡向排水口。

（2）塑料排水横管的安装

① 先将预制好的管段用铁丝临时吊挂，查看无误后再进行连接。

② 打口或粘接连接后，迅速摆正位置，按规定校正坡度，临时予以固定。

③ 拆除临时绑固用品，将接口临时封严（图 2-50）。

（3）塑料支管的安装

安装支管前，先按卫生器具和排水设备附件的种类及规格型号进行实际测量，按实际尺寸进行配制。

① 配制支管时，要和装修密切配合，并按卫生器具的种类适当调整尺寸。如地漏低于地面 5～10 mm，坐式大便器落水口处的排水管高出地面 10 mm 等。

② 吊装支管时，可在管件的承口位置绑上铁丝吊在楼板上作为临时吊卡，调整好坡度和垂直度后，将其固定于横托管上，最后将楼板孔洞和墙洞塞牢，并填入细石混凝土固定。

图 2-50　UPVC 排水横管的安装

3.3.5　潜水排污泵的安装

潜水排污泵主要用于排除车站出入口、风亭及冷却塔的雨水，污废水泵房和消防泵房的污废水，区间废水。

(1) 工艺流程

工艺流程如图 2-51 所示。

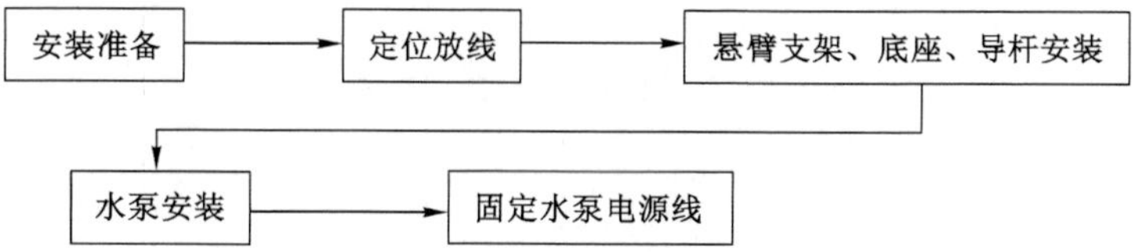

图 2-51　潜水排污泵安装流程图

(2) 工艺流程说明

熟悉现场集水坑，根据现场集水坑的大小、位置确定水泵安装的位置，然后根据水泵位置确定悬臂支架位置，对悬臂支架开孔位置做好标记。根据设备安装的高度、具体位置和车站测得的 1 m 线为准，进行现场测量定位。

1) 安装悬臂支架(图 2-52)

① 根据不同的潜水泵安装手册进行螺栓打孔，孔深必须满足设计要求。打孔完成后应立即用气筒或毛刷将孔内的灰尘清理干净。

② 孔内灰尘清理完成后，要对孔的深度进行测量，达到孔深要求的即可进行螺栓的安装，否则要重新打孔，直到满足要求为止。

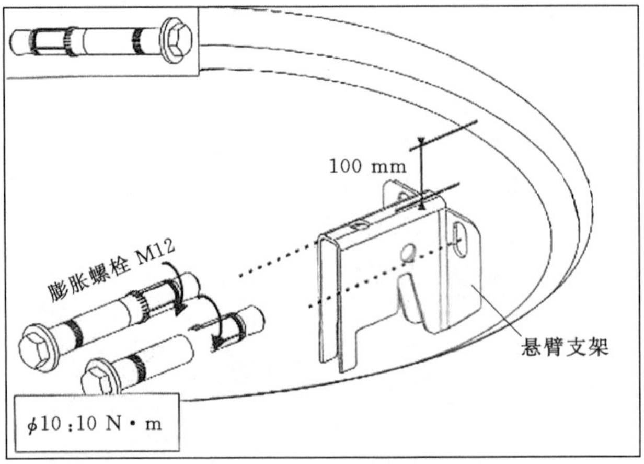

图 2-52　悬臂支架安装图

③ 植入膨胀螺栓与安装悬臂支架，安装时将螺栓植入到清理好的孔内，必要时用手锤将螺栓轻轻敲入，再用扳手将螺帽拧紧。

2）安装加紧部件及螺纹销(或水泵导杆)(图 2-53)

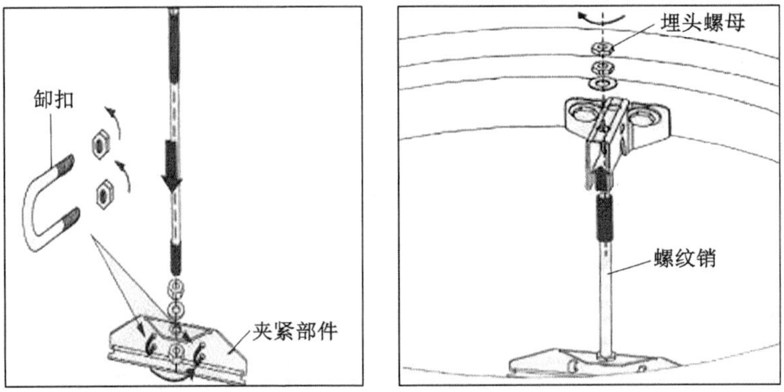

图 2-53　加紧部件及螺纹销安装图

① 螺纹销一端套上螺母与垫片，插入夹紧部件中，在加紧部件底部拧紧螺母。

② 卸扣安装在夹紧部件中。

③ 螺纹销另一端插入悬臂支架中，拧紧埋头螺母(必须使用两颗埋头螺母)。

3）放线(图 2-54)

根据设备位置数据，从悬臂支架垂直放线确定集水坑中带法兰的弯座位置，并在集水坑底部用记号笔在集水坑底部标识出带法兰弯座四个角化学锚栓的位置。

4）安装带法兰的弯座(图 2-55)

5）自耦器的安装(图 2-56)

6）安装并调整钢丝绳(图 2-57、图 2-58)

① 将钢丝绳从带法兰的弯座底部穿过，然后两端分别从夹紧部件的卸扣中穿过。

② 从夹紧部件两端拉钢丝绳，确保钢丝处于紧绷状态，钢丝绳两端留 200 mm。拧紧夹紧部件处卸扣螺母。

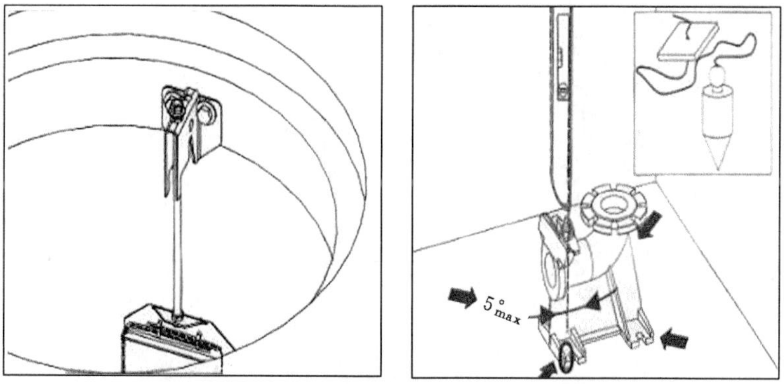

图 2-54　放线图

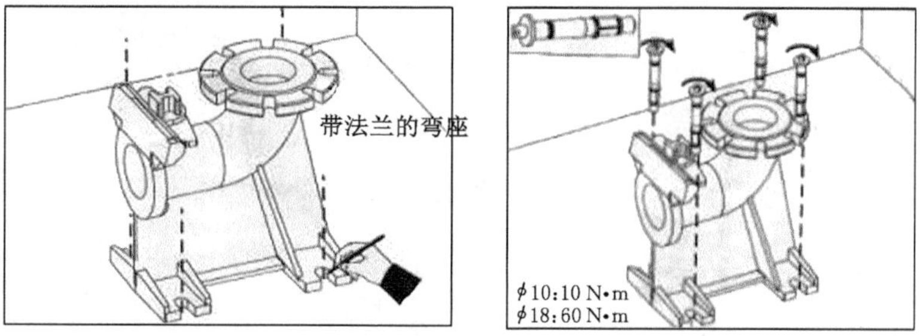

图 2-55　法兰弯座图

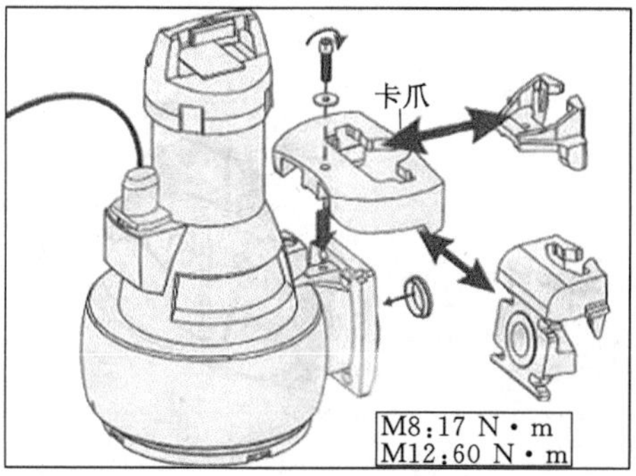

图 2-56　自耦器安装图

③ 将多余的钢丝绳用老虎钳剪掉，钢丝绳两端用防水胶布包起来。

④ 确保夹紧部件与带法兰的弯座垂直后，用扳手拧紧埋头螺母(图 2-59)。

7）废水管法兰的连接

废水管法兰与带法兰的弯座对齐，中间放入垫片，用螺丝拧紧，橡胶软接头、止回阀、压力表、闸阀等按照图纸施工(图 2-60)。

8）安装潜水泵

潜水排污泵放入集水坑中，潜水排污泵卡爪与带法兰的弯座耦合连接，确保潜水泵与带法兰的弯座水平(图 2-61)。

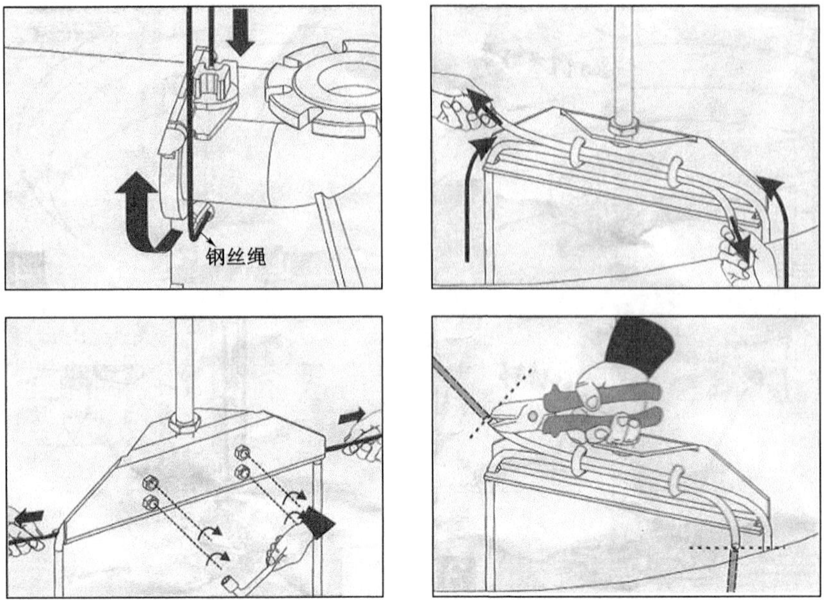

图 2-57　钢丝绳安装图

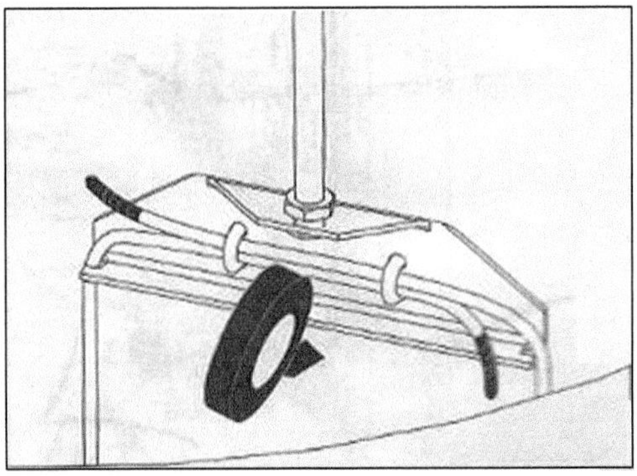

图 2-58　钢丝绳调整图

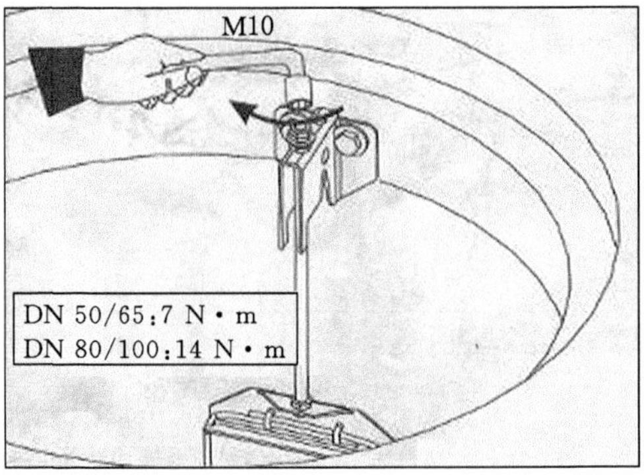

图 2-59　埋头螺母调整图

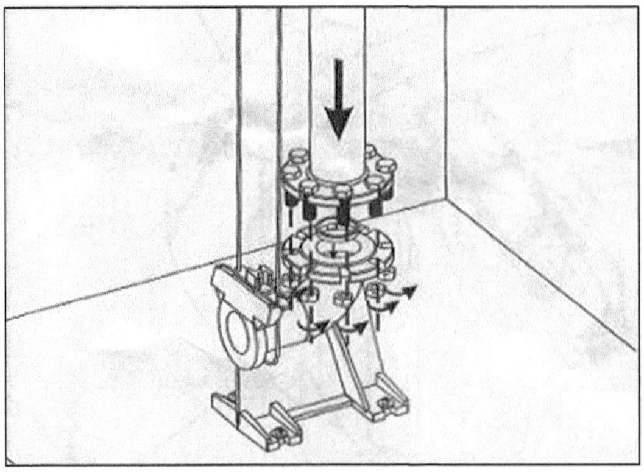

图 2-60　废水管法兰连接图

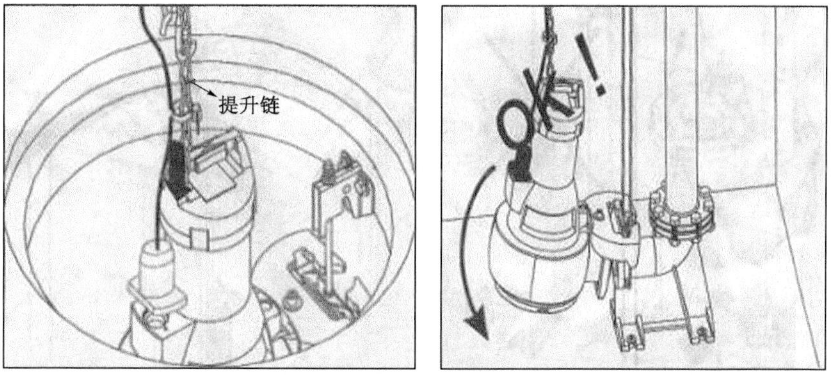

图 2-61　潜水泵安装图

9）固定水泵电线

用扎带将潜水泵电线固定在提升链上，确保电线平整且水泵提升时电线不打结、不被拉断（图 2-62）。

10）安装压力排水阀门组（图 2-63）

图 2-62　固定水泵电线图

图 2-63　压力排水阀门组安装图

第 4 节　消火栓系统的安装

3.4.1　施工工艺流程

施工工艺流程如图 2-64 所示。

安装准备 → 定位放线 → 支、吊架制作安装 → 管道安装 → 消火栓安装

图 2-64　消火栓系统安装流程图

3.4.2 施工准备工作

(1) 材料准备

所使用的管道、管道配件、管件、镀锌型钢等材料应具有产品合格证明书或质量鉴定文件,材料品种、规格、性能与厚度等应符合设计和现行国家产品标准的规定,并满足用户需求书中关于相应材料的技术性能要求。

(2) 施工机具、设备、人员

施工机具:扳手、通线、登高作业移动脚手架、安全带、管钳、卷尺、羊角锤。

施工设备:电焊机、电锤、水平尺、红外线仪、电动沟槽机、套丝机、切管机、切割机、塞尺、电动试压泵。

人员:电焊工(持证上岗)、管道工、钳工、安装工。

3.4.3 施工工艺控制要点

3.4.3.1 材料控制

消防器材在使用前应按国家现行标准和设计要求核对其材质、规格、型号、数量和标识、外观质量和几何尺寸;消防器材标识应清晰完整,应有产品质量证明文件。消防器材必须由有资质的厂家生产;消防器材在安装施工过程中应妥善保管,不得混淆或损坏。

3.4.3.2 管道定位放线

消防管道及消防器材的位置必须符合设计要求,若与其他作业相矛盾,必须以消防设计为主。

3.4.3.3 支、吊架的制作安装

给水系统管道支、吊架应采用热镀锌型钢,支、吊架制作时严格按照施工图纸要求和现场实际情况确定支、吊架形式。支、吊架下料一定要准确,拼接平直,下料、钻孔时不得采用焊割或气割,每个支架的尺寸要准确,外形规则;支、吊架拼缝连接时,其拼缝应满焊,焊口光滑,无焊渣、无虚焊、无焊伤等缺陷。支、吊架制作完成后,必须对破坏的镀锌层进行防腐处理,涂刷油漆前必须清理支、吊架表面的灰尘、污垢、锈斑、焊渣等污物,涂刷油漆时厚度均匀,不得出现脱皮、起泡、流淌和漏刷的现象。

支、吊架安装位置应正确,埋设应平整牢固,固定在建筑结构上的管道支、吊架不得影响结构的安全。钢管水平安装的支吊架间距应不大于表 2-18 的规定。金属管道立管管卡安装应符合下列规定:楼层高度小于或等于 5 m,每层必须安装 1 个;楼层高度大于 5 m,每层不得小于 2 个;管卡安装高度,距地面应为 1.5~1.8 m,2 个以上管卡应匀称安装,同一房间管卡应安装在同一高度上。

表 2-18 钢管管道支架的最大间距

公称直径/mm		15	20	25	32	40	50	65	80	100	125	150	200	250	300
支、吊架的最大间距/m	保温管	2	2.5	2.5	2.5	3	3	4	4	4.5	6	7	7	8	8.5
	不保温管	2.5	3	3.5	4	4.5	5	6	6	6.5	7	8	9.5	11	12

3.4.3.4　消火栓的安装(图 2-65～图 2-67)

(1) 栓口离地面的高度为 1.10 m，允许偏差为±20 mm；栓口中心离箱背面 100 mm，离箱侧面 140 mm，允许偏差为±5 mm。

(2) 箱体找正稳固后把栓阀安装好，栓阀侧装在箱内时，应装在箱门开启的一侧，箱门应开启灵活。

(3) 消火栓箱体安装在轻质隔墙上时，要有加固措施。

(4) 消火栓配件安装在交工前进行。消防水龙带应折好放在挂架上或卷实、盘紧放在箱内，消防水枪要竖放在箱体内侧，自救式水枪和软管放在挂卡上或放在箱底部(图 2-68)。设有电控按钮时，注意与电气专业配合施工。

图 2-65　消火栓横管金属波纹管的安装

图 2-66　管道配件连接段设置固定支架

图 2-67　区间消火栓的安装

图 2-68　车站消火栓的安装

3.4.4 常见安全隐患

序号	安全隐患	图片
1	消火栓安装歪斜，栓头配件不齐。	
2	区间消火栓栓头无固定支架，栓头配件不齐。	
3	沟槽连接管道，接头未设置支架，不符合规范要求。	
4	管道弯头处设置支架数量不足。	

第5节　卫生器具的安装

3.5.1　施工工艺流程

施工工艺流程如图2-69所示。

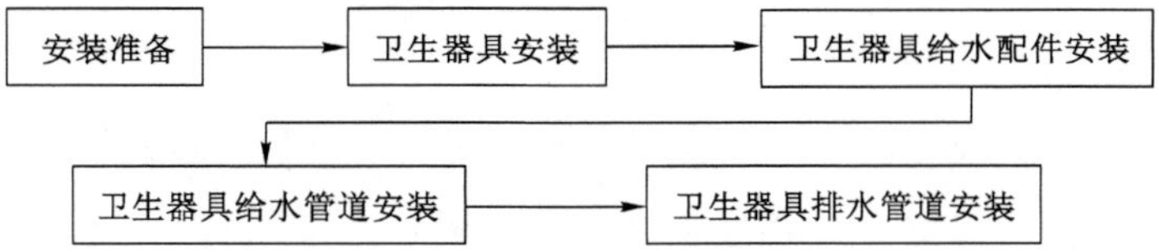

图2-69　卫生器具安装流程图

3.5.2　施工准备工作

（1）材料准备

所使用的管道、管道配件、管件、镀锌型钢等材料应具有产品合格证明书或质量鉴定文件，材料品种、规格、性能与厚度等应符合设计和现行国家产品标准的规定，并满足用户需求书中关于相应材料的技术性能要求。

（2）施工机具、设备、人员

施工机具：扳手、通线、登高作业移动脚手架、安全带、管钳、卷尺、羊角锤。

施工设备：电焊机、电锤、水平尺、红外线仪、电动沟槽机、套丝机、切管机、切割机、塞尺、电动试压泵。

人员：电焊工（持证上岗）、管道工、钳工、安装工。

3.5.3　施工工艺控制要点

3.5.3.1　材料控制

卫生器具在使用前应按国家现行标准和设计文件的规定核对其材质、规格、型号、数量和标识，应进行外观质量和几何尺寸检查验收，其结果应符合设计文件和相应产品标准规定。卫生器具标识应清晰完整，并有产品质量证明文件。卫生器具在安装施工过程中应妥善保管，不得混淆或损坏，其标记应明显清晰。

3.5.3.2　卫生器具的安装

地漏的安装应平正、牢固，低于排水表面，周边无渗漏；地漏水封高度不得小于50 mm；卫生器具安装位置、标高、水平度和垂直度符合规范相应要求；卫生器具的支、托架防腐良好，安装平整、牢固，与器具接触紧密、平稳；卫生间洗手盆支架应采用穿墙螺丝固定。

3.5.3.3　卫生器具给水配件的安装

卫生器具给水配件应完好无损伤，接口严密，启闭部分灵活；卫生器具给水配件安装标高应符合规范要求。

3.5.3.4 卫生器具给水管道的安装

安装卫生间内给水支管时，开槽要避免开横向管槽，应竖向开槽；卫生器具给水管道安装应平直美观。

3.5.3.5 卫生器具排水管道的安装

与排水横管连接的各卫生器具的受水口和立管均应采取妥善可靠的固定措施；管道与楼板的接合部位应采取牢固可靠的防渗、防漏措施；连接卫生器具的排水管道接口应紧密不漏，其固定支架、管卡等支撑部位应正确、牢固，与管道的接触应平整。

3.5.3.6 蹲便器的安装

(1) 首先将胶皮碗套在蹲便器进水口上，要套正、套实。用成口喉箍紧固，将预留排水管口周围清扫干净，把临时管堵取下，检查管内有无杂物。

(2) 将下水管承口内抹上油灰，蹲便器位置下铺垫白灰膏，然后将蹲便器排水口插入排水管承口内稳好。同时用水平尺放在蹲便器上沿，纵横双向找平、找正。使蹲便器进水口对准墙上中心线。

(3) 装蹲便器时，先检查排水管口标高、甩口距墙尺寸是否一致。找出标准地面标高，向上测量好蹲便器需要的高度，用小线找平，找好墙面距离，然后逐个进行安装。

(4) 冲洗阀的安装：冲洗阀的中心高度为 1 100 mm。根据冲洗阀至胶皮碗的距离，断好 90°弯度的冲洗管，使两端合适。将冲洗阀锁母和胶圈卸下，分别套在冲洗管直管段上，将弯管的下端插入胶皮碗内 40～50 mm，用喉箍卡牢。再装上端插入冲洗阀内，推上胶圈，调直找正，将锁母拧至松紧适度。

3.5.3.7 坐便器的安装(图 2-70)

(1) 将坐便器预留排水管口周围清理干净，取下临时管堵，检查管内有无杂物。

(2) 将坐便器出水口对准预留排水口，放平找正，在坐便器两侧固定螺栓眼处画好印记后，移开坐便器，将印记做好十字线。在中心处固定 ϕ10 mm 加长膨胀螺栓，将坐便器试稳，使固定螺栓与坐便器吻合，移开坐便器。

(3) 将坐便器排水口及排水管口周围抹上油灰后将便器对准螺栓放平、找正，螺栓上套好胶皮垫、眼圈，上螺母拧至松紧适度。对准坐便器尾部中心，在墙上画好垂直线，在距地平 800 cm 高度画水平线。

图 2-70 坐便器的安装

(4) 根据水箱背面固定孔眼的距离，在水平线上画好十字线。在十字线中心处固定 ϕ10 mm 加长膨胀螺栓。将背水箱挂在螺栓上放平、找正。

(5) 与坐便器中心对正，螺栓上套好胶皮垫，带上眼圈，螺母拧至松紧适度。坐便器无进水锁母的可采用胶皮碗的连接方法。

3.5.3.8　小便器的安装

小便器为挂式，自动冲洗。安装时，按设计要求的距离和高度，先在墙面上划好十字中心线，将小便斗固定，并保证横平竖直，既美观又便于连接管子。固定小便斗时，螺钉与耳孔间垫铅皮。小便斗的冲洗水管安装，应与便斗进、出水管中心线重合，如图 2-71 所示。

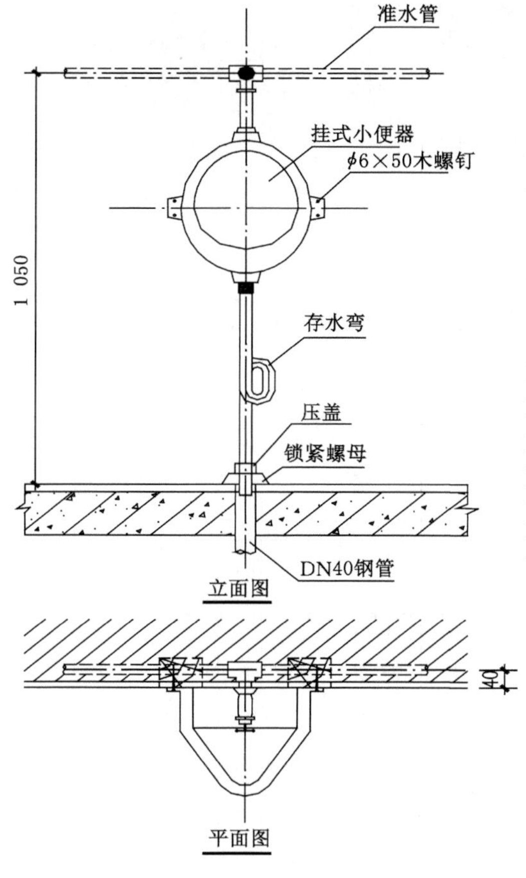

图 2-71　小便器的安装

3.5.3.9　洗脸盆安装

洗脸盆为台式安装，安装时，按设计要求的距离和高度，先在墙上画出安装中心线，根据盆托板架的宽度画出固定孔眼的十字线，在十字线的位置用膨胀螺栓固定。固定时，要同时用水准尺找平，然后将洗脸盆固定在托板上(图 2-72、图 2-73)。

图 2-72　洗脸盆及水龙头的安装

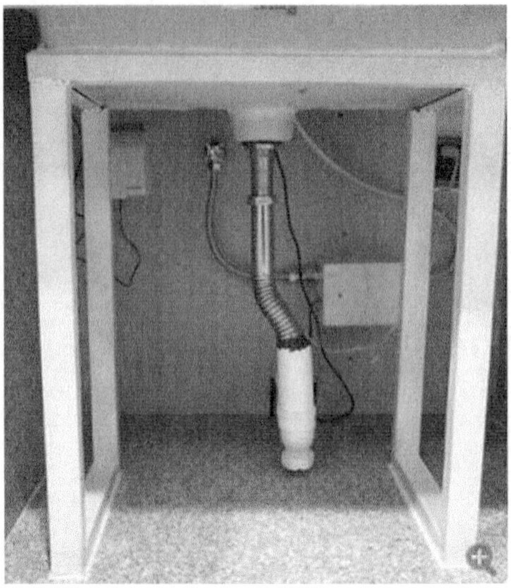

图 2-73　台下盆托架的安装

第 6 节　给水设备的安装

3.6.1　施工工艺流程

施工工艺流程如图 2-74 所示。

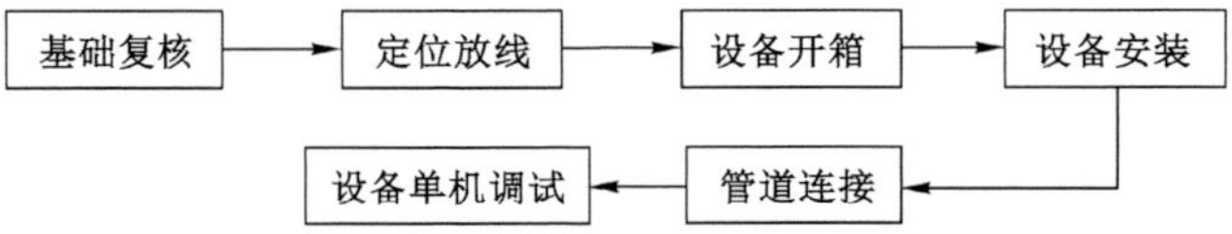

图 2-74　给水设备安装流程图

3.6.2　施工准备工作

（1）材料的准备

所使用的设备应具有产品合格证明书或质量鉴定文件，设备规格、性能等应符合设计和现行国家产品标准的规定，并满足用户需求书中关于相应材料的技术性能要求。

（2）施工机具、设备、人员

施工机具：扳手、通线、登高作业移动脚手架、安全带、管钳、卷尺、羊角锤。

施工设备：电焊机、电锤、水平尺、红外线仪、电动沟槽机、套丝机、切管机、切割机、塞尺、电动试压泵。

人员：电焊工（持证上岗）、管道工、钳工、安装工。

3.6.3　施工工艺控制要点

3.6.3.1　土建基础复核

水泵就位前的基础混凝土强度、坐标、标高、尺寸和螺栓孔位置必须符合设计规定。各部允许偏差：坐标位置为 20 mm；不同平面标高和凸台上平面外形尺寸为 0～20 mm；平面外形尺寸为±20 mm；平面的平整度及垂直度为 5 mm/m、全长 10 mm；预埋地脚螺栓标高为 0～20 mm，中心距为±2 mm。基础外观不得有裂纹、蜂窝、露筋等缺陷；基础应明显地标出标高基准线、纵横中心线及预留孔中心线；在建筑物上应标有坐标轴线及标高线。

3.6.3.2　定位放线

静设备各部允许偏差：坐标为 15 mm，标高为±5 mm，垂直度为 5 mm/m；卧式水泵水平度允许偏差为 0.1 mm/m；立式水泵垂直度允许偏差为 0.1 mm/m。

3.6.3.3　设备的开箱

设备的开箱应符合下列要求：按装箱单清点设备零部件、附件和专用工具，应无缺件；防锈包装完好，管口保护封堵完好；核对设备主要安装尺寸应与工程设计相符；应核对输送特殊介质的泵的主要零部件、密封件以及垫片的品种和规格。设备开箱应检查以下项目：箱号、箱数及包装、设备名称、型号及规格、设备质量证明文件、设备内件及安装附件的规格、型号、数量。

3.6.3.4　设备的安装

基础混凝土表面不得有油渍及疏松层，并符合以下规定：放置垫铁处铲平；地脚螺栓的螺纹应无损坏、无锈蚀，且应有保护措施。预留地脚螺栓应符合下列要求：地脚螺栓在预留孔中应垂直，地脚螺栓任一部位与孔壁的距离应大于 15 mm，与孔底的距离应大于 50 mm。垫铁应符合下列要求：设备采用铁找正、找平时，垫铁规格按规范要求选用；有加强筋的设备支座，垫铁应垫在加强筋下面；相邻两垫铁组的中心距不应大于 500 mm；设备找正后，各组垫铁均应被压紧，垫铁之间和垫铁与支座之间均应接触良好，垫铁组伸入支座底板长度应超过地脚螺栓，垫铁组层间应进行焊接固定。立式静设备的垂直度允许偏差为 $H/1\ 000$，水平静设备的水平度允许偏差为 $L/1\ 000$，泵的纵向水平偏差不大于 0.1/1 000，横向安装水平偏差不大于 0.2/1 000。

3.6.3.5　管道的连接

管道与设备的连接应在设备安装定位并紧固地脚螺栓后进行(图 2-75)。安装前应将其内部清理干净；对不允许承受附加外荷载的动设备，管道与动设备的连接应符合下列规定：与动设备连接前，应在自由状态下检验法兰的平行度和同心度，当设计文件或产品技术文件无规定时，法兰平行度和同心度允许偏差应符合规范要求。管道系统与动设备最终连接时，应在连轴器上架设百分表监视动设备的位移。当动设备额定转速大于 6 000 r/min 时，其位移值应小于 0.02 mm；当额定转速小于或等于 6 000 r/min 时，其位移值应小于 0.05 mm。

3.6.3.6　单机的调试

试运转的介质宜采用清水，流量不应小于额定值的 20%；电流不得超过电动机的额定电流；润滑油不得有渗漏和雾状喷油，滑动轴承的外表温度不应大于 70 ℃；滚动轴承的外表温度不应大于 80 ℃；泵试运转时，各固定连接部位不应有松动现象；各运动部件运转应正

图 2-75 泵房设备及管道的安装

常，无异常响声和摩擦；附件系统运转应正常，管道连接应牢固、无渗漏；泵的静密封应无泄漏，填料函和轴密封的泄漏量不应超过随机技术文件的规定；泵的安全保护和电控装置及各部分仪表应灵敏、正确、可靠；在单机试运转时检查各连接管道泄漏情况。

3.6.4 常见的安全隐患

序号	安全隐患	图 片
1	水泵减震器被埋在基础粉刷层内，起不了减震作用。	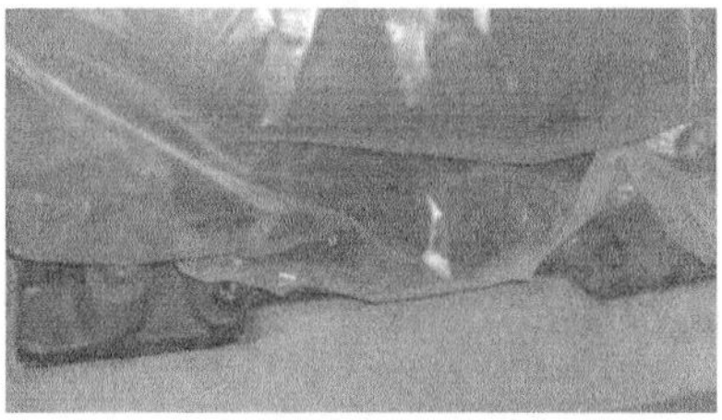
2	压力表未设置旋塞阀。	

序号	安全隐患	图　　片
3	可曲挠橡胶软接法兰螺丝方向不正确，软接螺杆安装不符合要求，达不到缓冲效果。	

第7节　室外给水管道的安装

3.7.1　施工工艺流程

施工工艺流程如图2-76所示。

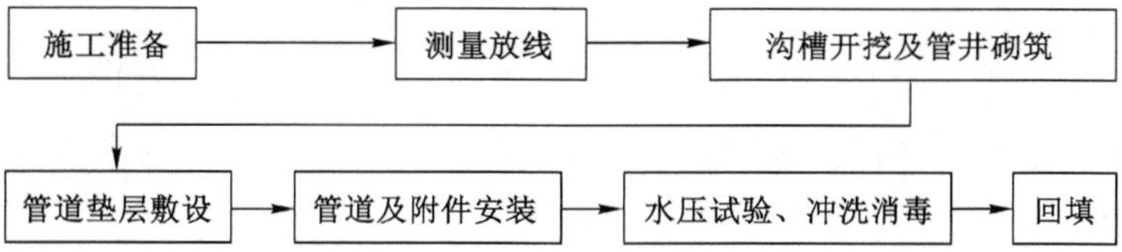

图2-76　室外给水管道安装流程图

3.7.2　施工准备工作

(1) 材料的准备

所使用的管道、管道配件、管件等材料应具有产品合格证明书或质量鉴定文件，材料品种、规格、性能与厚度等应符合设计和现行国家产品标准的规定，并满足用户需求书中关于相应材料的技术性能要求。

(2) 施工机具、设备、人员

施工机具：扳手、通线、管钳、卷尺、羊角锤和洋镐。

施工设备：全站仪、电焊机、电锤、水平尺、红外线仪、电动沟槽机、套丝机、切管机、切割机、塞尺、电动试压泵和挖掘机。

人员：电焊工（持证上岗）、管道工、钳工、安装工、瓦工。

3.7.3 施工工艺控制要点

3.7.3.1 材料的控制

室外给水系统所使用的主要材料、成品、半成品、配件、器具和设备必须具有中文质量合格证明文件，规格、型号及性能检测报告应符合国家技术标准或设计要求；所有进场材料包装应完好，表面无划痕及外力冲击破损；主要器具和设备必须有完整的安装使用说明书；在运输、保管和施工过程中，应采取有效措施防止损坏或腐蚀。

3.7.3.2 沟槽开挖及管井砌筑

沟槽的坐标、位置和沟底标高应符合设计要求；沟底层应是原土层或是夯实的回填土，沟底应平整，坡度应顺畅，不得有尖硬的物体、块石等；若沟基为岩石、不易清除的块石或砾石层时，沟底应下挖 100～200 mm，填铺细砂或粒径不大于 5 mm 的细土，夯实到沟底标高后，方可进行管道敷设；沟槽回填，管顶上部 200 mm 以内应用砂子或无块石及冻土块的土，并不得用机械回填；管顶上部 500 mm 以内不得回填直径大于 100 mm 的块石和冻土块；500 mm 以上部分回填土中的块石或冻土块不得集中。上部用机械回填时，机械不得在沟槽上行走。井室的砌筑应按设计或给定的标准图施工。井室的底标高在地下水位以上时，基层应为素土夯实；在地下水位以下时，基层应打厚度为 100 mm 的混凝土底板。砌筑应采用水泥砂浆，内表面抹灰后应严密不透水；管道穿过井壁处，应用水泥砂浆分两次填塞严密、抹平，不得渗漏。

3.7.3.3 管道及附件的安装

给水管道不得直接穿越污水井、化粪池、公共厕所等污染源；管道接口法兰、卡扣、卡箍等应安装在检查井或地沟内，不应埋在土壤中；给水系统各种井室内的管道安装，如设计无要求，井壁距法兰或承口的距离分别为：管径小于或等于 450 mm 时，不得小于 250 mm；管径大于 450 mm 时，不得小于 350 mm。管道的坐标、标高、坡度应符合设计要求；管道连接应符合工艺要求，阀门、水表等安装位置应正确。塑料给水管道上的水表、阀门等设施其启闭装置的扭矩不得作用于管道上，当管径大于等于 50 mm 时必须设独立的支承装置——消防水泵接合器。室外消火栓安装的位置标志应明显，栓口的位置应方便操作。消防水泵接合器和室外消火栓当采用墙壁式时，如设计未要求，进、出水栓口的中心高度距地面应为 1.10 m，其上方应设有防坠落物打击的措施；消防水泵接合器的安全阀及止回阀的位置和方向应正确，阀门启闭应灵活。

3.7.4 球墨铸铁管给水管道的安装

3.7.4.1 管道工程施工测量

管道工程测量的准备工作：

（1）熟悉设计图纸资料，清楚管线布置、工艺设计和施工安装的要求。

（2）熟悉现场情况，了解设计管线走向以及管线沿途已有平面和工程控制点分布情况。

（3）根据管道平面图和已有控制点，并结合实际地形，做好实测数据的计算整理并绘制测量图。

3.7.4.2 管道中线定位及高程控制测量

管道的起点、终点及转折点为管道的主点，其位置在施工图中已确定。管线中线定位是将主点位置测设到地面上去，并用木桩标定。

(1) 管道中线定位

管线走向与抗滑桩、支墩中心线平行，这时的管线是在现场直接选定或在大比例尺地形图上设计，根据地物的关系来确定主点的位置，按照设计提供的关系数据进行管线定位。如现场无适当控制点可用，可沿管线近处布设控制导线。管线定位时，最常用极坐标法与角度交会法，其测角精度一般为 30′，量距精度为 1/5 000，并应分别计算测设点的点位误差。在地面测定管线的起止点、转折点以后，还应进行检查测量，实测各转折点的夹角，其与设计值的比差不得超过±1′。同时应丈量它们之间的距离，比较实量值与设计值，其相对误差不得超过 1/2 000，超过时必须予以合理调整。

(2) 管线施工时的高程控制测量

为了便于管线施工时引测高程及管线纵横断面的测量，应沿管线敷设临时水准点。水准点选在旧建筑墙角、台阶和基岩等处，如无适当的地物，应提前埋设临时标桩作为水准点。

临时水准点应根据Ⅲ等水准点敷设，其精度不得低于Ⅳ等水准。临时水准点的间距为：自流管道和架空管道为 200 mm，其他管线为 300 mm。

3.7.4.3　管道运输及堆放

铸铁管在吊装、运输过程中应小心轻放，保护成品。采用加长汽车运输球墨铸铁管时，在运输过程中为了避免管道与管道、管道与车箱碰撞而损坏管道和防腐层，在铸铁管与汽车车箱间用大木方作垫层，铸铁管之间用木楞作间隔作用。管道堆放场地应平整、宽敞，重叠堆放时第一排为横向，第二排为纵向排列放齐，且最多不超过 5 层。

3.7.4.4　铸铁管的安装施工

(1) 在铸铁管运至施工现场后，待碎石垫层施工完毕后即可进行管道安装。施工安装时采用吊车将铸铁管从堆放场地吊至管沟内。吊装时，钢丝绳与铸铁管接触处用废旧橡胶垫隔以保护铸铁管和防腐层。吊装钢丝绳应拴牢固，起吊和放下时的速度不宜太快，做到小心轻放，避免摔跌、碰撞管道。

(2) 管道安装施工前，应用钢丝刷、棉纱布等仔细将承口内腔和插口端外表面的泥沙及其他异物清理干净，不得含有泥沙、油污及其他异物。

(3) 管道接口清理干净后，将随管配套的橡胶圈清理干净并捏成心脏形或“8”字形安放在承口内。

(4) 仔细检查橡胶圈安放位置是否正确，准确无误后用木锤沿管口内周围轻敲打，使橡胶圈完全安放在承口凹槽内。

(5) 橡胶圈安放完毕后用肥皂水作润滑剂，将承口内的橡胶圈和插口端充分湿润，起到润滑作用，以便在管道承插安装时节约劳动力和减轻施工难度。

(6) 在安装铸铁管时，采用由无缝钢管、钢丝绳和手扳葫芦组成的三脚架扒杆起吊，起吊高度以铸铁管底高出碎石垫层 5 cm 为宜。

(7) 插口与承口管道中心线对准一致，在起吊管末端用撬棍(或千斤顶)将铸铁管向前撬(顶)，将插口插入承口，插入深度为插口处的两条标志线看不到第一条线、只看到第二条线的位置为止。

(8) 铸铁管承插施工完毕后卸下扒杆及工具，管道承插头处及中部立即回填厚度为 50 cm的碎石土，轻夯压实，避免铸铁管在施工时发生偏移。

(9) 重复上述操作步骤,安装球墨铸铁管。

(10) 检查井施工应与铸铁管安装相配合,安装完毕符合设计要求和施工规范规定后立即进行给水管压力试验。

(11) 压力试验合格后方可进行碎石土回填作业,回填土时应分层回填。为避免过大的夯击力影响管道,第一层虚铺厚度不应小于 1 m,并采用低能量轻夯,以后每层虚铺厚度不小于 500 mm,采用低能量轻夯。

3.7.5 常见的安全隐患

序号	安全隐患	图片
1	管沟未做垫层就进行管道安装。	
2	室外消火栓安装高度不符合规范要求。	

第 8 节 室外排水管道的安装

3.8.1 施工工艺流程

施工工艺流程如图 2-77 所示。

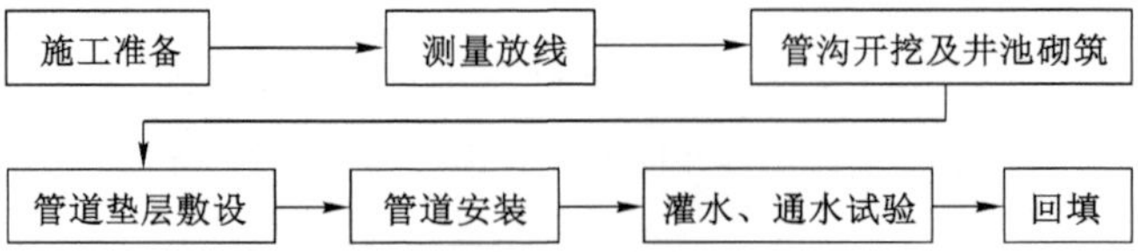

图 2-77 室外排水管道安装流程图

3.8.2　施工准备工作

（1）材料的准备

所使用的管道、管道配件、管件等材料应具有产品合格证明书或质量鉴定文件，材料品种、规格、性能与厚度等应符合设计和现行国家产品标准的规定，并满足用户需求书中关于相应材料的技术性能要求。

（2）施工机具、设备、人员

施工机具：扳手、通线、卷尺、羊角锤和洋镐。

施工设备：全站仪、挖掘机。

人员：管道工、瓦工、安装工。

3.8.3　施工工艺控制要点

3.8.3.1　材料的控制

室外排水系统所使用的主要材料、成品、半成品、配件必须具有中文质量合格证明文件，规格、型号及性能检测报告应符合国家技术标准或设计要求；所有进场材料包装应完好，表面无划痕及外力冲击破损；在运输、保管和施工过程中，应采取有效措施防止器材损坏。

3.8.3.2　管沟开挖及井池砌筑

各种排水井、化粪池应按设计给定的标准图施工，各种排水井和化粪池均应用混凝土做底板（雨水井除外），厚度不小于 100 mm；沟基的处理和井池的底板强度必须符合设计要求；排水检查井、化粪池的底板及进、出水管的标高，必须符合设计要求，其允许偏差为 ±15 mm；井、池的规格、尺寸和位置应正确，砌筑和抹灰要符合要求；井盖选用应正确，标志应明显，标高应符合设计要求。

管道的坐标和标高应符合设计要求；埋地排水管道的安装坐标、标高和水平管道纵横向弯曲允许偏差每 5 m 分别为 100 mm、±20 mm、10 mm，全长水平管道纵横向弯曲允许偏差不超过 30 mm；安装承插接口的排水管道时，管道和管件的承口应与水流方向相反。

3.8.4　高密度聚乙烯（HDPE）双壁波纹管的安装

HDPE 双壁波纹管管道接头采用承插式胶圈接口，安装时应遵守下列规定：

（1）接口前，应先检查橡胶圈是否配套完好，确认橡胶圈安放位置及插口的插入深度。

（2）接口时，先将承口的内壁清理干净，并在承口内壁及插口橡胶圈上涂润滑剂，然后将承插口端面的中心轴线对齐。

（3）接口方法应按下述程序进行：DN400 mm 及其以下管道，先由一人用棉纱绳吊住被安装管道的插口，另一人用长撬棒斜插入基础，并抵住该管端部中心位置的横挡板，然后将该管缓缓插入待安装 HDPE 双壁波纹管管道的承口至预定位置；DN400 mm 以上管道可用两台手扳葫芦将管节拉动就位。接口合拢时，管节两侧的手扳葫芦应同步拉动，使橡胶密封圈正确就位，不扭曲、不脱落。

第9节　管道试验及调试

3.9.1　承压管道试压

3.9.1.1　准备工作

序号	项目	工作内容
1	试压水源	市政临时用水;引自总承包设置于各层的引水点。
2	管路检查	按图确认所有工作已经完成。
		检查整个管路中的所有控制阀门是否打开,与其他管网以及不能参与试压的水泵是否隔开。
		重点检查管件、阀门、紧固件、支架等。
3	编制试压方案	确定分层或分区试压方案。
4	试压准备	管线进行接通或隔断,拆除仪器仪表,并在最高点设放气阀,最低点设置排水阀,安装压力表。

3.9.1.2　试压的原则

由于车站给水系统管路较短,管道的试压可用整个系统一起试压的方式进行试压试验。

3.9.1.3　试压的方法

(1) 将试压泵、阀门、压力表、进水管等接在管路上并灌水,待满水后将管道系统内的空气排净(放气阀流出水为止),关闭放气阀。待灌满后关闭进水阀。

(2) 将试压泵加压,压力逐渐升高,一般分2～3次升到试验压力。当压力达到试验压力时停止加压,管道在试验压力下保持10 min,如管道未发现泄漏现象,压力表指针下降不超过0.02 MPa,且目测管道无变形就认为管道强度试验合格。

(3) 把压力降至工作压力进行严密性试验。在工作压力下对管道进行全面检查,稳压24 h后,如压力表指针无下降,管道的连接处未发现渗漏现象,即可认为严密性试验合格。

(4) 试验过程中如发生泄漏,不得带压修理。缺陷消除后,重新试验。

(5) 系统试验合格后,试验介质宜在室外合适地点排放,并注意安全。

(6) 系统试验完毕,及时核对记录,并填写《管道系统试验记录》。

(7) 试压合格,将管网中的水排尽,并卸下临时用堵头,装上给水配件。

3.9.2　管道系统的冲洗

(1) 管道系统强度和严密性试验合格后,分段进行冲洗。

(2) 冲洗顺序一般按主管、支管依次进行。

(3) 冲洗前,将系统内的仪表予以保护,妥善保管,待冲洗后再重新装上。

(4) 不允许冲洗的水泵及管道要与冲洗系统进行隔离。

(5) 对未能冲洗或冲洗后可能留存杂物的管道，用其他方法补充清理。

(6) 冲洗时，管道内的脏物不得进入水泵，水泵吹出的脏物一般也不得进入管道。

(7) 如管道分支较多，末端截面积较小时，可将干管中的阀门拆掉 1～2 个，分段进行冲洗。

(8) 冲洗前，考虑管道支、吊架的牢固程度，必要时予加固。

(9) 管道排水管接至排水井或排水沟，并应保证排泄顺畅和安全。冲洗时，以系统内可能达到的最大压力和流量进行，直到出口处的水色和透明度与入口处目测一致为合格。冲洗合格后，填写《管道系统冲洗记录》。

3.9.3 管道的消毒

冲洗完管道以后，为达到满足生活用水的要求，防止管道、系统阀门等部件对自来水产生二次污染，宜采用 0.03％次氯酸钠消毒液灌满管道进行消毒。消毒液在管道中静置24 h，排空后，再用水冲洗。

3.9.4 调试

3.9.4.1 单机调试

(1) 电动蝶阀的调试

① 对消防引入管上的电动蝶阀，检查手动开启、关闭是否灵活可行。

② 对电动蝶阀的电源线路、信号回路进行复核检测，按信号响应动作逐台进行模拟动作试验或真实动作试验。

③ 区间消防干管上的电动蝶阀调试同①、②。

(2) 潜水泵的调试

① 电动机运行参数与设计要求和产品参数对照。

(a) 电动机铭牌额定电流抄录，起动电流、运行电流测量。

(b) 过载保护继电器电流整定值为额定电流的 1.1 倍。

(c) 检查电动机在运行中的机体温升、轴承温升情况。

(d) 检查缺相保护性能。

(e) 用《电动机试运行检查记录表》进行记录。

② 水泵运行参数与设计要求对照。

(a) 进/出口压力。

(b) 计算水泵的工作扬程。

(c) 将扬程值标在水泵的特性曲线图上，找出对应的流量值，以证实水泵的实际工作流量满足设计要求。

(d) 测试数据使用《水泵试运行记录表》进行记录，配水泵特性曲线图。

③ 水泵的开/停信号测试和调定，按集水井图纸要求，调整液位开关的高度。

④ 潜水泵的报警信号检测：线路符合设计要求，在车站有监控信号反馈。

(3) 消防系统的消火栓(箱)的测试

① 打开给水消防管道上的各通水蝶阀。

② 分别测试车站的消火栓用水量(按 20 L/s 计)，水枪的充实水柱为 10 m，消防卷盘钢

阀开启灵便，水压足够。

③ 分别测试区间和折返的消火栓用水量（按 10 L/s 计，冷站按 5 L/s 计）。

3.9.4.2　系统调试

（1）调试前的检查项目。

① 各系统的安装工作已全面完工或阶段性完工，功能齐全。

② 排水系统、通风系统已能正常运行，各机房环境不能过于潮湿。

③ 总控室中的土建作业、饰面作业已全面完成，门窗已装好或已经具备完善的封闭保护条件。

④ 管道系统已试压冲洗完毕，各水池已经过消除异物和初步清洗。在试压时用于隔离的盲板、软接头和其他临时固定物已拆除，已检查了管道系统的所有阀件方向与位置是否正确，启闭是否灵活，并已纠正完毕。

⑤ 已检查机泵设备的配电容量是否足够，线路的绝缘电阻是否符合规范要求，控制箱经动作试验已满足设备运行要求，并已单机试运正常。

⑥ 已备足调试用的计量器具，并保证器具是在有效检定周期内。

⑦ 已备有必需的器具，如对讲机（远距离通信器材）、电筒、钢尺等。

（2）给水系统的调试。

① 各用水点的管路通水能力。

（a）打开给水管道上各通水蝶阀、闸阀及截止阀。

（b）单独和同时开放卫生间的洁具、冲洗、水龙头等用水点，检查其水流量、水流速是否足够。

（c）单独和同时开放站厅、站台层各冲洗栓，检查其水流量、水流速是否足够。

② 对主干管的电动蝶阀及其 EMCS 监控系统进行测试，并对给水系统与电气系统之间的接口进行测试及水电联动调试。

（3）排水系统的调试

① 排水管道调试。

（a）调试要求

对卫生器具进行清洗，对渗漏点进行补修，对排水不畅处进行处理，清除在室内装潢施工中留下的管内异物。

检查管道畅通的通球试验。

检查管道渗漏的通水试验。

卫生器具盛水试验，确保器具不渗不漏。

测试地下室潜水泵液位自动控制装置的可靠性。

（b）调试方法

待卫生器具安装完毕后，对所有横管弯头及存水弯处进行清扫，并且用纸筋石灰水泥或水泥或橡皮作填料，将清扫口密封。

排水管道安装完成后应做通球试验，检查管道畅通情况，对于不畅通管道做出处理。

从各卫生器具注入清水，对系统进行清洗，对渗漏点进行补修，对排水不畅处进行处理，清除管内异物。

进行通球试验，球的规格取排水管道直径的 3/4 左右，由上至下投入，注入一定水量于管内后，球应顺利流出。排水系统的排放效果应符合设计要求。

进行盛水试验，盛水量分别为：大、小便冲水槽不少于槽深的 1/2；洗水槽不少于槽深的 2/3；倒水池低池放满，高池不少于池深的 1/3；水盘不少于盘深的 2/3，马桶水箱按要求放足；洗脸盆、化验盆放至溢水处；浴缸不少于缸深的 1/3。盛水时间不少于 24 h。

地下室潜水泵平稳地安放在集水坑的底部，检查潜水泵与排水管道之间的卡口是否连接牢固。液位控制器调整到设计要求的水位高度，并检查反应是否灵敏。检查阀门和止回阀是否严密，安装方向是否正确。拉上自动控制箱电源，集水坑注水，使其达到要求的水位，测试液位自动控制装置的动作，并做好调试记录。

管道试水试验，要有专人检查渗漏情况。在调试期间，派专人 24 小时值班，确保地下室集水坑中的水及时排出室外，避免其他设备被浸没。对通水、灌水、通球试验情况，均必须记录。

② 潜水(排污)泵测试、试运行与电气系统接口测试、联动调试。

进行主回路的校对，检查其接线的正确性及规范性。电动机主回路的绝缘测试，做好测试记录，发现电动机受潮要及时处理。电动机试运转 2 h，测量其起动电流及运行电流，确认电动机转向、泵体的发热情况，做好相关记录。

A 电动机运行参数与设计要求和产品参数对照。

(a) 电动机铭牌额定电流抄录，起动电流、运行电流测量。

(b) 过载保护继电器电流整定值为额定电流的 1.1 倍。

(c) 检查电动机在运行中的机体温升、轴承温升情况。

(d) 检查缺相保护性能。

B 水泵运行参数与设计要求对照。

(a) 进/出口压力。

(b) 计算水泵的工作扬程。

(c) 将扬程值标在水泵的特性曲线图上，找出对应的流量值，以证实水泵的实际工况流量满足设计要求。

(d) 测试数据使用《水泵试运行记录表》进行记录，并配水泵特性曲线图。

C 潜水泵的开/停信号测试和调定，按集水井图纸要求，调整液位开关的高度。

D 潜水泵的报警信号检测：线路符合设计要求，在车站有监控信号反馈，进行水电联调。开/停水泵及水位越线时，监控中心有信号显示。

(4) 消火栓系统的调试

① 消防系统水泵电气控制系统：

(a) 检查主回路接线是否正确和安全，二次回路控制的正确性，消火栓远程控制的可靠性。

(b) 检查双电源相互切换的功能，二次回路控制中水泵手动、自动控制功能，常、备用水泵故障切换功能，设备的过载热保护功能。

(c) 控制箱按钮、信号灯的工作状态，各种仪表的工作状态。

(d) 回线的绝缘阻值测试并做好记录。

(e) 积极配合供货商或外商的机组调试，做好相关记录。

② 管道系统压力测定及调整：

按系统最高点处的消火栓满足 10 m 充实水柱的要求，用压力表测定系统压力，应能满足压力要求。

③ 系统内消火栓(箱)的测试：

(a) 打开给水消防管道上的各通水碟阀。

(b) 分别测试车站的消火栓用水量(按 20 L/s 计)，水枪充实水柱 10 m，消防卷盘铜阀开启灵便，水压足够。

(c) 分别测试区间和折返线的消火栓用水量(按 10 L/s 计，冷站按 5 L/s 计)。

(d) 车站和区间引入管上的电动碟阀应受 EMCS 监控系统监控，并对消防系统与电气系统之间的接口进行测试及消防电气联动调试。

第 4 章　低压配电与照明工程

第 1 节　一般规定

城市轨道交通的低压配电与照明系统，主要由配管、桥架、配电箱(柜)、线缆、灯具、开关等组成，工序的安排以及制订合理的安全标准化施工程序，对提高投资效益和保证工程质量具有深远意义。

(1) 材料、设备的吊装及运输安全标准化规定

① 运输前应提前勘查运输道路的情况，包括行车路上路面的高度和承载能力，沿途的交通信号设施状况，并与相关交通管理部门进行联系，取得交通管理部门的支持。

② 应提前安排人员进行场地的整理、平整，吊车、汽车的进场运输路径应填平夯实，吊车支点处的浮土必须清理干净，并垫好道木。

③ 材料、设备装车前应再次检查运输、吊装车辆的车况；确认天气情况，在天气恶劣的情况下，不得进行作业。

④ 运输材料、设备按照事先调查好的行车路线行进，运输速度不得超过规定。大型设备进行运输和卸车时，要注意不要碰撞。

⑤ 材料、设备运输通道应保持畅通，若有砌墙，应等设备运输完后再施工。

⑥ 通道内应有充足的光照，保证施工安全。

⑦ 现场吊装必须有专人指挥。

⑧ 吊装时要先试吊，再正式起吊。

⑨ 采用手动葫芦垂直吊起或平移设备、材料时，必须对葫芦的支撑点(膨胀螺栓固定在混凝土上吊钩或预留的吊环)在起重前进行牢固可靠性检查，同时利用该支撑点每次起吊时都必须严格遵循先试吊的规定，吊起设备离地不超过 5 cm 时停下，检查确认各受力点无异常，方可继续起吊作业。

⑩ 设备就位后，要充分做好保护工作，对设备进行全封闭，并保持设备干燥干净，保证设备完好无损；在设备上挂“严禁烟火”“严禁攀爬”“严禁碰撞”等警示牌并配备灭火器。

(2) 成品(半成品)的制作安全标准化规定

① 涂刷、喷涂油漆：施工现场应有良好的通风条件，如在通风条件不好的场地施工时必须安装通风设备，方可以施工；在用钢丝刷、板锉、气动、电动工具清除铁锈、铁鳞时，为避免眼睛沾污和受伤，应戴上防护眼镜；在涂刷或喷涂对人体有害的油漆时，需戴上防护口罩，如对眼睛有害，需戴上密闭眼镜进行保护；在喷涂硝基漆或其他挥发性、易燃性熔剂稀释的涂料时，严禁使用明火；为避免静电集聚引起事故，对罐体涂漆或喷涂设备应安装接地线装置。

② 手持电动工具：使用手持电动工具要按规定穿戴个人绝缘防护用品，手持电动工具不能随意接长电源，开关箱距手持电动工具不能超过 3 m。

③ 电焊机：现场使用的电焊机，应设有防雨、防潮、防晒的机棚，并应装设消防器材；施焊现场 10 m 范围内，不得堆放油类、木材、氧气瓶、乙炔发生器等易燃、易爆物品；高空焊接或切割时，必须系好安全带，焊接周围和下方应采取防火措施，并应有专人监护；清除焊缝的焊渣时，应戴防护眼镜；电焊机一次线不超过 5 m，二次线不超过 30 m。

④ 砂轮机：安装砂轮前，必须检查砂轮有无裂纹；使用时，须待砂轮机转速稳定后再用。一般先空转几次以试机，操作者必须站在机旁，不可正对砂轮，防止发生危险。砂轮机必须装设防护罩，操作人员必须戴防护眼镜。

⑤ 材料加工平台须按规定铺垫毛毯，并注意不得有杂物，严禁在平台上拖动材料，所有材料移动须垂直抬放；加工完成的材料或成品，须将表面内腔的杂屑全部清除，并进行清洁及加贴保护膜；只有检验合格的材料及成品才进入成品库，成品库管理员对入库材料须按流程卡上的合同号分类存放，并进行清楚标识；所有材料及成品（半成品）在包装时应注意规格，不同尺寸、品种的材料或成品应避免包扎在一起；材料库及成品库均须按规范进行管理，做好防尘、防霉、防火等工作，所有材料均须进行覆盖，且登记造册。

（3）高空作业安全标准化规定

1）高空作业

在操作高度小于 3 m 的空间作业时，可搭设人字梯施工；在操作高度不大于 8 m 的空间作业时，采用多层脚手架移动平台辅助施工；高空作业（2 m 以上）必须系安全带，操作时要严格遵守各项安全操作规程和劳动纪律。作业面的荷载，如施工人员、小型工具、机具应避免结集于一处，应按设计荷载能力均匀分布。不能随意拆除安全防护设施，如挡脚板、防护栏杆等，防护设施未设置或不符合要求时，要予以补设，符合安全要求才能使用。在移动平台、排栅平台上进行安装作业时，要注意操作的正确姿势，脚跟要站稳，以免用力过猛时失去平衡。定期进行移动平台、排栅可靠性检查，特别是台风暴雨之后必须进行安全使用检查。

2）高空交叉作业

严禁在同一垂直面的上下位置作业；在进行电焊、气割等作业时，其下方不得有人操作。

楼层堆物整齐、牢固，且距离楼板外沿的距离不得小于 1 m；高空作业人员带工具袋，严禁从高处向下抛掷物料；严格执行“安全管理制度”：凡进入施工现场的人员必须按规定戴好安全帽，按规定要求使用安全带；用电设备必须安装质量好的漏电保护器。

（4）电气安装安全标准化规定

① 所有绝缘、检验工具，应妥善保管，严禁他用，并应定期检查、校验。

② 现场施工用高低压设备及线路，应按照施工设计及有关电气安全技术规程安装和架设。

③ 线路上禁止带负荷接电或断电，并禁止带电操作。

④ 喷灯不得漏气、漏油及堵塞，不得在易燃、易爆场所点火及使用。工作完毕，灭火放气。

⑤ 配置环氧树脂及沥青电缆胶时，操作地点应通风良好，并戴好防护用品。

⑥ 有人触电，立即切断电源，进行急救；电气着火，应立即将有关电源切断，使用泡沫灭火器或干砂灭火。

⑦ 安装多台配电箱(盘)时,手指不得放在两盘的连接处,也不得触摸连接螺孔。

⑧ 剔槽打眼时,锤头不得松动,铲子应无卷边、裂纹,戴好防护眼镜。楼板、砖墙打透眼时,板下、墙后不得有人靠近。

⑨ 人力弯管器弯管,应选好场地,防止滑倒和跌落,操作时面部要避开。

⑩ 安装照明线路时,不准直接在板条天棚或隔音板上通行。必须通行时,应在大楞上铺设脚手板。

⑪ 进行耐压试验装置的金属外壳须接地。被试设备或电缆两端,如不在同一地点,另一端应有人看守或加锁,并对仪表、接线等进行检查,人员撤离开后方可升压。

⑫ 电气设备或材料作非冲击性试验,升压或降压均应缓慢进行。因故暂停或试压结束,应切断电源,安全放电,并将升压设备高压侧短路接地。

⑬ 电力传动系统及高低压各型开关测试时,应将有关的开关手柄取下或锁上,悬挂标示牌,防止误合闸。

⑭ 用摇表测定绝缘电阻,应防止有人触及正在测定中的线路或设备。测定容性或感性设备、材料后,必须放电。雷电时禁止测定线路绝缘性。

⑮ 电流互感器禁止开路,电压互感器禁止短路和以升压方式运行。

⑯ 电气材料或设备需放电时,应穿绝缘防护用品,用绝缘棒安全放电。

(5) 轨行区作业安全标准化规定

① 进入区间施工的人员,必须牢记“安全生产,人人有责”,树立“安全第一”的思想,未经安全技术教育的人员,不得参加施工作业。

② 区间内施工必须确保有充足的照明,必要时需增加局部照明。考虑到区间可能出现断电情况,施工人员必须随身携带手提照明灯,以备应急需要。

③ 施工人员不得长时间疲劳作业,身体不适要暂停施工进行休息,有病人员不得上岗。

④ 班前不得饮酒,施工现场不得嬉闹、追逐,防止发生意外。

⑤ 区间内施工必须穿荧光服,施工区域前后 100 m 范围内需设置红闪灯,带好劳动保护用品,正确戴好安全帽,现场内不准赤脚、不准穿拖鞋、不准穿硬底或带钉易滑的鞋靴。

⑥ 凡在 2 m 以上高空作业的人员必须系好安全带,若高空作业点没有挂安全带的条件,施工班组应确保区间内施工用的作业平台需符合相关规程的要求,制作牢固,有防护栏,放置需平稳,施工时平台下面必须要有专职人员看管。

⑦ 不准从高处向下抛掷任何零配件、物料和材料。

⑧ 区间支架、钢管等材料搬运安装时,作业人员必须确保站立稳当。打冲击钻时,施工人员必须佩戴好护镜、口罩等防护工具,并做好防坠落的安全措施。

⑨ 区间临电电缆的接线、拆线必须由专职有证电工进行操作。带电作业时,临电工必须做好防护措施,穿绝缘鞋,戴绝缘手套。

⑩ 电动机械和电动手持工具要设漏电装置。

⑪ 严禁非专业电工人员擅自搭接、拆除电线电缆以及电气设备。

⑫ 区间作业必须严格按地铁公司轨行区调度部门的指令施工,施工区域如有轨道车通行的,施工时必须随时留意轨道车,及时避让。

⑬ 施工完毕后,必须要做到工完场清,避免有杂物、材料堆放在轨行区。

(6) 送电试运行安全标准化规定

电气设备送电试运行，是非常重要的操作程序，必须谨慎、细心并掌握其操作要点。

① 各开关是否均处于“断开”状态。

② 重要部位派专人看管或挂牌标识。

③ 复核主开关、联络开关、双投开关是否全部断开，并挂“禁止合闸”标识牌。

④ 合上隔离开关，观察各相电压和指示灯的情况，然后再合空气开关。

⑤ 按送电方向依次从电源侧向负荷侧逐级送电，如发生故障则应停止向下一级负荷送电。

⑥ 单台设备送电应先不接电机回路，空送开关箱，然后再按设备运行要求试验控制箱的性能。待一切正常再摇测电机绝缘，确认无问题后再拉合开关，接上电机线路进行单机试车。

⑦ 全面送电时，要派人观察回路电流的变化情况，使之不要超过线路允许负荷。

⑧ 对已送电或需检修的回路按开关的分合状态分别挂上“已送电”“禁止合闸”标示牌。

⑨ 明确送电工作负责人并配备责任心强、技术熟练的电工，还需指定专门的监护人，参与送电的人员要责任明确，听从指挥。

⑩ 制订送电方案或计划，要有安全保证措施，认真检查每一条送电回路，特别是绝缘电阻和开关完好情况。

⑪ 操作人员根据送电要求穿戴好劳保用品，戴好绝缘手套。

⑫ 做好电气防火的准备，配有灭火器材，周围不要堆放可燃物。

⑬ 送电时周围道路要畅通，不要堆放杂物，留有足够的操作监护空间。

⑭ 送电结束后，如果保持送电状态，要安排专人值班，并执行值班制度；如果终止送电，则需先从负荷侧开始，相继拉开送电开关，最后拉开电源侧的总开关。

第 2 节　低压配电柜、箱的安装

4.2.1　配电柜的安装

(1) 工艺流程

工艺流程如图 2-78 所示。

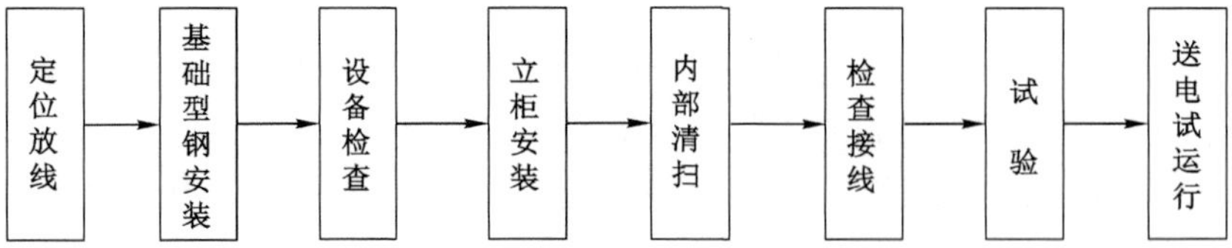

图 2-78　配电柜安装流程图

(2) 施工工艺及方法要点

① 落地柜在基础型钢上安装，基础型钢在安装找平过程中，需用垫片的地方，最多不能超过 3 片。

② 基础型钢应按配电柜实际尺寸下料制作，长度及宽度应与柜体底部框架相适配，型

钢应先调直，不得扭曲变形。

③ 配电柜的金属框架必须接地可靠，活动门和框架的接地端应用镀锡编织铜线相连，且应有标识。

④ 配电柜安装在整体槽钢基础上，安装前要进行整体槽钢焊接制作、防腐及安装调整。配电柜安装所用连接螺栓均为镀锌螺栓，配电柜固定。

配电柜安装及效果图如图 2-79、图 2-80 所示。

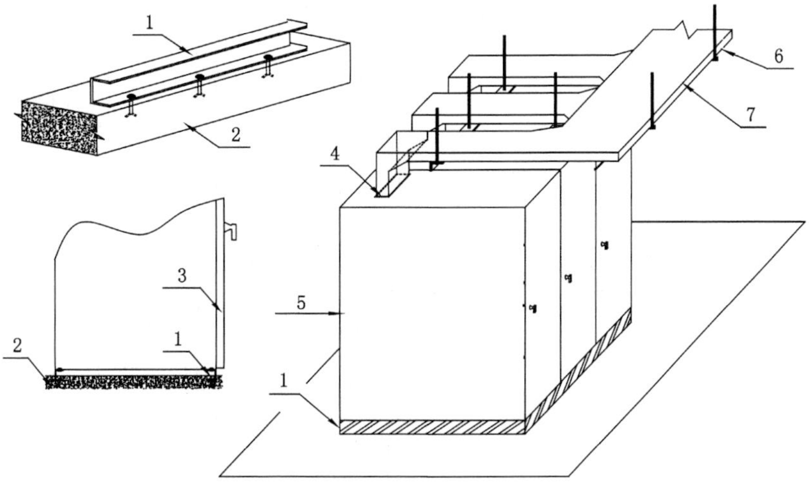

图 2-79　配电柜安装图

1——槽钢基础；2——混凝土楼面；3——配电柜；4——配电柜开孔；
5——成排配电柜；6——支、吊架；7——电缆桥架

图 2-80　配电柜安装 3D 效果图

⑤ 注意事项：

(a) 搬运配电柜时注意柜内元器件的保护，防止碰撞及损伤其表面器件、油漆等。

(b) 安装基础槽钢须检查调整平整度。

(c) 安装在基础槽钢上，不能用电焊焊死。

(d) 基础槽钢接地可靠，柜体用螺栓固定在槽钢上，须加接地线。

(e) 柜内元器件因调试需要择取连线时，调试后切记复位，不能接错。

(f) 送电前必须进行认真检查，紧固螺栓，清理杂物。

4.2.2 配电箱的安装

(1) 工艺流程

工艺流程如图 2-81 所示。

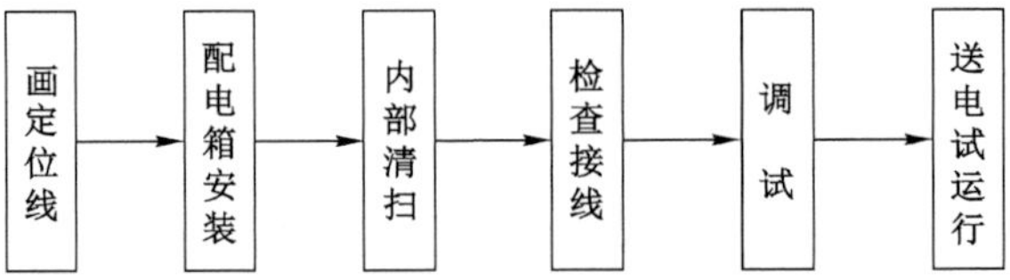

图 2-81 配电箱安装流程图

(2) 施工工艺及方法要点

① 设备安装方式，见表 2-19。

表 2-19 设备安装方式

序号	项目	安装场所	安装方式	安装高度
1	照明、动力配电箱	公共区、设备区和管理用房、照明配电室	挂墙明装	距地 1.3 m，大箱体可适当降低，同一配电室统一底标高(不小于 0.9 m)。
2	电源切换箱	公共区、有装修要求的房屋	挂墙明装	距地 1.3 m，大箱体可适当降低，同一配电室统一底标高(不小于 0.9 m)。
3	照明配电箱	照明配电室	挂墙明装	距地 1.3 m，大箱体可适当降低，同一配电室统一底标高(不小于 0.9 m)。
4	维修箱电源箱	车站、区间	挂墙明装	区间维修箱安装高度底边距区间轨面0.75 m。
5	落地式安装的配电箱	设备区	落地式	做 10# 槽钢底座。

② 配电箱进场验收：

(a) 配电箱进场后，由建设单位或监理单位组织施工单位、生产厂家进行验收，按设计参数、设备清单、本体附件、合格证等进行核对。设备箱体外观检查应无损伤及变形，油漆完整，色泽一致。

(b) 电柜或电箱金属框架和可开启门的接地端用黄绿线连接且有标识，如图 2-82 所示。

(c) 做好开箱检查记录，及时进行设备进场报验等手续。

③ 配电箱的安装：

(a) 进行图纸会审，复核设计安装方式是否符合现行国家规范的要求。

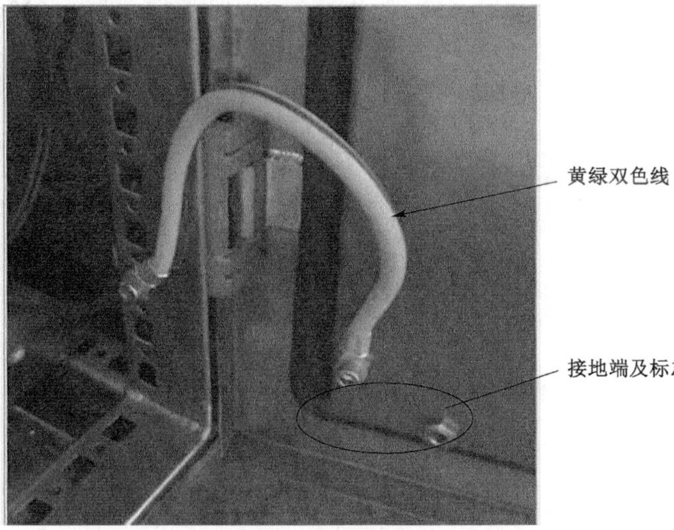

图 2-82 黄绿双色线连接

(b) 复核预埋件及预留孔,位置是否正确,标高尺寸是否符合要求。

(c) 根据进出电缆电线的方向及桥架的规格,在配电箱的顶部或底部开孔。配电箱的所有开孔处须用橡胶板保护孔的边缘,以防止损坏电线电缆。

(d) 挂墙明装配电箱采用膨胀螺栓在墙上固定,如图 2-83 所示。

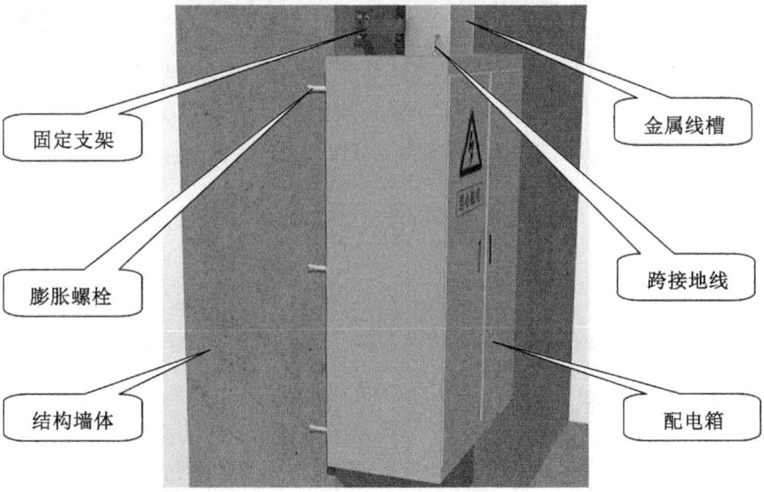

图 2-83 配电箱挂墙安装示意图

(e) 根据低压专业设计要求,部分尺寸较大的配电箱采用落地式安装,安装在基础槽钢上,具体做法如图 2-84 所示。

④ 区间插座箱安装,具体做法如图 2-85 所示。

4.2.3 安全注意事项

安全注意事项见表 2-20。

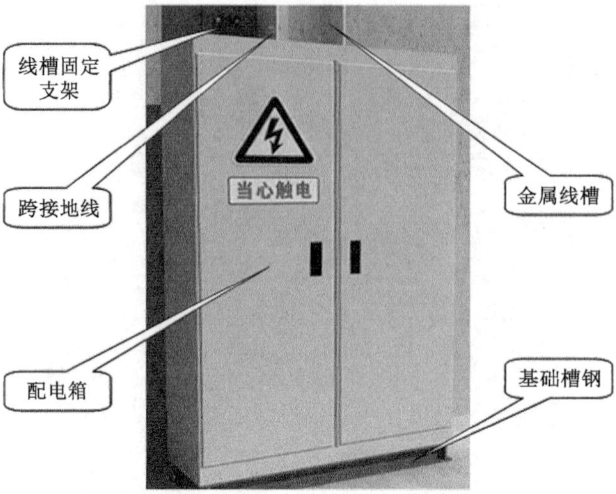

图 2-84　配电箱落地安装示意图

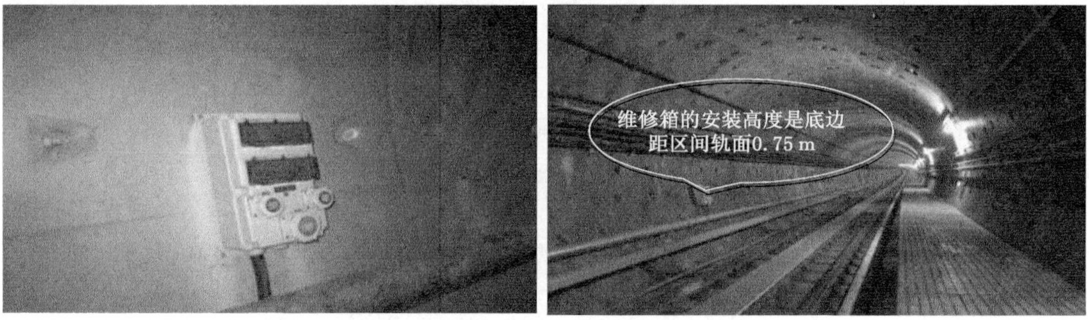

(a)　　(b)

图 2-85　区间插座箱安装示意图

(a) 离墙安装，采用下进下出的布线方式；(b) 区间每隔 100 m 左右设一维修插座箱

表 2-20　安全注意事项

工序名称	序号	注意事项
配电柜、配电箱的安装	1	使用电气机具进行半成品制作及安装时要按照正确的操作规程操作，做好防护，用电要满足施工现场临时用电安全技术规范要求。
	2	焊接后进行防腐处理时，需戴上防护口罩，如对眼睛有害，需戴上密闭眼镜进行保护。
	3	高空作业时应严格遵守各项安全操作规程和劳动纪律，作业中所用的物料均应平稳堆放，工具应随手放入工具袋，作业中的走道、通道板应随时清扫干净，不得向下抛掷物件，系好安全带；脚手架要设置护栏，人字梯增加防滑链。
	4	区间安装时，所有施工人员应穿上反光衣并登记人数及姓名，下班时应清点人数；各施工小组在施工点前后 100 m 处必须安放红色闪光灯并有专人看守，防止闪光灯停止工作或被人损坏，造成施工火车没有减速而误伤施工人员；在施工过程中如有施工火车经过应即时无条件移开阻碍物(如施工材料、施工机械、脚手架等)，施工人员紧靠隧道墙体站立，待火车安全通过后方可恢复施工；下班时必须带走施工剩余材料及工具，严禁将材料及工具放在轨道上，做到工完场清。
	5	安装完成的配电柜、配电箱，需将表面、内腔的杂屑全部清除，并加贴保护膜，粘贴设备标识。

第3节　电气槽架的安装

4.3.1　工艺流程

工艺流程如图 2-86 所示。

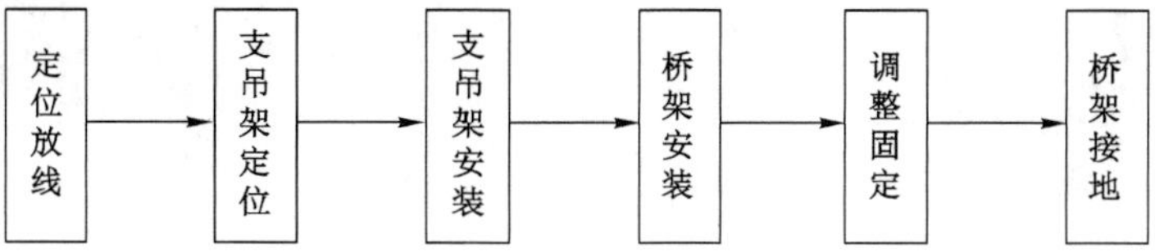

图 2-86　槽架安装流程图

4.3.2　电气槽架施工工艺及方法要点

(1) 定位放线

根据图纸确定始端到终端，找好水平或垂直线，用墨线袋沿墙壁弹线，用红外线放线仪在顶板上放线。

(2) 支、吊架的定位及安装

依据 BIM 模型标高及桥架规格进行定位，然后依照测量尺寸制作支架。桥架的材质、型号、厚度以及附件必须满足设计及施工规范。

① 水平桥架采用角钢支架和通丝吊杆支架悬挂于结构板、梁上，支架膨胀螺栓固定在结构板上。

② 垂直桥架每段中间采用固定支撑，以防摇晃、下垂、震动和共振。

③ 支架与吊架必须安装牢固，保证横平竖直。桥架水平支撑的跨距一般为 1.5～3 m，但应按桥架厂商提供的荷载曲线校验，以保证桥架稳定运行。垂直敷设的固定点一般不大于 2 m，如图 2-87 所示。

(3) 桥架的安装

① 桥架在每个支、吊架上的固定应牢固，固定螺栓应朝外。

② 铝合金桥架在钢制支、吊架上固定时，应采取防电化腐蚀措施，在支、吊架与桥架之间加垫隔离绝缘胶板。

③ 桥架穿过防火分区、楼板处，应采用防火填料封堵。

④ 桥架安装应平直整齐，水平或垂直安装允许偏差为其长度的 2‰，全长允许偏差为 20 mm；桥架连接处牢固可靠，接口应平直、严密，桥架应齐全、平整、无翘角、外层无损伤。根据设计图，对各楼层的桥架的弯头、三通等配件进行编号，并将弱电与低压桥架进行标识。

⑤ 桥架敷设直线段长度超过 30 m 以及跨越建筑结构缝时，应采用伸缩节，以保证桥架伸缩灵活。桥架之间的连接采用半圆头镀锌螺栓，且半圆头应在桥架内侧，接口应平整，无扭曲、凸起和凹陷。

⑥ 桥架转弯及分支处均选用成品配件，且弯头的弯曲半径根据桥架内敷设的最大电缆

(a)　　　　(b)

图 2-87　支架的安装

(a) 桥架转弯处支架的安装；(b) 桥架三通处支架的安装

转弯半径来确定。

⑦ 桥架水平安装：为确保电缆的顺利敷设，水平安装桥架的顶部距顶板的最小距离为 200 mm，采用共用支架的桥架各层之间的最小间距为 150 mm。

⑧ 由金属桥架引出的金属管线，接头处应用锁母固定。在电线或电缆引出的管口部位应安装塑料护口，避免出线口的电线或电缆遭受损伤。

槽架悬吊式安装工艺如图 2-88 所示，标注名称明细表见表 2-21 所示。

表 2-21　标注名称明细表

编号	名称	规格	编号	名称	规格
1	镀锌丝杆吊具	见尺寸标准表	5	型钢支架	见尺寸标准表
2	吊框	－25×3 镀锌扁钢	6	支架脚掌	见说明
3	角钢托架	见尺寸标准表	7	顶爆螺栓	或拉爆螺栓＋长螺母
4	槽钢托架	见尺寸标准表	8	拉爆螺栓	≥M8×65

说明：

A、B、C：不同宽度的槽架选用不同的支吊架形式。D：刚性支架形式。

根据现场混凝土实际质量情况选择使用顶爆螺栓或拉爆螺栓＋长螺母固定；钻孔安装螺栓时，应注意批荡层厚度对固紧力的影响。

尺寸标准：支吊架间距为 1 500 mm。

刚性支架的设置位置：槽架的首/末端、转角/三通分支处、直线段每 30 m 处。

支架脚掌(6) 的长度为型钢宽度的 3 倍。

支、吊架材料选用标准见表 2-22。

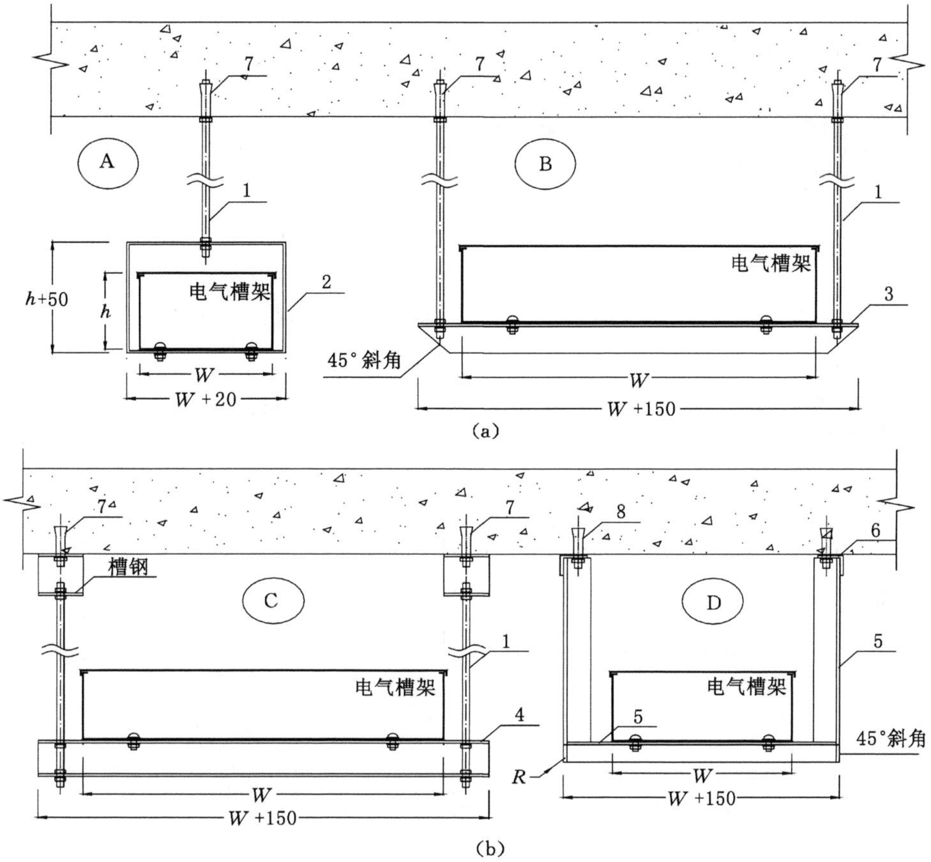

图 2-88　槽架悬吊式安装工艺图

表 2-22　支、吊架材料选用标准表

槽架宽度(W)/mm	形式	型钢吊具(1)	型钢托架(2、3、4)	备注
W≤150	A 形式	ϕ10 mm 全牙丝杆	—25×3 框架	吊架底漆红丹，面漆银漆。
150<W≤400	B 形式		L30×3 横担	
400<W≤600	B 形式	ϕ12 mm 全牙丝杆	L40×4 横担	
600<W≤800	B 形式		L50×5 横担	
800<W≤1 100	C 形式	ϕ14 mm 全牙丝杆，吊具可大于等于 2 条	[5＃横担	
1 100<W	C 形式		[6＃横担	

说明：

当 2 条或 2 条以上槽架共用一个吊架时，槽架的宽度为：$W_{总}=W_1+W_2+\cdots+W_n+n\times 50$ mm。

A 形式的防晃动支架选用 L30×3 角铁来制作，其余情况选用表 2-22 中“型钢托架”列中的型钢规格来制作。槽架沿墙安装工艺如图 2-89 所示，标注名称明细见表 2-23。

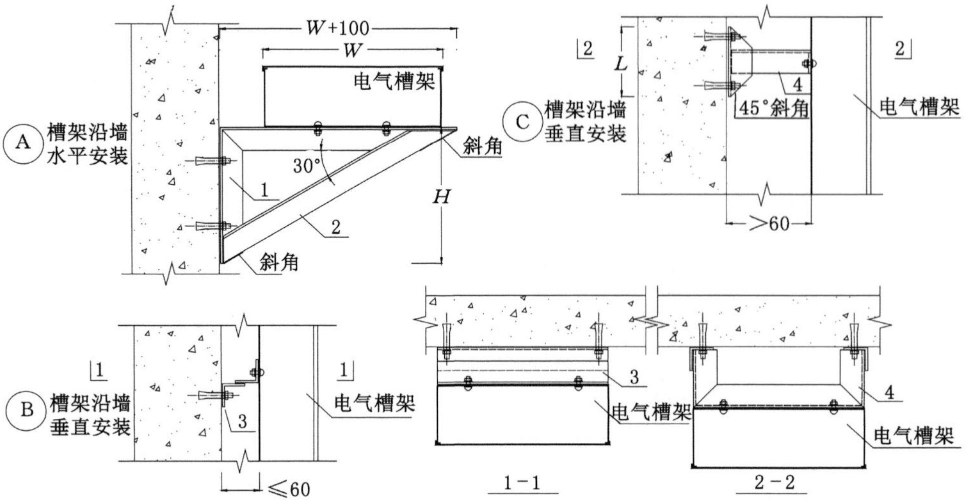

图 2-89　槽架沿墙安装工艺图

表 2-23　标注名称明细表

编号	名称	规格	编号	名称	规格
1	角钢支架	L 字形或 Δ 形	3	角钢支架	Z 字形
2	支架斜撑	$W>300$ mm 时使用	4	角钢支架	Π 字形

说明：

当槽架离上方固定物距离大于等于 2 m、沿墙水平安装时，可采用 A 类安装形式；当槽架距墙身水平距离小于等于 60 mm 时，采用 B 类安装形式；当槽架距墙身水平距离大于 60 mm时采用 C 类安装形式。同一垂直通道内槽架安装形式应一致。

尺寸标准：$H=(W+100)\times 60\%$。

支架材料选用标准见表 2-24。

表 2-24　支架材料选用标准表

槽架宽度(W)/mm	A 类形式	B 类或 C 类形式	备注
$W\leqslant 300$	L30×3、L 字形	L40×4	底漆红丹，面漆银漆。
$300<W\leqslant 600$	L40×4、Δ 形		

说明：

当 2 条以上槽架共用一吊架时，槽架的宽度为 $W_{总}=W_1+W_2+\cdots+W_n+n\times 50$ mm。

槽架穿墙（楼板）工艺如图 2-90 所示，槽架在竖井内安装如图 2-91 所示，标注名称明细见表 2-25。

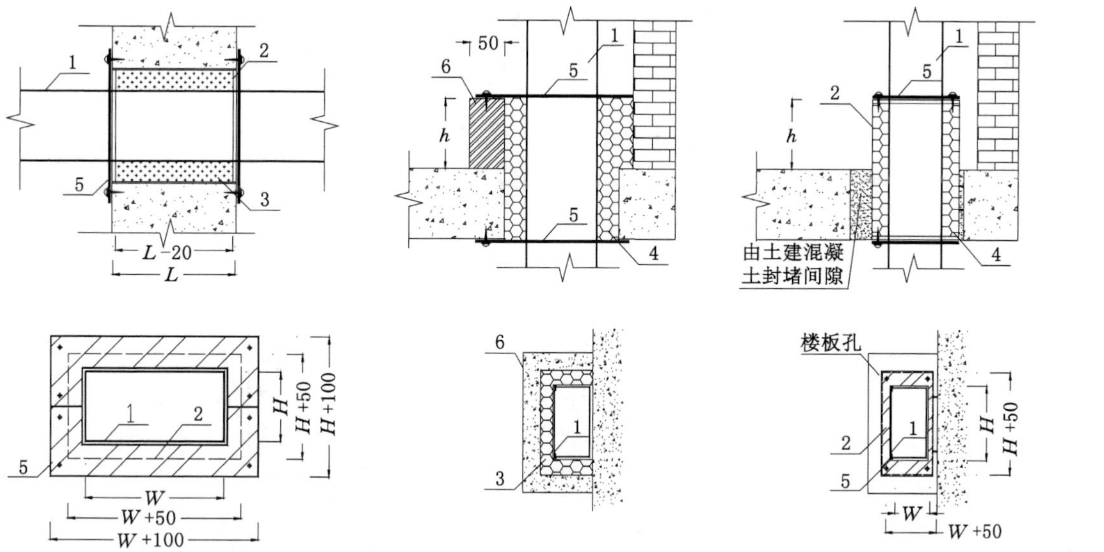

A槽架穿墙安装工艺　　B槽架穿楼板无套管安装工艺　　C槽架穿楼板有套管安装工艺

图 2-90　槽架穿墙(楼板)工艺图

图 2-91　桥架在竖井内安装图

表 2-25　标注名称明细表

编号	名称	规格	编号	名称	规格
1	电气槽架	见工程设计	4	防火堵料	矿棉或防火泥或速固堵料
2	套管	镀锌板(两端反边加固)或钢板	5	防火板	$\delta \geqslant 2$ mm 绝缘板或钢板
3	堵料	隔音或防火堵料	6	挡水圈	见图

说明：

电气竖井内的电气线路(电气槽架、母线槽等)穿越楼板的工艺按本工艺标准执行。

如预留楼板孔尺寸合适时，建议采用 B 形式；如预留楼板孔尺寸偏大时，建议采用 C 形式。但在同一工程中，应使用同一种形式。

A 形式：如穿越的墙体为普通隔墙，则堵料(3)使用隔音堵料；如墙体为防火墙，则堵料(3)使用防火堵料。非可视区域中不需要安装防火板(5)。套管材料选择镀锌板，套管长度与墙身厚度一致。

B 形式：在楼板孔边缘设置混凝土(或砖)结构的挡水圈。

C 形式：防火板尺寸与套管尺寸一致；套管材料选择钢板($\delta \geqslant 2$ mm)，套管两端应设置镀锌螺母或其他可固定物，以方便安装防火板。

尺寸标准：$h \geqslant 50$ mm。

(4) 桥架的接地

电缆桥架系统应具有可靠的电气连接并接地，在伸缩缝或软连接处需采用编织铜带连接，桥架安装完毕后要对整个系统每段桥架之间的跨接进行检查，确保电气连接良好，对电气连接不好的地方应加装跨接铜板片，或另敷设接地干线，每段桥架与干线连接。槽架支架接地工艺如图 2-92 所示，槽架接地实例如图 2-93 所示，标注名称明细见表 2-26。

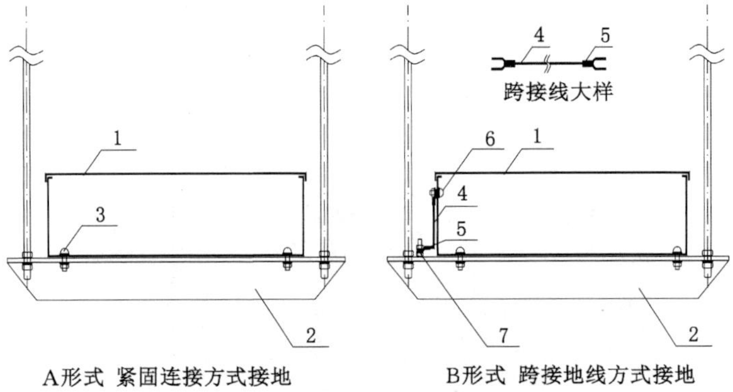

图 2-92 槽架支架接地工艺图

图 2-93 槽架接地实例图

表 2-26 标注名称明细表

编号	名称	规格	编号	名称	规格
1	电气槽架	见工程设计要求	5	包塑开口线耳	黄色塑套
2	型钢托架	见相关工艺标准	6	槽架接地螺栓	镀锌螺栓，配防松动垫圈
3	镀锌圆头螺栓	配防松动垫圈	7	支架接地螺栓	
4	多股铜芯软线	4 mm^2，黄绿双色			

说明：

当槽架与支架都是镀锌件时，采用 A 形式；当支架或槽架不是镀锌件时，采用 B 形式。A 形式：每个托架与槽架使用不少于 2 套配防松动垫圈的镀锌螺栓连接。B 形式：当支架为非镀锌件时，支架接地螺栓在支架上焊接固定；当支架为镀锌件时，支架接地螺栓在支架上钻孔安装。

当槽架为镀锌件时，槽架接地螺栓在槽架上钻孔安装；当槽架为非镀锌件时，选用槽架本身自带或与槽架有可靠连接的螺栓作为接地螺栓。

支架接地螺栓与槽架接地螺栓使用软线跨接。

槽架过变形缝处安装工艺如图 2-94 所示，标注名称明细见表 2-27。

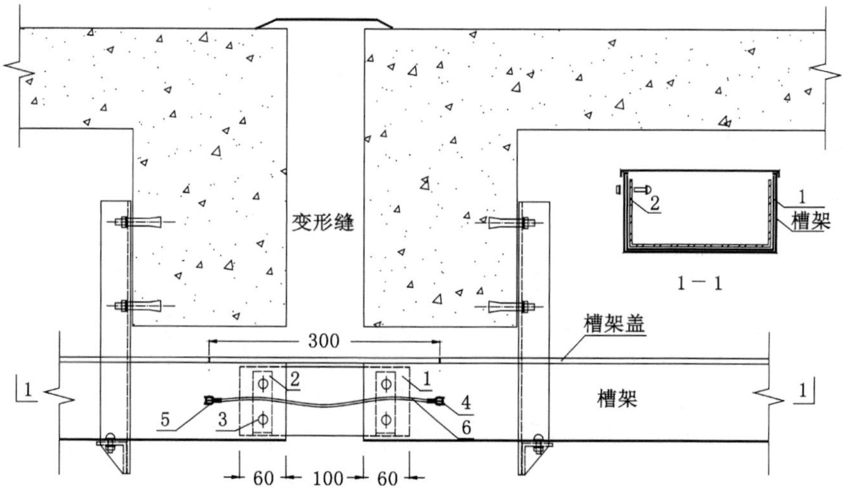

图 2-94 槽架过变形缝处安装工艺图

表 2-27 标注名称明细表

编号	名称	规格	编号	名称	规格
1	防火帆布	U 形，安装在槽内	4	开口压接线耳	带塑套，黄色
2	U 形压条	－25×3 镀锌扁钢	5	镀锌螺栓	M4×5，配防松动垫圈
3	圆头螺栓	M8×10 镀锌	6	多股铜芯软线	4 mm^2，黄绿双色

说明：
槽架在变形缝处断开。
槽架盖在变形缝处独立安装(长 300 mm)。
该方案适用于直线段槽架的伸缩补偿。

4.3.3 安全注意事项

安全注意事项见表 2-28。

表 2-28 安全注意事项

工序名称	序号	注意事项
电气槽架安装	1	使用电气机具进行半成品制作及安装时，要按照正确的操作规程操作，做好防护，用电要满足施工现场临时用电安全技术规范要求。
	2	焊接后进行防腐处理时，需戴上防护口罩，如对眼睛有害，需戴上密闭眼镜进行保护。
	3	顶板打眼时，做好防护，防止灰尘等物体进入眼睛，造成伤害。
	4	高空作业时要严格遵守各项安全操作规程和劳动纪律，作业中所用的物料，均应平稳堆放，工具应随手放入工具袋；作业中的走道、通道板应随时清扫干净，不得向下抛掷物件，系好安全带；脚手架要设置护栏。
	5	把剩余的材料或垃圾清理干净，防止敷设电缆电线时损坏电缆，造成漏电危害。

第 4 节 母线槽的安装

4.4.1 工艺流程

工艺流程见图 2-95 所示。

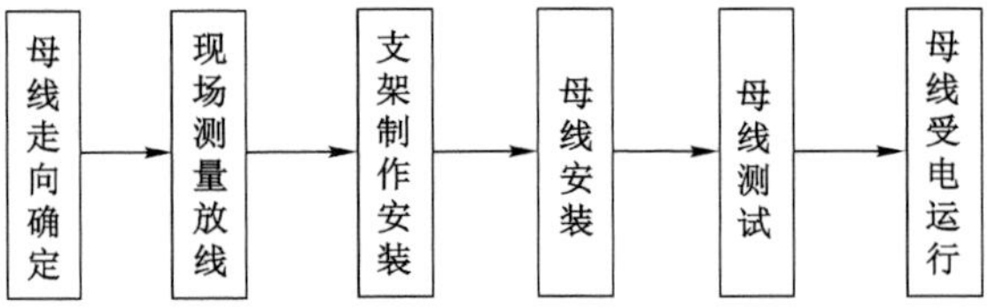

图 2-95 母线槽安装工艺流程图

4.4.2 母线槽施工工艺及方法要点

(1) 封闭母线安装之前，仔细研究封闭母线的安装图，按照安装图中封闭母线各部件的编号按回路将现场封闭母线分开摆放，以防止封闭母线各部件错位敷设。对封闭、插接式母线每段母线组对接续前，应进行绝缘电阻测试，绝缘电阻值大于 20 MΩ 才能组对安装。

(2) 封闭母线的连接采用高强螺栓连接，用扳手拧紧，连接处牢固无缝隙。当母线段与段连接时，两相邻段母线及外壳对准，连接后不使母线及外壳受额外应力，外螺母拧断为止。

(3) 除固定点外，当母线平置时，母线支持夹板的上部压板与母线间有 1～1.5 mm 的间隙；当母线立置时，上部压板与母线间有 1.5～2 mm 的间隙。

(4) 母线宜在每节设一处吊架，母线的固定点每段设置 1 个，设置于全长或两母线伸缩节的中点。

(5) 封闭、插座式母线的组装和固定位置应正确，外壳与底座间、外壳各连接部位和母线的连接螺栓应按产品技术文件要求选择正确，连接紧固。

(6) 母线槽水平吊装工艺如图 2-96 所示，标注名称明细见表 2-29。

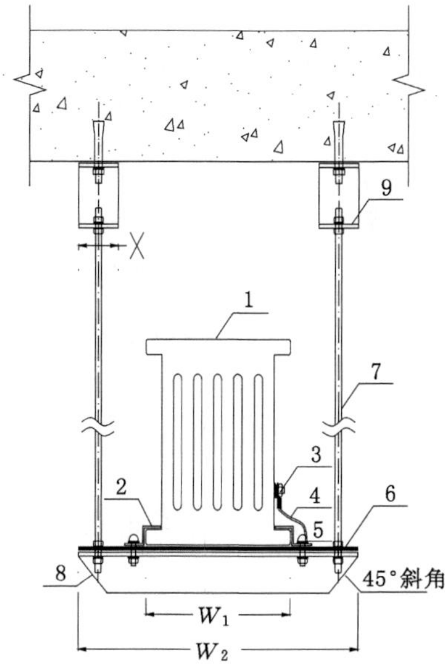

图 2-96　母线槽水平吊装安装图

表 2-29　标注名称明细表

编号	名称	规格	编号	名称	规格
1	母线槽	见工程设计图	6	绝缘板	δ=2 mm，见说明
2	水平固定压具	产品配套	7	镀锌全牙丝杆	见尺寸标准
3	外壳接地螺栓	母线槽自带	8	型钢托架	见尺寸标准
4	多股铜芯软线	≥4 mm^2，黄绿双色	9	槽钢码	见尺寸标准
5	开口线耳	带塑套，塑套黄色			

说明：

当母线槽外壳与托架材质不同时，应增加绝缘板(6) 隔离。

母线槽垂直安装工艺参照产品说明书。

尺寸标准：$W_2=W_1+200$；吊架间距为 1 200 mm。

吊架材料标准见表 2-30。

表 2-30　吊架材料标准表

W_2/mm	L(丝杆)/mm	T(托架)/mm	X/mm	拉爆螺栓/个
≤400	ϕ12	L40×4	50	2
400<$w2$≤600	ϕ12	[5#	50	2
600<$w2$	ϕ12	[6#	100	4

(7) 母线槽穿墙安装工艺如图 2-97 所示，标注名称明细见表 2-31。

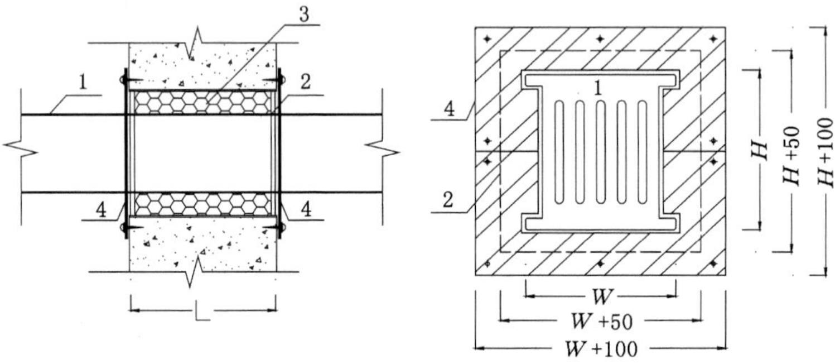

图 2-97　母线槽穿墙安装工艺图

表 2-31　标注名称明细表

编号	名称	规格	编号	名称	规格
1	母线槽	见工程设计图	3	防火堵料	矿棉、防火泥、速固堵料
2	过墙套管	镀锌，两端反边加固	4	防火板	δ=2 mm 的绝缘板

说明：

母线槽在穿越非防火分区的墙体处不需要安装防火堵料(3)，母线槽穿越楼板的工艺请参考槽架穿越楼板的工艺。

标准套管长度 L=墙身厚度，其余尺寸如图 2-97 所示。

(8) 封闭式母线敷设长度超过 40 m 时，设置伸缩节；跨越建筑物的伸缩缝或沉降处，宜采取适当的措施，如图 2-98 所示，安装实例如图 2-99 所示。

在封闭母线的端头装封闭罩，各段母线选用可拆卸的外壳，外壳间用 25 mm^2 的软铜编织带作跨接地线，封闭母线两端可靠接地。母线与设备连接均采用铜排，母线搭接长度、钻孔直径、螺栓规格应符合规范要求。

封闭插接母线之间的接头对接要整齐严密，最大误差不得超过 5 mm；扳手的力矩值按厂家的技术要求执行。封闭插接式母线在安装过程中，随时做好防潮措施，终端头采用胶带封闭。

(9) 封闭插接母线外壳连接、跨接板连接，应牢固可靠，防止松动，且严禁焊接。插接母线外壳两端应保证保护地线可靠连接，母线与设备连接采用软连接。

(10) 封闭式母线插接箱应可靠固定，垂直安装时，安装高度应符合设计要求，插接箱底

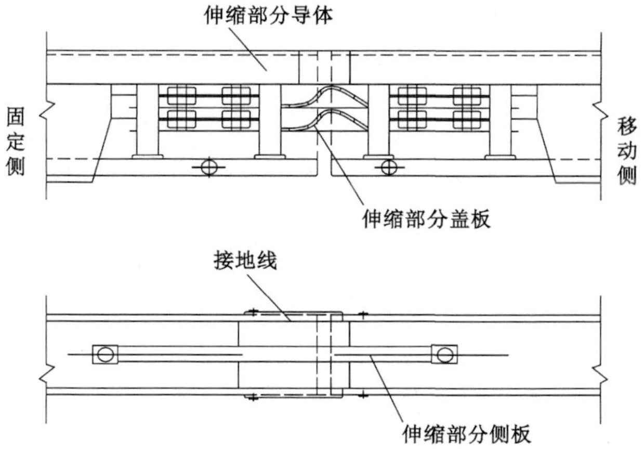

图 2-98　封闭母线跨越建筑物伸缩缝安装图

（过建筑物伸缩缝、沉降处，封闭母线加装伸缩部分侧板，一侧固定，一侧可移动。）

图 2-99　封闭母线跨越建筑物伸缩缝安装实例图

（在本实例中，伸缩缝、沉降缝处加伸缩节。）

边距地应为 1.5 m。封闭式母线垂直安装距地 1.8 m 以下应采取保护措施（电气专用竖井、配电室、发电机室等除外）。

（11）母线绝缘摇测及交流工频耐压试验。

母线支架和封闭、插接式母线的外壳接地（PE）或接零（PEN），母线绝缘电阻测试和交流工频耐压试验合格，才能通电。

母线安装完之后，需要对母线进行绝缘摇测及交流工频耐压试验。母线的交流耐压试验符合规范要求，低压母线的交流耐压试验电压为 1 kV，当绝缘电阻值大于 10 MΩ 时，可采用 2 500 V 兆欧表摇测代替，试验持续时间 1 min，无击穿现象。

（12）母线通电试验。

母线支架和母线外壳接地完成，母线绝缘电阻测试和工频交流耐压试验合格，进行通电试运行。

封闭插接母线安装允许偏差见表 2-32 所示。

表 2-32　封闭插接母线安装允许偏差表

项次	项目	允许偏差/mm	检验方法
1	两米段垂直	4	实测，查看记录
2	全长垂直（按楼层）	5	
3	成排间距（每段内）	5	

4.4.3　安全注意事项

安全注意事项见表 2-33。

表 2-33　安全注意事项

工序名称	序号	注意事项
母线槽安装	1	使用电气机具进行半成品制作及安装时，要按照正确的操作规程操作，做好防护，用电要满足施工现场临时用电安全技术规范要求。
	2	支架等半成品焊接后进行防腐处理时，需戴上防护口罩，如对眼睛有害，需戴上密闭眼镜进行保护。
	3	顶板打眼时，做好防护，防止灰尘等物体进入眼睛，造成伤害。
	4	高空作业时要严格遵守各项安全操作规程和劳动纪律，作业中所用的物料均应平稳堆放，工具应随手放入工具袋；作业中的走道、通道板应随时清扫干净，不得向下抛掷物件，系好安全带；脚手架要设置护栏。
	5	把剩余的材料或垃圾清理干净，防止母排短路漏电，造成危害。

第 5 节　电力电缆及控制电缆的敷设

4.5.1　电缆安装施工工艺流程

工艺流程如图 2-100 所示。

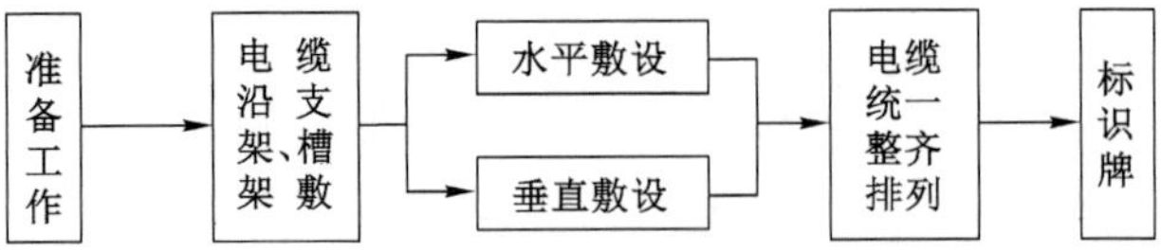

图 2-100　电缆安装流程图

（1）电力电缆在运输装卸时，不应使电缆及电缆盘受到损伤，严禁将电缆盘直接由车上推下，运输或滚动电缆盘，必须保证电缆盘牢固，滚动时必须顺着电缆盘电缆缠紧方向或盘面的箭头指示方向进行。道路应平整，清除杂物，如土松软，应垫木板或钢板，以防陷入。

（2）电缆放线架必需放置稳当，钢轴的强度和长度应与电缆盘质量和宽度相配合，防止引起电缆盘翻倒事故。敷设电缆时，电缆应从盘的上端引出，电缆不能在支架上及地面摩擦拖拉，电缆外皮不得有铠装压扁、电缆绞拧、护层折裂等未消除的机械损伤。

（3）电缆穿墙或穿楼板时均应穿管保护，电缆保护管管口制成喇叭口，要光滑无毛刺，固定牢靠。

（4）控制电缆与电力电缆应分开排列，当它们敷设在同一支架上时，控制电缆应放在电力电缆的下面，1 kV 及以下的电力电缆应放在 1 kV 以上的电力电缆的下面。交流单芯电力电缆应布置在同一侧支架上，当按紧贴的正三角形排列时，应每隔 1 m 用绑带扎牢。

（5）敷设电缆应避免交叉重叠，整齐美观，引出方向、弯度、角度、相互间距都应一致，并应在电缆首端、尾端、转弯及每隔 50 m 处设有编号、型号及起止点等标志。标志应清晰齐全，挂装整齐，无遗漏（要求挂电脑打印硬塑料标牌）。

（6）各处电缆放完后，要统一整理，排列整齐，并在水平敷设电缆的首末端、转弯处、电缆接头两端、垂直敷设或超过 45°倾斜敷设电缆的每一支架上，用电缆扎带或卡子加以固定。已锯断暂未制作终端头的塑料护套电缆，断口处应用自粘带封口，以防受潮。

（7）并联使用的电力电缆，其长度、型号、规格宜相同，终端头与接头附近宜留有备用电缆。电缆终端上应有明显的相色标志，且与系统的相位一致。

（8）电力电缆与控制电缆应该分开排列，如果敷设在一起，会对控制电缆产生干扰，造成设备的误动作。电力电缆发生火灾后，会波及控制电缆，使控制设备不能及时作出反应，而且修复困难。

电缆敷设效果如图 2-101 所示。

(a)　　(b)

图 2-101　电缆敷设效果

（a）电缆敷设效果；（b）区间电缆敷设效果

4.5.2　安全注意事项

安全注意事项见表 2-34。

表 2-34　安全注意事项

工序名称	序号	注意事项
电力电缆及控制电缆敷设	1	使用电气机具进行电缆支架等半成品制作及安装时，要按照正确的操作规程操作，做好防护，用电要满足施工现场临时用电安全技术规范要求。
	2	半成品焊接后进行防腐处理时，需戴上防护口罩，如对眼睛有害，需戴上密闭眼镜进行保护。
	3	电缆敷设时注意脚下、站位要合适。
	4	根据电缆质量，确定吊车吨位及吊装位置；吊装时工作人员要注意力集中，听从指挥。吊车周围做好警示标志，保证施工安全。
	5	掀、盖盖板和敷设电缆时安排专人现场监护。
	6	高空作业时应严格遵守各项安全操作规程和劳动纪律，作业中所用的物料均应平稳堆放，工具应随手放入工具袋；作业中的走道、通道板应随时清扫干净，不得向下抛掷物件，系好安全带；脚手架要设置护栏，人字梯要增加防滑链。
	7	区间安装时，所有施工人员均应穿上反光衣并登记人数及姓名，下班时应清点人数；各施工小组在施工点前后 100 m 处必须安放红色闪光灯并有专人看守，防止闪光灯停止工作或被人损坏，造成施工火车没有减速而误伤施工人员。在施工过程中如有施工火车经过，应即时无条件移开阻碍物(如施工材料、施工机械、脚手架等)，施工人员紧靠隧道墙体站立，待火车安全通过后方可恢复施工。下班时必须带走施工剩余材料及工具，严禁将材料及工具放在轨道上，做到工完场清。
	8	敷设完成后，按照规范要求做好电缆标识悬挂、电缆的绝缘测试等工作并做好记录。

第 6 节　电缆头的制作安装

4.6.1　电缆头制作安装流程

电缆头制作安装流程如图 2-102 所示。

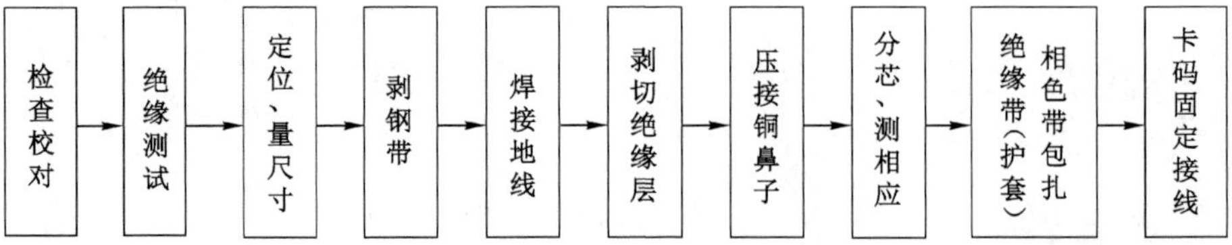

图 2-102　电缆头制作安装流程图

(1) 低压塑料电缆头 50 mm 以下采用普通干包封加塑料护套，50 mm 以上采用热缩型电缆头制作。制作时要掌握好温度，加温要均匀。控制电缆终端可采用一般干封包扎接头，应有防潮措施。

(2) 电缆线芯连接时，铜线耳的规格应与线芯相符，采用机械压接(模具压接工艺)。压模的尺寸应与导线的规格相符，确保铜线耳压接牢固。为保证导线与设备器具连接可靠，不致通电运行后发生过热效应而诱发燃烧事故，电缆的芯线连接金属(连接管和端子)规格应与芯线的规格适配，且不得采用开口端子，因为可靠性无法保证。

(3) 电缆终端头的制作，应由经过培训的熟练工艺人员进行，应严格遵守制作工艺规程。室外制作电缆头宜在气候良好的条件下进行，并应有防止尘土和外来污染的措施。制作电缆头前应做好检查工作，并符合下列要求：电缆线芯绝缘良好，所用绝缘包扎应符合质量要求，制作电缆头的配件齐全并符合设计要求。

(4) 制作电缆终端头时，切割电缆要小心，不能损坏绝缘层，保证三叉口绝缘包扎良好；包缠绝缘层时，绝缘带的搭盖应均匀，层间应无空隙及折皱，注意清洁，防止脏物与潮气侵入绝缘层。

(5) 为防止电缆金属外皮带电对人体产生危害，要求电缆金属外皮一端要接地，另一端要浮空。

(6) 电缆金属护套及铠装层均应接地，接地线应采用铜绞线或镀锡铜编织线，接地线的截面应按电缆线路的接地电流大小而定。120 mm^2 及以下接地线截面不少于 16 mm^2。150 mm^2 及以上电缆接地线截面积不小于 25 mm^2，电缆芯线截面积在 16 mm^2 及以下接地线截面积与电缆芯线截面相等。焊接时要掌握好温度，时间不宜过长，防止损坏绝缘层。

(7) 电缆终端头要固定牢固，与电气装置连接时，不应受到额外应力；必需相位正确，电缆的引出线应用塑料相色带表明相色，相位标识清晰，并按图编号(要求挂电脑打印硬塑料标牌)。电力电缆施工完毕，必需再做一次绝缘检查，并做好记录。

电缆头安装效果如图 2-103 所示。

图 2-103　电缆头制作安装效果图

4.6.2　安全注意事项

安全注意事项见表 2-35。

表 2-35　安全注意事项

工序名称	序号	注意事项
电缆头制作安装	1	使用电气机具进行电缆支架等半成品制作及安装时，要按照正确的操作规程操作，做好防护，用电要满足施工现场临时用电安全技术规范要求。
	2	使用喷灯要按有关规程操作，在动火处进行加工，要注意现场施工条件，做好防护，灭火器具齐全方可实施。
	3	电缆头制作必须严格按照规范及工艺要求，接地可靠，并按规定在电缆头上做好施工人员工号标记。所有电缆施工完毕，必须在电缆头部位悬挂电缆标识牌。

表 2-35(续)

工序名称	序号	注意事项
电缆头制作安装	4	工程施工完毕,应清洁现场,及时对电缆孔进行封堵,做好防火、防小动物措施。
	5	高空作业时应严格遵守各项安全操作规程和劳动纪律,作业中所用的物料均应平稳堆放,工具应随手放入工具袋;作业中的走道、通道板应随时清扫干净,不得向下抛掷物件,系好安全带;脚手架要设置护栏,人字梯要增加防滑链。
	6	区间安装时,所有施工人员应穿上反光衣并登记人数及姓名,下班时应清点人数;各施工小组在施工点前后 100 m 处必须安放红色闪光灯并有专人看守,防止闪光灯停止工作或被人损坏,造成施工火车没有减速而误伤施工人员;在施工过程中如有施工火车经过,应即时无条件移开阻碍物(如施工材料、施工机械、脚手架等),施工人员紧靠隧道墙体站立,待火车安全通过后方可恢复施工;下班时必须带走施工剩余材料及工具,严禁将材料及工具放在轨道上,做到工完场清。

第 7 节　电气线管的敷设

4.7.1　线管敷设的安装工艺流程

(1) 暗配管安装工艺流程(图 2-104)

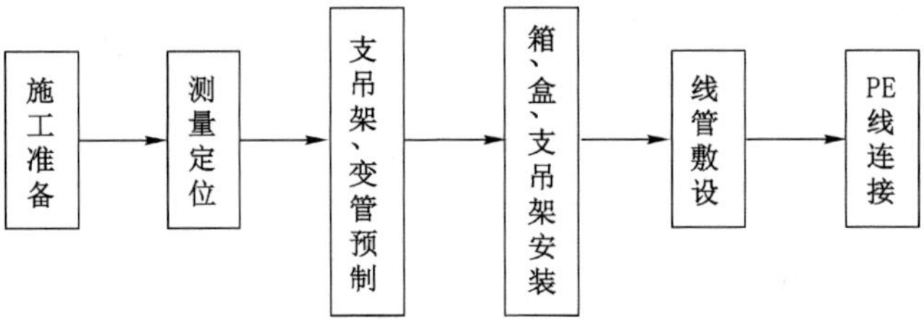

图 2-104　暗配管敷设流程图

(2) 明配管安装工艺流程(图 2-105)

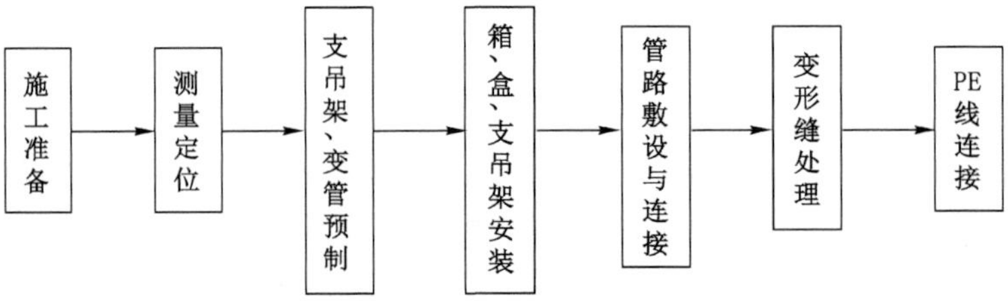

图 2-105　明配管敷设流程图

4.7.2　操作要点

金属导管和线槽必须接地(PE),可靠镀锌的钢导管、可挠性导管和金属线槽不得熔焊跨接地线,以专用接地卡跨接的两卡间连接线的铜芯软线截面积不少于 4 mm^2。

当镀锌钢导管采用螺纹连接时，连接处的两端用专用接地卡固定跨越地线。

金属导管严禁对口熔焊连接，镀锌和壁厚小于等于 2 mm 的钢导管，不得套管熔焊连接。

（1）暗配管

① 电气管线预埋施工：导线穿管暗敷时，应尽量减少转弯，不宜穿过设备基础。穿过建筑物基础时，应加保护。预埋电线管要留出丝扣，并套上管接头保护，埋在砼楼板内的管线接口可采用套管，严禁采用对口焊接。穿过建筑物伸缩缝时，应按规范要求加补偿装置。

② 电线管预埋，直线长度超过 40 m 时，30 m 以上有 1 个弯、20 m 以上有 2 个弯、12 m 以上有 3 个弯的必需加拉线盒。

③ 室内进入落地式柜、台、箱内的导管管口应高出柜、台、箱盘的基础面 50～80 mm。

④ 暗配的导管埋设深度与建筑物、构筑物表面距离不应小于 15 mm。

⑤ 所有预埋管线必需位置正确：经核对，与其他管线不应有碰头现象，特别要复核土建结构，了解砖墙厚度，以免露出墙外。管线预埋在墙、混凝土内的钢管需离表面净距不少于 15 mm，混凝土内平行电线管间距要大于 25 mm。已预埋电线管的设备、基础、柱、模板上应设标志，并有基准线，方便折模后清理检查；所有灯具、开关箱、插座预埋高度必须符合设计图纸的规定。

⑥ 预埋电线管应连接紧密，无渗水现象。所有管口、线盒应采取妥当的密封措施，防止水泥浆渗入造成堵塞。

⑦ 所有金属管线煨弯，采用手动弯管机，弯曲半径不小于管外径的 6～7 倍，电缆管为 10 倍。沉降缝补偿装置能活动自如，金属线管切割后管口必须打磨，并涂防腐油。

（2）明配管

① 明敷管线安装排列要整齐，金属管壁光滑、完整、清洁，线管必须采用丝扣连接，在管接头两端应焊接跨接地线，吊架及沿墙敷设的电线管码固定牢固，间距均匀。电气管路与水管交叉敷设时，电气管路应在水管上面，相互净距不小于 0.2 m。管路通过伸缩缝或沉降缝时，应加补偿装置。

② 天花板内布线必须采用金属管敷设，引至灯具部分需用金属软管，接头与线盒固定，软管长度垂直不超过 0.8 m，水平敷设不超过 1 m。装在天花板内的筒灯，引出线接头不得外露，必须在筒灯上部线盒内密封，不得在天花板内装设开关镇流器。

③ 金属配线工程管接入线盒必须采用锁紧螺母，管线直线长度为 30 m 或 20 m 时要有 1 个 90°弯位曲折，15 m 时要有 2 个弯位曲折，8 m 时要有 3 个弯位曲折，中间应设分线盒或拉线盒。电气管线弯曲半径不应小于管外径的 6 倍，电缆管不小于 10 倍，管口要打成喇叭形，管口边缘锉光滑；电缆穿管完毕，管口采用防火填料密封处理。

④ 管内敷设的导线一般不超过 8 根，不大于管内孔面积的 40%。同一路径无防干扰要求的线路，可敷设于同一线槽内，电线或电缆在线槽内不宜有接头，强电、弱电线路不应敷于同一线槽内。

⑤ 金属导管接地跨接安装工艺如图 2-106 所示，标注明称明细见表 2-36。

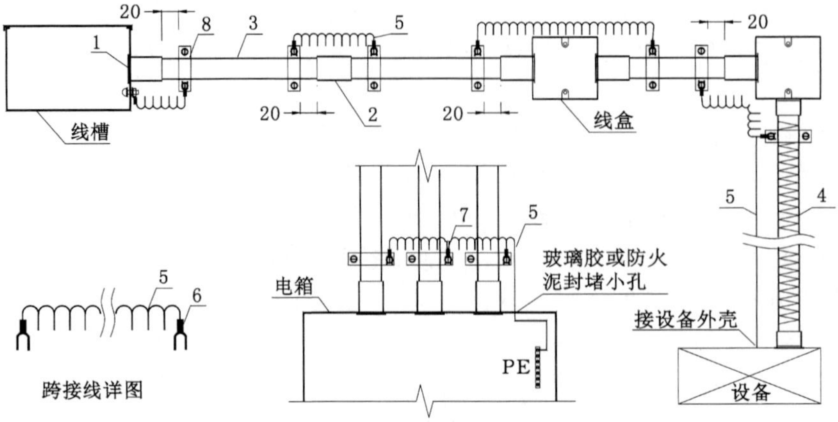

图 2-106　金属导管接地跨接安装工艺图

表 2-36　标注名称明细表

编号	名称	规格	编号	名称	规格
1	金属导管接头	见工程设计	5	多股铜芯导线	4 mm²，黄绿双色
2	导管螺纹直通	见工程设计	6	压接开口线耳	带黄色护套
3	电气金属导管	见工程设计	7	压接开口线耳	详见说明
4	金属软管	见工程设计	8	双半圆接地卡码	镀锌，防松动镀锌螺栓

说明：

使用套接紧定式钢导管快速接头装配的金属导管不需要另外增加接地跨接线，两路跨接线使用一只线耳压接，保证地线永久连接，而不是串接，见“7”处。

当使用金属软管时，始端用接地码固定并与接地线连接；包塑金属软管不需要用接地码固定与接地线连接。

软管两端的金属导管与设备外壳应跨接地线，地线应使用扎带固定在软管上。

尺寸说明：

地线码边缘离导管接头或直通边缘为 20 mm。

如导管的接头配件为迫母，地线码边缘离迫母边缘为 20 mm。

⑥ 电气导管固定码布置工艺如图 2-107 所示，标注名称明细见表 2-37。

表 2-37　标注名称明细表

编号	名称	规格	编号	名称	规格
1	电气槽架	见工程设计	4	固定码	与导管配套的离墙码、U形码、抱式管卡等固定码
2	电气导管	见工程设计			
3	过线盒	配导管	5	末端设备	见工程设计

说明：

明配导管在终端、弯头中点或柜、台、箱、盘等边缘的 150～500 mm 范围内设置固定码。

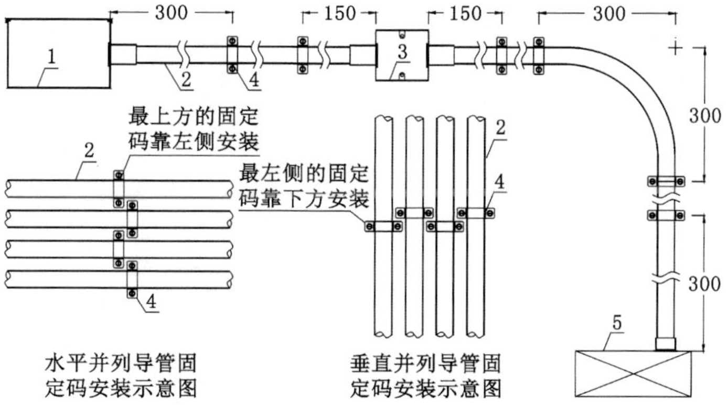

图 2-107　电气导管固定码布置工艺图

现场条件允许的情况下，按本工艺标准所设定的距离设置固定码。

中间直线段固定码的距离按规范、设计要求设置，并列明配的导管固定码按“左右左”或“下上下”的品字方式布置。

尺寸标准：距离为固定码中线至线槽、线盒、弯头、箱柜等边缘，如图 2-108 所示。

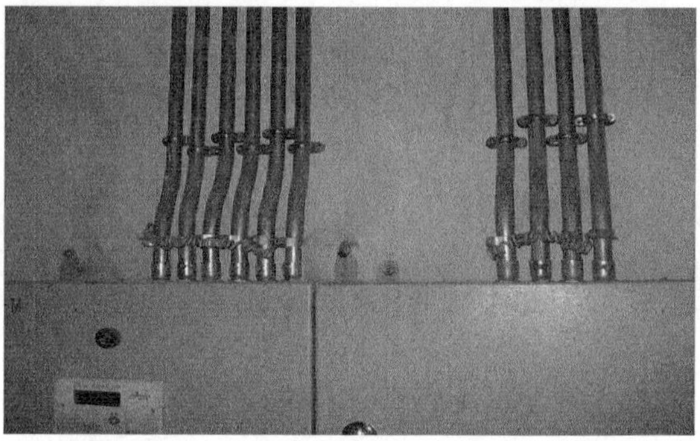

图 2-108　明装线管接入配电箱安装图

⑦ 电气导管沿梁安装工艺如图 2-109 所示，标注名称明细见表 2-38。

表 2-38　标注名称明细表

编号	名称	规　　格
1	电气导管	镀锌线管、镀锌钢管、PVC 管，详见工程设计。
2	过线盒	可视区域应采用明装线盒；不可视区域可采用带敲落孔的镀锌线盒。
3	离墙码	与电气导管一致。

说明：

当梁高 $H>400$ mm 时，采用 A 形式安装。

当梁高 $H\leqslant 400$ mm 时，采用 B 形式安装。

当梁高 $H>500$ mm 时，基于成本的考虑，建议采用吊架安装方式。

同一区域，应根据梁的平均高度，选择同一种安装方式。

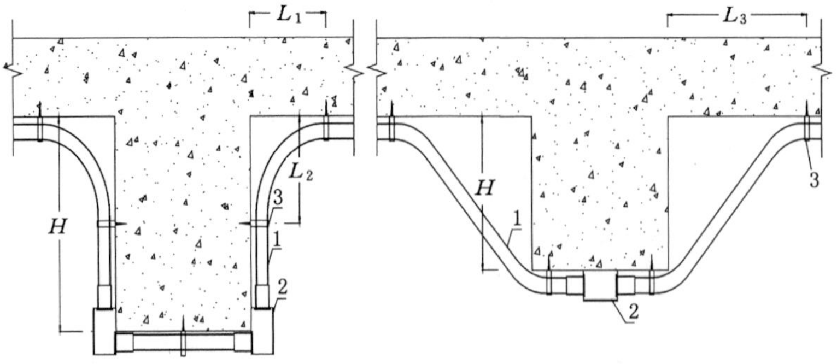

图 2-109　电气导管沿梁安装工艺图

尺寸标准：$L_1=L_2$，$L_3=2H$。

⑧ 电气导管过变形缝安装工艺如图 2-110 所示，标注名称明细见表 2-39。

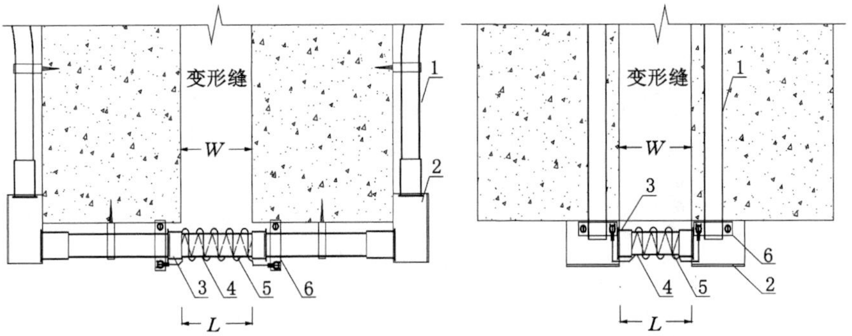

图 2-110　电气导管过变形缝安装工艺图

表 2-39　标注名称明细表

编号	名称	规格	编号	名称	规格
1	电气导管	见工程设计	4	多股铜芯导线	4 mm^2，黄绿双色
2	过线盒	见说明	5	金属软管	配导管
3	软管接头	配导管	6	双半圆地线码	镀锌，防松动镀锌螺栓

说明：

明配导管过变形缝采用 A 形式安装；暗配导管过变形缝采用 B 形式安装。过线盒(2)的选择：可视区域应采用明装线盒，不可视区域可采用带敲落孔的镀锌线盒。

接地跨接软线(4) 的两端应压接带护套开口线耳，护套为黄色。

尺寸标准：金属软管长度 $L=W$(变形缝宽度)$+50$ mm。

4.7.3　安全注意事项

安全注意事项见表 2-40。

表 2-40　安全注意事项

工序名称	序号	注意事项
电气线管敷设	1	使用电气机具进行半成品制作及安装时，要按照正确的操作规程操作，做好防护，用电要满足施工现场临时用电安全技术规范要求。
	2	支架等半成品焊接后进行防腐处理时，需戴上防护口罩，如对眼睛有害，需戴上密闭眼镜进行保护。
	3	线管煨弯采用手动煨弯器时要用力均匀，注意打滑，大管径线管煨弯时采用液压煨弯器。
	4	顶板打眼时，做好防护，防止灰尘等物体进入眼睛，造成伤害。
	5	高空作业时应严格遵守各项安全操作规程和劳动纪律，作业中所用的物料均应平稳堆放，工具应随手放入工具袋，作业中的走道、通道板应随时清扫干净，不得向下抛掷物件，系好安全带；脚手架要设置护栏，人字梯要增加防滑链。
	6	区间安装时，所有施工人员应穿上反光衣并登记人数及姓名，下班时应清点人数；各施工小组在施工点前后 100 m 处必须安放红色闪光灯并有专人看守，防止闪光灯停止工作或被人损坏，造成施工火车没有减速而误伤施工人员；在施工过程中如有施工火车经过应即时无条件移开阻碍物（如施工材料、施工机械、脚手架等），施工人员紧靠隧道墙体站立，待火车安全通过后方可恢复施工；下班时必须带走施工剩余材料及工具，严禁将材料及工具放在轨道上，做到工完场清。
	7	电气线管敷设完成后，管口、接口要做处理，防止损坏线缆，造成漏电危害。

第 8 节　管内穿线

4.8.1　管内穿线安装工艺流程

工艺流程如图 2-111 所示。

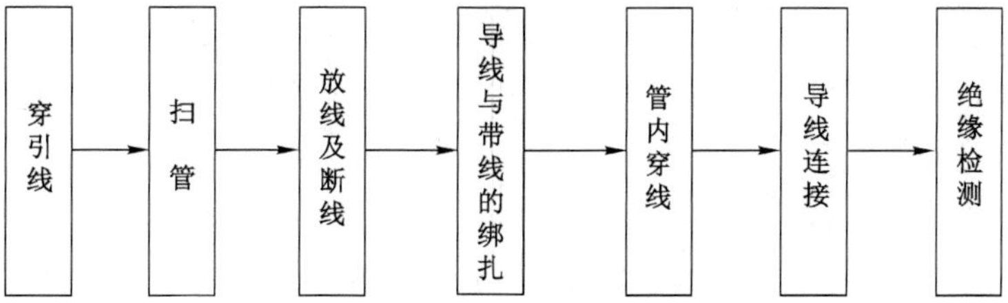

图 2-111　管内穿线安装流程图

4.8.2　操作要点

(1) 穿引线

引线一般采用 $\phi1.2$ mm～$\phi2.0$ mm 的铁线，在管路的两端应留有 100～150 mm 的余量。放线时，接线盒、开关盒、灯头盒内导线的预留长度应为 15 cm 以上，配电箱内导线的预留长度为配电箱箱体周长的 1/2。

（2）扫管

电线、电缆穿管前，应清除管内杂物和积水。管口应有保护措施，不进入接线盒（箱）的垂直管口穿入电线、电缆后，管口应密封。

（3）管内穿线

① 三相或单相的交流单芯电缆不得单独穿于钢管内。

② 不同回路、不同电压等级和交流与直流的电线，不应穿于同一导管内，同一交流回路的电线应穿于同一金属导管内，且管内电线不得有接头。

③ 当采用多相供电时，同一建筑物、构筑物的电线绝缘层，颜色选择应一致，即保护地线（PE 线）应是一黄绿相间色，零线用淡蓝色；相线为：A 相用黄色，B 相用绿色，C 相用红色。

④ 导线在变形缝处，补偿装置应活动自如，导线应留有一定的富余。

（4）导线的连接

导线的连接应使导线接头不增加电阻值，受力导线不能降低原来机械强度及绝缘强度。照明分支线接口，工艺采用铰接后加焊锡，绝缘包扎采用黄蜡绸包扎再加塑料护套。电线接头均在接线盒内密封处理。

（5）绝缘检测

在线路接、焊、包全部完成后，应进行自检和互检，检查无误后再进行绝缘摇测。

4.8.3 安全注意事项

安全注意事项见表 2-41。

表 2-41 安全注意事项

工序名称	序号	注意事项
管内穿线	1	高空作业时应严格遵守各项安全操作规程和劳动纪律，作业中所用的物料均应平稳堆放，工具应随手放入工具袋；作业中的走道、通道板应随时清扫干净，不得向下抛掷物件，系好安全带；脚手架要设置护栏，人字梯要增加防滑链。
	2	区间安装时，所有施工人员应穿上反光衣并登记人数及姓名，下班时应清点人数；各施工小组在施工点前后 100 m 处必须安放红色闪光灯并有专人看守，防止闪光灯停止工作或被人损坏，造成施工火车没有减速而误伤施工人员；在施工过程中如有施工火车经过应即时无条件移开阻碍物（如施工材料、施工机械、脚手架等），施工人员紧靠隧道墙体站立，待火车安全通过后方可恢复施工；下班时必须带走施工剩余材料及工具，严禁将材料及工具放在轨道上，做到工完场清。
	3	检查电气线管管口、接口，防止损坏线缆，造成漏电危害。

第 9 节　电动机检查接线

4.9.1　工艺流程图

工艺流程如图 2-112 所示。

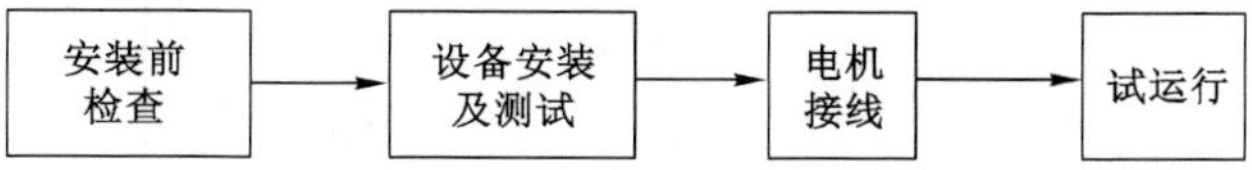

图 2-112　电动机检查接线流程图

4.9.2　电动机检查接线工艺及方法要点

（1）安装前检查：安装前，检查电动机、电加热器、电动执行机构本体、控制和启动设备应完好，盘动转子轻快且无卡阻及异常声响，电动机的引出线在端子上压接良好且编号齐全，附件、备件齐全，润滑脂情况正常。

（2）电缆与电机接线安装工艺如图 2-113 所示，标注名称明细见表 2-42。

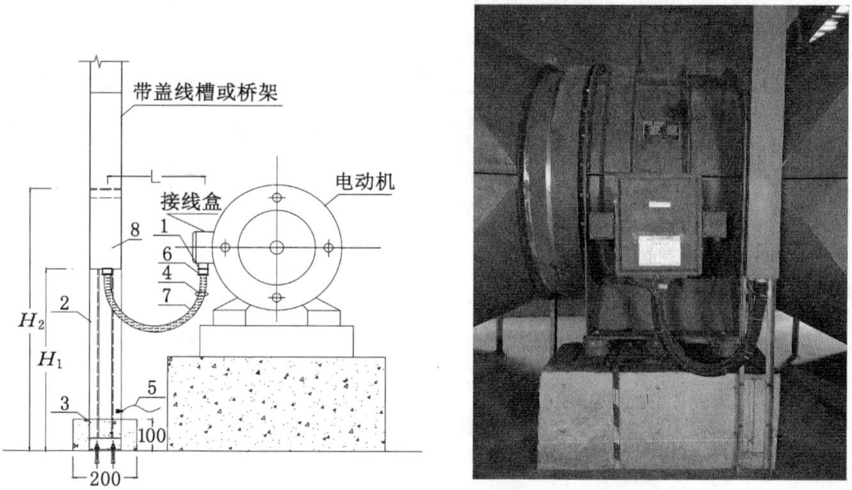

图 2-113　电缆与电机接线安装图及实例图

表 2-42　标注名称明细表

编号	名称	规格	编号	名称	规格
1	成套电缆固定头	与电缆配套	5	多股铜芯软线	4 mm^2，黄绿双色
2	角钢支架	$L30\times3$，银漆	6	软管接头	
3	水泥墩	$L200\times W100\times H100$	7	包塑金属软管	实际尺寸
4	电缆标识牌		8	槽内电缆头安装位置	

说明：

在图 2-113 中：为了方便金属软管的安装，电缆头宜安装在引下桥架末端内（如图中“8”的位置），并应固定，电缆芯线穿过金属软管接至电机。

支架应通过接地跨接线与设备房内接地干(支)线连接。

尺寸标准：$L=30D$（D 为电缆外径）；H_2（支架高度）$=H_1+300$ mm；$H_1=$电机接线盒离地面高度。

(3) 电机线圈绝缘性测试及要求：

① 测量高压电动机选用 1 000～2 500 V 摇表，测量低压电动机用 500 V～1 000 V 摇表（也可使用数字摇表）。

② 确认被测电机确已停电，并将被测电机线圈对地放电。

③ 摇表接线要正确，L 为线路端，E 为接地端，接线端钮要拧紧，L 线与 E 线应绝缘良好，不应绞在一起。

④ 检查电动机对地绝缘：首先检查接线 E 接地良好，以 120 r/min 的转速将表摇起，分别测三相导体，观察摇表的显示。

⑤ 将表棒移开被测导体后，摇表才能停止。

⑥ 测绝缘后应将被测线圈对地放电并记录测量值，测取吸收比，应分别记录 1.5 s 和 60 s 的绝缘值并计算。

⑦ 一般要求 6 kV 以上的电机和母线阻值不低于 6 MΩ；400 V 以下的电机相间绝缘电阻值不低于 1 MΩ；400 V 的母线阻值不低于 1 MΩ；封闭式母线的阻值不低于 100 MΩ。

(4) 电机接地系统要求：

电动机必须安全可靠接地，在三相四线制供电系统中，零线(N)必须在接入点重复接地，接地电阻要小于 1 Ω，同时要求电机外壳与基础接地连接，接地电阻同相小于 1 Ω。在使用变频器的调速系统中，电机必须接地，以便能使感应电压有释放回路，同时能保护由电机的绝缘故障引起的漏电事故，还能减少变频器对其他电气设备的干扰，使电气设备都能安全可靠地运行。

电动机接线及调试运行：引至电动机接线盒的导线应加强绝缘，易受机械损伤的地方套保护管。电动机及其控制设备引出线压接应牢固，且编号齐全，接线前应对电机绕组进行绝缘测试。电动机三相定子绕组按电源电压的不同和电动机铭牌的要求，可接成星形(Y)或三角形（△）两种形式，当电机采用星三角形接线方式时（Y－△），接线盒进线孔为两个。电机接线安装如图 2-114 所示。

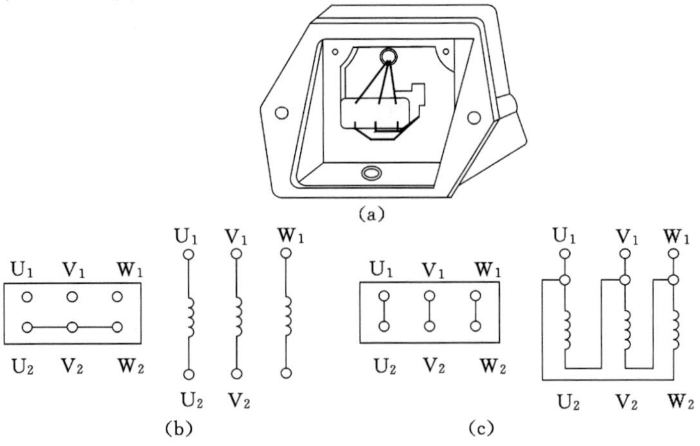

图 2-114　电机接线安装示意图

4.9.3　安全注意事项

安全注意事项见表 2-43。

表 2-43　安全注意事项

工序名称	序号	注意事项
电动机检查接线	1	高空作业时应严格遵守各项安全操作规程和劳动纪律，作业中所用的物料均应平稳堆放，工具应随手放入工具袋；作业中的走道、通道板应随时清扫干净，不得向下抛掷物件，系好安全带；脚手架要设置护栏，人字梯要增加防滑链。
	2	区间安装时，所有施工人员应穿上反光衣并登记人数及姓名，下班时应清点人数；各施工小组在施工点前后 100 m 处必须安放红色闪光灯并有专人看守，防止闪光灯停止工作或被人损坏，造成施工火车没有减速而误伤施工人员；在施工过程中如有施工火车经过应即时无条件移开阻碍物(如施工材料、施工机械、脚手架等)，施工人员紧靠隧道墙体站立，待火车安全通过后方可恢复施工；下班时必须带走施工剩余材料及工具，严禁将材料及工具放在轨道上，做到工完场清。
	3	检查及清理电机多余接线线头，防止通电后发生短路危害。

第 10 节　灯具、开关、插座的安装

4.10.1　灯具安装流程

安装工艺流程如图 2-115 所示。

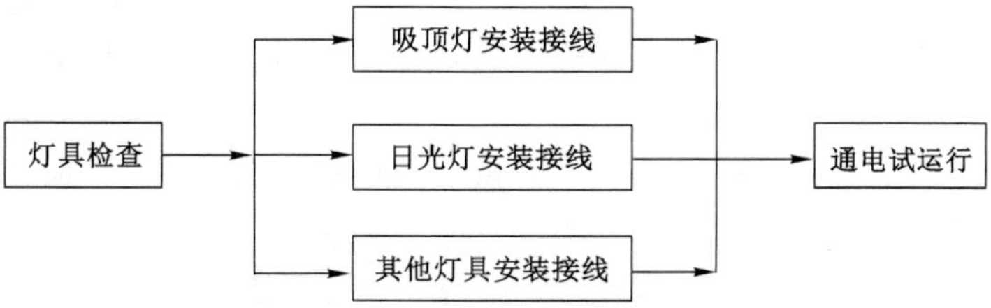

图 2-115　灯具安装流程图

4.10.2　灯具的安装

(1) 吸顶式日光灯、筒灯的安装

① 打开灯具底座盖板，根据图纸确定安装位置。将灯具底座贴紧建筑物表面，灯具底座应完全遮盖接线盒，对着接线盒的位置开好进线孔。

② 按照灯具底座安装孔大小用铅笔画好安装孔的位置，用冲击钻打孔，装入膨胀胶塞(如为吊顶，可在吊顶板上背木龙骨或轻钢龙骨采用自攻螺丝固定)。

③ 将电源线穿出后用螺钉将灯具固定并调整位置直至满足要求。

④ 用安全型压接帽将电源线与灯内电线可靠地连接，装上启辉器等附件。

⑤ 盖上底座盖板,装上日光灯管。

⑥ 吊顶内安装的筒灯应根据装修吊顶平面图中灯具分布的位置以及不同的吊顶形式,来确定灯具外形与吊顶板的接口样式。在装修安装吊顶龙骨的同时安装灯具的支吊架;在吊顶天花板安装的同时安装灯具。单独在吊顶板几何中心开孔安装的灯具,应提前向装修单位提供不同区域灯具的开孔尺寸,并安排专人配合。待吊顶天花板及其他器具初步安装完毕后,配合装修施工人员调整灯具,达到整体美观的效果。

(2) 吊链式日光灯、防爆灯的安装

① 根据图纸确定安装位置,确定吊链吊点。

② 钻好尼龙栓塞孔,装入栓塞,用螺钉将吊链挂钩固定牢靠。

③ 根据灯具的安装高度确定吊链及电线的长度,吊链应稍长于电线,以使电线不受力。

④ 打开灯具底座盖板,用安全型压接帽将电源线与灯内电线可靠地连接,装上启辉器等附件。

⑤ 盖上底座,装上日光灯管,将日光灯挂好。

⑥ 将电线与接线盒内的电源连接,盖上接线盒盖板并理顺垂下的电线,用扎带将电线固定在吊链上。

⑦ 安装防爆灯:灯具的配件要齐全,不得采用非防爆零件代替灯具的配件;防爆灯应安装牢固,吊管、开关与接线盒螺纹齿口扣数不少于 5 扣,螺纹加工应光滑、完整、无锈蚀。

(3) 其他灯具的安装

① 有部分灯具功率较大,而灯与灯的功率相差也很大,故应特别注意灯具电线的规格应符合设计要求,不能接错。

② 建筑物吊顶(天花板)内的灯具要按照装修图安装,安装成排或对称及组成几何图形的灯具时,应精确测量放线定位,保证灯具安装整齐、美观。

③ 无建筑物吊顶(天花板)安装灯具及钢结构下的灯具安装,因其大面积照明的特点,要特别注意定位正确、安装牢靠、灯具排列整齐和线性(直线或曲线),达到设计要求,确保其整体图形和视觉美观,做到一次施工完成。

④ 一些特殊大功率的灯具(如金卤灯),应按产品的技术要求,应特别注意吊杆或吊链的承重和耐震强度,确保安装牢靠。

⑤ 安装时应保持灯具表面干净明亮,并应保持周边饰面洁净。

⑥ 嵌入式灯盘安装工艺如图 2-116 所示,标注名称明细见表 2-44。

表 2-44 标注名称明细表

编号	名称	规格	编号	名称	规格
1	金属软管	见工程设计	4	专用吊具	如图
2	金属软管接头	产品配套	5	灯盘	见工程设计
3	麻花吊链	镀锌	6	灯盘透光罩	见产品说明

说明:

采用此方案可不拆卸天花板就可对灯具进行安装和调平,特别适用于易损坏的铝扣板天花板或固定天花板。

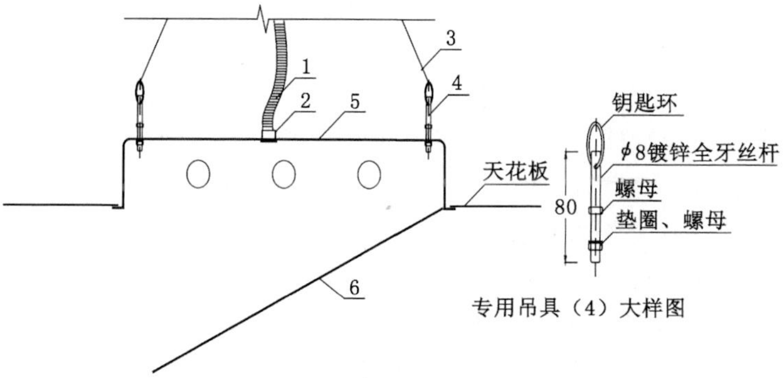

图 2-116　嵌入式灯盘安装工艺图

尺寸标准：金属软管长度不大于 1 200 mm；专用吊具丝杆长度为 80 mm。

嵌入式灯盘安装效果如图 2-117 所示。

图 2-117　嵌入式灯盘安装效果图

4.10.3　开关、插座的安装

（1）施工程序

安装流程如图 2-118 所示。

线盒预埋 → 盒内清理 → 接　线 → 安　装 → 通电检查

图 2-118　开关、插座安装流程图

（2）线盒预埋

① 开关、插座的安装高度：面板开关底边距离地面 1.3 m，距门框 0.2 m；烘手器电源插座底边距地 1.2 m；一般插座底边距离地面 0.3 m，特殊用途插座安装高度按设计图纸要求安装。

② 预埋开关、插座盒的高度应为开关、插座的安装高度加上地面装饰面层的厚度。

③ 相同型号并列安装及同一室内开关安装高度一致，且控制有序不错位。

④ 将预埋的底盒内残存的灰块剔掉，同时将其他杂物清出盒外。

(3) 开关、插座接线

① 按照开关、插座的接线示意图进行接线。

② 盒内电线应留有维修长度，剥线不要损伤线芯，线芯固定后不得外露。

③ 单相两孔插座，面对插座的右孔或上孔与相线连接，左孔或下孔与零线连接；单相三孔插座，面对插座的右孔与相线连接，左孔与零线连接。

④ 单相三孔、三相四孔及三相五孔插座的接地(PE)或接零(PEN)线接上孔。插座的接地端子不与零线端子连接。同一场所的三相插座接线的相序应一致。

接地(PE)或接零(PEN)线在插座间不串联连接，必须使用压线帽并联连接。

插座地线接线安装工艺如图 2-119 所示，标注名称明细见表 2-45。

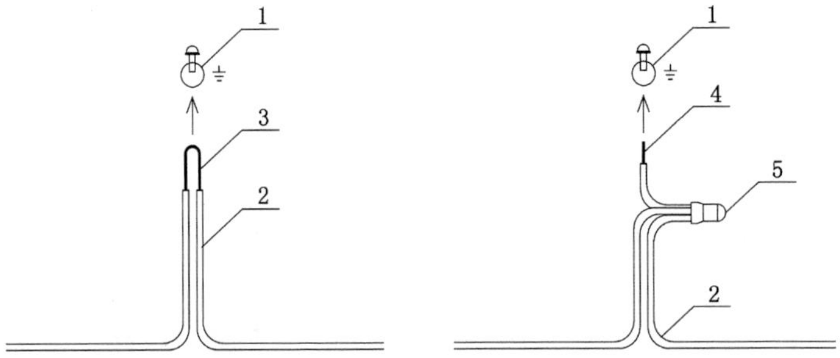

A 形式：不断线接线方式　　B 形式：压线帽接线方式

图 2-119　插座地线接线安装工艺图

表 2-45　标注名称明细表

编号	名称	规格	编号	名称	规格
1	插座地线端子	见产品说明	4	线芯	线路末端
2	导线(地线)	见工程设计	5	安全型压线帽	配 3 条导线
3	线芯	连续不断			

说明：

此方案适用于“手拖手”接线方式的中间插座地线接线安装。根据现场情况选用 A 形式或 B 形式接线方式，推荐 A 形式接线方式。

A 形式：地线导线不剪断，仅剥去需要与端子连接部分长度导线的护套，再将芯线捻紧，插入端子接线。

B 形式：用安全型压线帽将断开的地线导线(≥2 条)与一小段导线可靠压接，一小段导线的另一端插入端子接线。

(4) 特殊情况下插座的安装应符合下列规定：

① 当接插有触电危险电器的电源时，选用能断开电源的带开关插座，开关断开相线。

② 潮湿场所采用密封并带保护地线触头的保护型插座，安装高度不低于 1.5 m。

(5) 开关、插座的安装

① 开关、插座的规格型号及安装必须符合设计要求。

② 暗装的开关、插座面板紧贴墙面，四周无缝隙，安装牢固，表面光滑整洁、无碎裂、划伤，装饰帽齐全。

③ 暗装开关的面板应端正严密并与墙面平齐，同一室内安装的插座高低差不应大于5 mm，成排插座高低差不应大于2 mm。

④ 当交流、直流或不同电压等级的插座安装在同一场所时，应有明显的区别，且必须选择不同结构、不同规格和不能互换的插座；配套的插头应按交流、直流或不同电压等级区别使用。

⑤ 安装时应保持开关、插座表面干净明亮，并应保持周边饰面洁净。

4.10.4　安全注意事项

安全注意事项见表2-46。

表2-46　安全注意事项

工序名称	序号	注意事项
灯具、开关插座安装	1	使用电气机具进行半成品制作及安装时要按照正确的操作规程操作，做好防护，用电要满足施工现场临时用电安全技术规范要求。
	2	支架等半成品焊接后进行防腐处理时，需戴上防护口罩，如对眼睛有害，需戴上密闭眼镜进行保护。
	3	高空作业时，应严格遵守各项安全操作规程和劳动纪律，作业中所用的物料均应平稳堆放，工具应随手放入工具袋；作业中的走道、通道板应随时清扫干净，不得向下抛掷物件，系好安全带；脚手架要设置护栏，人字梯要增加防滑链。
	4	区间安装时，所有施工人员应穿上反光衣并登记人数及姓名，下班时应清点人数；各施工小组在施工点前后100 m处必须安放红色闪光灯并有专人看守，防止闪光灯停止工作或被人损坏，造成施工火车没有减速而误伤施工人员；在施工过程中如有施工火车经过应即时无条件移开阻碍物(如施工材料、施工机械、脚手架等)，施工人员紧靠隧道墙体站立，待火车安全通过后方可恢复施工；下班时必须带走施工剩余材料及工具，严禁将材料及工具放在轨道上，做到工完场清。
	5	安装完成的灯具、开关插座须将表面、内腔的杂屑全部清除，并进行清洁及加贴保护膜。

第11节　接地安装

4.11.1　车站接地干线与接地母排的连接

(1) 接地线的连接应采用焊接，焊接必需牢固无虚焊，接至电气设备上的接地线应采用镀锌螺栓连接。沿墙壁水平敷设接地线时，离地面应保持250～300 mm的距离，离墙面应有10～15 mm的间隙，接地线的支持件间的距离，水平直线部分不应大于1.5 m，垂直部分不应大于2 m，转弯部分不大于0.5 m，穿墙壁时应有钢管或其他套管保护。

(2) 变压器室内高低压开关的接地干线应有不少于2处与接地装置引出干线连接，干线上应设置不少于 2 个供临时接地用的接地线柱或接地螺栓。

(3) 明敷在变电所内的接地线,表面沿长度方向每段为 15～100 mm 分别涂以黄色和绿色相间的条纹。

(4) 车站电气设备保护方式采用接零保护,零线与接地线分开设置,从变电所接地排引出接地线(PE 线)进行保护接地。

(5) 电缆桥架在每层端部用 16 mm^2 多股导线并联起来与 PE 线可靠连接,长距离的桥架,每隔 30～40 m 重复接地一次。

(6) 施工低压柜、电源柜的基础型钢时,应注意与结构钢筋进行电气隔离。所有控制柜、屏、电箱、金属管线、灯具外壳必须与 PE 线可靠连接。可开启的柜门、电箱门用多股软导线与 PE 线连接。电线管接头及线盒连接处,必须加焊跨接地线,当接地线跨越伸缩缝时,可用接地线本身弯成弧状代替补偿装置。

(7) 各段插接母线槽的外壳、法兰盘及过渡箱必须保证外壳与 PE 干线可靠连接,成为完整的电气通路。

(8) 设备房接地干线安装及材料明细见图 2-120 及表 2-47。

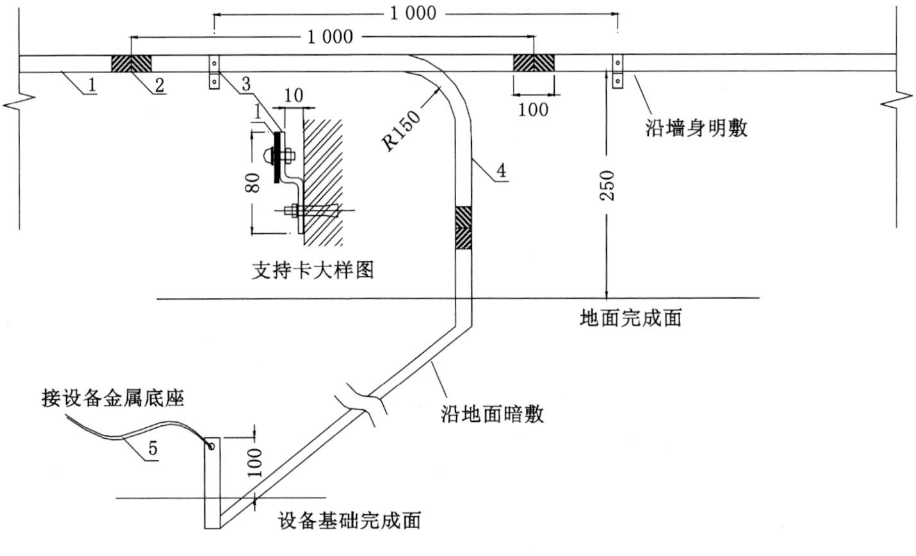

图 2-120 设备房接地干线安装工艺图

表 2-47 材料明细表

编号	名称	规格	编号	名称	规格
1	接地干线	－40×4 镀锌扁钢	3	支持码	－25×4 镀锌扁钢、M6×20 螺栓、M6×65 拉爆螺栓
2	色标	黄绿双色相间			
4	接地支线	－25×3 镀锌扁钢	5	裸编织铜线	25 mm^2,两端带线耳

说明:

① 接地干线在设备房墙上敷设一周,并与接地引线有两处以上的可靠连接。

② 连接方式：焊接连接，三边焊，搭接长度为 100 mm。

③ 扁钢平面变向处使用煨弯，弯曲半径为 150 mm。

④ 颜色：地线为银漆，色标为黄绿色相间标记。

尺寸标准；

① 色标总宽度为 100 mm。

② 接地干线安装高度为 250 mm。

③ 接地支线伸出设备基础 100 mm。

④ 不间断电源输出端的中性线要与接地干线可靠连接，做重复接地。

⑤ 空调系统设置电加热器的空调风管以及设置电伴热器的消防水管，应就近与接地装置可靠连接；垂直敷设的金属管道底端和顶端应与防雷装置可靠连接。

4.11.2　等电位连接

（1）等电位连接措施可以减少设备外壳可能出现的危险电位。

（2）当利用金属构件、金属管道做接地线时，应在构件或管道与接地干线间焊接金属跨接线。

（3）给排水的进出水总管、空调机房的冷冻水管和变配电房的金属门窗、沟盖板、金属构件采用接地电缆与供配电系统最近处的保护干线（PE）连通。

（4）防静电接地：车控室等设备房内防静电地板必须按有关规范采取防静电接地措施。

（5）设备房管道等电位跨接及材料明细见图 2-121 及表 2-48。

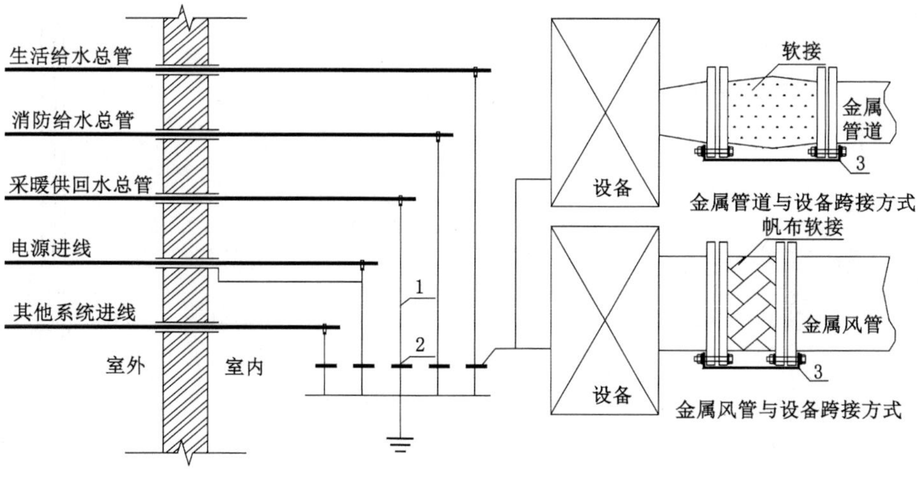

图 2-121　设备房管道等电位跨接图

表 2-48　材料明细表

编号	名称	规格
1	连接线	ϕ10 镀锌圆钢
2	设备房接地干线	—40×4 镀锌扁钢
3	跨接线	25 mm^2，两端带线耳

说明：

① 各系统金属管道由室外进入室内处，应通过与附近的接地引出点或设备房内的接地干线连接，实现等电位连接。

② 金属管道通过抱箍在管道上的卡码与连接线的焊接实现等电位连接，电气金属槽架和金属风管通过末端支架与连接线的焊接实现等电位连接。

③ 设备房内的设备金属底座（或金属外壳）应与接地干线连接。

④ 与设备连接处的管道应与设备跨接连接。

⑤ 管道与卡码接触的部位不得有油漆。卡码油漆颜色为银漆。

设备房接地安装实物图如图 2-122 所示。

图 2-122　设备房接地安装实物图

4.11.3　安全注意事项

安全注意事项见表 2-49。

表 2-49　安全注意事项

工序名称	序号	注意事项
接地安装	1	使用电气机具进行半成品制作及安装时要按照正确的操作规程操作，做好防护，用电要满足施工现场临时用电安全技术规范要求。
	2	半成品焊接后进行防腐处理时，需戴上防护口罩，如对眼睛有害，需戴上密闭眼镜进行保护。
	3	高空作业时应严格遵守各项安全操作规程和劳动纪律，作业中所用的物料均应平稳堆放，工具应随手放入工具袋；作业中的走道、通道板应随时清扫干净，不得向下抛掷物件，系好安全带；脚手架要设置护栏，人字梯要增加防滑链。
	4	区间安装时，所有施工人员应穿上反光衣并登记人数及姓名，下班时应清点人数；各施工小组在施工点前后 100 m 处必须安放红色闪光灯并有专人看守，防止闪光灯停止工作或被人损坏，造成施工火车没有减速而误伤施工人员；在施工过程中如有施工火车经过应即时无条件移开阻碍物（如施工材料、施工机械、脚手架等），施工人员紧靠隧道墙体站立，待火车安全通过后方可恢复施工；下班时必须带走施工剩余材料及工具，严禁将材料及工具放在轨道上，做到工完场清。

第12节　低压配电动力及照明单系统调试

4.12.1　插接母线槽的测试

(1) 准备好记录表格。

(2) 调试步骤:

① 外观检查,检查母线的接地是否良好,清除母线上所有的杂质。尽管在安装过程中已测量了铜母线的相间绝缘电阻,但在母线送电前应再次检查母线的相间绝缘电阻和各母线对地绝缘电阻。

② 使用临时电源(临时电源配较小的保险丝,并有多级保护),试送电。

③ 通电后,用相序表检查母线的相序;挂上警示牌,并做好保护工作。

(3) 测试项目:

① 相位的核对:相位的测试使用相序表,先测试始端箱上装进线的相位是否符合系统使用要求;然后在不带负荷的条件下打上主开关,抽检开关下装出线的相位是否与进线一致。如相反,立即检查改正。

② 封闭式母线槽接头螺栓压力测试。

(4) 铜母排接口:压力的测试使用力矩扳手,根据厂家规定的数值,检查铜母线的螺丝连接,母排接口压力应等于厂家规定的数值,将力矩扳手的挠力设置好,固定母线连接螺丝。

4.12.2　电缆的测试及回路受电

(1) 准备好记录表格。

(2) 电缆到货时的检测:测量绝缘电阻合格后方可使用。

(3) 电缆线路送电前的测试:

① 绝缘电阻的测试:

解开电缆首端和终端的电缆头线耳的螺栓,单独测量电缆的绝缘电阻。

测试绝缘电阻使用1 000 V的摇表,确保电缆绝缘电阻不小于2 MΩ。

② 其他测试:

断开配电箱/柜之二次回路的保险,单独检查配电箱/柜的一次回路的绝缘阻值。

重新接回电缆头,使用力矩扳手测试螺栓扭矩。

再次测试回路的绝缘电阻(保持二次回路保险丝断开状态)。

绝缘电阻测试合格后,经首尾监护人经对讲机联系同意送电后,方可送电,严禁约时送电。

盘柜作冲击合闸试验,注意观察各部位不应有冒烟、火花和非正常性声响。

送电时应经过连续合断3次测试,正常方可正式送电。

(4) 电缆回路送电后的测试:

① 相位核对:相位的核对分两次进行:接线时,按照统一原则,所有电缆按照颜色一致连接;送电后,再用相位表进行测试,若发现不正确,立即调整。

② 运行测试：合闸送电后，空载观察 24 h，检查运行情况。

有条件时应安排负载运行 24 h，全面检查电缆/配电箱的运行情况是否正常。

使用红外线测温仪检查配电箱总开关接头和电缆温升。

4.12.3 照明配电箱的测试

(1) 准备好记录表格。

(2) 调试内容：

① 线路绝缘电阻的测量。

② 试动作。

(3) 配电箱绝缘电阻的测试：

① 配电箱的绝缘电阻测试仅测进线、出线。

② 测试电箱的进线绝缘电阻，测试前要断开上级配电箱的出线开关或断开线路，使用 500 V 的摇表，确保进线电缆绝缘电阻不小于 2 MΩ。

③ 测试电箱的出线绝缘电阻，测试前要断开下级开关或断开线路，使用 500 V 的摇表，确保出线电缆绝缘电阻不小于 2 MΩ。

(4) 相位的核对：相位的测试使用相序表，先检查电缆接线是否颜色统一；送电后，再用相序表测试进线端的相位，若发现不正确，立即调整；出线端的相位亦按照以上方法进行并做相应调整。

(5) 漏电断路器的测试：漏电保护的测试采用单相对地短路进行测试，线路前安装10 A 的保险丝。测试次数不少于 2 次，并且动作要全部正确。

(6) 常见问题：

1) 空气开关跳闸

① 原因分析：

该输出线路出现对地故障。

该输出线路出现短路故障。

线路的输出电流长时间超过额定电流。

② 排除方法：

把后一级主开关断开，用万用表测量断路器的下桩和后一级开关的上桩的电压是否为零。

检查该线路两端的接触是否良好，断开线路两端的端子，用摇表对线路进行测试。

如线路出现断路或短路现象，则应更换线路或对该线路进行维修，线路正常后，再进行送电。

用电流钳表测量输出电流的情况，如输出电流大于断路器的额定电流，则应检查再后一级的线路，检查断路器的型号是否符合要求或者更换断路器。

2) 继电器易脱扣

① 原因分析：

接触器本身线圈中的磁铁的磁力不稳定。

接触器整体结构松动。

② 排除方法：

检查接触器本身的整体构造是否稳固，各部件之间的连接有无松动现象，如上述无问题，则是线圈中的磁铁磁力不稳定，需要更换磁铁或更换整个接触器。

4.12.4　普通照明灯具、开关、插座的检查及回路受电

(1) 使用临时用电，分别检查各灯具回路，确定回路符合设计。

(2) 测量回路电流，确定回路电流负荷符合设计。

(3) 使用临时用电，分别检查各插座回路，确定回路符合设计。

(4) 使用测试插座，检查每个插座是否存在断路、缺相、零相错位、对地短路等不正常情况，确保接地良好。

(5) 采用单相供电的方法检查灯位及插座的相位，检查每个回路是否正确。

4.12.5　电动机及设备控制箱的测试

(1) 准备好记录表格。

(2) 调试步骤(本节适合 100 kW 以下的电机调试)：

① 检查电机控制箱内的线路：

检查“星－三角”起动线路的正确性。

检查接触器辅助接点的良好性。

检查线路的编号是否与设计图纸一致。

检查二次回路接线是否正确，指示灯是否完好。

② 电缆的绝缘检查：

检查电缆相间和相对地的绝缘电阻，电阻值不能小于 2 MΩ。

③ 电动机的检查：

检查电机内线圈相间绝缘电阻，电阻值应大于 10 MΩ。

检查电机转动部分的平滑性。

④ 接线的检查：

接线端的间距不能太小。若由于接线空间的限制，接线端要采用绝缘保护措施。

⑤ 点动启动：

先点动启动电动机，看控制箱和电动机能否正常运行。

⑥ 负荷运行：

启动电动机，带负荷运行，检查其能否正常运行。

⑦ 保护系统测试：

核对保护元件的参数，确认其保护范围。

当电动机运行时按下热继电器按钮，接触器跳闸，电动机停止运行。

(3) 相位测试：

使用相序表，检查控制箱进线端的相位，并按照接线颜色统一原则，检查控制箱出线电缆颜色连接是否一致；送电后，检查电机的转向是否正确。

(4) 功能的测试：

① 电机控制箱的功能测试：

检查电源指示、电压/电流指示功能。

检查空气开关的功能，对带漏电型开关可按试验按钮进行漏电保护测试。

检查启动/停止/主、副电机转换功能。

② 电机的启动：

检查电机转动方向是否正确。

检查电机转动时是否有噪音。

检查电机运转时的启动时间和启动电流值以及运行时的电流值。

(5) 温升的检测：

对电机的温升测试分为空载时的温升测试和负载运行时的温升测试，测试步骤如下：

① 开机前，记录室内温度。

② 开启电机，检查启动时间和启动电流以及运行时电流是否正常，记录电机在启动阶段的温度变化。

③ 若一切正常，运行风机，并每隔 10 min 测试一次电机外壳的温度，直至温度变化在±2 ℃，可认为此时的温差是电机运行后的温升。测定温升应符合产品技术要求。

(6) 调试过程中可能出现的问题及解决方法：

1) 电动机的转向为反转

① 原因分析：

电动机的相序与电压输出相序不一致。

② 排除方法：

在电动机的接线端子上进行调整。

在控制柜上把其中的两相调换。

2) 运转中的电动机突然停止

① 原因分析：

电动机长时间过负荷运行。

控制柜中二次回路出现故障。

电动机接线端子松动或线路出现故障，造成三相电流不平衡。

② 排除方法：

断开电动机主电源，检查电动机接线端子是否有松动现象；用摇表对控制柜至电动机的线路进行测试；用万用表测量电动机中各组线圈电阻值是否基本一致。上述问题无误后，再通电进行调试，如还出现突然停止现象，则继续检查控制柜中的二次回路。对照二次接线图，有无继电器线圈动作不灵敏或整个二次线路电流过大，找出问题后，再进行电动机的调试，再用万用表测试输出的电流值是否超过主开关的额定电流，如果超过，则应更换主开关。

4.12.6 安全注意事项

安全注意事项见表 2-50。

表 2-50　安全注意事项

工序名称	序号	注意事项
低压配电动力照明调试	1	通电试运行操作时，均应有两人以上共同进行，一人操作，一人监护。
	2	参加调试的操作人员，应戴好绝缘手套和穿绝缘鞋。
	3	调试中，对带电的配电箱(柜)应挂上“有电危险”的指示牌；在停电的设备或线路上工作时，应在断电的电源开关、盘柜上挂上“有人工作，禁止合闸”等指示牌。
	4	试送电时，验电设备及工具校验合格，操作电源开关时面部不得面向开关。
	5	高空作业时应严格遵守各项安全操作规程和劳动纪律，作业中所用的物料均应平稳堆放，工具应随手放入工具袋；作业中的走道、通道板应随时清扫干净，不得向下抛掷物件，系好安全带；脚手架要设置护栏，人字梯要增加防滑链。
	6	区间调试时，所有施工人员必须穿上反光衣并登记人数及姓名，下班时要清点人数；各施工小组在施工点前后 100 m 处必须安放红色闪光灯并有专人看守，防止闪光灯停止工作或被人损坏，造成施工火车没有减速而误伤施工人员；在施工过程中如有施工火车经过要即时无条件移开阻碍物，施工人员紧靠隧道墙体站立，待火车安全通过后方可恢复施工；下班时必须带走施工剩余材料及工具，严禁将材料及工具放在轨道上，做到工完场清。

第5章 通信系统、信号系统工程

第1节 通信工程

5.1.1 一般规定

通信系统工程施工应考虑下列主要危险源、危害因素：

(1) 电缆施工未防护或防护不当。

(2) 工具、材料侵入限界。

(3) 电缆接续、割接错误，零线与保护接地合设，电源的正负极接错，外电源引入质量不良，通信数据未备份。

(4) 室内施工使用电器产生明火，室内施工损伤既有设备。

(5) 当采用综合接地时，未与综合接地系统的贯通地线进行等电位连接。

(6) 系统的防雷、电磁兼容及接地不彻底。

(7) 电缆接续、测试、高处作业等特殊工种和重要工序的作业人员应按相关规定持证上岗。

(8) 在营业线施工作业时应严格执行“三不动、三不离”(三不动：未联系登记好不动，对设备性能状况不清楚不动，正在使用中的设备不动；三不离：工作完了、不彻底试验良好不离，影响正常使用的设备问题未维修好前不离，发现设备有异状时未查清原因不离)的规定。

(9) 使用起重机等大型机械进行搬运、吊装等作业前，应核实机械设备状态是否正常，是否符合使用要求。搬运、吊装的作业半径不得侵入线路限界。使用人力进行搬运等作业时，必须配备足够的人力。

(10) 施工时应有良好的照明条件。

(11) 在高架段、隧道内施工时必须有防护设施，并配有专人防护，统一指挥，配备良好的通信设备。

(12) 在高架段墩台侧面钻孔时，如作业空间不够，应搭设作业台。作业台应安全可靠，并设有护栏。

(13) 高处作业时，施工人员必须佩戴安全帽，上下传递料具时应用绳索吊工具袋进行，严禁抛掷。

(14) 作业台上放置的材料和工具，应有防止脱落的安全措施。

(15) 隧道内材料堆放不应侵入界限，堆放处应设反光标志。

(16) 有列车通过时应停止作业。

(17) 隧道内直放站、中继器、电源等设备安装位置和方式应符合设计要求，并应牢固可靠、接地良好。

(18) 施工完毕后，应指派专人进行检查，确保所有作业项目可靠固定，全部施工人员和剩余物料撤离现场。

(19) 使用的化学锚栓、药剂应在有效期内；操作化学锚栓、膨胀锚栓必须按照使用说明书进行。

(20) 灌注化学锚栓前，必须清除孔内所有的灰尘及水分，孔内不得有任何的杂质或油污；安装化学锚栓后，检查安装得是否牢固。

(21) 隧道内打孔时，应采用湿式作业方法或其他除尘措施。

(22) 机房的电缆引入口在电缆引入完成后，必须按照规定进行电缆引入口的封堵。

(23) 机房必须按规定进行接地连接，接地连接完成后方能进行机房内的设备安装，各柜、架、盘等必须按规定的对应位置进行安装，并做好接地连接。

5.1.2　通信线路

5.1.2.1　光电缆施工中的弯曲半径要求

(1) 光缆弯曲半径不应小于光缆外径的 20 倍，困难地段不应小于光缆外径的 10 倍。

(2) 铝护套电缆的弯曲半径不应小于电缆外径的 15 倍，困难地段不应小于电缆外径的 10 倍。

(3) 铝护套电缆的弯曲半径不应小于电缆外径的 7.5 倍。

5.1.2.2　光电缆、电杆的运输要求

(1) 运输前，应对材料堆放场所进行选取，堆放场所应符合装卸和堆放要求。

(2) 运输前，应做好线路调查，详细了解进入每个卸料点的路径及路况，保证运输过程中的道路交通安全。

(3) 材料出库前，应对材料的包装进行检查。材料包装不符合运输要求时，应对材料进行重新包装。

(4) 严禁将光电缆盘、电杆从运输车上直接推落到地面。

(5) 人工滚动光电缆盘时，应设专人指挥，清理干净地面上的拆箱板。

(6) 光电缆、电杆撒放时不得侵入地铁运营线路限界，撒在公路旁时，应做好防护。

(7) 滚动(移动)光电缆盘时，应顺盘绕(箭头)方向。

(8) 当移动光电缆盘的距离较长时，应使用专用运输机械。

5.1.2.3　直埋式光电缆沟开挖的要求

(1) 光电缆沟开挖前应调查确认各类地下设施。在有可能影响或妨碍既有地下设施的地方开挖时，无施工单位与设施产权或运行维修单位签订的安全施工协议，或未制定相应的安全措施，不得施工。

(2) 在挖沟地段应设专人巡回检查。遇有大雨、暴雨、连阴雨天气时，不得进行开挖；已开挖的沟应根据具体情况或地铁运输部门的有关规定及时回填。

(3) 禁止在路肩开挖电缆沟，应在距离护坡底部 2 m 外开挖。

(4) 开挖电缆沟应有防止道床污染的措施，弃土应投出沟外 0.6 m 以外，堆积高度不得超过轨面。

(5) 当电缆敷设需要通过铁路、公路等交通要道时，应采取非开挖方法进行施工。必须开挖时应采取安全防护措施。当天开挖的土沟应当天回填，如不能当天回填必须采取防止人员坠落的措施。

(6) 敷设完毕的电缆沟应及时回填和覆盖。回填时，挖沟弃土全部回填，并分层夯实。

5.1.2.4 直埋式光电缆敷设的要求

(1) 放线支架底座应放在坚固、平坦的地面上。顶升时，光电缆盘盘轮离开地面不得大于 100 mm。

(2) 盘轴应水平，光电缆盘应保持在两起重支架的中央。

(3) 严禁以横置线盘方式放缆。

(4) 敷设光电缆时，光电缆应从盘的上端引出。光电缆盘支撑处应由有经验的人员看守，且配备良好的通信工具。

(5) 光电缆盘、人力绞盘、绞盘车应有制动措施。

(6) 使用地滚滑轮时，应选择平坦地形，放置应安全稳固。

(7) 进入光电缆井里放缆时，作业人员进入前应先通风，并确认无有害气体。

(8) 进入光电缆井里放缆时，光电缆井内应采取防火、防水及防止高空坠物等措施，井口应有专人看守。

(9) 进入光电缆井里放缆时，放光电缆人员距井口距离不应小于 1 m，并扎好安全带。放缆时上下人员应相互呼应，以防发生事故。

(10) 放电缆进入电缆沟、隧道、竖井、建筑物以及穿入管子后，均要对孔洞进行封堵。电缆夹层、隧道、竖井、电缆沟内应保持整洁，不得堆放杂物，在电缆沟洞严禁积油。

(11) 在墙洞、沟口、管口及隔层等处布放光电缆时，布放人员距各开口的距离不应小于 1 m。

(12) 在桥上及隧道内布放光电缆时应制订相应的安全技术措施。高架桥上人工布放光电缆时应走高架桥中心便道，不得在桥边缘行走，人员应站在安全的一侧，转弯时施工人员应站在光电缆转弯的外侧，行走时电缆不得左右摆动，并设监护人员。

(13) 安装电缆桥架时，施工人员不得站在桥架上施工。

(14) 桥架内布放电缆时，在桥架转弯处不应用力过猛。

(15) 敷设架空光电缆时，应执行高处作业安全技术措施，使用梯子应有足够的机械强度，并设专人扶持。

(16) 用机械敷设光电缆时，应考虑牵引动力、牵引绳索、转向滑车、绳索连接环的强度。在牵引中应防止钢丝绳背扣或在尖硬的物件上刮磨，工作人员不许扶、摸移动中的钢丝绳或光电缆，如有故障应停车处理。

(17) 冬季敷设光电缆，对有敷设温度要求的光电缆应采取必要的措施，并符合其技术规定。

(18) 光电缆盘起重架支架较高或在斜坡上支起重架时，应设起重架临时拉线。

(19) 使用机械牵引敷设光电缆时，牵引力应小于光电缆的允许拉力，主要牵引力应施加在光电缆的加强构件上，牵引速度不应大于 15 m/min，并保持匀速牵引，不得突然启动或停止。

(20) 人工抬放光电缆：

① 直线部分人员分布控制在 10～15 m 为宜，遇有转弯或过障碍时，人员分布应适当加密。

② 光电缆不得在硬质地面上拖拉。

③ 施工人员应用同侧肩抬运光电缆。

④ 施工人员抬运光电缆拐弯时，人应站在光电缆外侧；下坡、跨沟渠和转弯处应设防护人员。

⑤ 抬运光电缆过桥梁、隧道或在铁路路肩上抬运时，不应将光电缆伸到限界以内。

⑥ 抬运光电缆过铁路线时，应在统一指挥下平行跨越。

(21) 封闭点内利用轨道车施工时：

① 应有统一指挥信号，并设专门指挥人员与司机密切配合。

② 施工用车辆应良好，平板车上的作业架应牢固，高、宽应符合要求，工作台板应有足够强度。

③ 轨道车启动前，施工人员应撤离工作台面，施工负责人应确认施工人员已撤离到安全地带后方可通知开车。

④ 光电缆到达施工现场开始敷设时，轨道车应保持匀速前进，缆盘的转动速度应与轨道车车速相适应。

⑤ 光电缆敷设完毕后，空缆盘应在轨道车上绑扎牢固且不得侵限，轨道车迅速撤离现场。

5.1.2.5　架空通信线路支柱施工的要求

(1) 不得采用有裂纹等不符合要求的电杆。

(2) 人工立杆作业时，立杆人员应站于同一侧。

(3) 支柱基础未回填捣固前，不得撤除边绳和顶头绳。未撤除扳杆前，不得撤除顶头绳。

(4) 支柱未回填夯实前不得登杆。

(5) 用吊车施工时，应设专人指挥，起吊用套子应由专业人员绑扎。

(6) 在特殊终端及转角支柱处作业时，支柱加固前不应撤除线条扎线。

(7) 当拉线的设置靠近公路等行人易接近场所时，应采用拉线保护套进行防护。

(8) 在营业线路上施工时，应注意组立过程中对带电线路的安全距离，组立后应检查是否侵入铁路建筑限界；基坑回填时应分层夯实。

5.1.2.6　架空光电缆敷设(除应符合直埋式光电缆的有关规定外)的其他要求

(1) 光电缆敷设应在杆塔立起后进行，避免交叉施工。

(2) 作业时，应将通信线条接地。跨越架设时严禁将线条搁在电力线上拖拉，穿盘时在穿越处用绳环将通信线条套住。

(3) 架空光电缆架挂时应每隔 10～15 m 设滑轮。牵引速度不得超过 15 m/min，不得突然启动或停止。

(4) 在现有明线路上架设架空光缆，钢绞线吊线及光缆本身均应采用全悬浮式。钢绞线接头处应用塑料瓷绝缘隔电子作电气绝缘；光缆接头处的金属护层、铠装钢带及加强芯均不应连通。钢绞线吊线及光电缆的金属部分不接地。

(5) 在车辆与行人密集处架线作业，应设专人防护。

(6) 跨越通航河道架线，应在上游大于 100 m 和下游大于 50 m 处张挂施工标志，并挂设限制桅杆高度的拦河线和设置防护人员。

(7) 架空线路施工应及时做好防雷接地。

5.1.2.7 架空线路撤除施工的要求

(1) 架空线路撤除前，应设置安全警戒线，防止非作业人员进入施工影响区域。

(2) 撤除架空线路前，应根据线路情况设置临时拉线，保证撤除过程中线路不会倒塌。

(3) 撤线作业应统一指挥，遇有险情应停止作业，采取措施后方可继续作业。

(4) 撤线作业时，应双侧交替进行，严禁连续剪断同一侧的线路。

(5) 拆除穿越电力线路的通信线路时，应将通信线条接地。

(6) 拆除跨越电力线路的通信线路时，严禁将线条放在电力线上拖拉。

(7) 撤除跨越供电线路、铁路、公路、居民区和较大通航河道的线路时，应先撤除跨越部分。

5.1.2.8 管道光电缆敷设的要求

(1) 使用机械牵引管道光电缆时，牵引力应小于光电缆的允许拉力，主要牵引力应施加在光电缆的加强构件上，牵引速度不应大于 15 m/min，并应保持匀速，不得突然启动或停止。

(2) 气吹法敷设光缆时，光缆盘应保持与吹缆机吹缆方向在一直线上，出缆应顺畅，并保持与吹缆速度一致。空压机操作人员在开启阀门时应逐渐由小到大，并与气阀保持一定距离。

(3) 气吹法敷设光缆时应密切注意线路动态，当线路上硅芯管有漏洞时，光缆有可能顺着漏洞顶破土方，堆积于路面，造成行车危险。

(4) 气吹法敷设光缆时，管道对端必须设专人防护，并保持通信联络，防止润滑海绵塞、气封活塞及光缆头等物吹出伤人。

5.1.2.9 槽道光电缆敷设的要求

(1) 敷设前应对槽道进行清理，清除盖板上方的土层或碎石，防止杂物掉入槽内。

(2) 槽道盖板应依次掀开，掀开后码放整齐、稳固，且不得侵入铁路建筑限界。

(3) 敷设后及时按原样恢复槽道盖板，并注意避免盖板砸伤线缆，掀开盖板时应注意保护盖板。

(4) 光电缆穿越接触网支柱基础时，应采取保护措施，以免刮伤电缆。

(5) 当需要在桥栏外侧安装槽道时，应使用专门制作的作业平台，并符合高处作业安全要求。

(6) 水线缆敷设应选择晴天、风速较小及平潮枯水期进行。

5.1.2.10 穿越铁路、公路电缆施工的要求

(1) 光电缆过轨道、公路应采用顶钢管安装。穿越轨道的防护管长度，必须大于轨枕以外 0.3 m；穿越公路的防护管长度，应大于公路面两侧以外 0.2 m。

(2) 顶管施工前，应调查施工地段地下管线状况，严禁在煤气管、供水管、通信线等限界内实施顶管作业。

(3) 顶管施工时脚手架应搭建牢固，严禁侵入铁路建筑限界。

(4) 顶管施工完毕，应及时将钢管封堵。

(5) 在铁路线路附近进行光电缆接续时，应将接续伞或接续帐篷搭扎牢固。

(6) 对电缆芯线进行电气强度测试前，测试点应与各作业点联系，使各作业点在测试时间停止线路作业并不得触碰电缆。测试时仪器的保护接地应可靠。

5.1.2.11　*在高压危险影响区进行通信线路施工的要求*

(1) 作业设专人防护，并按带电作业规定进行作业。

(2) 切割光电缆金属外皮或打开接头套管前，应将光电缆两端金属外皮连通，并临时接地。

(3) 用仪表测试电缆芯线有危险电压时，应申请停电作业；无危险电压时，亦应对芯线接地后方准作业。

(4) 在与电缆芯线的各种外线引入端子相连的设备上作业，应使用带绝缘柄的工具。

5.1.2.12　*无人站、人孔(井)、手孔(井)等密闭空间内施工的要求*

(1) 空间内不得存放易燃、易爆、有毒物品。

(2) 进入前应先通风，并确认无有害气体后方可进入施工。已探明有有害气体时，应佩戴安全防护用品。

(3) 进入时，站、孔外面应设安全标志或专人防护。进出应攀梯上下，不应踩蹬螺栓、机架、光电缆上下。

(4) 空间内严禁明火作业。

(5) 当用发电机照明时，发电机应设在站、孔(井)外，灯具应有防护罩。

(6) 夜间施工时，人孔(井)口应设警示灯。

5.1.2.13　*漏泄同轴电缆的安装要求*

(1) 打孔时施工人员应配备防尘眼罩、防护帽等防护用具，扶梯应有专人防护。

(2) 各类支架和漏泄同轴电缆均应固定牢固，不得松动、脱落。漏泄同轴电缆应按设计要求安装防火夹子。

(3) 在电气化牵引区段施工时，若安全距离不能达到要求时，应在接触网停电情况下进行作业，两端应设防护人员。

(4) 用锯锯断漏泄同轴电缆时，应保持抛弃一段在下方，并保证切面平整，表面清理干净后将内导体和外导体的表面平整去刺。

(5) 剥外护套时不能伤到外导体，如果发现已伤及外导体，务必重新锯断并将外导体表面打磨平整。

(6) 漏泄同轴电缆敷设与直埋式光电缆敷设安全要求相同。

(7) 人工敷设漏泄同轴电缆时，敷设人员间隔不应大于 7 m，以免漏缆拖地。

(8) 漏泄同轴电缆敷设过程中，严禁急剧弯曲。漏泄同轴电缆最小转弯半径应符合产品使用要求。

(9) 漏泄同轴电缆的金属外皮必须及时可靠接地，接地方式和位置应符合设计要求。

5.1.2.14　*无线通信系统的天馈线施工要求*

(1) 天馈线的金属外皮必须及时可靠接地，接地方式和位置应符合设计要求。

(2) 天馈线安装过程中应采取必要的防护措施，防止损伤。

(3) 天馈线施工应符合高处作业安全的相关要求。

5.1.3 室内设备

(1) 室外向室内或机械室内部移动较笨重的机柜设备时，应符合下列安全要求：

① 应采用适当的运输工具。

② 采用运输工具时应缓慢行进，注意设备的行进方向，随时纠正，防止倾斜。

③ 由地面向楼上运送设备时，宜采用电梯运输。

④ 采用人工搬运时，单人负重不得超过 50 kg。

⑤ 通过窗户吊运设备时，应搭建装卸平台。

⑥ 搬运安装时，应防止挤压手、脚和损坏盘、柜上的设备。

⑦ 在设备未固定牢固前应有放倒措施。

(2) 室内列架和槽道安装应符合下列安全要求：

① 列架组立后应进行固定。

② 列架组立后应可靠接地。

③ 安装沿墙走线架时，在墙上埋设的支撑要牢固可靠。

④ 竖立机架、放绑配线和光电缆等作业，不得攀扶骨列架、走线架。

⑤ 走线架穿过楼板或墙壁时，应采取措施避免刮伤、擦伤线缆。

⑥ 所有列架、槽道不应有尖锐凸出部分，特殊需要凸出的应采取保护措施，防止刮伤人员。

(3) 室内机架、引入设备和配线设备安装应符合下列安全要求：

① 电气化区段进行光电缆引入时，应做引入绝缘处理。

② 电气化铁路区段的引入架等与通信电缆直接相连时，机架或机壳应对地绝缘。

③ 安装有防静电要求的插板时，应戴上防静电护腕。

(4) 室内设备配线还应符合下列安全要求：

① 室内布线如需打孔施工时，应注意避开既有的预埋管线。

② 配线用电缆或电线完成绝缘测试后，应进行放电。

③ 电源线连接前，应注意确认极性。

④ 不应将眼睛直视光通信设备和仪表上的激光发射端孔。

(5) 通信电源设备施工应符合下列安全要求：

① 施工前必须保证电源与负载之间的所有开关处于断开状态，在开关处设有"停电作业，严禁合闸"等警示牌并做好防护隔离，同时在场地进出处做好警示标志。

② 设备加载前应对电源进行测量，确认电压等参数符合用电要求。

③ 加电后作业严禁将手、脚、头部以及其他可导电物体伸入设备内部。

④ 加电后需要人手进入设备内部操作的，人体应有绝缘防护措施。接触或接近带电部分的金属工具除接触面外，裸露的金属应全部缠绕胶带绝缘。

⑤ 施工完成后，应检查设备和电源指示灯工作正常和各项电源参数正常，通信电源告警必须有效。

⑥ 施工完成后必须将机房和设备门窗、洞口封闭，危险电压和电流应做隔离防护和警示处理。电源设备门在非维护期间应处于关闭状态。

⑦ 电源室应保持干燥通风和通道畅通。

(6) 蓄电池安装应符合下列要求：

① 安装环境不应有有机溶剂和腐蚀性气体。

② 蓄电池不应接近热源和火源，与变压器、电源开关或熔断器等设施的距离应不大于0.5 m。

③ 蓄电池密封阀不应松动，不得拆卸密封阀。

④ 蓄电池较重时应选用运输吊装工具，严禁翻滚、摔掷；在装卸、搬移过程中注意防止短路。

⑤ 安装蓄电池时必须使用绝缘工具。

⑥ 蓄电池与负载或充电器连接时，电路开关应断开，同时注意核对极性，严禁反极性或短路。

⑦ 作业人员应做好人身防腐蚀措施，发现蓄电池外壳破裂硫酸外溢时，严禁碰触。

⑧ 清洁蓄电池时不得使用有机溶剂。

(7) 安装室内接地线应符合下列安全要求：

① 接地线严禁使用裸导线布放，其截面积应符合设计要求。

② 室内通信设备的接地线应单独与室内接地汇集排相连，不得在一条接地线上串接。不得通过安装加固螺栓与建筑钢筋相碰而形成电气接通。

③ 配线架应从室内接地汇集排上引入保护地线。配线架与通信设备之间不应通过走线架形成电气连通。

④ 通信设备的工作接地和保护接地线应从室内接地汇集排上引入。

⑤ 电源地线、保护地线与交流中性线应分开敷设，不得相碰，更不得合用。

5.1.4　室外设备

通话柱、扩音柱、直放站支柱、视频摄像杆塔等的安装不得侵入铁路建筑限界，以免影响铁路信号的显示。

安装高处的扬声器、视频摄像机等设备时，应符合高处作业安全要求，并应及时做好防雷接地。

中继器、直放站、远端站等设备安装在隧道壁上时，应牢固可靠固定，放在避车洞内时，应采取相应的防护措施。

机车信号设备安装应符合下列安全要求：

(1) 安装设备时，机车必须入库，且必须在机车停机状态下进行，并应做好机车防溜和人身防护措施，在驾驶室放置“正在施工作业”明示牌。

(2) 需登机车顶部作业时，应符合高处作业安全要求，在电气化区段需登顶作业时，接触网必须断电。

(3) 设备安装位置及安装方式应符合设计要求，并应通风良好，不影响司机操作。控制盒安装的位置应便于司机操作。

(4) 设备主机与其他弱电设备合用安装机架时，应确保电磁兼容要求。

(5) 机车天馈线在机车顶部走线时，每隔 0.5 m 固定一次，最后集中从一个孔洞引入机车内部，引入孔洞应做防水处理。

(6) 机车馈线转弯半径应大于 5 倍馈线半径。

(7) 在机车上敷设电缆时,应避开周围热管路。机车通信设备、线路安装应固定牢靠。

5.1.5 系统调试

系统调试前单机应调试正常。

(1) 设备单机调试前,应先确认已符合下列安全要求:

① 机架安装位置和安装强度符合设计要求。子架安装位置及单元电路板插入可靠、位置正确。

② 设备配线已完成,检查核对无误。

③ 通信机房提供的电源符合设备使用技术要求,电源设备调试合格。

④ 设备已可靠接地,接地电阻符合要求。

⑤ 设备单机加电后运转良好,内置风扇正常启动,各单机显示告警状态符合当前实际使用情况。

⑥ 各种业务接入时,已按设计要求和用户入网方式,分清接口类型,进行正确连接。

⑦ 设备单机性能检测宜在设备开机通电 30 min 后进行。

(2) 在操作系统网管前,应符合下列安全要求:

① 操作者级别与权限已经设定,操作密码已经设定。

② 系统冗余已经得到充分考虑。

③ 系统数据已经做好备份。

(3) 通信测试有关仪表应符合下列安全要求:

① 仪表操作人员应得到充分的培训,达到胜任条件并取得操作授权。

② 仪表应状态良好并在计量检定有效期内。

③ 通信测试仪表应严格按照使用说明书规定的方法操作。

④ 仪表应正确连接,并且不得超量程使用。严禁无关人员拨动仪表。

⑤ 不得在仪表室(盘)周围安放对仪表灵敏度能产生干扰的设备、线路和管道等,也不得堆放产生腐蚀性气体的化学物品。

⑥ 对有接地要求的仪表,测试前应做好接地连接。

第2节 信号工程

5.2.1 一般规定

信号工程施工应考虑下列主要危险源和危害因素:

(1) 未与设备管理单位和行车组织单位签订施工安全协议,未调查了解既有信号设备类型和使用情况。

(2) 施工及施工过渡、开通方案不合理或未按批准的方案实施,未制定应急预案。

(3) 挖沟、坑前未对地下设施进行调查,未采取相应的防护措施,造成挖伤、挖断光电缆现象发生。

(4) 过渡施工未对新设备与既有设备结合部位查线摸底,未确认实物与图纸是否相符。

(5) 信号电缆绝缘不良,设备配线错误。

(6) 施工借用既有信号电缆、电源。

(7) 工具、材料放置侵界或使轨道电路短路。

(8) 道岔调整不密贴。在非正常行车施工中，工务钉固道岔的转辙机未甩杆、未断开安全接点、未切断启动电源。

(9) 竖立或拆除高柱信号机柱时未登记要点及按规定设置防护。

(10) 尚未开通的信号机不打无效标或漏光。

(11) 高空作业未佩戴安全帽及安全带。

(12) 机械室施工无防火措施。

(13) 采用封连线或其他手段封连使用中的各种信号设备电气接点。

(14) 信号联锁、列控及列车调度指挥、调度集中等系统未试验或试验不彻底。

(15) 新开通线路，可能造成分路不良的轨道区段未登记。

(16) 设备开通前信号设备变化资料未按规定上报公示。

(17) 在营业线上安装、更换钢轨绝缘时未登记要点；电力牵引区段更换轨道设备需断开轨道牵引回流通道路时，未执行先通后断原则。

(18) 营业线施工，未对既有设备进行可靠防护。

(19) 在营业线线路上施工，未按规定设置列车和人身安全防护。

信号施工时，不得将材料、工具物品放置在道岔、钢轨以及其他任何妨碍行车安全的地点，放置的材料、工具不得将轨道电路短路。

信号设备安装不得侵入铁路建筑限界。

使用起重机等大型机械进行搬运、吊装等作业前，应核实机械设备状态正常并符合使用要求。搬运、吊装的作业半径不得侵入铁路建筑限界。

使用人力进行搬运机械设备等作业时，必须配备足够的人力。

进行轨道钻孔作业时，必须使用专门钻孔设备。电力钻孔设备电源应采用发电机电源，不得借用既有信号设备的电缆、电源；发电机应放置在线路外侧 2 m 以外。

进行轨道钻孔作业，当电源线横过线路钢轨时，应从钢轨底部穿过。中间停止作业时，应设专人看守或即时收回。

在无砟轨道的轨道板、道床板、防护墙、隧道壁等混凝土构件上钻孔作业时，应经相关单位同意后进行，钻孔前应进行钢筋探测，钻孔的深度不得大于规定值。

信号工程施工应有良好的照明条件。

5.2.2　光电缆线路及贯通地线

多工种交叉施工时应做好防护，防止其他专业施工损坏电缆、箱盒及管道等设备。

人工敷设贯通地线时，严禁压、折、摔、磨、扭曲贯通地线，不得在地上拖拉贯通地线。贯通地线应平顺连接。

5.2.3　地面固定信号

在土质松软、不稳定且有坍塌危险的地点挖坑时，应采取加固防护措施。高柱信号机机柱坑坑底应采取防沉降措施。人工挖高柱信号机机柱坑时，机柱马道应顺着线路方向。

(1) 人工竖立高柱信号机机柱应符合下列安全要求：

① 人工竖立机柱前，应对参加作业人员进行作业程序及方法的培训。

② 立杆前应检查立杆工具，特别是“把杆”、大绳及各种钩环必须结实无损伤。

③ 作业人员应服从指挥，步调统一。牵引大绳人员用力要均匀，脚不应离地，绳子不应缠在腰间及手臂上。

④ 基坑回填时应分层夯实。

（2）机械竖立高柱信号机机柱应符合下列安全要求：

① 检查起重机、滑车、吊杆等的机械状态应完好。

② 滑车竖立高柱信号机机柱时，人员应在机柱高度 1.2 倍的距离之外。

③ 使用起重机立杆时，作业人员不得站在起重机臂或机柱下。

④ 回填并夯实后方可撤去拉绳或者撤离起重机。

竖立高柱信号机机柱，在机柱坑未回填及夯实前不得攀登机柱。

撤除高柱信号机机柱时，用绳索牵引及叉杆加固后再进行作业。机柱倾倒应避免倒向线路、接触网、电力线和其他建筑物、设备；使用机械拔杆时，必须做好防护措施。机械设备的作业半径不得侵入铁路建筑限界。

（3）在信号机机柱上作业应符合下列安全要求：

① 雾天、雷雨或 6 级以上大风天气时严禁在信号机机柱上作业。

② 工具、材料等物品应放在工具袋内，不得放在信号机上。

③ 必须系好安全带并检查扣环是否扣牢，必须正确佩戴安全帽。

④ 严禁在同一机柱上、下同时作业或两人站在一个靠梯上作业。

⑤ 作业人员不得站在最高两级梯档上作业。

⑥ 作业人员身体重心不得倾斜到梯脚范围之外。

⑦ 作业人员在梯子上作业时，梯子内侧不得有人逗留。

⑧ 作业人员严禁上、下抛递配件或者工具。

在电力牵引区段竖立、撤除信号机柱以及吊装信号机构时，施工机具、设备外缘及施工作业人员距接触网带电部分不得小于 2 m。小于 2 m 时，应按规定办理停电手续或利用停电天窗时间施工。

在带电区域附近作业时，作业人员与带电体的安全距离应符合规定。

5.2.4 转辙装置

转辙装置安装作业应符合下列安全要求：

（1）在进行安装作业时，严禁进行该道岔的任何转换作业。

（2）施工时严禁用手指探销孔。

（3）需转动道岔时，应确认轨道之间无作业人员和工具、材料。

（4）安装完毕后，应确认各紧固件、开口销及防松卡安装正确、齐全、牢固。

（5）在道岔钻孔作业时，应在轨道间放置带有木柄或铁环的木垫；作业完毕后，应立即将木垫撤除。

（6）道岔手动转换时应指定专人统一指挥，指挥信号准确清晰，作业人员要听从指挥，避免转辙机等零部件损坏。

（7）各紧固件应连接齐全牢固，弹簧垫应紧牢。各牵引点手动转换无异常后，再进行电动试验。

5.2.5 轨道电路及轨旁设备

道岔跳线及钢轨连接线应及时盘绕、固定，穿越钢轨的跳线或钢轨连接线距轨底不得小于 30 mm。

在爆炸焊接作业时，点火燃烧过程中作业人员必须在燃烧点 1.5 m 以外。

电力牵引区段更换扼流变压器、中心连接板(线)、连接线、钢轨绝缘时，应按规定办理停电手续或利用停电天窗时间，确认停电后方可进行施工。

严禁在轨道上拉临时线沟通轨道电路。

安装计轴设备应符合下列安全要求：

(1) 禁止金属器具在已开通使用的计轴传感器上滑行。

(2) 计轴设备轨道箱不得侵入铁路建筑限界，距所属线路不得小于规定值。

应答器安装应符合下列安全要求：

(1) 安装人员应经过安全和安装培训，并考试合格。

(2) 在安装前应确认应答器标签上标明的安装位置、线路公里标位置、上下行位置与设计图纸中安装应答器的位置相符合。

(3) 应答器距轨面的高度应以应答器侧面的电气中心十字标记为准，距两轨的中心以应答器上表面的电气中心十字标记为准，应答器安装误差应符合相关要求。

5.2.6 车载信号

车载信号设备的安装应按规定在地铁运营管理部门的配合下进行，未经允许不得动用车上的设备。

在机车底部、机车顶部安装车载信号设备时，必须在机车静止、断电状态下进行，并做好机车防溜和人身防护措施，应在驾驶室放置“正在施工作业”标识牌。

因安装车载设备而上下机车时，应有防跌落的防护措施。

在机车内、外部进行焊接作业时，应有防火防爆措施。

设备配线应采用阻燃线或阻燃电缆，配线不得有中间接头。

车载信号设备电源不得接入其他用电设备。

在电力牵引区段的机车顶部作业时，必须申请办理停电作业手续，确认机车顶部区域接触网停电并采取防护措施后，方能施工作业。

5.2.7 室内设备

电缆井及引入通道进行电缆引入和固定施工时，电缆井内的作业人员必须做好防护措施。室内外作业人员应加强联系，协调作业。电缆的安装、固定一级预留量的盘绕方式应符合规定。

电源屏引入电源时，电源屏的开关必须断开，并应设置“禁止合闸”标识牌。

室内施工临时用电的电源插座必须加装漏电保护器，施工人员撤离时应及时断电。

室内各机柜(架、盘)、控制台、电源屏等应安装平稳、连接牢固。继电器、变压器、LEU 等设备应插接牢固。

室内配线作业必须在机柜(架、盘)连接牢固后进行,严禁作业人员在机柜(架)上部设置的走线架上停留休息。

室内各种配线应使用阻燃线且不得有中间接头和绝缘破损现象。

室内焊线时电烙铁应放在支架上,不得任意放置,防止烫伤手脚和烫坏电线;不用电烙铁时切断电源,冷却后收起,防止火灾;焊线时焊锡不应向下滴落,防止烫坏电线或落在两焊点之间造成短路。

梯凳承重能力应符合作业要求,应使用专用绝缘梯,禁止使用金属梯子。梯子应摆放平稳,使用过程中符合梯凳的有关安全要求,防止人员跌伤。室内电缆引入口、沟、槽应设盖板防护,防止人员跌伤。

室内设备器材应堆放在规定位置,并摆放整齐有序。

在室内施工时必须制定防火措施,应配备灭火装置。

在既有机械室内施工时,除满足上述条件外还应符合下列安全要求:

(1) 接到技术人员交底,进入既有机械室施工后,应遵守设备管理单位相关规定,并对既有设备进行可靠防护。

(2) 应在设备管理人员的配合下,确保新设备与既有设备结合部位的实物与图纸相符。新增配线及拆除线均应标识清楚。

(3) 施工人员查线时,不得影响既有设备使用。

(4) 室内施工用电和新设备导通试验,严禁使用既有设备电源。

(5) 施工完毕必须对更换后的设备进行试验,经设备管理单位确认合格后交付使用。

(6) 改造施工中,室内拆除废弃设备和配线时,应在施工点内进行,并做好防护措施。

5.2.8 信号设备防雷接地

电源室(电源引入处)防雷箱处、防雷分线室(或分线盘)处的接地汇集线应单独设置,并分别就近与环形接地装置单点冗余连接。

室外设备接地应符合下列安全要求:

(1) 信号室外设备的接地应就近与贯通地线的接地连接端子连接,其引接线截面积应符合设计要求。

(2) 室外设备进行接地连接前,应检查和测试贯通地线或综合接地连接端子的接地电阻不应大于 1 Ω。

(3) 安装信号防雷设备前必须先做好接地连接。

(4) 信号设备在进行通电前,必须做好接地连接。

(5) 信号设备安全地线、屏蔽地线和防雷地线等应符合设计要求。接地导线上严禁设置开关、熔断器或断路器。

(6) 信号设备防雷及接地装置的位置应符合设计要求。接地线与接地体之间应可靠连接,严禁虚焊虚接。

(7) 电力牵引区段有综合接地系统时,信号机构与梯子、继电器箱、道岔握柄、带柄道岔表示器以及距离接触网带电部分 5 m 范围以内信号设备的金属结构物应接入贯通地线接地端子,无综合接地系统时应可靠接地。

5.2.9　系统调试

室内外设备施工完毕，应首先对配线进行全面核对，做到图实相符。

系统调试前应对室内工作人员做出安全提示。在配电盘、电源屏、机架电源端子等处应做出安全标识，粘贴电源类型标签。系统调试带电作业电压大于 36 V 时，作业人员必须穿绝缘鞋，戴绝缘手套。

室内外设备连接前，应按照规定进行室内外电源测试；单项设备通电调试之前，应确认线缆连接正确，接地连接良好。

系统调试过程中，测试仪器仪表前，应核对仪器仪表的挡位，且测试线连接良好。

(1) 公司通电调试应符合下列安全要求：

① 试验前应对设备部位进行检查，确认各种接地连接符合设计要求。

② 楼内电源主开关由专人负责，按照指令进行操作。

③ 试验过程中，出现异常时应立即断电查找原因。

④ 室内外联合调试时，应以室内负责人指挥为主，通断电应相互告知。

(2) 电源屏的调试应符合下列安全要求：

① 电源屏在外部电源接入前，必须检查电源屏元器件是否齐全，各部端子压接、焊接必须正确牢固，开关动作良好。

② 在进行电源屏电源引入时，必须核对引入电源的电压、极性、相位等相关参数。

③ 电源屏、配电盘必须在安全地线、防雷地线连接良好、测试通过后方能通电。

④ 电源屏在带载使用前，必须测试电源屏各种输出电源参数，并符合设计文件及相关技术标准的规定。

(3) 道岔设备调试应符合下列安全要求：

① 道岔第一连接杆处的尖轨与基本轨间有 4 mm 及其以上间隙时，道岔不得锁闭。

② 室内作业人员操作道岔时，室内外作业人员应做到呼唤应答，室外应设立专人进行道岔区域的防护。

③ 室内外作业人员必须共同确认道岔实际开通位置与控制台定反位表示、控制台显示、继电器状态及联锁表位置一致。

④ 三相交流转辙机必须进行断相检查。

⑤ 营业线道岔试验结束时，应经设备管理人员验收确认正确后，方可销点、撤离现场。

(4) 信号机调试应符合下列安全要求：

① 信号机安装完成后，检查各个灯位的安装、排列顺序、配线是否正确，再从室内分线盘处对各灯位逐一进行送电试验。

② 列车色灯信号机必须进行主副灯丝的转换试验，并与室内进行核对。

③ 信号机、表示器灯光必须显示正确，必须达到正常的显示距离要求。

④ 营业线进行信号机送电试验不得影响行车，信号机试验期间灯光必须遮挡，不得与既有信号混淆。

⑤ 信号机应进行灯光转移试验。

(5) 轨道电路调试应符合下列安全要求：

① 送电试验前，应检查各部件的接地连接、送电电压等是否符合相关技术规范规定，检

查死区段的长度是否符合设计要求，并配备好对讲机。

② 轨道区段应逐个区段进行送电试验，室内送电电压必须符合规定，并对轨面电压、电流、分路状态、残压、死区段等逐项进行测量，并符合有关技术条件要求。

③ 营业线轨道电路试验不得影响既有轨道电路的使用，如需接入试验必须要点进行，试验结束后必须恢复既有轨道电路。

(6) 联锁试验调试应符合下列安全要求：

① 联锁试验应在室内外单项试验结束后进行。

② 联锁试验前应拆除单项试验所使用的各种设备。

③ 试验必须满足设计要求，联锁关系正确，室内外表示一致。

④ 联锁试验人员必须经过培训、考试合格后才能进行联锁试验。

⑤ 联锁试验前应制订周密的、分工明确的试验安全措施，必须由专人统一指挥试验并规范试验用语。

⑥ 联锁试验时必须设专人监控联锁试验过程，防止出现试验漏项、超范围、误操作等现象。

⑦ 严禁使用封连线进行联锁试验。

(7) 车载信号调试应符合下列安全要求：

① 安装车载信号设备前，必须进行单体设备的试验。

② 设备通电前，必须进行线缆的绝缘测试。

③ 车载信号设备电源必须进行容量核实确认。

④ 车载信号设备安装连接完成后，必须进行各项性能指标测试，并符合相关技术标准规定。

⑤ 车载信号试验的试验记录如果涉及线路、车站坐标等数据时，试验记录必须由专人进行处理保存，不得外泄。

(8) 营业线施工调试应符合下列安全要求：

① 严禁将尚未纳入联锁的设备与既有设备连接。严禁利用既有使用中的设备作为条件进行试验。

② 严禁在试验过程中采用“夹子线”“封连线”“二极管”或其他手段封连使用中的各种信号设备的电气接点。

③ 试验过程中，严禁将使用中的设备拆除进行新安装设备的试验。

④ 新设备的试验不得影响既有设备的使用。

⑤ 试验车运行期间，不得随意进行改变运行方向和运行计划的试验。

⑥ 保证车站与试验车、车站与现场间试验人员的通信畅通。

⑦ 需要进入现场处理故障时，必须办理申请要点手续。

⑧ 试验人员应对每次试验情况做好记录，对试验中发现的问题及时汇报，报请设计单位分析、处理。

⑨ 系统调试中发现系统功能或个别运营场景作业不能满足安全运营需求时，变更修改必须在设计单位组织下进行。

⑩ 设计单位修改过的软件、电路等，必须重新试验，验证其正确性。

⑪ 应按照联调联试方案进行各种动态场景试验，检查系统的配置、功能、性能和安全方

面能否满足系统设计方案和运营需要。

⑫ 应检查、测试信号系统设备灾害防护、雷电防护、综合接地防护等防护方案是否符合施工规范要求和设计要求。

⑬ 联调联试必须按试验方案和设计系统方案要求进行，特别是在通信故障、车站区间设备故障等特殊状况下确保系统的故障导向安全。

第6章 自动售检票系统工程

第1节 一般规定

城市轨道交通自动售检票(AFC)系统工程施工现场安全管理,应建立施工技术标准、安全管理体系、施工安全验收制度和施工安全水平评定考核制度。自动售检票系统按照施工内容可分为地面线槽预留预埋、闸机底座安装、闸机设备安装、自动售票机底座安装、自动售票机设备安装、自动查询机安装等。

AFC系统专业施工应满足以下作业条件:施工车站土建施工主体结构、中板结构已经完成;有出入口或竖井方便材料搬运;车站土建专业提供标高基准线、柱中线及主体结构和二次结构装修位置线;车站土建专业提供足够强度的现场照明,方便AFC系统专业施工;场地平整,无其他材料、杂物堆放。

第2节 地面线槽预留预埋施工

6.2.1 施工准备阶段

(1) 施工前,进行现场踏勘,核对施工径路、预留孔洞,确认现场条件能够进场施工。

(2) 与土建方签订进场协议、安全消防协议、临时用电协议等。

(3) 项目工程师编制专项施工方案,报项目技术负责人审批,并将审批后的施工方案细化至作业指导书层面。

(4) 根据土建专业要求,进行现场临时用电布设,配置消防器材。

(5) 编制作业指导书后,应在开工前组织技术人员认真学习实施性施工组织设计,阅读、审核施工图纸,澄清相关技术问题,熟悉规范及技术标准。

(6) 制定施工安全保证措施,提出应急预案。对施工人员进行安全技术交底,对参加施工人员进行上岗前技术培训,考核合格后持证上岗。

(7) 执行"三宝、四口、五临边"的防护要求,按照规范要求准备安全防护用品,注意用电安全。

6.2.2 施工作业内容

根据作业指导书的有关要求备齐现场使用的工机具及材料,施工测量放线,确认出线盒位置,截取线槽,确认分线盒位置,安装线槽支撑,安装分线盒、出线盒,安装连接线槽,伸缩、沉降处理，线缆电气连通及测试，线槽箱盒水平调整，线槽密封，线盒出线口防护，箱盒盖板安装，填写安装记录。

6.2.3 施工技术标准

(1) 线槽和分线盒、出线盒规格必须符合设计要求，线槽固定连接牢固，接口处严密整齐，端头密封，槽内无杂物。线槽口平滑、无毛刺。

(2) 线槽水平或垂直敷设直线部分的平直度和垂直度允许偏差不应大于 2 mm/m。

(3) 地面线槽的安装需和地面钢管安装、墙内线槽配电箱安装同步进行，预先留出预埋管线的位置。

(4) 线槽之间、箱盒之间的接地线连接可靠。

(5) 线槽的保护层应达到 15～20 mm 以上，严禁地面线槽、分线盒、出线盒超出地面。

6.2.4 劳动力及设备设施配置

劳动力配置见表 2-51，设备设施配置见表 2-52。

表 2-51 劳动力组织推荐表

序号	施工岗位	单位	数量
1	技术工程师	人	1
2	专(兼)职安全员	人	1
3	班组长	人	1
4	技术工人	人	4
5	辅助工人	人	8

表 2-52 设备设施配置推荐表

序号	名称	规格	单位	数量
1	冲击电钻	TE25	台	1
2	电焊机	BX1	台	1
3	电钻	P1L－SK－3280L	台	1
4	型材切割机	J3G－400	台	1
5	水平仪	Ni004	台	1
6	弹线墨斗	/	付	2
7	水平尺	/	把	1
8	测量皮尺	100 m	条	2
9	锯弓	/	把	4
10	卷尺	3 m	把	2
11	常用工具	榔头、螺丝刀	套	2
12	消防器材	MFZ/ABC 4	只	2

6.2.5 物资材料要求

材料应符合设计要求，还要符合国家规范或行业规范要求，并有 3C 认证。

(1) 地面线盒应有良好的密封性能,防护等级不低于IP40。面板与箱体连接必须可以调节高度,盒体应有明显的接地螺钉。盒内设有屏蔽分离板,保证强弱电之间的隔离。地面出线盒应能承受50 MPa的重压,盒体无明显变形。

(2) 地面线槽采用冷轧钢板热镀锌,内无锌渣残留,镀锌层不应露出金属基体,表面没有明显的层次感,不应有剥离、起皮、凸起等现象;镀锌层厚度应达65 μm,线槽厚度应达到2.5 mm。

(3) 地面线槽焊接处不得有漏焊、裂纹、夹渣、烧穿、弧坑等缺陷。

(4) 地面线槽加工成型后,断面形状应端正,无弯曲、扭曲、裂纹、边沿毛刺、翘边等缺陷。

(5) 地面线槽符合《电工电子产品环境试验　第2部分:试验方法 试验Ka:盐雾》(GB/T 2423.17—2008)的规定,经48 h的盐雾试验应不低于《户内户外钢制电缆桥架防腐环境技术要求》(JB/T 6743—2013)中的相关要求。

(6) 电缆线槽安装附件所用的钢板、圆钢、扁钢、角钢、螺栓、螺母、螺丝、垫圈、弹簧垫等金属材料应经过镀锌处理。

6.2.6 安全环保控制措施

(1) 施工区域应设警示标志,严禁非施工人员进入。

(2) 施工中应对机具进行定期检查、养护、维护。

(3) 为保证施工安全,现场应有专人统一指挥,并设一名专职安全员负责现场的安全工作,坚持进行班前安全教育制度。

(4) 管槽施工过程中,制定合理的作业程序,现场设专人指挥、调度,并设立明显标志,防止相互干扰碰撞。电动工具作业要留有安全距离,确保协调、安全施工。

(5) 进入施工场地时,必须穿工作服,佩戴安全帽,穿好荧光服,佩戴好胸卡。

(6) 使用的电器设备、电动工具要有可靠的保护接地措施,施工用的临时电源应带漏电保护装置。

(7) 保持施工现场、施工临时场地环境清洁,减少噪声、振动和固体废弃物对环境的影响,符合国家和地方有关环境保护法规及条例的要求。

(8) 坚持按《建筑施工场界环境噪声排放标准》(GB 12523—2011)及有关环保法规进行施工。

(9) 工程施工过程中,确保施工现场不出现不必要的障碍,存放和处置好设备及多余货物,清除掉现场所有垃圾或者不再需要的临时设施。

(10) 施工现场工具材料必须摆放整齐,保证施工场地整洁、干净、工完料清。

第3节　闸机底座的安装

6.3.1 施工准备阶段

(1) 施工前,进行现场踏勘,核对施工径路、预留孔洞,确认现场条件能够进场施工。

(2) 与土建方签订进场协议、安全消防协议、临时用电协议等。

(3) 根据土建专业要求，进行现场临时用电布设、配置消防器材。

(4) 编制作业指导书后，应在开工前组织技术人员认真学习实施性施工组织设计，阅读、审核施工图纸，澄清相关技术问题，熟悉规范及技术标准。

(5) 制定施工安全保证措施，提出应急预案。对施工人员进行安全技术交底，对参加施工人员进行上岗前技术培训，考核合格后持证上岗。

(6) 执行“三宝、四口、五临边”的防护要求，按照规范要求准备安全防护用品。

6.3.2　施工作业内容

根据作业指导书的有关要求备齐现场使用的工机具及材料，安装孔定位，打孔安装锚栓，闸机底座安装及调整，填写安装记录。

6.3.3　施工技术标准

(1) 终端设备构件连接应紧密、牢固，安装用的紧固件应有防锈保护层，与膨胀螺栓应固定牢固，垫片螺帽齐全，不得松脱。

(2) 闸机底座安装符合设计要求。

6.3.4　劳动力及设备设施配置

劳动力配置见表 2-53，设备设施配置见表 2-54。

表 2-53　劳动力组织推荐表

序号	施工岗位	单位	数量
1	班组长	人	1
2	技术工人	人	4
3	辅助工人	人	4

表 2-54　设备设施配置推荐表

序号	名称	规格	单位	数量
1	电锤	BOSCH/博世	把	1
2	水平仪	Ni004	台	1
3	橡皮锤	/	把	1
4	各种扳手	/	套	1
5	常用工具	/	套	1
6	记号笔	/	只	2
7	弹线墨斗	/	个	1
8	塞尺	/	把	2
9	红外线	41M/LS606JSII	台	4
10	吸尘器	VC－T3311E	台	2
12	消防器材	MFZ/ABC 4	只	2

6.3.5 物资材料要求

(1) 系统所需的闸机底座应满足设计图纸的安装、尺寸、颜色要求。

(2) 闸机底座应经细致清洗和防锈处理,并可经受现场环境条件。

(3) 闸机底座应具有足够的机械强度和刚度,经过常规的运输、储存和安装后,不产生破损变形。

6.3.6 安全环保控制措施

(1) 施工区域应设警示标志,严禁非施工人员进入。

(2) 施工中应对机具进行定期检查、养护、维修。

(3) 为保证施工安全,现场应有专人统一指挥,并设一名专职安全员负责现场的安全工作,坚持进行班前安全教育制度。

(4) 闸机底座安装施工过程中,制定合理的作业程序,现场设专人指挥、调度,并设立明显标志,防止相互干扰碰撞。电动工具作业要留有安全距离,确保协调、安全施工。

(5) 进入施工场地时,必须穿工作服,佩戴安全帽,穿好荧光服,佩戴好胸卡。

(6) 使用电器设备、电动工具要有可靠的保护接地措施,施工用的临时电源应带漏电保护装置。

(7)保持施工现场、施工临时场地环境清洁,减少噪声、振动和固体废弃物对环境的影响,符合国家和地方有关环境保护法规及条例的要求。

(8) 坚持按《建筑施工场界环境噪声排放标准》(GB 12523—2011)及有关环保法规进行施工。

(9) 工程施工过程中,确保施工现场不出现不必要的障碍,存放和处置好设备及多余货物,清除掉现场所有垃圾或者不再需要的临时设施。

(10) 施工现场工具材料必须摆放整齐,保证施工场地整洁、干净、工完料清。

第 4 节 闸机设备的安装

6.4.1 施工准备阶段

(1) 施工前,设备已搬运至安装区域,确认现场条件能够进场施工。

(2) 编制作业指导书后,应在开工前组织技术人员认真学习实施性施工组织设计,阅读、审核施工图纸,澄清相关技术问题,熟悉规范及技术标准。

(3) 制定施工安全保证措施,提出应急预案。

(4) 对施工人员进行安全技术交底,对参加施工人员进行上岗前技术培训,考核合格后持证上岗。

(5) 执行"三宝、四口、五临边"的防护要求,按照规范要求准备安全防护用品。

6.4.2 施工作业内容

根据作业指导书的有关要求备齐现场使用的工机具及材料,搬运设备,安装调平设备,设备紧固，设备配线，填写安装记录。

6.4.3　施工技术标准

（1）闸机设备构件连接应紧密、牢固，安装用的紧固件应有防锈保护层，与膨胀螺栓应固定牢固，垫片螺帽齐全，不得松脱。

（2）闸机设备就位时要“小心轻放”；设备安装与地面垂直，倾斜偏差小于设备高度的千分之一。

（3）闸机设备底部与地板间要求密封防水。

（4）闸机设备外壳、机柜要可靠地连接到配电箱 PE 线。

（5）闸机设备外形完整、表面完好，无划痕和破损。设备外形尺寸、设备内的部件和端口的型号、规格符合设计要求。

6.4.4　劳动力及设备设施配置

劳动力配置见表 2-55，设备设施配置见表 2-56。

表 2-55　劳动力组织推荐表

序号	施工岗位	单位	数量
1	班组长	人	1
2	技术工人	人	4
3	辅助工人	人	4

表 2-56　设备设施配置推荐表

序号	名称	规格	单位	数量
1	水平仪	Ni004	台	1
2	角度测量尺	/	把	1
3	线锤	/	个	2
4	各种扳手	/	套	4
5	常用工具	/	套	5
6	塞尺	/	把	1
7	消防器材	MFZ/ABC 4	只	2

6.4.5　物资材料要求

（1）系统的尺寸符合设计图纸要求。

（2）设备应具有足够的机械强度和刚度，安装固定方式应具有防震抗震能力，应保证设备经过常规的运输、储存和安装后，不产生破损变形。

6.4.6　安全环保控制措施

（1）施工区域应设警示标志，严禁非施工人员进入。

(2) 施工中应对机具进行定期检查、养护、维修。

(3) 为保证施工安全，现场应有专人统一指挥，并设一名专职安全员负责现场的安全工作，坚持进行班前安全教育制度。

(4) 闸机设备安装过程中，制定合理的作业程序，现场设专人指挥、调度，并设立明显标志，防止相互干扰碰撞。

(5) 闸机设备安装完成后要做好成品保护工作，粘贴成品保护标识。

(6) 进入施工场地时必须穿工作服，佩戴安全帽，穿好荧光服，佩戴好胸卡。

(7) 使用电器设备、电动工具要有可靠的保护接地措施，施工用的临时电源应带漏电保护装置。

(8) 保持施工现场、施工临时场地环境清洁，减少噪声、振动和固体废弃物对环境的影响，符合国家和地方有关环境保护法规及条例的要求。

(9) 坚持按《建筑施工场界环境噪声排放标准》(GB 12523—2011)及有关环保法规进行施工。

(10) 工程施工过程中，确保施工现场不出现不必要的障碍，存放和处置好设备及多余货物，清除掉现场所有垃圾或者不再需要的临时设施。

(11) 施工现场工具材料必须摆放整齐，保证现场施工场地整洁、干净、工完料清。

第5节　自动售检票机底座的安装

6.5.1　施工准备阶段

(1) 施工前，设备已搬运至安装区域，确认现场条件能够进场施工。

(2) 编制作业指导书后，应在开工前组织技术人员认真学习实施性施工组织设计，阅读、审核施工图纸，澄清相关技术问题，熟悉规范及技术标准。

(3) 制定施工安全保证措施，提出应急预案。

(4) 对施工人员进行安全技术交底，对参加施工人员进行上岗前技术培训，考核合格后持证上岗。

(5) 执行“三宝、四口、五临边”的防护要求，按照规范要求准备安全防护用品。

6.5.2　施工作业内容

根据作业指导书的有关要求备齐现场使用的工机具及材料，安装自动售票机底座，调平自动售票机底座，做好自动售票机底座成品保护，填写安装技术记录。自动检票机底座安装如图2-123所示。

6.5.3　施工技术标准

(1) 自动售票机底座安装牢固，安装用的紧固件应有防锈保护层，与膨胀螺栓应固定牢固，垫片螺帽齐全，不得松脱。

(2) 终端设备就位时要“小心轻放”；设备安装与地面垂直，倾斜偏差小于设备高度的千分之一。

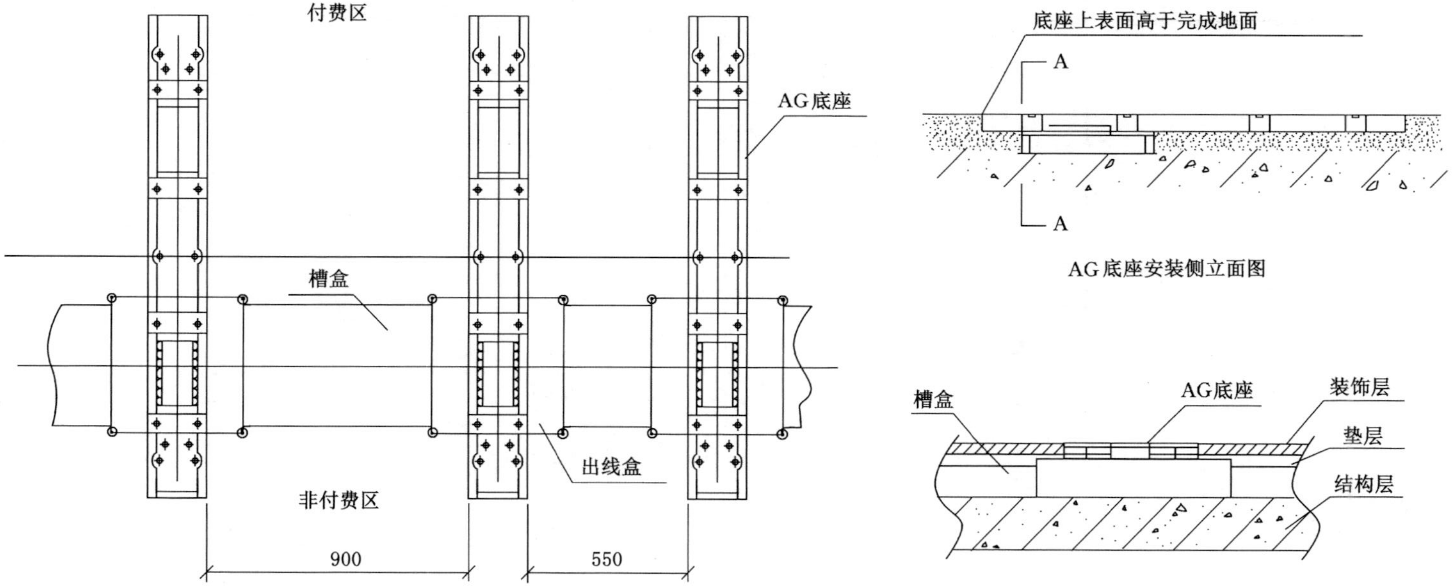

自动检票机（AG）底座安装正立面图　　A—A 剖面图

注：1. AG底座的安装条件是：结构层表面的地面（预埋）槽盒安装完成，槽盒上覆垫层浇筑完成，且出线盒口位置无误。
2. 应满足AG底座的中心线与地面槽盒的中心线垂直的安装定位要求。
3. AG底座应安装于地面垫层的表面。
4. 一般通道以及宽通道的相对距离和宽度须满足设计要求。

图 2-123　自动检票机底座安装图

(3) 自动售票机底座的尺寸、规格符合设计要求。

(4) 制作设备底座时,表面镀锌厚度不小于50 μm,底座面各种尺寸偏差不大于2 mm。

6.5.4 劳动力及设备设施配置

劳动力配置见表2-57,设备设施配置见表2-58。

表2-57 劳动力组织推荐表

序号	施工岗位	单位	数量
1	班组长	人	1
2	技术工人	人	4
3	辅助工人	人	4

表2-58 设备设施配置推荐表

序号	名称	规格	单位	数量
1	冲击钻	P1B—LP2—24C	把	1
2	水平仪	Ni004	台	1
3	角度测量尺	/	把	1
4	线锥	/	个	2
5	橡皮锤	/	把	2
6	各种扳手	/	套	4
7	常用工具	/	套	5
8	记号笔	/	只	2
9	弹线墨斗	/	个	2
10	塞尺	/	把	1
11	电锤	BOSCH/博世	把	1
12	消防器材	MFZ/ABC 4	只	2

6.5.5 物资材料要求

(1) 底座的规格、尺寸、颜色符合设计要求,并在设计时提交业主确认。

(2) 底座焊接处不得有漏焊、裂纹、夹渣、烧穿、弧坑等缺陷。

(3) 底座应具有足够的机械强度和刚度,设备安装固定方式应具有防震抗震能力,应保证设备经过常规的运输、储存和安装后,不产生破损变形。

6.5.6 安全环保控制措施

(1) 施工区域应设警示标志,严禁非施工人员进入。

(2) 施工中应对机具进行定期检查、养护、维修。

(3) 为保证施工安全,现场应有专人统一指挥,并设一名专职安全员负责现场的安全工作,坚持进行班前安全教育制度。

(4) 安装自动售票机底座过程中,制定合理的作业程序,现场设专人指挥、调度,并设立明显标志，防止相互干扰碰撞。

(5) 自动售票机底座安装完成后要做好成品保护工作。

(6) 进入施工场地时必须穿工作服，佩戴安全帽，穿好荧光服，佩戴好胸卡。

(7) 使用电器设备、电动工具要有可靠的保护接地措施，施工用的临时电源应带漏电保护装置。

(8) 保持施工现场、施工临时场地环境清洁，减少噪声、振动和固体废弃物对环境的影响，符合国家和地方有关环境保护法规及条例的要求。

(9) 坚持按《建筑施工场界环境噪声排放标准》(GB 12523—2011)及有关环保法规进行施工。

(10) 工程施工过程中，确保施工现场不出现不必要的障碍，存放和处置好设备及多余货物，清除掉现场所有垃圾或者不再需要的临时设施。

(11) 施工现场工具材料必须摆放整齐，保证现场施工场地整洁、干净、工完料清。

第6节　自动售检票机设备的安装

6.6.1　施工准备阶段

(1) 施工前，设备已搬运至安装区域，确认现场条件能够进场施工。

(2) 编制作业指导书后，应在开工前组织技术人员认真学习实施性施工组织设计，阅读、审核施工图纸，澄清相关技术问题，熟悉规范及技术标准。

(3) 制定施工安全保证措施，提出应急预案。

(4) 对施工人员进行安全技术交底，对参加施工人员进行上岗前技术培训，考核合格后持证上岗。

(5) 执行“三宝、四口、五临边”的防护要求，按照规范要求准备安全防护用品。

6.6.2　施工作业内容

根据作业指导书的有关要求备齐现场使用的工机具及材料，安装定位，安装调整设备，设备配线，填写安装记录。自动售检票机及查询机底座安装如图 2-124 所示。

6.6.3　施工技术标准

(1) 自动售票机设备构件应紧密、牢固，安装用的紧固件应有防锈保护层，与膨胀螺栓应固定牢固，垫片螺帽齐全，不得松脱。

(2) 自动售票机设备就位时要“小心轻放”；设备安装与地面垂直，倾斜偏差小于设备高度的千分之一。

(3) 自动售票机设备底部与地板间要求密封防水。

(4) 自动售票机设备外壳、机柜要可靠地连接到配电箱 PE 线。

(5) 自动售票机设备外形完整、表面完好，无划痕和破损。设备外形尺寸、设备内的部位和端口的型号、规格符合设计要求。

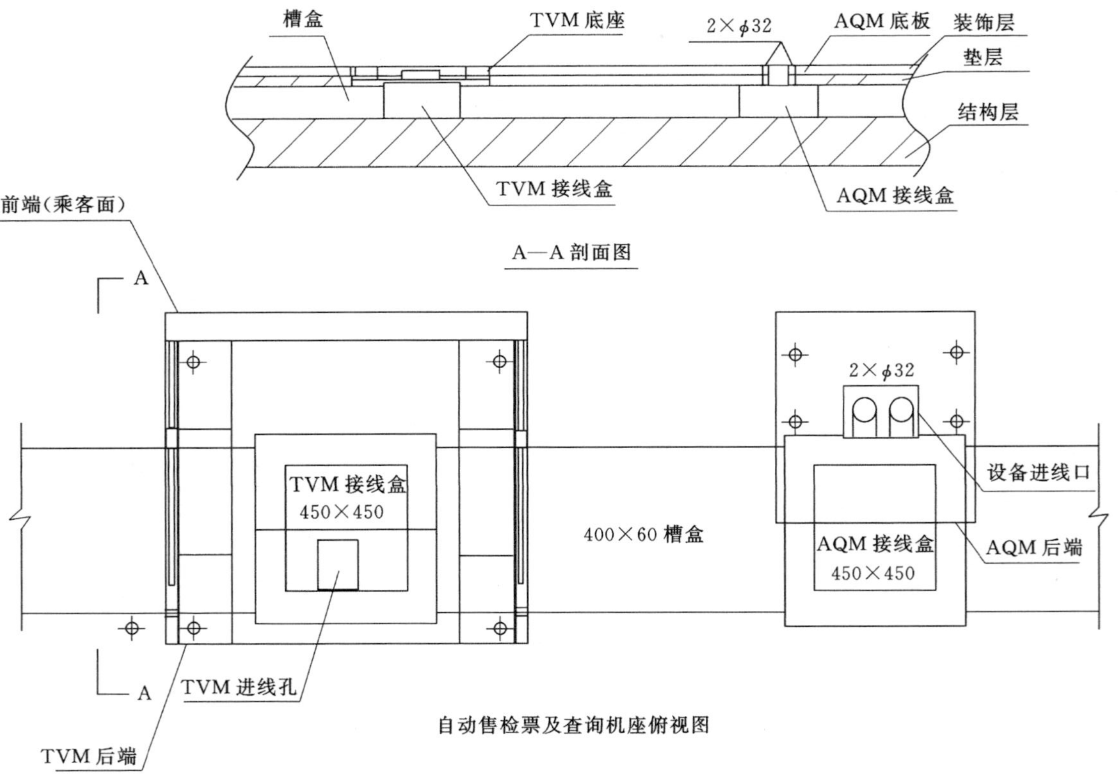

注:1. 自动售票机简称TVM;查询机简称AQM。

2. TVM 及 AQM 底座的安装条件是:结构层表面的地面(预埋)槽盒安装完成,槽盒上覆垫层浇筑完成,且出线盒口位置无误。

3.TVM 及 AQM 底座应安装于地面垫层的表面。

图 2-124　自动售检票机及查询机底座安装图

6.6.4　劳动力及设备设施配置

劳动配置见表 2-59，设备设施配置见表 2-60。

表 2-59　劳动力组织推荐表

序号	施工岗位	单位	数量
1	班组长	人	1
2	技术工人	人	4
3	辅助工人	人	8

表 2-60　设备设施配置推荐表

序号	名称	规格	单位	数量
1	冲击钻	TE25	把	1
2	水平仪	Ni004	台	1
3	角度测量尺	/	把	1
4	线锥	/	个	2
5	橡皮锤	/	把	2
6	各种扳手	/	套	4
7	常用工具	/	套	5
8	记号笔	/	只	2
9	弹线墨斗	/	个	2
10	塞尺	/	把	1
11	密封胶	/	箱	若干
12	消防器材	MFZ/ABC 4	只	2

6.6.5　物资材料要求

（1）自动售票机的尺寸、间距满足设计要求。

（2）自动售票机应具有足够的机械强度和刚度，设备安装固定方式应具有防震抗震能力，应保证设备经过常规的运输、储存和安装后，不产生破损变形。

（3）自动售票机底座焊接处不得有漏焊、裂纹、夹渣、烧穿、弧坑等缺陷。

6.6.6　安全环保控制措施

（1）施工区域应设警示标志，严禁非施工人员进入。

（2）施工中应对机具进行定期检查、养护、维修。

（3）为保证施工安全，现场应有专人统一指挥，并设一名专职安全员负责现场的安全工作，坚持进行班前安全教育制度。

（4）安装自动售票机设备过程中，制定合理的作业程序，现场设专人指挥、调度，并设立明显标志，防止相互干扰碰撞。电动工具作业要留有安全距离，确保协调、安全施工。

（5）保持施工现场、施工临时场地环境清洁，减少噪声、振动和固体废弃物对环境的影响，符合国家和地方有关环境保护法规及条例的要求。

（6）坚持按《建筑施工场界环境噪声排放标准》（GB 12523—2011）及有关环保法规进行施工。

（7）工程施工过程中，确保施工现场不出现不必要的障碍，存放和处置好设备及多余货物，清除掉现场所有垃圾或者不再需要的临时设施。

（8）施工现场工具材料必须摆放整齐，保证现场施工场地整洁、干净、工完料清。

第7节　自动查询机的安装

6.7.1　施工准备阶段

（1）施工前，设备已搬运至安装区域，确认现场条件能够进场施工。

（2）编制作业指导书后，应在开工前组织技术人员认真学习实施性施工组织设计，阅读、审核施工图纸，澄清相关技术问题，熟悉规范及技术标准。

（3）制定施工安全保证措施，提出应急预案。

（4）对施工人员进行安全技术交底，对参加施工人员进行上岗前技术培训，考核合格后持证上岗。

（5）执行“三宝、四口、五临边”的防护要求，按照规范要求准备安全防护用品。

6.7.2　施工作业内容

根据作业指导书的有关要求备齐现场使用的工机具及材料，打孔安装锚栓，安装设备、设备配线，填写安装记录。

6.7.3　施工技术标准

（1）自动查询机与膨胀螺栓应固定牢固，垫片螺帽齐全，不得松脱。

（2）自动查询机就位时要“小心轻放”；自动查询机安装与地面垂直，倾斜偏差小于设备高度的千分之一。

（3）自动查询机底部与地板间要求密封防水。

（4）自动查询机外壳要可靠地连接到配电箱 PE 线。

（5）自动查询机外形尺寸、设备内的部位和端口的型号、规格符合设计要求。

6.7.4　劳动力及设备设施配置

劳动力配置见表 2-61，设备设施配置见表 2-62。

表 2-61　劳动力组织推荐表

序号	施工岗位	单位	数量
1	班组长	人	1
2	技术工人	人	4
3	辅助工人	人	4

表 2-62　设备设施配置推荐表

序号	名称	规格	单位	数量
1	冲击钻	TE25	把	1
2	水平仪	Ni004	台	1
3	角度测量尺	/	把	1
4	线锥	/	个	2
5	橡皮锤	/	把	2
6	各种扳手	/	套	4
7	常用工具	/	套	5
8	记号笔	/	只	2
9	弹线墨斗	/	个	2
10	塞尺	/	把	1
11	密封胶	/	箱	若干
12	消防器材	MFZ/ABC 4	只	2

6.7.5　物资材料要求

（1）系统所需的所有膨胀螺栓需具有防锈功能。

（2）自动查询机应具有足够的机械强度和刚度，安装固定方式应具有防震抗震能力，应保证设备经过常规的运输、储存和安装后，不产生破损变形。

（3）自动查询机膨胀螺栓长度满足设计要求。

6.7.6　安全环保控制措施

（1）施工区域应设警示标志，严禁非施工人员进入。

（2）施工中应对机具进行定期检查、养护、维修。

（3）为保证施工安全，现场应有专人统一指挥，并设一名专职安全员负责现场的安全工作，坚持进行班前安全教育制度。

（4）安装自动查询机过程中，制定合理的作业程序，现场设专人指挥、调度，并设立明显标志，防止相互干扰碰撞。电动工具作业要留有安全距离，确保协调、安全施工。

(5) 保持施工现场、施工临时场地环境清洁，减少噪声、振动和固体废弃物对环境的影响，符合国家和地方有关环境保护法规及条例的要求。

(6) 坚持按《建筑施工场界环境噪声排放标准》(GB 12523—2011)及有关环保法规进行施工。

(7) 工程施工过程中，确保施工现场不出现不必要的障碍，存放和处置好设备及多余货物，清除掉现场所有垃圾或者不再需要的临时设施。

(8) 施工现场工具材料必须摆放整齐，保证现场施工场地整洁、干净、工完料清。

第8节　线路联调

6.8.1　与既有清分中心(ACC)调试

(1) 线路中央计算机管理中心(LC)与 ACC 网络互通，数据传输功能正常，网络带宽符合规范要求。

(2) 交易系统接口测试：一卡通、一票通、审计交易数据正常。

(3) 通信系统接口测试：心跳报文、设备状态报文准确性符合要求；ACC 下发的控制指令，如停止服务、模式切换、紧急模式、开站/闭站等，LC、SC(车站计算机管理系统)能正确响应。

(4) 参数系统接口测试：系统控制参数准确，符合规范要求。

6.8.2　与既有线路互通调试

(1) 检验终端设备、车站计算机系统、线路中心系统与 ACC、一卡通系统间数据统计的准确性与完整性，验证 ACC 清分数据的正确性。

(2) 检验 AFC(自动售检票)系统与既有线路 AFC 系统间的互联互通功能，购票、进站、出站的情况，及数据信息的准确性。

(3) 研判 AFC 系统是否达到与该城市的路网互联互通的相关要求。

6.8.3　与外部调试

6.8.3.1　与 ISCS(综合监控系统)联调

(1) 通道测试：检查各接口是否恰当地、正确地连接到双方指定的端子上；检查各接口端对端是否恰当地、正确地连接；验证接口性能是否合乎要求。

(2) 功能测试：车站将 IBP(综合后备盘)盘 AFC 紧急释放按钮打到“FAS 禁止”位，按下 AFC 紧急按钮，验证车站大厅 AFC 进出闸机门打开状况，中心环调、车站值班员核对相关设备信息与现场一致；SC 发出紧急状态闸机工作模式指令，验证进出口闸机和自动售票机的动作状态，中心环调、车站值班员核对相关设备信息与现场一致；车站 AFC 设备模拟故障点位及报警信息，中心环调、车站值班员核对相关设备信息与现场一致。

6.8.3.2　与 FAS(火灾自动报警系统)联调

IBP 盘 AFC 紧急释放按钮打到“FAS 允许”位，FAS 在车站产生一个火灾报警信号，验证出口闸机和自动售票机的动作状态，中心环调、车站值班员核对相关设备信息与现场一致。

第7章　火灾自动报警系统工程

第1节　一般规定

(1) 使用人字梯进行高处开槽作业时，应对人字梯进行外观检查及蹬踏试验。人字梯必须架设平稳、可靠，人字梯夹角宜为35°～45°，梯脚要采取防滑措施，不得垫高使用。梯上作业时，梯下要有人看护。

(2) 施工工(器)具电源线必须从配电箱漏电保护器下接线，作业人员做好安全防护措施。电源线从配电箱漏保处引线，线与配电箱的接触要符合《施工现场临时用电安全技术规范》(JGJ 46—2005)的要求，下部接线，电缆线与配电箱接触部分应有护套。

(3) 墙面线管开槽时，应避免砖渣蹦弹及开槽机切片弹飞造成作业人员伤害事故。作业人员须佩戴防尘口罩及防护镜，以免眼部受伤及灰尘吸入肺部。

(4) 气灭管道试验压力较高，管道试压宜在夜间进行。试压区域应设置警戒线，无关人员严禁进入试压区域，避免出现安全事故。现场应有安全人员监护，场外有应急车辆待命。试压方案经过项目总工审核，并应包含安全防范措施，报监理批准后实施。

(5) FAS系统探测器安装完成后，原带的防尘罩不要拆除，外加塑料袋满包，与底座裹紧。安装其他终端设备时，将面层污渍清除后即用防潮膜满铺保护，然后用珍珠棉满铺保护。终端设备(除探测器外)保护后，张贴成品保护牌。

(6) 安装FAS系统控制器时注意表面避免划痕。安装后清除表面污渍，然后用保护罩将FAS控制器包裹住，保护罩材质宜为三防布。安装气灭控制器和吸气式主机后，清除表面污渍，使用珍珠棉将其满包，且贴成品保护牌。

(7) 运输气瓶时，应采用多人搬抬的方式运输，严禁将气瓶在地上滚动，以免造成气瓶面漆破坏和气瓶爆炸。安装完气瓶后，使用自粘型塑料薄膜全方位将气瓶包裹起来，避免磕碰及灰尘污染，并悬挂成品保护牌及高压危险警示牌。

第2节　火灾报警系统主要设备、设施的安装

7.2.1　布线

(1) 火灾自动报警系统的布线应符合设计要求以及《火灾自动报警系统施工及验收标准》(GB 50166—2019)、《电气装置安装工程 电缆线路施工及验收标准》(GB 50168—2018)和《电气装置安装工程 接地装置施工及验收规范》(GB 50169—2016)等现行有关规范的规定。

（2）所有现场安装的设备、线路、交接位、喉管、线槽，应加以适当的标记以便识别，所有标记必须依照施工图列名。

（3）火灾自动报警系统布线时，应根据现行国家标准《火灾自动报警系统设计规范》（GB 50116—2013）的规定，对导线的种类、电压等级进行检查。

（4）不同系统、不同电压等级、不同电流类别的线路，不应穿在同一管内或线槽的同一槽孔内，并且相距至少 0.5 m。管路必须可靠接地，不可作为地线用。

（5）报警回路及 24 V 供电的控制线路可穿入同一根管内，与消防电话通信电缆必须分别独立穿管，不得混乱。所有导线的连接必须在已确认接线端子内，每个端子上只能同时容纳两根导线。接线端子箱内的端子为压接的端子板，其接线端子上及导线上应有相应的标号。

（6）在管内或线槽内的导线不应有接头或扭结。导线的接头应在接线盒内焊接或用端子连接，不允许中途搭接。

（7）由于采用十二位模块箱，模块到监控设备的线路相对集中，应注意穿管绝缘导线或电缆的总截面积，不应超过管内截面积的 40%。必要时，由模块箱到监视或控制设备的电线电缆所采用的线管应采取多根穿线敷设。当在管内进行布线时，必须做好防护措施（例如加入适当的润滑剂），以防止伤及导线。

（8）敷设光纤电缆时，必须安排至少一位合格的工程师在场指导，所有接头的安装必由合格的技术人员负责。

（9）敷设完光纤电缆后，安装单位必须安排相关的测试，确保光缆能正常工作。最后应通过系统承包商、监理及业主确认。

（10）火灾自动报警系统导线敷设后，在接上设备前应对每回路的导线用 500 V 的兆欧表测量绝缘电阻，其对地绝缘电阻不应少于 20 MΩ。测试时应确保回路上未安装有任何电子设备，包括探测器底座，否则会烧毁回路上的设备。

7.2.2 系统接地

用截面为 4.0 mm^2 的导线将控制盘的接地端子和气瓶室内的专用弱电接地母排相连。火灾控制器的外壳、金属支架作为保护接地，接地线与保护接地线连接。

第3节 管网安装

（1）灭火剂输送管道应采用无缝钢管，其质量应符合现行国家标准《输送流体用无缝钢管》（GB/T 8163—2018）、《高压锅炉用无缝钢管》（GB/T 5310—2017）等的规定。

（2）安装每段气体管道前，应用干净的布条将钢管内腔清洁干净。

（3）灭火剂输送管道及管件内外表面应采用热浸锌镀锌防腐处理，锌层的质量可参照《低压流体输送用焊接钢管》（GB/T 3091—2015）的规定。

（4）灭火剂输送管道可采用螺纹连接、法兰连接或焊接。公称直径等于或小于 80 mm 的管道采用螺纹连接；公称直径大于 80 mm 的管道采用法兰连接。

（5）无缝钢管采用法兰连接时（包括与选择阀等个别连接部位需要法兰焊接），应采用《对焊钢制管法兰》（JB/T 82—2015）中规定的法兰，并应采用金属齿形垫片，在焊接后进行内外镀锌。

(6) 灭火剂输送管道采用螺纹连接时，应采用《60°密封管螺纹》(GB/T 12716—2011)中规定的螺纹。对已镀锌的管道不能采用焊接连接，如必须焊接，必须在焊接后进行内外镀锌。

(7) 与法兰焊接的管道焊接后进行内外镀锌，减压装置下游螺纹连接的管道采用镀锌无缝钢管。机械套丝后，如果直接安装，应先去油，然后直接上填充物，最后安装管接件；如果不直接安装，直至安装前先不要去油。安装后，对于暴露在管接件外的丝扣部分，需加防锈油漆处理。

(8) 不允许灭火剂输送管道从公共区通过，要求管线走向以最短的距离从气瓶间到气体保护房间，从走道或房间吊顶通过，管道布置必须顺直，尽量减少转弯，并应符合综合管线要求。

(9) 管道穿越楼板、墙壁等应设置套管，具体做法应符合《气体灭火系统施工及验收规范》(GB 50263—2007)中的规定。当管道穿越墙壁时，套管的长度应与墙壁的厚度相等；当管道穿越楼板时，套管的长度应高出地板 50 mm。管道与套管间的空隙应采用柔性不燃烧材料填塞密实。

(10) 灭火剂输送管道的外表面应涂红色油漆。在吊顶内、活动地板下等隐蔽场所内的管道，可涂色环。色环颜色、喷涂要求按相关文件要求执行。

(11) 系统喷嘴处均应设置支架固定，支架与喷嘴间的管道长度不应大 300 mm，同时不应影响喷头喷放。其余管道支吊架设置应符合《气体灭火系统施工及验收规范》(GB 50263—2007)的规定。

(12) 管道的三通接头的分流出口应水平安装。

(13) 在安装有释放喷嘴的管道的末端，应采用三通接头，并加装 50 mm 左右的短管和螺纹管帽。

第 4 节　气瓶间设备的安装

(1) 安装设备前应具备以下技术资料：容器阀、选择阀、单向阀、喷嘴和阀驱动装置等系统组件的产品出厂合格证和由中国国家质量监督检验测试中心出具的检验报告；灭火剂输送管道及管道附件的出厂检验报告与合格证、质量检验报告。系统中采用的不能复验的产品(如安全膜片等)，应有生产厂出具的同批产品检验报告与合格证。

(2) 施工应按照设计施工图纸和相应的技术文件进行，不得随意更改。当需要进行修改时，应经设计单位和业主同意。灭火系统的施工应按国家规范要求做好施工记录。防护区地板下、吊顶上或其他隐蔽区域内的管道应做好隐蔽工程中间验收记录。

(3) 集流管的制作，阀门、高压软管的安装，管道及支架的制作、安装以及管道的吹扫、试验、涂漆，应符合现行国家标准《工业金属管道工程施工规范》(GB 50235—2010)中的有关规定。

(4) 在系统安装前，应对选择阀、液体单向阀、高压软管和阀驱动装置中的气体单向阀逐个进行水压试验和气压严密性试验，并应符合《气体灭火系统施工及验收规范》(GB 50263—2007)中的规定。

（5）在系统安装前，应对阀驱动装置进行检查，并应符合《气体灭火系统施工及验收规范》（GB 50263—2007）中的规定。

7.4.1 灭火剂瓶组的安装

（1）灭火剂瓶组内的灭火剂充装与增压应在生产厂完成。

（2）产品出厂前，钢瓶中已充满 IG541 气体，灭火剂瓶组的操作面距墙或操作面之间的距离不小于 1.0 m。

（3）灭火剂瓶组的压力表应朝向操作面，安装高度和方向应一致。

（4）支、框架应固定牢靠，且应采取防腐处理措施。

（5）灭火剂瓶组正面应设耐久的固定标牌，标明每个储存容器的编号、容积、灭火剂名称、充装压力和充装日期等。

（6）钢瓶的安装应严格按照图纸设计要求进行，钢瓶的位置、数量应与图纸相符。

7.4.2 选择阀的安装

（1）选择阀适用于组合分配的灭火系统中，可以引导药剂流向指定的保护范围。每个保护区的气体输送管上安装一个相应尺寸的选择阀，选择阀设备设于钢瓶间。

（2）选择阀上有气体流动方向标志，安装时按照标志的方向将选择阀安装在气体输送管上。DN32～DN100 的选择阀用丝口连接，用螺纹连接的选择阀与管道连接处采用活接头。

（3）每个选择阀上都应安装一个应急操作的选择阀紧急机械启动器，为便于操作和维修，选择阀操作手柄应安装在操作面一侧，安装高度应为 1.5 m 左右，且不应超过 1.7 m。

（4）每个选择阀上应有保护区名称或编号的永久性标志（如指示牌），并应将标志牌固定在操作手柄附近。

7.4.3 电磁阀启动器的安装

（1）电磁阀应安装在指定的启动钢瓶容器阀上。

（2）防护区的启动钢瓶上的电磁阀接入控制盘的一个释放回路上。

（3）在系统交付使用前，电磁阀应与释放回路断开。

7.4.4 紧急机械启动器的安装

（1）紧急机械启动器安装在指定的启动钢瓶的容器阀和选择阀上，在应急操作时，所需的压（拉）力应不超过 150 N，移动距离不大于 300 mm。

（2）容器阀紧急机械启动器平时置于锁定位置，应急操作时才拔开锁定销，拉动操作手柄，开启启动钢瓶和选择阀。

7.4.5 启动钢瓶的安装

（1）启动钢瓶是用高强度的合金钢制成的，以满足 6 MPa 的储存压力和 9 MPa 的水压强度试验压力。钢瓶容积为 4 L，在规定的储存压力下可储存氮气。产品出厂前，钢瓶中已充有 6 MPa 的氮气。

(2) 钢瓶组的操作面距墙或操作面之间的距离不宜小于 1.0 m。

(3) 钢瓶容器阀上的压力表应朝操作面,安装高度和方向应一致;每个钢瓶组的正面应该标有气体名称和钢瓶的编号。

(4) 钢瓶的安装应严格按照图纸设计要求进行,钢瓶的位置、数量应与图纸相符。

7.4.6　启动管路的安装

(1) 启动管路安装在启动钢瓶容器阀上,应按照图纸上的启动管路连接示意图进行正确的连接。

(2) 启动管路的材质为紫铜管,壁厚为 1 mm,管路通径为 DN6,工作压力为 6.0 MPa,测试压力为 9.0 MPa。

(3) 在每个启动装置的后面应安装启动管路放气阀(即低通高阻阀)。

7.4.7　高压释放软管的安装

(1) 高压释放软管是内径为 12 mm 的双层金属编织金属软管,连有接头和单向阀,它是连接钢瓶和集流管之间的管道。

(2) 高压释放软管的内置单向阀能防止部分钢瓶拆下后(软管仍连在集流管上),其他钢瓶喷射时引起系统药剂损失。

7.4.8　喷嘴的安装

(1) 释放喷嘴由铜制成,并永久性地标有喷嘴形式、尺寸、开孔孔径等,安装时必须与设计图纸中的喷嘴尺寸、开孔孔径相符。

(2) 设有吊顶的保护区内,吊顶下的喷嘴应安装喷嘴挡流罩,以控制药剂的喷射方向,防止损坏吊顶或其他灯具。如果安装在吊顶下的喷嘴不带装饰罩,其连接管管端螺纹不应露出吊顶。

第 5 节　钢管及线槽的安装

(1) 火灾自动报警系统的管道安装应符合设计要求以及《火灾自动报警系统施工及验收标准》《电气装置安装工程 电缆线路施工及验收标准》和《电气装置安装工程 接地装置施工及验收规范》等现行有关规范的规定。

(2) 所有现场安装的设备、线路、交接位、喉管、线槽,应加以适当的标记以便识别,所有标记必须依照施工图列名。

(3) 火灾自动报警系统的管道连接采用螺纹连接,管道与接线盒必须加丝扣套连接。线管与控制盘连接后必须做相应密封处理。所有的管道必须采用镀锌钢管(部分位置采用线槽,详见设计施工图纸),管道的敷设方式大部分采用明敷,并应在其表面涂上防火涂料,防火涂料应涂抹均匀,且不应被其他涂料所覆盖。若管道需要经过一些易爆或易受腐蚀的区域时,必须采取相应的防爆防腐保护措施。

(4) 穿线前,应将管内或线槽内的积水及杂物清除干净,并将管内的锋利边缘清除干净,避免线路受损。

(5) 当在室外敷设管道及设备时,对防水、防潮及防雷方面应做出适当的保护。

(6) 所有管道安装必须保持整齐,在一个相同的基准内施工,应与墙身及相邻的管道保持平行或垂直。在同一平面的相同区间内,所有管道必须保持高度一致。

(7) 敷设管路超过下列长度时,应在便于接线处装设接线盒:

① 管子长度每超过 45 m,无弯曲时。

② 管子长度每超过 30 m,有一弯曲时。

③ 管子长度每超过 20 m,有二弯曲时。

④ 管子长度每超过 12 m,有三弯曲时。

(8) 管子入盒时,盒外侧应套锁母,内侧必须装护口,在吊顶内敷设时,盒的内外侧均应套锁母。

(9) 在吊顶内敷设各类管路和线槽时,宜采用单独的卡具吊装或支撑物固定。

(10) 线槽的直线段每隔 1.0~1.5 m 设置吊点或支点,在下列部位也应设置吊点或支点:

① 槽接头处。

② 距接线盒 0.2 m 处。

③ 线槽走向改变或转角处。

(11) 吊装线槽的吊杆直径不应少于 6 mm。

(12) 管线经过建筑物的变形缝(包括沉降缝、伸缩缝、抗震缝等)处,应采取补偿措施,导线跨越变形缝的两侧应固定,并留有适当余量。

(13) 从接线盒、线槽等处引到探测器底座盒、模块箱的线路均应加金属软管保护,使用的金属软管长度不能超过 1 m。

(14) 敷设在多尘或潮湿场所的管路的管口和管子连接处,均应作密封处理。

(15) 所有在管道内、接线盒、现场设备及控制盘内的接线必须保持整齐。

(16) 火灾自动报警系统所有的安装材料应满足有关消防规定。由于地下车站湿度较大,安装控制盘和模块箱时,应考虑必要的防水措施,并在设备安装完毕后,应采取适当的防潮措施。所有的接线盒、模块盒及接线附材等必须采用热镀锌处理。

第 6 节　劳动力及设备设施配置

劳动力配置见表 2-63,设备设施配置见表 2-64。

表 2-63　劳动力组织推荐表

序号	施工岗位	单位	数量
1	技术负责人	人	1
2	安全员	人	1
3	质检员	人	2
4	班组长	人	1
5	技术工人	人	5
6	辅助工人	人	5

表 2-64 设备设施配置推荐表

序号	名称	规格	单位	数量
1	砂轮切割机	/	台	2
2	手电钻	/	台	3
3	直流焊机	10 kW	台	4
4	人工梯	/	批	1
5	活动脚手架	/	批	1
6	除尘鼓风机	/	台	2
7	接地电阻测试仪	2C—8 型 0.5 级	台	1
8	绝缘摇表	500 V/100 V	台	1
9	对讲机	/	台	4
10	数字万用表	0.02 级	台	2
11	电缆探伤仪	/	台	1
12	光纤测试仪	/	台	1
13	数字钳表	0～1 000 A	台	1
14	电缆辘	/	批	1
15	电缆放线架	/	套	1
16	液压手动叉车	2 t	台	2
17	四轮小拖车	QT44	台	3
18	铲车	5 t	台	1
19	示波器	/	台	1
20	信号发生器	DFX—4001	台	1
21	手提式钻孔机	DDEC—1	台	1
22	端子牌打印机	MP—1	台	1
23	电动冲击钻	TE—12—22	台	5
24	压力发生器	OBP—II	台	1
25	电动套丝机	1/2 寸～4 寸	台	2
26	液压弯管机	DN100	台	2

第 7 节 安全环保控制措施

(1) 施工区域应设警示标志，严禁非施工人员进入。

(2) 施工中应对机具进行定期检查、养护、维修。

(3) 为保证施工安全，现场应有专人统一指挥，并设一名专职安全员负责现场的安全工作，坚持进行班前安全教育制度。

(4) 火灾自动报警系统施工过程中，制定合理的作业程序，现场设专人指挥、调度，并设立明显标志，防止相互干扰碰撞。电动工具作业要留有安全距离，确保协调、安全施工。

(5) 进入施工场地时，必须穿工作服，佩戴安全帽，穿好荧光服，佩戴好胸卡。

(6) 使用电器设备、电动工具要有可靠的保护接地措施，施工用的临时电源应带漏电保护装置。

(7) 禁止在同一垂直面的上下位置作业，否则必须签订交叉作业安全生产协议，同时进行安全技术交底，中间采取隔离防护措施。

(8) 在进行电焊、气割等作业时，其下方不得有人作业。

(9) 保持施工现场、施工临时场地环境清洁，减少噪声、振动和固体废弃物对环境的影响，符合国家和地方有关环境保护法规及条例的要求。

(10) 坚持按《建筑施工场界环境噪声排放标准》(GB 12523—2011)及有关环保法规进行施工。

(11) 工程施工过程中，确保施工现场不出现不必要的障碍，存放和处置好设备及多余货物，清除掉现场所有垃圾或者不再需要的临时设施。

(12) 施工现场工具材料必须摆放整齐，保证现场施工场地整洁、干净、工完料清。

第 8 章　综合监控系统工程

第 1 节　一 般 规 定

城市轨道交通工程设备机房地板安装完成，天花板安装完成，墙面装饰完成，设备房门窗安装完成并安装好门锁后，即可进入综合监控系统工程施工阶段。

第 2 节　施工准备阶段

(1) 编制施工作业指导书后，对施工人员进行安全技术交底。

(2) 综合监控系统设备安装施工所涉及的各种外部技术数据收集，施工劳动组织配备、材料准备及设备工器具的配置。

第 3 节　施工作业内容

根据作业指导书的有关要求备齐现场使用的工机具及材料，安装基础支架，制作安装线槽，安装机柜，安装 IBP 盘，安装调度台，安装工作站，线缆敷设及接续。

第 4 节　施工技术标准

(1) 基础支架、线槽、机柜的规格、型号、高度、安装位置应符合设计要求。

(2) IBP 盘安装牢固，按键操作灵活。

(3) 调度台安装符合设计要求，满足调度使用要求。

(4) 工作站安装位置方便操作。

(5) 各种线缆标识清晰正确。

第5节　劳动力及设备设施配置

劳动力配置见表2-65，设备设施配置见表2-66。

表2-65　劳动力组织推荐表

序号	施工岗位	单位	数量
1	班组长	人	1
2	电焊工	人	1
3	测量工人	人	2
4	电工	人	1
5	杂工	人	2
6	技术工人	人	20
7	安全员	人	1
8	质检员	人	1
9	司索工	人	2

表2-66　设备设施配置推荐表

序号	名称	规格	单位	数量
1	水准仪	DSC320	台	1
2	塔尺	3 m	把	1
3	水平尺	1 m	把	1
4	电焊机	/	台	1
5	冲击电钻	TE25	台	1
6	手锤	4 磅	把	2
7	焊锤	/	把	1
8	钢钎	450 mm	根	1
9	撬棍	1 500 mm	根	2
10	羊角撬棍	500 mm	根	1
11	墨斗	/	只	1
12	配电箱	三相五线	台	1
13	活动扳手	450 mm	把	2
14	呆扳手	12/14/17/19	把	3
15	电工工具	/	套	1
16	油漆刷	/	只	2
17	钠灯	/	套	1
18	电源线	/	m	200
19	对讲机	/	台	6
20	吊装带	20 t，$L=12$ m	根	2
21	布带紧线器	1.5 t	个	10

表 2-66(续)

序号	名称	规格	单位	数量
22	发电机	5 000 W	台	2
23	聚光灯	1 000 W	盏	4
24	运输车	40 t	辆	1
25	汽车吊	50 t	辆	2
26	个人工具	/	套	4
27	安全带	/	根	5
28	安全绳	/	根	5
29	小号压线钳	/	把	2
30	网线钳	/	把	5
31	老虎钳	/	把	2
32	斜口钳	/	把	3
33	一字螺丝刀	/	把	7
34	网线测试仪	/	台	1
35	万用表	/	块	2

第 6 节　安全环保控制措施

(1) 高处作业时，主、辅人员相互提醒，必须系好安全带，做好防护。

(2) 仔细检查机柜内设备电缆的连接状态，详细阅读设备说明和仪表使用说明，正确使用设备和仪表。

(3) 移动设备时，严禁损坏和划伤设备。

(4) 在安装设备时，应保持墙面、地面、顶棚的清洁。

(5) 搬运材料和使用梯子时，不得碰坏门窗、墙面。

(6) 施工使用临时电源要带漏电保护装置，电动工具必须有可靠的保护接地(接零)措施，施工时保证足够的照明设施。

(7) 使用电钻时手要紧握，防止电钻打滑碰伤手脚及设备。

(8) 使用的人字梯必须牢固，梯脚必须采取防滑措施，距梯脚 40～60 cm 处要设拉绳。

(9) 施工现场工具、材料堆放整齐，保持场地整洁，做到工完场清。

(10) 工作场地应保持整齐清洁，原材料、成品和半成品的堆放不得妨碍正常作业和通行。

(11) 施工中应采取有效措施，加强对施工机械的管理，改进施工工艺，减少施工对环境的污染，减少施工过程中的噪声。

(12) 在工程完成后，应拆除临时设施和施工时的生活设施，拆除后的现场要彻底清除干净。

第9章　门禁系统工程

第1节　一般规定

城市轨道交通工程门禁系统工程除了硬件本身及设计安装调试环节要保证系统在使用过程中具有极高的稳定性外，还要求在通信结构设计、数据库结构设计等环节保证系统能长期可靠地运行。

第2节　施工准备阶段

(1) 编制施工作业指导书后，对施工人员进行安全技术交底，配置劳动防护用品。

(2) 门禁系统工程设备及电缆线布设施工所涉及的各种外部技术数据的收集。

(3) 门禁系统工程所用材料、设备、装置均应现场检查，其规格、型号、数量应符合设计要求，附件、备件和技术文件应齐全，并应有出厂合格证明文件。

第3节　施工作业内容

根据作业指导书的有关要求备齐现场使用的工机具及材料，安装读卡器，安装设备柜，安装控制器，安装磁力锁及门磁，安装开门按钮与紧急破玻，敷设电源线、信号线、网线、控制线缆。门禁系统单门安装如图2-125所示。

第4节　施工技术标准

9.4.1　读卡器的安装

(1) 读卡器安装的高度应符合设计要求，安装要牢固，且底边应与低压专业开关的底边保持平齐，并据此对安装高度进行调整。

(2) 感应式读卡器在安装时应注意可感应范围，不得靠近高频、强磁场。

9.4.2　设备柜的安装

(1) 设备柜应安装牢固，垂直偏差度应不大于3 mm，柜面标示完整清晰。

(2) 设备柜内的设备应安装牢固，端子配线正确，接触紧密，各类零件不得脱落或碰坏。

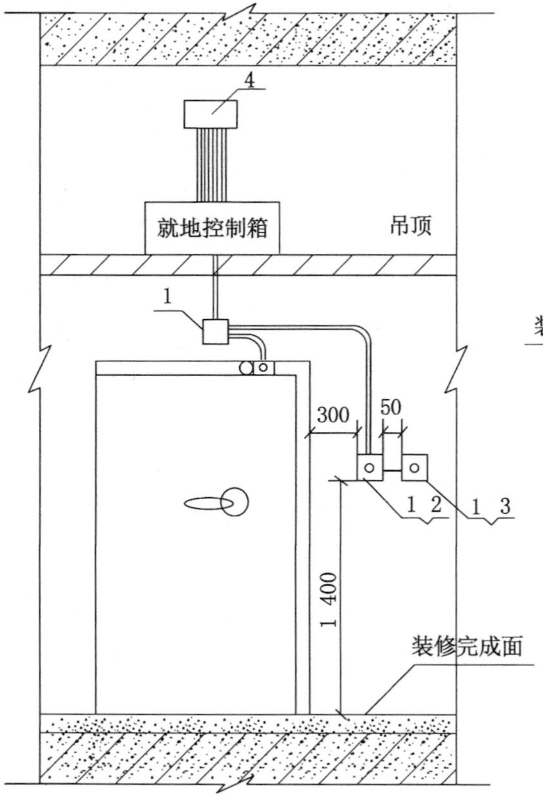

单门(房间内)安装图

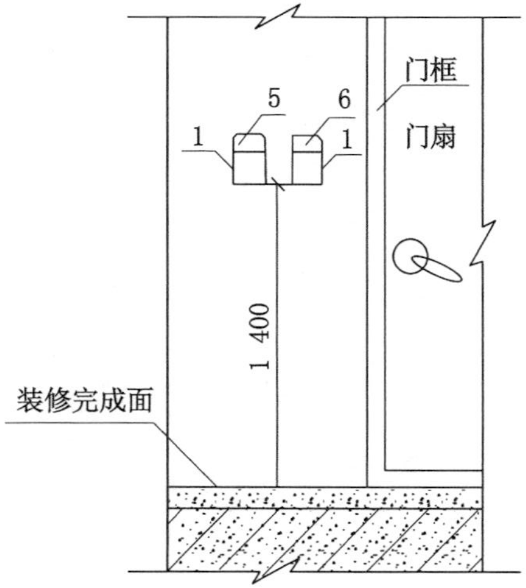

读卡器、密码键盘按钮安装图

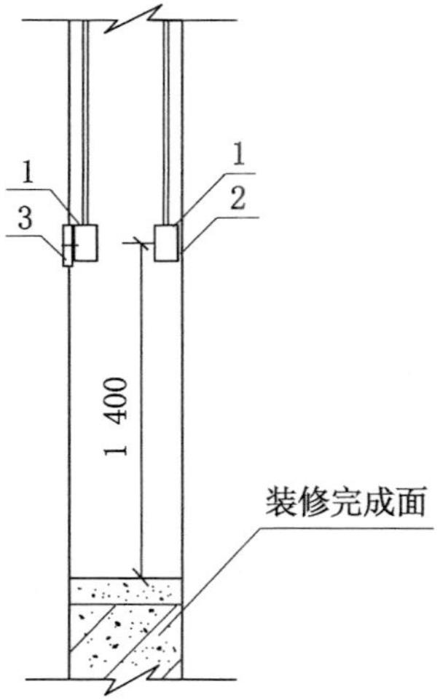

开门按钮、紧急破玻开关安装图

注:1. 就地控制箱在设备区走廊吊顶上方,设备管理用房内门体上方靠墙明装(有吊顶的房间在吊顶内明装),无吊顶的房间安装高度底边距装修地面 2 400～3 000 mm。
2. 读卡器、出门按钮、紧急破玻按钮安装高度底边距装修地面 1 400 mm。

材料表

序号	名称	规格	单位	数量
1	接线盒	86 系列	个	5
2	开门按钮	见设计选型	个	1
3	紧急破玻开关	见设计选型	个	1
4	分线盒	见设计选型	个	1
5	读卡器	见设计选型	个	1
6	密码键盘按钮	见设计选型	个	1

图 2-125　门禁系统单门安装图

(3) 引进柜内的控制电缆应排列整齐,避免交叉,电缆型号、规格应符合设计要求,电缆固定牢靠,不得使所接端子排受到机械应力。

9.4.3 控制器的安装

控制器的安装应符合设计要求,安装要牢固,且安装在便于维护的地点。

9.4.4 磁力锁及门磁的安装

(1) 磁力锁和门磁安装方式及位置应符合设计要求,牢固灵活。
(2) 所有安装产品的门扇和门框上均须预留加强钢板,钢板厚度大于 3 mm。

9.4.5 开门按钮与紧急破玻的安装

(1) 开门按钮、破玻其安装高度应符合设计要求,安装牢固。
(2) 开门按钮、破玻安装在室内,高度与读卡器平齐。

9.4.6 设备布线

(1) 电源线、信号线、网线、控制线缆进场时应全部检查,型号、规格、质量符合设计要求及相关产品标准规定,线径正确,不应破损受潮。

(2) 电源线、信号线、网线、控制线缆线径正确,不应破损受潮。电源线或信号线缆不应有断线、错线,线间绝缘、组间绝缘应符合产品技术条件或设计要求。

(3) 水平线槽垂直排列时,布放应按弱电、强电的顺序从上至下排列。

(4) 线槽内的线缆应排列整齐,不应交叉及溢出线槽。

(5) 线缆在管内或线槽内不应有接头;线缆的接头应在接线盒内焊接或用端子连接;电缆头一般固定于最低端子排 150~200 mm 处;电缆应按设计编号要求挂牌,且挂牌应为永久标志。

(6) 采用屏蔽电缆或穿金属保护管以及在线槽内敷设时,与具有强磁场和强电场的电气设备之间的净距离应大于 0.8 m,屏蔽线应单端接地。

(7) 电源线与信号线交叉敷设时,应呈直角;当平行敷设时,相互间的距离应符合设计要求。

(8) 多芯线缆的弯曲半径不应小于其外径的 6 倍。光纤熔接处应加以保护和固定。光缆弯曲半径为电缆外径的 20 倍。

(9) 门磁开关及出门按钮与控制器之间的通信用信号线,线芯最小截面积不宜小于 0.50 mm^2。

(10) 控制器与执行设备之间的绝缘导线,线芯最小截面积不宜小于 0.75 mm^2。

(11) 线缆敷设、引用、接续应符合国家标准《自动化仪表工程施工及质量验收规范》(GB 50093—2013)及《综合布线系统工程验收规范》(GB 50312—2016)内容要求,线缆须采用低烟、无卤、阻燃的电缆,阻燃等级不低于 B 级,与专用放排烟设备连接的电缆需采用防火电缆。

第5节　劳动力及设备设施配置

劳动力配置见表2-67，设备设施配置见表2-68。

表2-67　劳动力组织推荐表

序号	施工岗位	单位	数量
1	技术负责人	人	1
2	专业工程师	人	2
3	安全员	人	1
4	班组长	人	1
5	操作工人	人	3

表2-68　设备设施配置推荐表

序号	名称	规格	单位	数量
1	水准仪	DSC320	台	1
2	水平尺	1 m	把	1
3	冲击电钻	TE25	台	1
4	手锤	4磅	把	2
5	配电箱	三相五线	台	1
6	电工工具	/	套	1
7	个人工具	/	套	4
8	安全带	/	根	5

第6节　安全环保控制措施

(1) 高处作业时，主、辅人员相互提醒，必须系好安全带，做好防护。

(2) 移动设备时，严禁损坏和划伤设备。

(3) 在安装设备时，应保持墙面、地面、顶棚的清洁。

(4) 搬运材料和使用梯子时，不得碰坏门窗、墙面。

(5) 施工使用临时电源要带漏电保护装置，电动工具必须有可靠的保护接地(接零)措施，施工时保证足够的照明设施。

(6) 使用电钻时手要紧握，防止电钻打滑碰伤手脚及设备。

(7) 使用的人字梯必须牢固，梯脚必须采取防滑措施，距梯脚40～60 cm处要设拉绳。

(8) 施工现场工具、材料堆放整齐，保持场地整洁，做到工完场清。

(9) 工作场地应保持整齐清洁，原材料、成品和半成品的堆放不得妨碍正常作业和通行。

第10章　电扶梯工程

第1节　一般规定

(1) 安装电扶梯之前应完成安全技术交底，安装人员应取得电梯特种设备作业资格证，并在有效期内，施工作业前由项目负责人对作业人员开展安全教育培训。

(2) 电扶梯施工单位在土建移交之前确认井道、预埋件及吊钩的设置情况，土建交接验收合格后，施工单位可进行电扶梯的安装工作。

(3) 吊装自动扶梯之前，使用的起重机械应手续齐全，经监理单位、施工单位共同验收合格后准予进场，要按照起重吊装作业安全操作规程作业。

(4) 现场临时用电依据建设单位下发的《施工现场临时用电管理办法》相关要求配置设备设施，并按照相关要求安全操作。

(5) 电焊作业前，按照现场管理规定办理动火作业手续，周围无易燃易爆物品，按照规定配置灭火器，电焊作业人员正确佩戴劳动防护用品。

(6) 自动扶梯安装施工时，应满足《自动扶梯和自动人行道安装安全规范》(GB 16899—2011)有关规定。

(7) 电梯安装施工时，应满足《电梯制造与安装安全规范》(GB 7588—2003)有关规定。

第2节　施工准备阶段

(1) 编制施工作业指导书后，对施工人员进行安全技术交底，配置劳动防护用品。

(2) 安装入场前确认井道土建尺寸。因扶梯属大型设备，如果与现场实际不符，将严重影响安装工作的进度、质量及安全，故安装前随时跟踪土建的施工进度与施工质量。如果发现问题，会同业主、监理及时与土建施工方协调解决。

(3) 地铁站出入口处于繁华地段，地面建筑物密集，周边环境复杂，地面施工场地狭小，给使用汽车吊或设置吊装机具造成困难。因此，扶梯进场吊装就位工作是扶梯安装工作的重中之重，既要保证质量，又要保证安全。

第3节　施工作业内容

根据作业指导书的有关要求备齐现场使用的工机具及材料，接着进行桁架搬入、吊装、校正、固定，前后端扶手安装，护壁板安装，扶手导轨安装，扶手带安装，乘降板安装、内裙、内盖板安装，配线施工，外盖板安装，外装饰，试运转调整等工作。自动扶梯整体安装如图2-126所示。

第4节　施工技术标准

10.4.1　电梯的安装

10.4.1.1　机房

(1) 每台电梯应单设一个切断该电梯的主电源开关，该开关位置应能从机房入口处方便迅速地接近。如果几台电梯共用同一机房，各电梯主电源开关应易于识别。主电源的开关容量应能满足切断电梯正常使用情况下的最大电流，但该开关不应切断下列供电电路：

① 轿厢照明和通风。

② 机房和滑轮间照明。

③ 机房内电源插座。

④ 轿顶与底坑的电源插座。

⑤ 电梯井道照明。

⑥ 报警装置。

(2) 每台电梯应配备供电系统断相、错相保护装置，在电梯运行中断相也应起保护作用。

(3) 电梯动力与控制线路应分别敷设，从进机房电源起零线和接地线应始终分开，接地线的颜色为黄绿双色绝缘电线，除36 V以下安全电压外的电气设备金属罩壳均应设有易于识别的接地端，且应有良好的接地。接地线应分别直接接至接地线柱上，不得互相串接后再接地。

(4) 线管、线槽的敷设应平直、整齐、牢固。线槽内导线总面积不大于槽净面积的60%；线管内导线总面积不大于管内净面积的40%；软管固定间距不大于1 m，端头固定间距不大于0.1 m。

(5) 控制柜、屏的安装位置应符合下列要求：

① 控制柜、屏正面距门、窗不小于600 mm。

② 控制柜、屏的维修侧距墙不小于600 mm。

③ 控制柜、屏距机械设备不小于500 mm。

(6) 机房内钢丝绳与楼板孔洞每边间隙均应为20～40 mm，通向井道的孔洞四周应筑一高50 mm以上的台阶。

(7) 曳引机承重梁如需埋入承重墙内，则支承长度应超过墙厚20 mm，且不应小于75 mm。

(8) 在电动机或飞轮上应有与轿厢升降方向相对应的标志。曳引轮、飞轮、限速器轮外侧面应漆成黄色。制动器手动松闸扳手漆成红色，并挂在易接近的墙上。

(9) 曳引机应有适量润滑油。油标应齐全，油位显示应清晰，限速器各活动部位也应有润滑油。

(10) 制动器动作灵活，制动时两侧闸瓦应紧密、均匀地贴合在制动轮的工作面上，松闸

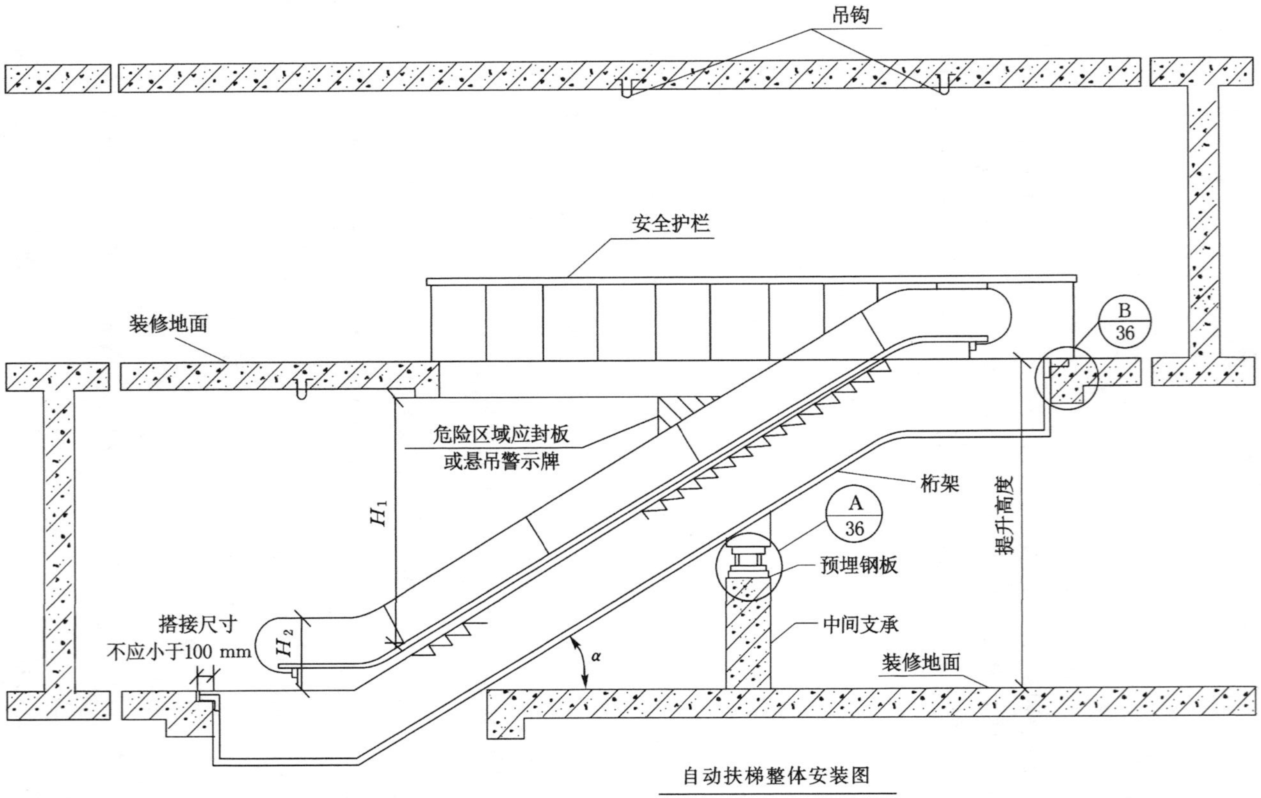

注：1. 当提升高度大于 5 m 时，应设中间支承或采取其他增强措施，支承固定可靠。

2. 桁架与承重梁搭接尺寸符合设计要求。桁架吊装就位后，搭接尺寸不应小于 100 mm。

3. 调节水平，使扶梯的水平误差不大于 1/1 000。

4. H_1表示自动扶梯梯级上方垂直净高度，不应小于 2.30 m。H_2表示扶手带顶面到梯级前缘垂直距离，不应小 0.90 m，也不应大于 1.10 m。

图2-126　自动扶梯整体安装示意图

时应同步离开。制动器四角处的间隙平均值不大于 0.7 mm。

(11) 限速器绳轮、选层器钢带轮对铅垂线的偏差均不大于 0.5 mm，曳引轮、导向轮对铅垂线的偏差在空载或满载工况下均不大于 2 mm。

(12) 限速器运转应平稳，出厂时动作速度整定封记应完好无拆动痕迹，限速器安装位置正确，底座牢固，当与安全钳联动时无颤动现象。

(13) 停电或电气系统发生故障时应有轿厢慢速移动措施，如用手动紧急操作装置，应能用松闸扳手松开制动器，并需用一个持续的力去保持其松开状态。

10.4.1.2　井道

(1) 每根导轨至少应有 2 个导轨支架，其间距不大于 2.5 mm。发生特殊情况，应有措施保证导轨满足《电梯制造与安装安全规范》(GB 7588—2003)规定的弯曲强度要求。导轨支架水平度不大于 1.5%，导轨支架的地脚螺栓或支架直接埋入墙的深度不应小于120 mm。如果用焊接支架，其焊缝应是连续的，并应双面焊牢。

(2) 当电梯冲顶时，导靴不应越出导轨。

(3) 每列导轨工作面(包括侧面与顶面)相对安装基准线每 5 m 的偏差均应不大于下列数值：轿厢导轨和设有安全钳的对重导轨为 0.6 mm；不设安全钳的 T 型对重导轨为 1.0 mm。在有安装基准线时，每列导轨应相对基准线整列检测，取最大偏差值。电梯安装完成后检验导轨时，可对每 5 m 铅垂线分段连续检测(至少测 3 次)，测量值间的相对最大偏差应不大于上述规定值的 2 倍。

(4) 轿厢导轨和设有安全钳的对重导轨工作面接头处不应有连续缝隙，且局部缝隙不大于 0.5 mm，导轨接头处的台阶用直线度为 0.01/300 的平直尺或其他工具测量，其值应不大于 0.5 mm，如超过应修平。修光长度为 150 mm 以上、不设安全钳的对重导轨接头处的缝隙不得大于 1 mm，导轨工作面接头处的台阶应不大于 0.15 mm，如超差亦应校正。

(5) 两列导轨顶面间的距离偏差：

轿厢导轨为$^{+2}_{0}$ mm，对重导轨为$^{+3}_{0}$ mm。

(6) 导轨应用压板固定在导轨架上，不应采用焊接或螺栓直接连接。

(7) 轿厢导轨与设有安全钳的对重导轨的下端应支承在地面坚固的导轨座上。

(8) 对重块应可靠紧固，对重架若有反绳轮时其反绳轮应润滑良好，并应设有挡绳装置。

(9) 限速器钢丝绳至导轨导向面与顶面两个方向的偏差均不得超过 10 mm。

(10) 轿厢与对重间的最小距离为 50 mm，限速器钢丝绳和选层器钢带应张紧，在运行中不得与轿厢或对重相碰触。

(11) 当对重完全压缩缓冲器时，轿顶空间应满足：

① 井道顶的最低部件与固定在轿顶上设备的最高部件间的距离(不包括导靴或滚轮，钢丝绳附件和垂直滑动门的横梁或部件最高部分)与电梯的额定速度 V(单位：m/s)有关，其值应不小于$(0.3+0.035V^2)$m。

② 轿厢顶上方应有一个不小于 0.5 m×0.6 m×0.8 m 的矩形空间，钢丝绳中心线距矩形体的距离不超过 0.15 m，钢丝绳的连接装置可包含在这个空间里。

(12) 封闭式井道内应设置照明，井道最高与最低 0.5 m 以内各装设一盏灯外，中间灯距不超过 7 m。

（13）电缆支架的安装应满足：

① 避免随行电缆与限速器钢丝绳、选层器钢带、限位极限开关、井道传感器及对重装置等交叉。

② 保证随行电缆在运动中不得与电线槽、管发生卡阻。

③ 轿厢底电缆支架应与井道电缆支架平行，并使电梯电缆处于井道底部时能避开缓冲器，并保持一定的距离。

（14）电缆安装应满足：

① 随行电缆两端应可靠固定。

② 轿厢压缩缓冲器后，电缆不得与底坑地面和轿厢底边框接触。

③ 随行电缆不应有打结和波浪扭曲现象。

10.4.1.3　轿厢

（1）轿厢顶有反绳轮时，反绳轮应有保护罩和挡绳装置，且润滑良好，反绳轮铅垂度不大于 1 mm。

（2）轿厢底盘平面的水平度应不超过 3/1 000。

（3）曳引绳头组合应安全可靠，每根曳引绳受力相近，其张力与平均值偏差均不大于5%，且每个绳头锁紧螺母均应安装锁紧销。

（4）曳引绳应符合《电梯用钢丝绳》(GB 8903—2018)的规定，曳引绳表面不应粘有杂质，并宜涂有薄而均匀的 ET 极压稀释型钢丝绳脂。

（5）轿厢内的操纵按钮动作应灵活，信号显示应清晰，轿厢超载装置或称量装置应动作可靠。

（6）轿厢顶应有停止电梯运行的非自动复位的红色停止开关，且动作可靠，在轿厢顶检修接通后，轿厢内检修开关应失效。

（7）轿厢架上若安装有限位开关碰铁时，相对铅垂线最大偏差不超过 3 mm。

（8）各种安全保护开关应可靠固定，但不得使用焊接固定，安装后不得因电梯正常运行的碰撞或因钢丝绳、钢带、皮带的正常摆动使开关产生位移、损坏和误动作。

10.4.1.4　层站

（1）层站指示信号及按钮的安装应符合图纸规定，位置正确，指示信号清晰明亮，按钮动作准确无误，消防开关工作可靠。

（2）层门地坎应具有足够的强度，水平度不大于 2/1 000，地坎应高出装修地面 2～5 mm。

（3）层门地坎至轿厢门地坎水平距离偏差为$^{+3}_{0}$ mm。

（4）层门的门扇与门扇、门扇与门套、门扇下端与地坎的间隙，乘客电梯应为 1～6 mm。

（5）门刀与层门地坎、门锁滚轮与轿厢地坎的间隙应为 5～10 mm。

（6）在关门行程 1/3 之后，阻止关门的力不超过 150 N。

（7）层门锁钩、锁臂及动接点动作灵活，在电气安全装置动作之前，锁紧元件的最小啮合长度为 7 mm。

（8）层门外观应平整、光洁、无划伤或碰伤痕迹。

（9）由轿厢门自动驱动层门情况下，当轿厢在开锁区域以外时，无论层门由于任何原因而被开启，都应有一种装置能确保层门自动关闭。

10.4.1.5　底坑

(1) 轿厢在两端站平层位置时，轿厢、对重装置的撞板与缓冲器顶面间的距离，耗能型缓冲器应为 150～400 mm，蓄能型缓冲器应为 200～350 mm；轿厢、对重装置的撞板中心与缓冲器中心的偏差不大于 20 mm。

(2) 同一基础上的两个缓冲器顶部与轿厢底对应距离差不大于 2 mm。

(3) 液压缓冲器柱塞铅垂度不大于 0.5%，充液量正确，且应设有在缓冲器动作后未恢复到正常位置时使电梯不能正常运行的电气安全开关。

(4) 底坑应设有停止电梯运行的非自动复位的红色停止开关。

(5) 当轿厢完全压缩在缓冲器上时，轿厢最低部与底坑底之间的净空间距离不小于 0.5 m，且底部应有一个不小于 0.5 m×0.6 m×1.0 m 的矩形空间（可以任何面朝下放置）。

10.4.1.6　运行试验

(1) 轿厢分别以空载、50%额定载荷和额定载荷三种工况，并在通电持续率 40%情况下，到达全行程范围，按 120 次/h，每天不少于 8 h，各起、制动运行 1 000 次，电梯应运行平稳、制动可靠、连续运行无故障。

(2) 制动器温升不应超过 60 K，曳引机减速器油温升不超过 60 K，其温度不应超过 85 ℃，电动机温升不超过相关规定。

(3) 曳引机减速器，除蜗杆轴伸出一端渗漏油面积平均每小时不超过 150 cm^2 外，其余各处不得有渗漏油。

(4) 断开超载控制电路，电梯在 110%的额定载荷、通电持续率 40%情况下，到达全行程范围，起、制动运行 30 次，电梯应能可靠地起动、运行和停止（平层不计），曳引机工作正常。

(5) 乘客与病床电梯的机房噪声、轿厢内运行噪声以及层、轿厢门开关过程的噪声应符合《电梯技术条件》(GB/T 10058—2009)的规定要求。

(6) 平层准确度应符合《电梯技术条件》(GB/T 10058—2009)的规定要求。

(7) 整机其他性能宜符合《电梯技术条件》(GB/T 10058—2009)的有关规定要求。

10.4.2　电扶梯的安装

(1) 除乘客可踏上的梯级、踏板或胶带以及可接触的扶手带部分外，自动扶梯的所有机械运动部分均应完全封闭在无孔的围板或墙内（用于通风的孔除外）。

(2) 如果采取对公众不会产生危险的措施（例如房间门上锁，只允许指定的人员进入），可以允许运动部分不设围板。

(3) 积聚的杂物（如润滑脂、油、灰尘、纸等）会产生火灾的危险，因此应清扫围板内部污物。

(4) 围板应具有足够的机械强度和刚度。

(5) 通往相邻自动扶梯的检查门或活板门应装设符合规范要求的安全触点，当这些门打开时，相邻的自动扶梯不能运行。

(6) 在自动扶梯的出入口应有充分畅通的区域，以容纳乘客。该畅通区的宽度至少等于扶手带中心线之间的距离，其纵深尺寸从扶手带转向端端部起算，至少为 2.5 m。如果该区宽度增至扶手带中心距的两倍以上，则其纵深尺寸允许减少至 2 m。必须注意到，应将该畅通区看作整个交通系统的组成部分，因此有时需要增大畅通区的尺寸。

(7) 设计自动扶梯或自动人行道金属结构的依据是：自动扶梯的自重加上 5 000 N/m^2 的乘客载荷(承载面积＝$z_1 \times l_1$，其中 z_1 为自动扶梯的名义宽度；l_1 为两支承之间的距离)，乘客载荷不需要增加动荷系数。

(8) 自动扶梯及其周边特别是在梳齿板的附近应有足够和适当的照明。

(9) 照明允许装在周边空间或在设备本身上。在出入口，包括梳齿板处的光照度应和该区域所要求的光照度相一致。室内或室外自动扶梯出入口处的光照度分别至少为 50 lx 或 15 lx，这些均是在地面测出的值。

10.4.3 扶手带的安装

(1) 每一扶手装置的顶部应装有运行的扶手带，其运行方向应与梯级、踏板或胶带相同。扶手带的运行速度相对于梯级、踏板或胶带的速度允差为 0～＋2%。

(2) 在出入口，该延伸段的水平部分长度，自梳齿板齿根起至少为 0.3 m。

(3) 扶手转向端的入口处最低点与地板之间的距离不应小于 0.1 m，且不大于 0.25 m。

(4) 扶手转向端顶点到扶手带入口处之间的水平距离应至少为 0.3 m。

(5) 在扶手转向端的扶手带入口处应设手指和手的保护装置，并应装设一个符合有关规定的开关。

10.4.4 电气设备的安装

(1) 自动扶梯或自动人行道的电气设备的设计和制造，应保证其在使用中能防止由于电气设备本身引起的危险，或能防止由于外界对电气设备影响可能引起的危险。电气装置应维修方便。

(2) 在分离的机房、分离的驱动和转向站内，应采用防护罩壳以防止直接触电，所用外壳防护等级至少为 IP2X。

(3) 对于控制电路和安全电路，导体之间或导体对地之间的直流电压平均值或交流电压的有效值不应超过 250 V。

(4) 零线和地线应始终分开。

(5) 直接与电源连接的电动机应进行短路保护。

(6) 当过载检测取决于电动机绕组温升时，断路器可在绕组充分冷却后自动闭合，但在特定的条件下可以再启动自动扶梯。

(7) 当自动扶梯的驱动电动机是由电动机驱动的直流发电机供电时，发电机的驱动电动机应设过载保护。

第 5 节　劳动力及设备设施配置

劳动力配置见表 2-69，设备设施配置见表 2-70。

表 2-69　劳动力组织推荐表

序号	施工岗位	单位	数量
1	技术负责人	人	1
2	专业工程师	人	2
3	安全员	人	1
4	班组长	人	1
5	操作工人	人	3
6	电焊工	人	1

表 2-70　设备设施配置推荐表

序号	名称	规格	单位	数量
1	扳手	全套	套	2
2	螺丝刀	全套	套	2
3	钳子	全套	套	4
4	橡胶锤	/	只	1
5	冲击钻	/	台	1
6	手电钻	/	台	2
7	手砂轮	2 号	台	1
8	条式水平尺	/	把	1
9	内六角扳手	全套	套	2
10	塞尺	/	套	4
11	游标卡尺	300	只	1
12	钢卷尺	7 m	只	4
13	直尺水平仪	500 mm	台	1
14	油枪	/	台	1
15	电焊机	/	台	1
16	手动葫芦	/	台	4
17	油压千斤顶	5 t	台	1
18	万用表	5 t	只	1
19	扶手带拉钩	/	台	2
20	卷扬机	/	台	2
21	摇表	500～2 000 V	只	2
22	水准仪	/	台	1
23	测距仪	/	台	1
24	噪声仪	/	台	1

第6节　安全环保控制措施

(1) 高处作业时,主、辅人员相互提醒,必须系好安全带,做好防护。

(2) 作为吊装用的锚点应先征得设计、总包单位的同意,并办理签认手续。

(3) 电梯、扶梯安装处的基础应通过了验收。

(4) 提供施工用 40 kW 动力电源,并保证作业时连续供电。

(5) 施工现场具备电梯、扶梯入场运输的通道。

(6) 施工时,坑口部位必须有不低于 1.2 m 的防护栏杆。

(7) 脚手架上作业时,每档需设一道安全防护网。

(8) 应配齐电气焊专用防护面罩及专用手套,作业人员作业时必须佩戴。

(9) 设备进场大部分在夜间,卸车时应遵守当地的夜间噪声管理规定,不得扰民。

(10) 施工过程中产生的废渣废料要按照工地管理规定,存放到指定地点。

第 11 章　屏蔽门工程

第 1 节　一 般 规 定

屏蔽门应设置在车站有效站台长度范围内，以有效站台中心线为基准向两端对称纵向布置，以站台同坡度垂直于站台面平整安装。首末两节车辆的驾驶室门不应包括在屏蔽门长度范围内。

已铺轨地段，封闭点计划已向地铁临管单位申报并获批；未铺轨地段，采用测量铺轨基标的方法作业。各种施工作业中需要的技术数据已向相关单位收集齐全，屏蔽门基础、站台板、下反梁养护时间已满足施工，即可进入屏蔽门施工程序。

第 2 节　施工准备阶段

(1) 编制作业指导书后，应在开工前组织技术人员认真学习实施性施工组织设计，阅读、审核施工图纸，澄清相关技术问题，熟悉规范及技术标准。

(2) 制定施工安全保证措施，提出应急预案。对施工人员进行安全技术交底，对参加施工人员进行上岗前技术培训，考核合格后持证上岗。

(3) 施工机械状态良好，操作人员按照岗位要求做好准备。

(4) 立柱、门机梁等各项物资、工具材料按照型号、规格等要求已准备好。

第 3 节　施工作业内容

施工作业按下述内容进行：施工测量，定位打孔及复测，化学锚栓预埋，铝合金线槽安装，底部支撑安装，上部支撑安装，固定侧盒安装，门道立柱安装，设备机柜安装，门槛安装，顶盒安装，门机安装，门体安装，防踏空齿梳安装，与钢轨等电位连接，填写记录。屏蔽门整体安装如图 2-127 所示。

第 4 节　施工技术标准

11.4.1　施工测量

(1) 测量长度：长度依现场站台而定。

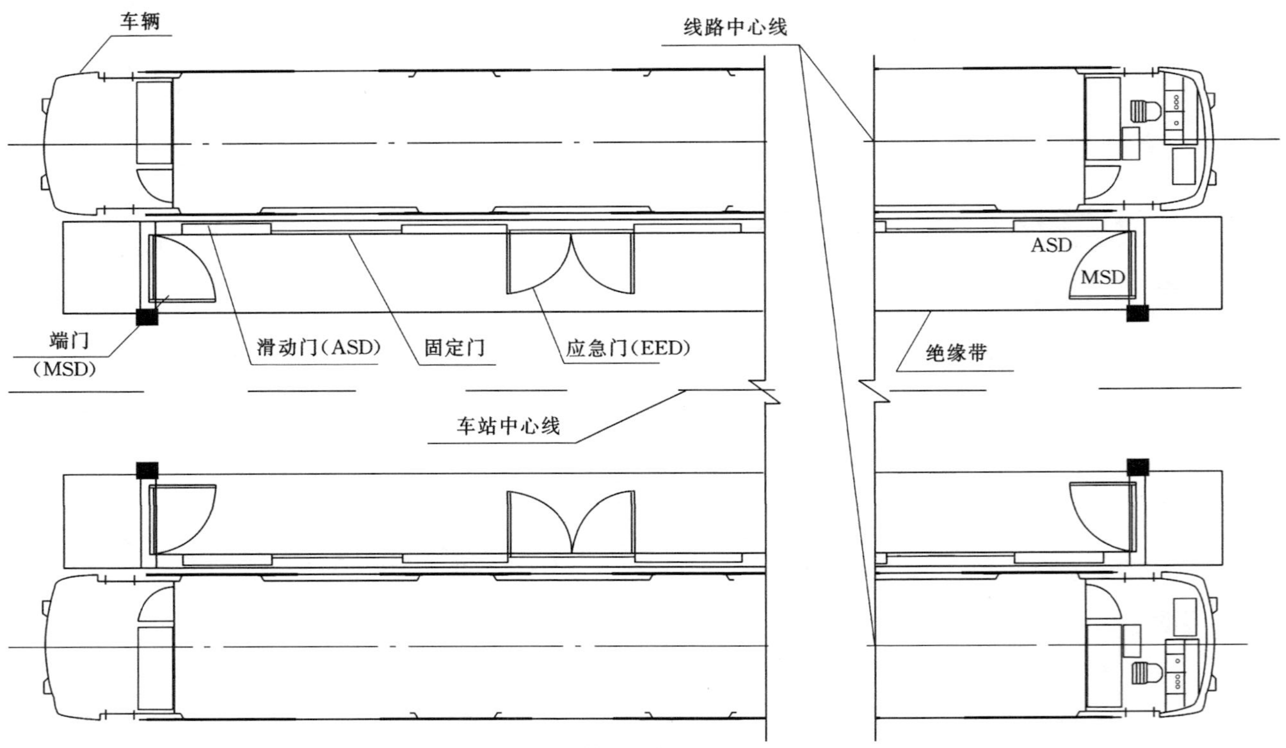

站台门车站整体安装布局图

注:1. 站台门分为封闭式高站台门、非封闭式高站台门和低站台门,安装重点工艺要求相同,本图仅以非封闭式高站台门为例。
2. 滑动门与列车客室门在位置和数量上均应对应。
3. 端门的开启在小于 90°时自动关闭,在水小于 90°时应在 90°保持定位。
4. 站台门系统在站台区域的不带电外露金属部分应进行等电位连接,单侧站台门整体电阻不应大于 0.4 Ω。

图2-127　站台门(屏蔽门)整体安装图

(2) 平面：中心线距屏蔽门门槛边缘(1 500±5)mm。
(3) 高度：轨顶面距屏蔽门门槛顶面(1 050±5)mm。

11.4.2　定位打孔

(1) 高度：轨平面至站台面高度不大于(905±5)mm(具体以设计为准)。
(2) 宽度：轨道中心至屏蔽门中心不小于(1 663.5±50)mm(具体以设计为准)。
(3) 孔深：不小于 125 mm(具体以设计为准)。
(4) 整体屏蔽门长度不大于 100 mm(具体以设计为准)。
(5) 每扇门之间的偏差不大于 1.5 mm。

11.4.3　化学锚栓预埋

(1) 孔深不小于 125 mm。
(2) 孔倾斜度不大于 1%(成孔与地面夹角正切值)。
(3) M12 扭矩值(8.8 级)不小于 80 N·m。

11.4.4　底部支撑的安装

(1) 下支架顶面距轨面距离为 997 mm。
(2) 螺栓安装符合规范。
(3) 下部支撑的绝缘件完好。
(4) M16 扭矩值不小于 200 N·m。

11.4.5　上部支撑的安装

(1) 上部支撑距轨顶面距轨面距离为 4 170 mm。
(2) 螺栓安装符合规范。

11.4.6　立柱的安装

(1) 立柱底部连接螺栓扭矩不小于 88 N·m。
(2) 立柱轨道侧面距轨中心距离为(1 663.5±1)mm。
(3) 立柱的垂直度：y 轴误差为 0±1‰，x 轴误差为 2±0.5‰。
(4) 上部螺栓扭矩符合要求(M16≥200N·m，M12≥80N·m)。
(5) 立柱位置尺寸符合设计要求(误差±1 mm)。
(6) 立柱的绝缘套安装正确。
(7) 立柱的绝缘安装正确并牢固可靠。

11.4.7　门槛的安装

(1) 门槛轨道侧距轨道中心为(1 500±30)mm(直线站台)。
(2) 门槛道靴槽为(8±0.5)mm。
(3) 门槛表面距轨道表面距离为(1 050±0.3)mm。
(4) 门槛安装螺栓 M8 扭矩不小于 13 N·m。

（5）两门槛之间接口平整小于 1 mm。

（6）门槛与立柱之间安装间隙均匀。

（7）门槛螺栓安装符合规范。

（8）门槛保护良好。

（9）门柱包板安装密合无鼓、扁现象，反光均匀，铆钉牢固。

11.4.8 门机梁的安装

（1）门机梁顶面距门槛表面的距离为(2 394.5±1)mm。

（2）门机梁内侧距立柱距离为(86±0.5)mm。

（3）门机梁与立柱连接螺栓 M16 扭矩不小于 200 N·m。

（4）门机梁顶部水平。

（5）门机梁装有接地线。

（6）门机梁有生产缩码。

（7）门机梁垂直轨道方向水平度为 900∶1(门机梁与垂直轨道方向地面夹角正切值)。

11.4.9 门体、盖板的安装

（1）门体的安装

1）门体前后倾斜不大于 0.5‰。

2）门体与立柱包板间隙均匀。

3）固定门与立柱框架接合处玻璃间隙均匀且在同一水平面上。

4）门框及玻璃表面无划痕。

5）固定门玻璃与门柱包板间的密封胶外观良好。

6）滑动门：

① 滑动门门框距轨道中心距离为(1 080±25)mm。

② 滑动门底部间隙为(5±1)mm。

③ 滑动门体与立柱包板间隙为(4.5±1)mm。

④ 门框及玻璃外观良好。

⑤ 滑动门净开度为 1 900 mm。

⑥ 关门后防撞胶条间隙均匀。

⑦ 人工解锁力不大于 67 N；解锁后人工开启力不大于 133 N；阻止活动门关闭力不大于 150 N。

⑧ 活动门滑动到最后 100～150 mm 行程时，每扇门的极限动能不大于 1 J，在行程大于 1/3 位置处最大动能不大于 10 J。

⑨ 开启速度：0.1～0.75 m/s(全程无级可调)；关闭速度：0.1～0.55 m/s(全程无级可调)；开启时间：2.0～3.5 s(范围内可调)。

⑩ 关闭时间：3.0～4.0 s(范围内可调)；活动门的开启/关闭与车门的开启/关闭基本同步，其时间差不大于 0.1 s。

⑪ 同侧站台所有活动门的开启/关闭基本同步，其时间差不大于 0.35 s。

⑫ 障碍物探测后活动门打开度：0 至最大净开度(可调)；重关门延迟停顿时间：2 s(停

顿时间在 0～10 s 可调)后再重关门。距活动门门机 1 m 处噪声不大于 70 db(A)。

7) 应急门、端门：

① 门体的前后倾斜不大于 0.5‰。

② 门板左右倾斜不大于 0.5‰。

③ 门体电器开关能正常开启。

④ 应急门、端门的解锁正常。

⑤ 门体底部间隙不小于(5±1)mm。

⑥ 应急门、端门开启 90°。

⑦ 开启后可向站台侧旋转 90°，且端门在开启后能自动关闭。

(2) 盖板的安装

(1) 后盖板道轨侧到轨道中心距离为(1 546±50)mm。

(2) 相邻前盖板间距为(9±1)mm，后盖板间距为(5±1)mm。

(3) 后盖板与主体连接螺栓 M6 扭矩不小于 6 N · m。

(4) 相邻盖板无色差。

(5) 相邻盖板平整。

(6) 盖板密封胶安装良好。

(7) 前下盖板开关良好。

(8) 盖板保护良好，无刮花损伤。

11.4.10 室内设备的安装

(1) 设备机柜

① 确认机柜的前后方向。

② 机柜前方留 0.8 m 的开阔空间，机柜后方留 0.8 m 的开阔空间。

③ 机柜调整垂直、水平。

(2) 接地安装

① 用大于 6 mm^2 的铜编织带加铜接头并用螺栓连接牢固。

② 电阻大于等于 4 kΩ。

11.4.11 铝合金线槽安装放线

(1) 线槽不应有毛刺和尖锐棱角。

(2) 线槽弯制后不应有裂纹和显著的缺损现象，弯曲半径不应小于所穿电缆的最小允许弯曲半径。

(3) 线槽应有不小于 0.1%的排水坡度。

(4) 线槽间应用跳线连接，截面积不小于 30 mm^2。

11.4.12 防踏空齿梳的安装

(1) 防踏空橡胶条和屏蔽门门槛间预留大于等于 10 mm 的间隙，保证门体绝缘性能。

(2) 站台防护胶条橡胶表面、橡胶与金属支架粘合面无异常，安装牢固可靠。

(3) 防踏空橡胶条的位置应与屏蔽门滑动门对应且不侵入列车动态包络线。

(4) 高度与屏蔽门门槛在同一平面上且不大于 1.5 mm。

(5) 长度与屏蔽门门槛长度一致。

11.4.13 与钢轨等电位连接

(1) 孔与塞钉安装牢固。

(2) 等电位电缆安装高度不得高于轨道高度。

(3) 等电位电缆在站台墙上安装牢固，不得侵入车辆限界或被损坏。

第 5 节 劳动力及设备设施配置

劳动力配置见表 2-71，设备设施配置见表 2-72。

表 2-71 劳动力组织推荐表

序号	施工岗位	单位	数量
1	技术负责人	人	1
2	技术人员	人	4
3	安全员	人	4
4	班组长	人	1
5	焊工	人	2
6	电工	人	1
7	辅助工	人	20
8	车站联络员	人	2

表 2-72 设备设施配置推荐表

序号	名称	单位	数量
1	水准仪	台	1
2	激光测距仪	台	1
3	发电机	台	2
4	开关箱	只	5
5	电焊机	台	1
6	冲击钻	台	3
7	角磨机	台	2
8	手电钻	台	2
9	台钻	台	1
10	砂轮切割机	台	1
11	激光标线仪	台	1
12	金刚钻	台	4
13	水钻	台	3
14	照明灯	套	1

表 2-72(续)

序号	名称	单位	数量
15	吹风机	台	2
16	电烙铁	把	1
17	液压开孔器	台	1
18	台虎钳	台	1
19	钢管套丝机	台	1
20	弯管器	台	1
21	管钳	把	2
22	液压搬运车	台	2
23	铆钉枪	把	3
24	脚手架	套	6
25	铝合金梯	把	8
26	抬杠吊装带	套	6
27	套丝扳	把	2
28	攻丝扳	把	2
29	水平尺	把	5
30	吊坠	把	4
31	磁性吊坠	只	4
32	游标卡尺	把	2
33	钢卷尺	把	20
34	钢直尺	把	5
35	直角尺	把	5
36	钢丝钳	把	10
37	尖咀钳	把	5
38	偏口钳	把	5
39	液压钳	把	2
40	压线钳	把	1
41	拨线钳	把	2
42	电缆剪	把	2
43	电工刀	把	3
44	美工刀	把	10
45	螺丝刀(十字)	把	20
46	螺丝刀(一字)	把	20
47	呆扳手(8—24)	把	50
48	套筒扳手(8—24)	把	8
49	快速扳手	把	4
50	内六角扳手	套	5
51	锯弓	把	5
52	锯条(粗/细齿)	根	200

表 2-72(续)

序号	名称	单位	数量
53	撬棍	根	5
54	凿子	根	20
55	稿秆	根	5
56	榔头	只	10
57	橡皮锤	只	4
58	切割片	片	50
59	打磨片	片	20
60	开孔器(25—50)	只	10
61	冲击钻头(8—20)	根	20
62	麻花钻头(4—18)	根	30
63	金刚钻头(18—20)	根	30
64	工具筒(包)	只	50
65	丝锥	套	2
66	划针	根	2
67	平锉刀	把	5
68	半圆锉刀	把	2
69	三角锉刀	把	2
70	墨斗	只	2
71	记号笔	支	10
72	工作服/反光衣	套	35
73	安全带	根	5
74	护目镜	副	5
75	电工劳保用品	套	2
76	电工常用工具	套	2

第6节　系统调试

（1）调试使用的电源应经过检测，满足设备测试要求。

（2）调试人员需要经过安全教育培训，掌握相关调试作业标准和要求。

（3）调试人员要服从现场管理人员的安排，按照调试大纲认真做好调试记录。

（4）噪音计、推拉力计、绝缘表等测量设备要经过校验，并在有效期内。

（5）整侧开关门测试过程中要设置专人进行现场巡查，防止无关人员通过滑动门上下轨行区。

（6）门机设备检查、调整时要先断开电源，防止手指卡到传动系统中。

（7）站台门系统与信号系统、综合监控系统的接口符合双方接口文件技术条款的要求。

第7节　安全环保控制措施

(1) 安装屏蔽门,所画测量线应加以保护,站台边缘要设置防护栏,防行人坠落。

(2) 在轨道列车运行期间施工,要严格落实请、消点制度,站台两端设置警示标志。

(3) 设备、材料、吊装、运输要严格遵照安全操作规程作业。

(4) 提高施工人员的敬业精神,自觉维护企业的声誉。

(5) 加大安全生产方面的投入,真正将各项安全防护措施落实到位。

(6) 生产中的剩余材料或其他工程垃圾等废弃物应及时处理,清除现场,运到当地环保部门指定的地点弃置。

(7) 按照环保部门要求,集中处理测量及生活中产生的污水及废水。

第12章 装饰、装修工程

第1节 砌砖工程

(1) 脚手架上的堆料量不得超过规定荷载和高度，同一块脚手板上的操作人员不得超过2人。

(2) 砌墙时，每个工作班组的砌筑高度不得超过1.8 m，每天砌筑高度不宜超过1.2 m。砖柱和独立构筑物的砌筑高度，每个工作班组也不得超过1.8 m，冻期施工更要严格控制一次砌筑高度。

(3) 不得站在墙顶上做划线、勾缝和清扫墙面或检查大角垂直等工作。

(4) 不得用不稳固的工具或物体垫高操作，脚手板不允许有探头现象，不准用5 cm×10 cm木料或钢模板作立人板。

(5) 砌筑作业时不得勉强在高度超过胸部以上墙体上进行，以免将墙撞倒或失稳坠落或砌块失手掉下造成事故。

(6) 对石料加工凿面时要戴防护眼睛，防止石渣、石屑飞溅伤害眼睛或皮肤。

(7) 用脚手架砌筑时，脚手板操作面不得超过砌体高度，一般应低于20 cm。

(8) 在同一垂直面上下交叉作业时，必须设置安全隔板，操作人员戴好安全帽。

(9) 冬季施工时应采取防冰、防滑措施。

第2节 砌块工程

砌块砌筑作业除执行常规安全操作规程外，还应注意：

(1) 作业前，必须检查各起重机械、夹具、绳索、脚手架等施工安全设施，尤其应重点检查夹具的灵活可靠性能、剪刀夹具悬空吊起后是否自动拉拢，夹板齿或橡胶块是否磨损，夹板齿槽内是否有垃圾杂物。

(2) 夹具的夹板应夹在砌块的中心线上，如砌块歪斜，应撬正后再夹。

(3) 吊运砌块时，拔杆及吊钩下不得站人或进行其他操作；吊装时，不得在下层楼面进行其他任何工作。

(4) 堆放砌块的场地应平整，无杂物。在中板、顶板卸下或堆放砌块时，应避免冲击，严禁倾斜和撞击中板、顶板。

(5) 砌块吊装就位，应待砌块放稳到位后，方可松开夹具。

(6) 对就位的砌块应立即进行竖缝灌浆，对稳定性较差的窗间墙、独立柱和挑出墙面较多的部位，应加临时支撑。

（7）在砌块砌体上不宜拉缆风绳，不宜吊挂重物，不宜作其他临时设施的支撑点。

第3节 吊顶、墙面、地面工程

（1）脚手架的施工荷载不得大于 2 kN/m^2，当使用挂脚手架、吊篮等时，施工荷载不大于 1 kN/m^2，挂脚手架每跨同时操作人数不超过 2 人。

（2）从事地铁控制中心等高层建筑外墙抹灰装饰作业时，应遵守高空作业安全技术规程，系好安全带，配置水平安全网，同时应注意所使用的材料和工具不能乱丢或抛掷。

（3）不能随意拆除、斩断脚手架的拉结，不得随意拆除脚手架上的安全设施，如妨碍施工必须经施工负责人批准后，方能拆除妨碍部位。

（4）严禁模板支架、起重设备、缆风绳及材料输送管道等固定在脚手架架体上；严禁拆除或移动使用中的架体安全防护设施。

（5）吊杆工序完成前，应按设计要求报检测单位进行拉拔试验，合格后方可施工转序。

（6）吊杆上部为网架、钢屋架或吊杆长度大于 2.5 m 时应设置钢架转换层，安装钢架时下方不得站人。

（7）需要拆除临边、洞口防护的作业，施工单位在施工完成后应按照安全防护要求及时恢复临边、洞口防护。

（8）手持加工件时要主要不要碰伤手指。

（9）对于有毒、有刺激、有腐蚀的材料要注意了解其保管和使用方法，穿戴好防护用品，保护眼睛、呼吸道及皮肤。

（10）易燃材料堆放处禁止吸烟，并配备相应的灭火器材。

（11）施工中尽量避免垂直立体交叉作业。

（12）使用各种瓷砖、大理石等装饰面层，加工切割石板时，不应两人面对面作业。使用切砖机、磨砖机、锯片机时，要防止锯片破碎、石渣伤害身体或眼睛。

第4节 装饰幕墙

（1）幕墙设计单位和施工单位应具备相应的资质。

（2）施工单位应编制重要部位/工序（幕墙安装、吊篮等）的专项施工方案，并应经监理等单位审批后方可实施。

（3）幕墙的附件应齐全并应符合设计要求，幕墙与主体结构的连接应牢固可靠，严禁结构件作为其他用途的载重。

（4）幕墙工程的材料、构件、组件及“四性”（风压变形性能、空气渗透性能、雨水渗透性能和平面内变形性能）试验结果应符合《建筑幕墙》（GB/T 21086—2007）的要求。

（5）幕墙工程结构硅酮胶的相容性试验和剥离黏结性试验必须符合设计和规范要求。

（6）螺栓检测应由相应资质的检测单位进行检测，合格后方可进行基层龙骨的安装。

（7）钢结构基层应进行接地，充分利用钢结构自身作为防雷接地装置。

（8）构件储存架、周转架应有足够的承载能力和刚度，设置专用场地堆放，叠放时确保板块间应有隔离措施和安全保护措施。

(9) 安装施工前，幕墙安装单位应检查现场情况，对脚手架和起重运输设备进行验收，确保具备幕墙施工条件。

(10) 单元板吊点和挂点应符合设计要求，不应少于2个，必要时可增设吊点或加固措施并试吊。

(11) 单元板就位时，应先将其挂到主体结构的挂点上，单元板未固定前，吊具不得拆除。

(12) 吊篮施工应满足以下安全技术要求：

① 吊篮进场时供应商/出租方应提供质量、合格证明文件和使用说明书等，安装完成经验收合格后方可使用，并定期进行维修保养。

② 吊篮不应作为竖向运输工具，并不得超载，且吊篮检修不应在空中进行。

③ 吊篮上施工人员须系安全带，安全带应正确挂置在独立设置的专用安全带上，禁止将安全带系挂在吊篮上。安全绳应固定在建筑物或可靠位置上，不得与吊篮任何部位连接。

(13) 当幕墙安装与主体结构施工交叉作业时，主体结构的施工层下方应设置防护网。

(14) 现场焊接时，应按照《钢结构焊接规范》(GB 50661—2011)的规定执行且应采取防火措施。

第5节　油漆涂刷工程

(1) 施工场地应有良好的通风条件，否则应安装通风设备。

(2) 在涂刷或喷涂有毒涂料时，特别是用含铅、苯、乙烯、铝粉等涂料，必须戴防护口罩和密封式防护眼睛，穿好工作服，扎好领口、袖口、裤脚等处，防止中毒。

(3) 在喷涂硝基漆或其他具有挥发性、易燃性溶剂稀释的涂料时，不准使用明火，不准吸烟。罐体或喷漆作业机械应妥善接地，泄放静电。涂刷大面积场地时，应采用防爆型电气、照明设备。

(4) 使用钢丝刷、板锉及气动、电动工具清除铁锈、铁鳞时，需戴上防护眼睛及防护口罩。

(5) 作业人员如感到头痛、头昏、心悸或恶心时，应立即离开工作现场到通风处换气，必要时送医院治疗。

(6) 油漆及稀释剂应由专人保管。油漆涂料凝结时，不准用火烤。易燃性原材料应隔离储存。易挥发性原料要用密封好的容器储存。油漆仓库通风性能要良好，库内温度不得过高。仓库建筑要符合国家防火等级规定。

(7) 在配料或提取易燃品时不得吸烟，浸擦过油漆、稀释剂的棉纱、擦手布不能随便乱丢，应全部收集存放在有盖的金属箱内，待不用时集中销毁。

(8) 工人下班后应洗手和清洗皮肤裸露部分，未洗手之前不触摸其他皮肤或食品，以防刺激引起过敏反应和中毒。

(9) 国家明令淘汰落后的涂料产品主要有：

① 聚乙烯醇水玻璃内墙涂料(106内墙涂料)。

② 多彩内墙涂料(树脂以硝化纤维素为主，溶剂以二甲苯为主的O/W型涂料)。

③ 氯乙烯—偏氯乙烯共聚乳液外墙涂料。

④ 焦油型聚氨酯防水涂料。

⑤ 水性聚氯乙烯焦油防水涂料。

⑥ 聚乙烯醇及其缩醛类内外墙涂料。

⑦ 聚醋酸乙烯乳液类(含 EVA 乳液)外墙涂料。

⑧ 聚氯乙烯建筑防水接缝材料(焦油型)。

第6节 玻璃工程

玻璃工程施工应执行《建筑安全玻璃管理规定》,贯彻《建筑玻璃应用技术规程》(JGJ 113—2015)标准,并注意以下几点:

(1) 作业人员在搬运玻璃时应戴手套或用布、纸垫住边口锐利部分,以防被玻璃刺伤。

(2) 裁划玻璃时应在规定场所进行,边角料要集中堆放并及时处理,以防扎伤他人。

(3) 安装 2 m 以上的玻璃位置时要系好安全带。

(4) 安装窗扇玻璃时要按顺序依次进行,不得在垂直方向的上下两层同时作业,避免玻璃掉落伤人。

(5) 安装或修理天窗玻璃时,应在天窗下满铺脚手板,以防玻璃和工具掉落伤人,必要时设置防护区域,禁止人员通行。

第7节 挡烟垂壁

(1) 挡烟垂壁紧固件应紧固有效,防止组件掉落伤人。

(2) 焊接挡烟垂壁基层时,应严格按照《钢结构焊接规范》(GB 50661—2011)实施。

(3) 安装挡烟垂壁时下方不应站人,施工单位应设置围栏或警示牌。

(4) 施工过程中,门式架应有防倾倒措施且架顶应有安全防护措施。

第三篇

轨道交通机电系统工程
安全标准化检查表

表 A　轨道交通机电系统工程安全标准化管理制度检查表

项目名称：

序号	检查项目	检查内容	检查结果
1	安全生产责任制	是否按照国家有关安全生产的法律、法规，建立和健全各级安全生产责任制度。	
2		是否按照“横向到边、纵向到底”的原则，建立覆盖所有职能部门和员工、全部生产经营和管理过程的安全生产责任制。	
3		是否根据法规要求和岗位调整及时补充和修订。	
4	安全生产目标管理制度	是否依据企业的总体发展目标，制定企业安全生产年度及中长期管理目标。	
5		安全管理目标是否包括生产安全事故控制指标、安全生产隐患治理目标，以及安全生产、文明施工管理目标等。	
6		安全管理目标是否进行量化。	
7		安全生产目标管理制度是否明确目标的制定、分解、实施、考核等内容。	
8	安全生产检查制度	是否按要求建立安全生产检查制度。	
9		安全生产检查制度是否明确检查的机构、人员、形式、频次、方法和要求等。	
10		安全生产检查制度是否对安全检查组织实施和记录、检查中发现问题的处理程序作出具体规定。	
11		安全生产检查的内容是否包括以下内容： （1）安全目标的控制情况。 （2）各项安全管理制度的执行情况。 （3）关键岗位人员安全生产责任制的落实情况。 （4）遵守法律、法规、标准、规范和其他要求的情况。 （5）施工管理活动与安全管理规定的相符性。 （6）危险性较大工程的活动特性、设施和设备的状态、人员的意识和行为。 （7）安全事故、险肇事故和其他不良安全业绩的调查、处理情况等。	
12	安全生产教育培训制度	是否建立健全安全教育培训制度。	
13		每年年初是否制订项目安全教育培训计划。	
14		安全生产教育培训制度是否明确教育培训的类型、对象、时间和内容。	
15		公司负责人、项目负责人、专职安全生产管理人员是否按规定参加企业注册地所在政府相关部门组织的安全教育培训，取得相应的安全生产资格证书，并在三年有效期内完成相应学时的继续教育培训。	
16		项目部是否建立用于开展安全培训和安全活动的有关费用支出的相应台账。	

表 A(续)

序号	检查项目	检查内容	检查结果
17	安全生产教育培训制度	是否做好安全教育培训记录，建立安全教育培训档案，对培训效果进行评估和改进。	
18		项目部对作业人员的培训除采用传统的授课式培训方式外，是否鼓励采用仿真模拟培训、体验式培训、多媒体培训等方式。	
19		入场三级安全教育是否执行以下规定： (1) 新进场的工人，必须接受公司、项目、班组的三级安全教育培训，经考核合格后方可上岗。 (2) 公司安全培训教育的主要内容：从业人员安全生产权利和义务；本单位安全生产情况及规章制度；安全生产基本知识；有关事故案例等。 (3) 项目安全培训教育的主要内容：作业环境及危险因素；可能遭受的职业伤害和伤亡事故；岗位安全职责、操作技能及强制性标准；安全设备设施的使用、劳动纪律及安全注意事项；自救互救、急救方法、疏散和现场紧急情况的处理等。 (4) 班组安全培训教育的主要内容：本班组生产工作概况，工作性质及范围；本工种的安全操作规程；容易发生事故的部位及劳动防护用品的使用要求；班组安全生产基本要求；岗位之间工作衔接配合的安全注意事项。 (5) 对工人转岗、变化工种应进行相应的安全教育培训。	
20		日常安全教育是否执行以下规定： (1) 项目应结合季节性特点、施工要求进行日常安全教育，每月不少于一次。 (2) 项目应督促各作业班组每天上岗作业前开展班前安全教育。	
21		特种作业人员安全培训是否执行以下规定： (1) 特种作业人员必须接受专门的安全作业培训，取得相应操作资格证书后方可上岗，除接受岗前安全教育培训，每年还须进行针对性安全培训，时间不得少于 20 学时。 (2) 采用新工艺、新技术、新材料或者使用新设备，必须对相关生产、作业人员进行专项安全教育培训。	
22		管理人员的培训是否执行以下规定： (1) 管理人员应每年至少接受一次专门的安全培训，且学时满足要求。 (2) 发生造成人员死亡的生产安全事故的，其主要负责人和安全生产管理人员应当重新参加培训。 (3) 从业人员在本生产经营单位内调整工作岗位或离岗一年以上重新上岗时，应当重新接受项目和班组级的安全培训。 (4) 生产经营单位实施新工艺、新技术或者使用新设备、新材料时，应对有关从业人员重新进行有针对性的安全培训。	

表 A(续)

序号	检查项目	检查内容	检查结果
23	安全生产专项费用管理制度	安全生产专项费用管理是否坚持“规范计取、合理计划、计量支付、确保投入”的原则。	
24		安全生产专项费用管理制度是否遵照有关规定、行业标准以及合同约定确定提取标准。	
25		安全生产专项费用管理制度是否执行施工单位申报、监理单位审查核实、建设单位审批支付的实施程序。	
26		安全生产专项费用管理制度是否规定安全生产专项费用的使用范围。	
27	施工设备管理制度	施工设备管理制度是否包括设备租赁、安装(拆除)、验收、检测、使用、检查、保养维修、改造、报废等职责和流程。	
28		施工设备管理制度是否规定了施工设备管理机构或配备设备管理专(兼)职人员要求。	
29		施工设备管理制度是否明确特种设备安装(拆除)单位资质要求。	
30		施工设备管理制度是否对施工设备台账及更新进行规定。	
31	生产安全事故应急预案	生产安全事故应急预案编制是否满足《生产经营单位生产安全事故应急预案编制导则》(GB/T 29639—2020)的要求。	
32		生产安全事故应急预案是否包括综合应急预案、专项应急预案和现场处置方案。	
33		项目部的应急预案体系是否与项目法人和地方政府的应急预案体系保持一致。	
34		生产安全事故应急预案是否根据评审结果和实际情况进行修订和完善。	
35	事故报告、调查和处理制度	生产安全事故报告、调查和处理制度是否明确事故报告、事故调查、原因分析、纠正和预防措施,责任追究、统计与分析等内容。	
36		发生事故后是否有按照规定及时、准确、完整地向有关部门报告程序。	
37		事故报告、调查和处理制度是否规定了按照“四不放过”的原则,对事故责任人员进行责任追究,落实防范和整改措施。	

被检查单位(项目部章):

被检查单位负责人(签字):

检查人员(签字):

检查日期:

表 B.1 轨道交通机电系统工程施工安全标准化检查表
（安全文明施工）

项目名称：

序号	检查项目	检查内容	检查结果
1	安全监督手续及施工许可证办理	项目中标后开工前是否落实专人及时向当地行政主管部门进行报监，了解地方报监流程。	
		是否建立以下安全监督手续所需资料： （1）建设工程安全监督申报表。 （2）建设、施工、监理单位安全文明施工承诺书。 （3）工程项目安全生产事故应急救援预案。 （4）工伤保险缴纳凭证。 （5）安全文明施工措施费支付计划。 （6）施工组织设计。	
		是否建立以下施工许可手续所需资料： （1）用地批准手续。 （2）建设规划许可证。 （3）施工条件报告，含施工现场全景照片、施工围挡封闭情况照片。 （4）工程资金证明或银行保函及无拖欠工程款承诺书。 （5）消防设计审核意见书。 （6）农民工工资保证金缴纳证明。	
2	安全教育	新进场工人是否经过三级安全教育并考核合格后上岗，不合格者是否重新组织安全教育或辞退。	
		新进场或换岗作业人员，安全生产培训课时是否满足相关规定，公司级培训教育时间不得少于15学时，项目级培训教育时间不得少于15学时，班组级培训教育时间不得少于20学时。	
		是否保留三级教育影像资料、培训内容资料、签到记录和考核资料，并建立台账。	
		项目部是否对项目人员进行日常安全教育及专项安全教育。	
3	实名制管理	新进场工人是否进行实名制管理，是否按项目所在地住建部门的相关要求进行个人实名制信息录入。	
		施工现场是否设置实名制闸机，是否对工人实行每天的实名制考勤。	
4	安全技术交底	是否制定安全技术交底制度。	
		安全技术交底是否实行三级交底制（一级交底是指公司总工程师向项目部做项目总交底；二级交底是指项目部总工程师向现场管理人员交底，三级交底是指现场管理人员向作业班组、作业人员交底）。	

表 B.1(续)

序号	检查项目	检查内容	检查结果
4	安全技术交底	交底是否采用书面交底形式,是否有口头详细说明,必要时是否作图示详细解释。安全交底是否全面、有针对性,是否符合有关安全技术操作规程要求的规定,内容是否准确、通俗易懂,是否落实到各项工序施工的作业人员。	
		交底部门是否做好交底记录,交底人和接收人是否签字,交底记录一式两份,双方是否各存一份。	
		是否利用现有技术制作安全技术交底二维码在施工现场显著位置张贴。	
5	安全检查	项目部是否制定安全检查制度。	
		检查制度是否明确现场安全检查的形式、检查频次、检查人员构成、检查结果处理等。	
		安全检查是否执行定期、不定期检查以及专项检查和季节性检查等。	
		定期检查项目部是否每周进行 1 次,公司一级是否每月进行 1 次。	
		其他形式的检查随机而定,是否留存有关记录。	
		是否对检查情况进行记录,是否填写书面检查记录表。	
		检查记录表是否分为公司对项目检查记录表和项目部自查记录表。	
		检查记录表是否载明时间、参与人员、职务(职称)、存在问题(隐患)、整改时限等,并有相关人员签字确认。	
		检查记录表是否对存在问题(隐患)描述客观、准确,具有针对性,列明隐患存在部位、违反标准规范或行为要求等。	
		项目部的安全检查整改情况是否由监理单位确认。	
		对下发的隐患整改通知单,项目部是否按照“三定”(定人、定时间、定措施)原则予以落实整改。	
		对重大事故隐患,整改后是否由施工企业安全生产管理部门组织复查。	
6	安全宣传	施工现场醒目位置是否设置规范、整齐、统一的十三牌三图:工程概况牌、管理人员名单及监督电话牌、消防保卫(防火责任)牌、安全生产牌、文明施工牌和施工现场平面图(老五牌一图);卫生须知牌、十项安全生产技术牌、农民工维权公示牌、安全纪律牌、安全标语牌、领导带班制度牌、二十四小时巡视制度牌、重大风险源公示牌,安全文明施工责任图、消防器材布置及逃生路线图(新增八牌二图)。	
7		施工信息牌图排架是否采用不锈钢管制作,图、牌宜采用彩色喷绘+KT板覆亚膜防水。如为单块条状布置,单块尺寸宜为 120 cm×200 cm;如为整块布置,尺寸宜为 3 m×11 m;施工信息牌图的安装底边宜距地面 0.6 m。	

表 B.1(续)

序号	检查项目	检查内容	检查结果
8	安全宣传	文化宣传牌是否满足以下规定： (1) 文化宣传牌可采用宣传展板和宣传画两种形式。 (2) 宣传展板包括室内和室外两种。室内展板附着于墙壁上;室外展板采用不锈钢排架竖立于地面或采用不锈钢边框附着于墙面。 (3) 宣传展板宜采用彩色喷绘＋KT 板覆亚膜防水制作,尺寸根据实际需要确定。	
9		安全警示标识牌是否满足以下规定： (1) 施工现场出入口、主要施工区域及危险部位必须悬挂安全警示标识牌,并指定专人负责。根据施工现场的变化及时更新安全警示标识的位置和内容。 (2) 按照《安全标志及其使用导则》(GB 2894—2016)的相关规定,对施工现场进行安全标志的设置。	
10		材料标识牌是否满足以下规定： (1) 施工现场材料、半成品、成品应当悬挂标识牌。内容应包括名称、生产厂家、规格型号、炉(批)号、进场日期、进场数量、检验状态、检验结论等。 (2) 标识牌采用喷绘＋KT 板或有机玻璃制作,尺寸宜为 30 cm×40 cm。放置于相对应的材料正面或侧面,高度宜为 1.2～1.5 m。	
11	临建搭设	生活办公区的布置与建设应符合“安全、文明、经济、适用、环保”原则,是否满足员工良好的工作、生活环境需求。	
12		在临建设施规划布局及搭设方案中是否对临时消防设施应予以明确,办公区、生活区、施工区是否加强灭火器材、消防给水系统、应急照明等临时消防设施的配置。	
13		大门设置是否满足以下规定： (1) 大门立柱共设置 2 处,位于大门两侧,立柱间净距不宜小于 6 m;立柱采用砖砌或钢结构,长、宽均不小于 0.8 m,进行饰面处理。 (2) 沿进出项目部道路最近一侧的立柱旁砌筑项目铭牌墙,墙体外表面胶粘项目名称与施工企业图形标志。 (3) 大门采用电动伸缩门,并能够全部缩回铭牌墙体内。	
14		大门内是否设置门卫室,标准同施工现场门岗,并设监控显示设备。	
15		旗台设置是否满足以下规定： (1) 旗台长 3.60 m、高 0.72 m,横断面为直角梯形。 (2) 底座颜色为红色或者黑色;底座贴光面瓷砖。 (3) 三根旗杆为直径 10 cm 的不锈钢管,高度不低于 9 m,中杆最高。	
16		围墙设置是否符合以下规定： (1) 办公区实行封闭管理,在围墙墙体上可贴企业宣传图,采用通透式防护栅栏、彩钢(塑)板或砖砌围墙,高度应为 1.8～2.5 m。采用砖砌围墙时,应不大于 6 m 设置一个墙垛。围墙基础尺寸和埋深根据地质情况自行选定。 (2) 在驻地围墙外侧设置文化墙,内容为企业精神和理念,尺寸宜大于 200 cm×520 cm。	

表 B.1(续)

序号	检查项目	检查内容	检查结果
17	临建搭设	办公室设置是否符合以下规定： (1) 办公室大门上方应设置部门铭牌，室内要通风、照明良好，并设有防暑、取暖设备。 (2) 室内具备办公条件，岗位职责等有关制度、图表上墙，设施良好，文件资料归档整齐。	
18	临建搭设	党建活动室大小是否根据项目党组织机构规模设置，室内要设置书柜和桌椅，书柜上放置有关党风廉政书籍和文件。	
19	临建搭设	资料室设置是否符合以下规定： (1) 归档整理各项活动的文件、材料、音像、报表。 (2) 文档管理员必须坚持文书随时立卷的归档制度，并分门别类，做好收集、整理、立卷、归档工作。	
20	临建搭设	会议室设置是否符合以下规定： (1) 会议室形象背景墙材质为 PVC 板，施工企业标识居中，下为“施工企业及标段名称”字样。 (2) 背景墙上方安装 LED 显示屏，侧墙应悬挂会议室制度，墙上挂有项目工程概况牌、组织机构图、平面布置图、施工进度图，安全、质量、环保组织机构图，安全、质量与环保保证体系图，项目管理方针和管理目标、工程质量创优规划牌等。	
21	临建搭设	农民工学校设置是否符合以下规定： (1) 农民工学校可设置在办公区或生活区，面积应不少于 60 m^2，教室门口应悬挂标牌，可与食堂或会议室合建。 (2) 农民工学校应设置不少于 30 张桌椅，并配备讲课使用的投影仪等设备。 (3) 室内应挂设教育培训制度、教育培训组织机构牌及相关的工作职责牌。 (4) 室内设置宣传展板，布于两侧；同时应放置相应安全教育读本。	
22	临建搭设	宿舍设置是否符合以下规定： (1) 宿舍必须整齐一致，卫生清洁，设置可开启式窗户，室内通风照明良好。宿舍室内净高不得小于 2.5 m，通道宽度不得小于 0.9 m。 (2) 统一设置床铺，严禁使用通铺，宜配置衣帽柜、洗漱架、条桌等生活设施。住宿人员人均面积应不小于 3 m^2，每间住宿人数不宜超过6 人。 (3) 宿舍应配置保暖、消暑、防蚊虫叮咬设施；配置独立线路的冷暖空调。 (4) 宿舍门口上应当张贴宿舍管理制度、住宿人员名单、卫生值日表、应急疏散示意图等。 (5) 宿舍内电压宜选用安全电压，用电插口必须为 USB 充电插座，采用强电照明的必须使用限流器；每间宿舍内应设置自动喷淋系统。 (6) 宿舍区域应设置人员信息登记牌、消防责任牌、安全提示牌、逃生指示及应急照明灯等标识。	

表 B.1(续)

序号	检查项目	检查内容	检查结果
23	临建搭设	厨房、餐厅设置是否符合以下规定： (1) 厨房应独立设置一栋,不得与宿舍混建。厨房应具有储物间、操作间(总面积不小于 60 m^2)及独立砖砌储气室,储气室与操作间之间应设置砖砌防火墙(高度不低于 2.5 m)。 (2) 食堂应在政府相关部门合法取得卫生许可证,并将复印件贴于墙上;炊事员必须定期进行健康检查,并持有有效的健康证件,工作时应穿工作服、戴工作帽。 (3) 厨房操作间应安装水晶板门帘或纱门、纱窗以及蔬菜、水产、禽肉、餐具清洗池及工具清洗池。内部设施应易于清洗、布局合理,生、熟菜及菜板等用具必须分开存放,避免生熟工序交叉污染。厨房制作台、灶台、备餐台面应采用不锈钢材质。厨房地面应铺设防滑瓷砖,排水应通畅。 (4) 厨房的灶台、抽油烟机、工作台、放物架及室内的灯具、电扇等应洁净,无油垢、污垢和异味。 (5) 食堂污水排放系统应与地下隔油池相连;下水管出口应有市政污水管线连接的过滤网,排水通畅。 (6) 应悬挂就餐制度、食堂卫生管理制度、餐饮管服人员《健康证》等,同时张贴节约食物、讲究卫生等宣传画和温馨提示。 (7) 必须依法合规建设燃气设施;与有资质的正规燃气经营企业签订供用气合同;使用符合国家标准的气瓶;使用性能完好的燃气燃烧器具以及螺纹连接的不锈钢软管、调压阀、泄漏报警器;气瓶单独存放;瓶装燃气存放间、使用间配备满足要求的消防器材。 (8) 餐厅应张贴食堂管理制度,设置餐桌数应按照就餐人员数量而定,设空调、餐具消毒柜、餐具储存柜等设备。	
24		盥洗室、浴室、卫生间、晾衣棚设置是否符合以下规定： (1) 盥洗室应根据需要配置开水器,宜设置全自动洗衣机。 (2) 盥洗室内应做好排水处理,地面不得存在积水现象;地面应有防滑措施,设专人负责日常管理。 (3) 浴室地面应防滑,浴室应与更衣间隔离。 (4) 浴室应能供应冷、热水。 (5) 浴室应有不少于一扇通风百叶窗和一台排风电器,浴室应通风良好。 (6) 浴室的实砖墙壁应瓷砖贴面。 (7) 浴室的室内排水与室外排水系统应相连、畅通。 (8) 必须分别设置男女卫生间,高度不应低于 2.5 m。卫生间蹲位应不小于 1 m^2/人,蹲位间隔墙或隔板的高度应不小于 1.5 m。 (8) 卫生间应设置照明、通风、采光措施,卫生间门、窗、照明设施应当齐全,窗户应安装百叶窗,且应通风透气。 (9) 卫生间墙面应张贴卫生间管理制度和卫生责任牌,每天定人定时进行清扫,确保卫生间的洁净、卫生。 (10) 卫生间应有符合抗渗要求的带盖化粪池。化粪池底部和侧壁应作防渗处理,卫生间污水应经化粪池接入市政污水管网,严禁直接排入市政污水管道、河道或土坑内。 (11) 晾衣棚顶和四周应采用阳光板,大小根据人员数量确定。	

表 B.1(续)

序号	检查项目	检查内容	检查结果
25	临建搭设	停车棚、电瓶车棚设置是否符合以下规定： (1) 停车棚车位应用黄色油漆在地面明显划分。 (2) 电瓶车棚的高度不小于 2.5 m，设置充足的充电插座，禁止私自接线充电，旁边应配置一组灭火器。	
26		消防设施设置是否符合以下规定： (1) 项目生活办公区应设置消防柜，并在易燃物品旁设置消防器材。 (2) 应分别设置太平斧、消防桶、黄沙池等微型消防站，每 100 m^2 至少配置一组(2 具)灭火器. (3) 消防器材按规定每半月巡检一次，对失效的消防器材进行更换。	
27		宣传栏(文化长廊)设置是否符合以下规定： 文化长廊内主要宣传与企业相关的文化理念，包括历史沿革、责任文化、管理文化、安全文化、形象文化、效益文化、团队文化、执行文化、人才文化、创新文化、廉洁文化、合作文化、和谐文化等。	
28		工人生活区设置是否符合以下规定： (1) 活动板房材料应符合《建设工程施工现场消防安全技术规范》(GB 50720—2011)规定的 A 级燃烧性能等级要求，建筑层数不宜大于两层，总高度不宜大于 6.5 m；每层建筑面积大于 200 m^2 时，应设置至少两部疏散楼梯，房间疏散门至疏散楼梯的最大距离不应大于 25 m。 (2) 生活区应设置临时消防车道，净宽度和净空高度均不应小于 4 m；可与场内临时道路合建，当临时用房或施工区占地面积超过 3 000 m^2 时，必须设置环形临时消防车道(周边道路满足消防车通行要求及灭火救援时，施工现场内可不设置临时消防车道)。 (3) 生活区设施必须采取防台风措施，保证设施的稳固性。生活区设施搭设完成后，施工单位(使用单位)应组织临建设施的安装单位、使用单位、监理单位进行检查验收，验收通过后方可投入使用。	
29	安全防护	“三宝”个体防护是否符合以下规定： (1) 按要求定期发放劳保用品，并建立管理台账。 (2) 施工人员必须统一着装，安全防护用品穿戴整齐。 (3) 安全帽应符合《头部防护 安全帽》(GB 2811—2019)的要求，并有出厂合格证、生产许可证号和安全防护标识证号。 (4) 进入施工现场必须按规定佩戴安全帽：领导及来宾安全帽为红色，施工技术人员安全帽为蓝色，监理、安质人员安全帽为白色，普通作业工人安全帽为黄色。帽衬松紧合适，下颌带系好。 (5) 安全带应符合《安全带》(GB 6095—2009)的技术和检验要求。进场应提供生产日期、生产许可证、产品合格证、检验证。 (6) 安全带上的各种部件不得任意拆除，接长使用。安全带应高挂低用，使用 3 m 以上长绳应加缓冲器。高空作业场所应佩戴全身背带式安全带。 (7) 安全网应符合《安全网》(GB 5725—2009)的相关规定，必须有出厂检验合格证，所使用的密目式安全网网目密度不低于 2 000 目/100 cm^2 的要求，并应具有抗冲击、耐贯穿、阻燃性能检测合格报告。 (8) 立网和平网必须严格区分使用，立网绝不允许当平网使用。 (9) 安全网在不使用时，必须妥善存放、保管，防止受潮发霉。	

表 B.1(续)

序号	检查项目	检查内容	检查结果
30		“四口”安全防护是否符合以下规定： (1)“四口”是指楼梯口、电梯井口、预留洞口、通道口。 (2)施工过程中在深度 2 m 及以上的桩孔、沟槽与管道孔洞、楼梯口、电梯口及设备安装预留洞口、上料口、通道口等周边作业，需设置洞口防护。孔、洞采取的防护措施及构造、强度、刚度应符合《建筑施工高处作业安全技术规范》(JGJ 80—2016)的规定要求。	
31	安全防护	“五临边”安全防护是否符合以下规定： (1)尚未安装栏杆或栏板的阳台与挑平台周边、雨篷与挑檐边、无外脚手架的屋面与楼层边都必须设置防护栏杆。 (2)临边防护栏杆杆件的规格及连接要求，应符合要求：钢管横杆及栏杆柱均采用 ϕ48 mm×3.5 mm 的管材，以扣件固定。 (3)搭设临时防护栏杆时，必须符合下列要求： ① 建筑物楼层楼面周边、楼梯口和梯段边、脚手架、建筑物通道的两侧边以及各种垂直运输接料平台等必须设置防护，防护采用钢管栏杆，栏杆由立杆及两道横杆组成，上横杆离地高度为 1.0～1.2 m，下横杆离地高度为 0.5～0.6 m，立杆间距为 1.5 m，并加挂安全网，设踢脚板，作警戒色标记，加挂警示牌。施工过程中如需临时拆除防护设施，必须有质安员监督指导，施工完后立即恢复。 ② 栏杆柱的固定：当在基坑四周固定时，可采用钢管打入地面 50～70 cm，钢管离边口的距离不应小于 50 cm。在混凝土楼面、屋面或墙面固定时，可用预埋件与钢管或钢筋焊牢。 (4)防护栏杆必须由上而下用安全网封闭，或在栏杆下边设置严密固定的高度不低于 18 cm 的挡脚板或 40 cm 的挡脚笆，挡脚板或挡脚笆上如有孔眼不应大于 25 mm，板与笆下边距离地面的空隙不应大于 10 mm。 (5)临近小区路边的外脚手架外侧还应每层设置不小于 2 m 宽的安全挡板进行封闭。 (6)防护栏杆的拆除：临边防护栏杆的拆除应在防护区域的作业停止后方可拆除。拆除前必须经项目部质安员同意并对拆除人员进行安全技术交底，拆除时必须有质安员在场进行监督指挥。拆除下来的材料不能乱抛乱扔，必须堆放整齐。	
32		移动操作平台安全防护是否符合以下规定： (1)移动式操作平台应按规定进行设计计算。 (2)操作平台应按设计和规范要求进行组装，铺板应严密。 (3)移动式操作平台的面积不超过 10 m^2，荷载不宜超过1.5 kN/m^2。 (4)行走脚轮和导向脚轮应配有制动器或刹车闸等使脚轮切实固定的装置，防止平台失控、滑移。 (5)移动式操作平台脚轮的承载力不应小于 5 kN，脚轮的制动器有不应小于 2.5 kN·m 的制动力矩。移动式操作平台架体必须保持垂直，不得弯曲变形，平台脚轮的制动器除在移动情况外均应保持制动状态。 (6)移动式操作平台可以采用 ϕ48 mm×3.5 mm 镀锌钢管作次梁与主梁，上铺 50 mm 脚手板作铺板。铺板应采用绑扎等方式固定，并以 ϕ48 mm×3.5 mm 的钢管作主柱。	

表 B.1(续)

序号	检查项目	检查内容	检查结果
32	安全防护	(7) 在施工中,不得在移动操作平台倾斜或移动状态时上下人,不得载人移动。 (8) 移动式操作平台轮子与平台连接应牢固、可靠,立柱底端距地面高度不得大于 80 mm。 (9) 使用移动操作平台作业人员身体条件必须符合登高作业要求,作业前必须接受专项安全教育和安全技术交底。 (10) 作业前,应检查移动操作平台是否平整稳固,架体和构配件是否齐全,存在脱焊、裂缝、变形、锈蚀严重和滑轮刹车失灵的不准使用,不配套的操作平台不得混合使用于同一操作平台上。	
33	临时用电	临时用电管理是否符合以下规定: (1) 施工现场临时用电设备在 5 台及以上或设备总容量在 50 kW 及以上者,应编制用电组织设计。 (2) 施工现场临时用电组织设计应包括下列内容: ① 现场勘测。 ② 确定电源进线、变电所或配电室、配电装置、用电设备位置及线路走向。 ③ 进行负荷计算。 ④ 选择变压器。 ⑤ 设计配电系统。 (a) 设计配电线路,选择导线或电缆。 (b) 设计配电装置,选择电器。 (c) 设计接地装置。 (d) 绘制临时用电工程图纸,主要包括用电工程总平面图、配电装置布置图、配电系统接线图、接地装置设计图。 (e) 设计防雷装置。 (f) 确定防护措施。 (g) 制定安全用电措施和电气防火措施。 (3) 临时用电工程图纸应单独绘制,临时用电工程应按图施工。 (4) 临时用电组织设计及变更时,必须履行“编制、审核、批准”程序,由电气工程技术人员组织编制,经相关部门审核及具有法人资格企业的技术负责人批准后实施。 (5) 临时用电工程必须经编制、审核、批准部门和使用单位共同验收,合格后方可投入使用。 (6) 电工及用电人员: ① 电工必须经过按国家现行标准考核合格后,持证上岗工作;其他用电人员必须通过相关安全教育培训和技术交底,考核合格后方可上岗工作。 ② 安装、巡检、维修或拆除临时用电设备和线路,必须由电工完成,并应有人监护。电工等级应同工程的难易程度和技术复杂性相适应。 ③ 各类用电人员应掌握安全用电基本知识和所用设备的性能,并应符合下列规定: (a) 使用电气设备前必须按规定穿戴和配备好相应的劳动防护用品,并应检查电气装置和保护设施,严禁设备带“缺陷”运转。	

表 B.1（续）

序号	检查项目	检查内容	检查结果
33	安全防护	(b) 保管和维护所用设备，发现问题及时报告解决。 (c) 暂时停用设备的开关箱必须分断电源隔离开关，并应关门上锁。 (d) 移动电气设备时，必须经电工切断电源并做妥善处理后进行。 (7) 安全技术档案： 施工现场临时用电必须建立安全技术档案，并应包括下列内容： ① 用电组织设计的全部资料。 ② 修改用电组织设计的资料。 ③ 用电技术交底资料。 ④ 用电工程检查验收表。 ⑤ 电气设备的试、检验凭单和调试记录。 ⑥ 接地电阻、绝缘电阻和漏电保护器漏电动作参数测定记录表。 ⑦ 定期检(复)查表。 ⑧ 电工安装、巡检、维修、拆除工作记录。 ⑨ 安全技术档案应由主管该现场的电气技术人员负责建立与管理。其中“电工安装、巡检、维修、拆除工作记录”可指定电工代管，每周由项目经理审核认可，并应在临时用电工程拆除后统一归档。 ⑩ 临时用电工程应定期检查。定期检查时，应复查接地电阻值和绝缘电阻值。 ⑪ 临时用电工程定期检查应按分部、分项工程进行，对安全隐患必须及时处理，并应履行复查验收手续。	
34		施工现场临时用电是否符合《施工现场临时用电安全技术规范》(JGJ 46—2018)的规定。	
35	消防安全	施工现场消防安全组织是否满足以下规定： (1) 施工项目部应根据工程规模，成立以项目负责人为总指挥的义务消防队，负责项目全周期的消防安全管理工作，明确义务消防队的各项工作职责，由安质部归口管理。 (2) 施工项目部应当履行下列消防安全义务： ① 制定并落实消防安全管理措施和消防安全操作规程。 ② 建立本项目消防安全责任考核奖惩制度。 ③ 开展消防安全宣传教育和消防知识培训。 ④ 进行经常性的内部防火安全检查，及时制止、纠正违法、违章行为，发现并消除火灾隐患。 ⑤ 按规定配备消防设施、灭火器材并指定专人维护管理，保证消防设施、器材的完好有效。 ⑥ 按规定设置安全疏散指示标志和应急照明设施，保证消防安全疏散指示标志、应急照明处于有效状态。 ⑦ 保证疏散通道、安全出口畅通，不得占用疏散通道或在疏散通道、安全出口设置障碍物，不得遮挡安全疏散指示标志。 ⑧ 发生火灾应及时报警、迅速组织扑救和人员疏散，不得瞒报、迟报、谎报火警。 ⑨ 结合项目实际，编制《施工现场灭火及疏散应急预案》，并每半年组织一次演练，结合实际，不断完善应急预案。 ⑩ 建立消防安全管理台账，详细反映本项目消防安全工作的基本情况，并及时补充、更新。	

表 B.1(续)

序号	检查项目	检查内容	检查结果
36	消防安全	施工现场临时消防设施是否满足《建设工程施工现场消防安全技术规范》(GB 50720—2011)的相关要求。	
37	属地管理	属地管理是否满足以下规定： (1) 属地管理单位制定落实属地管理工作方案，履行人员配置、场地移交与分配、安全协议、治安门卫、视频监控、起重吊装(主要指场地协调、进场登记)、临水临电、高处作业、临边及洞口防护、场内照明、通风除湿、扬尘控制、场地保洁、成品半成品保护、防火防盗等属地管理方面的具体工作。 (2) 属地单位项目部应按每个车站至少配置 1 名站区经理或负责人、1 名专职安全员、2 名地面保安、2 名站台保安(电客车动调前或机电中心指定单位接管前)、2 名专职保洁人员、1 名场内调度(可由站区经理或负责人兼任)，共 8 人以上。项目部还必须同时设置总调度 1 名(可由项目部生产副经理兼任)，负责受理、批复其他单位的进场申请。 (3) 按轨道公司现场协调会确定的计划安排或双方商定的计划结果，及时受理、批复其他单位在正式施工前 3 日提出的进场施工许可申请，签订安全协议，明确双方责任，开展属地管理工作方案交底，明确进场施工的工作程序和管理要求，并在其他单位进场施工的前日或当日办结现场准入手续，安排其他单位当日进场施工。 (4) 负责属地现场门卫治安及人员、材料、设备进出管理。 ① 在满足消防安全要求的前提下，原则上一个车站开通一个供施工用的出入口，且至少设置一个供消防疏散用的出入口，其他出入口或与轨行区的连通部位(包括站台板外缘、站台层至隧道口以及土建单位正在施工、未能交付的出入口等)，均应采用金属夹芯板(俗称彩钢板，芯材的燃烧性能等级应为 A 级)或钢格栅封闭隔离。若需增加供施工用的出入口，应征得监理和业主工程师同意，并按要求设置地面岗亭和门卫保安。 ② 属地单位应在已移交的地面场地的大门口或进出车站通道口的地面上设置岗亭和 24 小时门卫保安。24 小时门卫保安应在场地接收之日立即完成。 ③ 属地单位应在工地大门口、进出车站的人行通道口、隧道口、轨行区进出口等部位设置有效的昼夜视频监控系统。昼夜视频监控系统应在场地接收之日起 3 日内完成且数据保存时间应不少于 15 d。 ④ 依据上列第 1 项规定，车站与轨行区已完全隔离封闭，但结合轨行区施工实际，属地单位应在左右线站台通往轨行区的楼梯口位置的封闭设施上，留置供人员、材料、设备进出的临时通道门，并安排 24 小时站台保安，负责临时通道门的锁闭及进出登记管理(凭轨行区作业票进出)。同时，应在临时通道门的临轨行区侧设置门铃或呼叫系统，以便轨行区作业人员提示站台保安及时从站台侧打开临时通道门。除此之外，所有可以进入轨行区的通道(如由站厅层、站台层设备区进入轨行区的通道)一律锁闭或封闭，严禁进出。 ⑤ 属地单位应落实门卫保安严格管控人员、材料、设备的进出管理，并做好登记。登记信息应包括人员姓名、单位、所持证件、同行人数、进入目的及地点、进入时间、所带物件及机具、退出时间、带出物件及机具等。进出人员一律凭有效证件进入工地，门卫保安应严格查验、核对人员进出信息，必须人、证、物三者对应后方可放行。建设单位人员凭工作证进入；监理单位、监测单位、检测单位人员凭工作证或胸卡进入；其他单位人员凭当日“准入证”或当日轨行区“作业票”进入。未持证件者，一律不得入内。	

表 B.1(续)

序号	检查项目	检查内容	检查结果
37	属地管理	(5) 负责属地现场日常保洁、扬尘、排水、除湿管理。 ① 属地单位每个站区至少配置2名及以上的专职保洁人员，专门负责场内的日常保洁工作，同时检查督促或清理其他单位的卫生保洁和机具材料整理情况。保洁人员每天上午、下午至少清扫或冲洗1次场内保洁，并留有记录。保洁范围包括且不限于地面、车站公共区、设备区等部位。 ② 属地单位应在每个站区设置场内垃圾存放点，供场内单位集中存放垃圾，并保证每天清理外运，不出现垃圾积压现象(属地单位可与其他单位协商收取清运费用)。 ③ 属地单位应在每个站区的站厅层或地面至少设置1座临时厕所，方便场内人员如厕，并定时保洁清理。 ④ 属地单位应在场内合适位置设置挡水坎、集水坑，集中引流雨水、污水、渗漏水，并负责场内积水的统一抽排，保证场内不出现大面积(指5 m^2 以上)积水、积泥现象。其中，区间隧道正式泵启用之前，区间积水由区间属地单位抽排至车站废水泵房，车站属地单位应及时抽至地面排放，严禁站内积水流至区间。区间风井积水由车站属地单位直接抽排至地面排放。 ⑤ 站内通风设施启用前，属地单位应在站厅层、站台层、通道口分别设置不少于2台大功率通风设施，及时通风除湿，保证站内不得有明显湿气、浮尘积聚。 (6) 负有属地现场安全防护巡查责任。 ① 属地单位应在每个站区至少配置1名站区专职安全员，专门负责施工现场日常安全巡查及安全防护检查工作。 ② 站区专职安全员每天上午、下午至少分别巡查1次施工现场，发现问题及时解决处理，并留有书面和影像记录。 ③ 专职安全员巡查内容应包括但不限于以下内容：地面场地的管理情况、风亭口围闭及洞口防护情况、地面作业情况(如起重吊装、材料垂直运送等)、地面保安和站台保安对进出人员查验登记的履职情况、视频监控系统运行情况、预留洞口临边防护设施和区域隔离设施的设置及维护情况、临时照明的设置与维护情况、场内临时用电设施的设置及维护情况、消防安全情况(动火令开具及消防临时给水、灭火器、焊接接渣盆设置等)、各单位责任区划分执行情况、场内各种警示警告禁止提示标识设置及维护情况、扬尘控制以及保洁除湿排水情况、高处作业防护情况、成品半成品保护情况等，必要时开具处罚手续，并通报项目领导、监理及业主项目工程师。 (7) 负责属地现场临时照明设施的设置与维护。 属地单位负责场内包括梯道、公共区、设备区、商业开发区、站厅、站台以及地面等所有区域临时照明设施的设置与维护，并保证昼夜供电(地面部分白天不供电)，如有损坏必须及时修复。照明必须覆盖所有区域，不得留有死角和盲区。照度要求应满足进入场地无须配备电筒增加照明的标准。 (8) 负责属地现场消防安全管理。 属地单位应按照《建设工程施工现场消防安全技术规范》(GB 50720—2011)的要求，配置相应的消防安全设施，包括灭火器、临时消防给水、应急照明、疏散指示等，并对电气焊等动火作业进行属地检查管理。	

表 B.1(续)

序号	检查项目	检查内容	检查结果
37	属地管理	(9) 负责属地现场的水电供给及管理。 ① 属地单位应在站厅层、站台层两端和中间部位为场内其他单位提供配置合理、方便接入的水、电接口，并制定临时用水、用电管理办法，承担现场用水用电管理职责。 ② 属地单位应根据现场实际和其他单位的用电需求编制临时用电组织设计，报监理审核批准后实施，并及时许可、管理其他单位用电接入和使用，不得出现私拉乱接或擅自接入的现象。 ③ 考虑机电安装及装修阶段水电转户手续比较烦琐且增加过户费用等因素，场内业主提供的原水电总接口由土建阶段属地单位直接转交机电阶段属地单位，或由机电阶段属地单位向原土建阶段属地单位申请接入并按时缴纳场内水电费用。其他单位只能向机电阶段属地单位申请接入且缴纳费用，原土建阶段属地单位不得向其他单位直接供电供水且收缴费用。 ④ 属地单位可参照建设单位所列的费用标准或按双方商定的费用标准在其他单位办理进场许可手续时，向其他单位收取水电费用。 (10) 负责属地现场成品半成品保护管理。 属地单位应每天对属地范围内成品半成品保护情况进行巡查，发现有不当行为的，应立即制止，拒不执行的，有权依照本办法予以处罚。现场成品、半成品发生丢失且损失金额在 10 000 元以上的，经调查确认属地单位未尽到属地管理责任的，属地单位承担损失金额的 10% 的连带赔偿责任。 (11) 负责属地范围内计划协调管理。 属地单位应根据现场实际需要，及时召集相关单位的业主、项目负责人或站点负责人、安全负责人及监理人员召开属地管理协调会议，协商解决现场计划安排、责任区划分、工序衔接、违章处罚等问题。 属地单位应留存会议记录及签到手续，并于次日形成会议纪要下发至各与会单位。 (12) 公示并及时更新属地管理工作方案和责任人信息。属地单位应在属地权限接收之日起 3 日内，在每个站区已移交的地面场地的大门口或地面进出车站的通道口醒目位置除设置应有的文明施工标识牌外，还应设置属地管理相关信息牌，并根据现场调整变化及时更新。所公示内容至少应包括：属地管理工作方案或细则、进场施工许可办法及流程、门卫治安管理制度和人员材料设备进出管理制度、场内责任区域划分图(含地面区域)、现场相关责任人信息(必须要有项目经理、站区经理或负责人、专职安全员、地面保安、站台保安、保洁人员、站区专职调度等相关人员的姓名、电话)等。同时应在站厅层、站台层醒目位置设置现场相关责任人(同上)信息，便于其他单位查找。 (13) 准确行使场内违规违章行为处罚权力。属地单位应根据本办法对现场违规违章行为进行管理和处罚。发现其他单位的违规违章作业行为，必须予以制止。若不予制止而造成生产安全事故，则承担由此而引起的属地管理连带责任。 (14) 按照业主要求落实其他属地管理工作。	

表 B.1(续)

序号	检查项目	检查内容	检查结果
38	起重吊装	起重吊装是否满足以下规定： (1) 严格执行“吊装令”审批制度。 (2) 起重吊装作业前，应根据施工组织设计要求划定危险作业区域，设置醒目的警示标志，防止无关人员进入。 (3) 应视现场作业环境，专门设置监护人员，防止高处作业或交叉作业时造成的落物伤人事故。 (4) 当起重机在地面，吊装作业在高处作业或地下作业的条件下，必须专门设置信号传递人员，以确保司机清晰准确地看到和听到指挥信号。 (5) 起重机行驶和工作的场地应保持平坦坚实，并应与沟渠、基坑保持安全距离。 (6) 吊装作业前应检查吊钩、钢丝绳、限位器等，确保安全有效，签发吊装令后方可实施吊装。 (7) 汽车吊作业时，支腿应全部伸出，并在支腿底座下垫枕木或钢板，面积不小于支腿底座的 3 倍。支腿有定位销的必须插牢。作业中严禁扳动支腿操作阀。 (8) 起重机在进行满负荷或接近满负荷起吊时，禁止同时进行两种或两种以上的操作动作。严禁斜吊、拉吊或快速起落。不准吊拔埋入地面的物件，严禁在高压线下作业。 (9) 起重机在工作时，作业区域、起重臂下、吊钩和被吊重物下面严禁任何人站立、工作或通行。	
39		起重吊装是否满足“十不吊”规定： (1) 超载不吊。 (2) 违章指挥或指挥信号不明确不吊。 (3) 吊物捆绑不牢不吊。 (4) 吊物上有人或浮置物不吊。 (5) 安全装置不齐全或动作失效不吊。 (6) 吊物埋入地下、与地面建筑或设备有钩挂不吊。 (7) 视线不清、光线阴暗、照明不足不吊。 (8) 吊物棱角处无防护衬垫保护不吊。 (9) 斜拉歪挂吊物不吊。 (10) 风力超过五级或者阵风超过五级不吊。	

被检查单位(项目部章)：

被检查单位负责人(签字)：

检查人员(签字)：

检查日期：

表 B.2　轨道交通机电系统工程施工安全标准化检查表
（通风、空调工程）

项目名称：

序号	检查项目	检查内容	检查结果
1	一般规定	通风空调系统工程施工是否满足以下规定： （1）在脚手架上施工，施工前必须检查脚手架和高凳是否牢靠。 （2）在脚手架上施工，严禁向下抛物，以免坠物伤人。 （3）选择四周有砖墙的房间作为易燃物品专用仓库，仓库内不能生火、吸烟，并挂上明显安全标志，在仓库四周配置足够的灭火器材，制订有关易燃易爆物品的仓管制度，并安排专人看管仓库。 （4）设备材料到场后，切实按照技术标准，对关键参数和尺寸、技术文件进行点（检）验，并妥善保管存放，防止受损、丢失或变动。 （5）吊装孔周围应设置 800 mm 高的矮围栏，运输完设备后采用 10 mm 厚的轧花钢板封堵。 （6）各种设备安装顺序尽量按先大型后小型、先设备后材料管道的原则进行。 （7）施工安装人员必须密切做好相关工种间的配合，各种管路在安装过程中，应根据车站各专业的综合管线图和通风空调施工布置详图进行安装。按避让原则，处理好通风管道、空调冷冻水管与其他各专业管道的干扰、碰撞问题。 （8）大型设备的安装运输要注意隔墙砌筑顺序，组合式风阀应在其周围的设备安装定位后再行安装。 （9）水管标高为管中心标高，风管标高为管底标高（不含保温层），采用相对于该层公共区的相对标高，标高以米计。 （10）在吊顶内的阀门应设活动检查孔，检查孔的尺寸为 500 mm×500 mm，建筑装饰时要留有可拆装的活动天花板。 （11）车站两端中板所有无风阀设置的风孔四周均需设置安全护栏，地面敞口风亭风孔四周均需设置安全护栏。 （12）风管上的可拆卸接口不得设在墙体内，水管接头焊缝不得置于套管内。 （13）施工期间做好工地防火、已安装各种设备材料的安全保护措施。 （14）夜间施工必须加强防护力度，确保防护措施的落实。	
2	一般规定	材料吊装作业是否具备以下安全措施： （1）根据施工图纸及施工方案选择匹配的起重设备及机具等，禁止超载吊装。 （2）吊车的站位及支脚支撑应严格按施工方案中的计算说明书的规定进行，切勿因站位不正、支撑不足而造成歪拉斜吊，违章作业。 （3）材料起吊前应找准吊物的重心和吊点，并对起吊物的捆绑绳索按要求严格检查，各捆绑点不应有松动、打滑现象。 （4）风和雨天等恶劣天气不进行吊装作业。	

表 B.1(续)

序号	检查项目	检查内容	检查结果
2	一般规定	(5) 起吊时起重机臂应先伸至合适位置,角度、回转半径等应符合施工方案及操作规程的要求,严禁超负荷起吊。 (6) 正式吊装前应先进行试吊装,应将起吊物吊离地面 10～15 cm,停滞 5～10 min,检查所有捆绑点及吊索具工作状况,确认无误后,进行正式吊装。 (7) 在吊装区域应设安全警戒线,非工作人员严禁入内,同时起吊过程应由专人指挥,统一行动。起重臂下严禁站人。吊装时,安排专职安全员在场。 (8) 起重机驾驶员、起重工等必须持证上岗,严禁无证操作。	
3	一般规定	轨行区施工是否具备以下安全措施: (1) 严格遵守轨行区作业申请制度,各施工队必须凭调度批准的作业票进场施工,未办理申请许可手续,不得进入轨行区施工。 (2) 严格按照规定时间进出轨行区,不得提前进入,不得滞后退出。进入轨行区作业前,应由班组负责人清点班组人数、材料、工器具等,作业完成后同样要清点班组人数、工器具及剩余材料等,不得遗留人员、材料及工器具等在轨行区内。 (3) 在轨行区作业时,所有人员必须穿好反光防护服,戴好安全帽;作业区域两端至少 100 m 外必须各设一盏红闪灯(作业区域变化时红闪灯也应相应变化);作业时班组中必须安排专人负责瞭望来往车辆,一有情况立即通知班组作业人员避让轨道列车。 (4) 轨行区施工时应保证照明充足,不得摸黑作业,电源线需过轨时应从钢轨下部穿过(便于快速避让列车),所有材料及工器具等应尽量靠边摆放以不影响轨道列车通行为宜,作业完成后所有垃圾必须工完场清。 (5) 按计划进入轨行区的材料必须在规定时间内安装完毕,否则必须运出轨行区;使用的工机具必须及时带出轨行区;施工时不得以轨道作为受力支撑点。 (6) 轨行区每时段工作完成后,要及时报告专职安全员和各站站长进行检查确认,确保不留下安全隐患。对轨行区完成的成品和半成品要及时进行保护。 (7) 当轨行区接触轨送电后,严禁进入轨行区作业。特殊情况下经办理手续并断电后方能进去作业,所有人员应注意与接触轨保持 1 m 以上的安全距离。	
4	一般规定	施工机械设备管理、使用是否具备以下安全措施: (1) 由于施工现场中小型机械设备较多,因此必须加强安全运行的管理,以确保生产安全、人身安全。 (2) 设置机械管理专职人员,做好机械使用前的验收工作,平时做好机械检查和了解机械运行情况。 (3) 按规定搭设材料加工区。 (4) 机械设备必须接地和接零,各种开关灵敏可靠。 (5) 机械操作人员必须持有效证件上岗,机械设备做到定机、定人、定岗位,督促机操人员做好定期检查、保养及维修工作,并做好运转记录和检查维护人签名。 (6) 机械设备的防护装置必须齐全有效,严禁带病运转。固定机械设备和手持移动电器,必须实施二级漏电保护。	

表 B.1(续)

序号	检查项目	检查内容	检查结果
5	一般规定	临时用电是否具备以下安全措施： (1) 现场临时用电线路的安装和使用，必须按配电规程、安全操作规程和临时用电设计执行，不准任意拉线接电。 (2) 临时用电配电箱、开关箱，必须专设漏电保护装置。 (3) 临时用电的配电必须使用甲方建议指定的专用配电箱，以保证临时用电的安全。 (4) 临时用电必须使用三相五线制电源，电缆的截面符合载流要求，不能以小代大，以次充好。 (5) 施工临时用电设施要设专人管理，严格控制，施工完毕，要及时切断电源，在安全管理人员确认后方可离开。	
6	一般规定	电焊机使用是否具备以下安全措施： (1) 电焊工必须持特种作业证上岗，遵守安全操作规程和安全生产纪律。 (2) 电焊、气割，严格遵守“十不烧”规程操作。 (3) 电焊作业要严格执行动火审批规定。 (4) 每台电焊机要设置漏电保护器和二次空载降压保护器，应放在防雨的闸箱内，拉合闸时，应戴手套侧向操作，进出线两侧防护罩完好。 (5) 操作前应检查所有工具、电焊机、电源开关及线路是否良好，金属外壳应安全可靠接地，进出线应有完整的防护罩，进出线端应用铜接头焊牢。 (6) 焊机与开关箱距离不大于 3 m，保险丝的熔断电流应为该机额定电流的 1.5 倍，严禁用金属丝代替保险丝，并配专用触电保护器。 (7) 施焊场地周围及下方，要先清除可燃、易燃物品(包括可燃杂物、废料)，并在焊点下方设接火斗，设置警戒，不准行人通过或停留，指定专人带灭火器进行监护。 (8) 严禁在带压力的容器或管道上施焊，焊接带电的设备必须先切断电源。 (9) 在潮湿地点施焊，应站在绝缘胶板或干燥木板上。在高处作业，必须系好安全带。 (10) 把线、地线禁止与钢丝绳、外脚手架钢管和井字架接触，更不准用钢丝绳或机电设备代替零线。 (11) 作业中，必须戴防护眼镜、防护罩，穿劳保鞋、长袖衣裤，戴皮手套。更换焊条时也应戴手套。 (12) 更换场地移动把线时，应先切断电源，并不得手持把线登高。 (13) 清除焊渣，也要戴防护眼镜或面罩，面部不应对正焊纹，防止铁渣伤人。 (14) 多台焊机在一起集中施焊时，焊接平台或焊件必须接地，并有隔光板。 (15) 钍钨极要放置在密闭铅盒内，磨削钍钨极时，必须戴手套、口置，并将粉尘及时排除。 (16) 雷、雨、大雾、大雪或五级大风以上，应停止露天焊接作业。 (17) 焊机的变压器不得超负荷，温升不得超过 60 ℃，机壳上不准放易燃物品。	

表 B.1(续)

序号	检查项目	检查内容	检查结果
6	一般规定	(18) 暂停作业,应将焊钳挂起,不得放在楼地面或潮湿场所。 (19) 工作完成后,应切断电焊机电源,收好电缆线和焊钳,检查作业地点及下方,确认无起火危险后方可离开。	
7	一般规定	中小型机具是否具备以下安全操作措施: (1) 各种机电设备的操作人员都必须经过专人培训,懂得机械的性能、操作、维护等。操作员还要拥有有关部门考核后颁发的操作证方可操作,严禁无证操作。 (2) 工作时间操作者要集中注意力,服从统一指挥,不得玩忽职守。 (3) 各种固定式机电设备都要安装在稳定平整的平面上,不得放在倒塌或滑坡的地方。 (4) 机械的传动及危险部分必须设安全防护装置。 (5) 工作前检查机械各部件和传动件是否有松动或磨损等现象,各部件运转应灵活,液压系统无泄露现象,各仪器正常,检测合格后方可使用。 (6) 机电设备不得带病或超载运转。 (7) 使用电动机械,手持电动工具和用电安全装置,应符合相应的国家标准、专业标准和安全技术规程,并有产品合格证和产品说明书。 (8) 建立和执行专人专机负责制,并定期检测和维护保养。 (9) 电机、变压器、电器、照明工具、手持电动工具的金属外壳、电气传动装置的金属部件必须做好保护接零和设备漏电保护。 (10) 每一台手持电动设备或电动机械的开关箱内除了装有负荷短路漏电保护外,还必须装设隔离开关。 (11) 手持式电动工具的外壳、手柄、负荷线、插头、开关等必须完好无损,使用前必须做空载检查,运转正常后方可使用。 (12) 手持电动工具安全电压不得超过 220 V,在危险地方不得超过 36 V。如果必须要使用 220 V 电压时,要做好一切防护措施。 (13) 用电设备的专用开关箱固定在安全位置,离地垂直距离在1.4 m以上,实行一机一闸,一漏一箱,禁止一闸多用。	
8	一般规定	成品与半成品是否具备以下保护措施: (1) 设备、原材料、风口风阀、阀门、保温材料等尽量保证按进度计划要求时间进场,以减轻现场保管难度。 (2) 制作完毕的风管安装时抬放到安装位置临时存放,存放场地要设纤维板。在运输过程中要用软质木方或其他材料垫牢,隔离,防止风管互相磨损、碰撞。 (3) 在加工预制场地,原材料、成品、半成品按要求分区存放,码垛整齐。风口、阀门等附件和部件分类理顺堆放整齐,禁止露天放置,采取防雨、防潮措施,专人保管,防止生锈、损坏、丢失。 (4) 通风空调设备到达施工现场临时存放时,存放场地不得积水,能防雨,保持干燥、通风,并不得影响现场交通和其他专业施工。设备需垫实、垫牢,避免倾覆。设备未安装前,保持其包装箱完好,若进行开箱检验,完毕后及时将包装箱复原,以利于设备的保护。 (5) 暂停施工的风管及空调管道,要将管口封闭,防止杂物进入。	

表 B.2(续)

序号	检查项目	检查内容	检查结果
8	一般规定	(6) 风管深入结构风道时,其末端要安装钢板网,以防止系统运行时杂物进入风管内。 (7) 交叉作业的场地,严禁利用安装完的风管及水管作支吊架,不允许其他支吊架焊在已安装好的支吊架和管道上。 (8) 运输和安装阀件时,要轻拿轻放,避免由于碰撞而产生的执行机构和叶片变形。风口成品须采取防护措施,保护饰面不受损伤。 (9) 进行管道及风机盘管水压试验后,要随即将水排放干净,并用空气吹扫干净,保证管道内部的洁净,为投入运行打好基础。 (10) 对已抹好水泥或白灰的墙面以及做好的地面,要注意保护,尽量避免开洞,若因设计变更或其他原因必须开洞时,须先征得结构工程师的同意,且要制订出妥善的施工方式,洞的大小要严格控制,开洞的垃圾必须及时清理干净。 (11) 风管中断安装前,必须将所留管口作临时封闭(用木塞、塑料塞或用牛皮纸、塑料布包扎好)。 (12) 在管道刷漆前,必须清理施工现场环境,并在现场覆盖塑料薄膜,以免油漆污染地面,每次刷油漆后,要专人看护,禁止摸碰,防止灰尘污染油漆表面,油漆后 4 h 内严禁沾水。管道套丝前,要在套丝机下设置集油槽,以免滴油污染地面。 (13) 风管及管道保温后要有专人巡护,防止其受踩踏及其他人为破坏。 (14) 未配管之前敞开的设备口一定要做好临时遮盖,以防异物进入。能关门上锁的设备间,遵循严格的钥匙交接制度,严禁非专业人员和无组织、非允许启动设备。 (15) 设备进场后,开箱检验位置尽量靠近其基础进行。无法运至基础附近时,先不开箱检验,待二次运输后再开箱检验,以免二次运输时损坏设备。 (16) 设备二次运输时要根据设备包装箱或机体上标志的捆绑点和吊装点进行捆绑和吊装,钢丝绳和设备机体接触时,要垫以软木或胶皮垫保护。吊装和运输设备过程中要严格按操作规程施工,以免造成设备的人为破坏。 (17) 由于施工时多专业交叉施工,对安装完的设备要用塑料薄膜或原包装材料进行遮护,并挂以明显的保护标志,以防施工时受到损伤和灰尘进入设备内部。 (18) 施工过程中积极同土建方配合,注意保护土建方已施工的结构。设备预留通道和运输通道要提前留出,利用构筑物系结索具时,必须经过验算,能够安全承受并经批准后方可使用。使用时要垫软厚木板,以保证构筑物和连接索具不致磨损。 (19) 冷水机组或其他较大较重设备用钢制拖排和滚杠在建筑物内运输时,要用枕木铺设轨道,以保护地面。在建筑物内运输其他设备,严禁直接在地面上拖拉。 (20) 设专职工程防护组,随时在现场巡查,对现场成品与半成品进行防护检查,直至办好交工验收及移交手续,业主接收后方能撤离。	

表 B.2(续)

序号	检查项目		检查内容	检查结果
9	金属风管与配件制作	施工准备	所使用的镀锌板材、镀锌型钢等材料是否具有合格的产品合格证明书或质量鉴定文件,材料品种、规格、性能与厚度等是否符合设计和现行国家现行标准的规定,并满足招投标文件中关于材料技术性能的要求。	
10			彩钢复合风管板材是否符合设计及相关产品国家现行标准的规定,成品的彩钢复合风管管道是否具有相应的合格证明,包括主材的材质证明、检测机构提供的风管耐压强度及严密性检测报告。	
11			镀锌钢板厚度、镀锌层等除满足设计要求外是否满足《地下铁道工程施工质量验收标准》(GB/T 50299—2018)的规定,镀锌钢板表面不得有裂纹、结疤及水印等缺陷,应有镀锌层结晶花纹。	
12			集中加工作业区是否能保证宽敞、明亮、洁净、通风以及场地平整等。	
13			是否设置半成品堆放区,并具有防雨、防风、防潮等设施。	
14			加工作业区内使用的带电设备是否保证有可靠的接地系统,并配有消防器材。	
15			风管制作是否有批准的图纸,经审查的大样图、系统图,并有技术及安全交底。	
16		安全保障措施	搬运和加工风管时,为防止风管割手等受伤情况,操作人员应佩戴手套。	
17			制作风管时,下料所留下的边角料,应随时清理,以免扎人。	
18			使用电动剪板机时,上刀架不准放置工具等物品,严禁用手摸刀片。	
19			使用折边机时,手拿工作物不要过紧,手离刀口和压脚需大于 20 mm。	
20			使用咬口机时,要将铁皮咬口处对好后再开车。风管咬口时,拉杆必须复原后再开车,开车后手指不得放在轨道上。	
21			焊接风管法兰和支架时,必须戴好防护手套和防护面罩,电焊作业要严格执行动火审批规定,申请办理动火证,并派专人看火,严禁在禁烟地方吸烟动火。	
22			焊接必须持特种作业证件上岗,遵守安全操作规程和安全生产纪律。	
23			每台电焊机要设置漏电保护器和二次空载降压保护器,应放在防雨的闸箱内,拉合闸时,应戴手套侧向操作,进出线两侧防护罩完好。	
24			焊机与开关箱距离不大于 4 m,保险丝的熔断电流应为该机额定电流的 1.5 倍,严禁用金属丝代替保险丝,并配专用触电保护器。	
25			作业中,必须戴防护眼镜、防护罩,穿劳保鞋、长袖衣裤,戴皮手套。更换焊条时也应戴手套。清除焊渣,也要戴防护眼镜或面罩,面部不应正对焊纹,防止铁渣飞溅伤人。	
26			操作卷筒机、压缝机,手不得直接推送工件。	
27			使用台钻禁止戴手套。	
28			调节台钻夹头高度前,应先检查调节座是否将夹头支起,防止卡子松开后夹头迅速坠落伤人。	

表 B.2(续)

序号	检查项目		检查内容	检查结果
29	金属风管与配件制作	安全保障措施	安装或拆卸加工件时,应将台钻关闭,等待钻头停止转动后,再安装或拆卸加工件。	
30			使用手锤、大锤时不准戴手套,锤柄、锤头上不得有油污,打大锤时甩转方向不得有人。	
31			使用型材切割机时,要先检查防护罩是否可靠,锯片运转是否正常,切割时,型材要量准,固定后再将锯片下压切割,用力要均匀适度。	
32			制作工序中使用的黏胶剂应妥善存放,注意防火,不得直接在阳光下暴晒,失效的黏胶剂和空的黏胶剂容器不得随意抛弃或燃烧,应集中堆放处理。	
33			使用手持电动工具时,使用前要检查是否状况良好,并严格按操作规程操作,严禁违章操作。	
34			进入施工现场的施工设备、机具经专业机械管理员进行查验、登记,确保是合格的设备和机具,其安全防护装置应完好有效才可投入使用。使用过程中,机械管理员要进行日常的维护和保养,出现故障要由专业检修人员检修,严禁带"病"运行。	
35			严格遵守工地的各项安全规章制度,文明施工,工完场清。	
36	风管及部件安装	风管吊装	风管安装顺序应先主管后支管。	
37			不允许将可拆卸的接口装设在墙或楼板内。	
38			风管系统吊装支架采用膨胀螺栓固定时,必须保证牢固。	
39			各种阀件的安装,应装在便于操作的位置。	
40			为保证今后送风不吹出尘土,保护装饰品的清洁,因而在安装完送回风管及新风管的敞口部分应用塑料布密封。	
41			在风管穿过需要封闭的防火、防爆的墙体或楼板时,应设预埋管或防护套管,其钢板厚度不应小于 1.6 mm。风管与防护套管之间,应用不燃且对人体无危害的柔性材料封堵。	
42		成品保护及现场文明施工	制作完成的成品风管,应设置固定的存放区,并应设置防隔离措施。	
43			运输成品风管时,应注意不得碰撞摔损,防止成品风管变形损坏。	
44			存放区内的成品风管,应按规格分开码放,便于清点数量。	
45			未成形的风管应码放在半成品存放区,与成品风管分开码放。	
46			每天下班后应把风管加工区清理干净,做到工完料净。	
47			加工完毕的剩余板材下脚料,应集中存放,不得随意丢弃、摆放。	
48			对于黏接、加固完毕的成品风管,应集中摆放在通风的环境下,保证黏接的强度达到要求后方可开始连接成品风管。	

表 B.2(续)

序号	检查项目		检查内容	检查结果
49	风管及部件安装	安全保证措施	用于风管吊装作业所用的索具、脚手板、吊篮、吊笼、平台等设备均需经过技术鉴定或检测后方可使用。	
50			在 2 m 以上高空作业应系安全带,防止摔下跌伤。	
51			使用脚手架作业前,应检查地基是否夯实平整,架体和构配件是否齐全,不配套的门架与配件不得混合使用于同一脚手架。	
52			在脚手架的操作层上应满铺与门架配套的挂扣式脚手板,并扣紧挡板,防止脚手板脱落和松动,脚手板上下不准超载荷堆放构配件材料,上层必须配置防护栏网、栏杆或其他安全设施。	
53			高处作业之前,应进行安全防护设施的逐项检查和验收,验收合格后,方可进行高处作业。验收也可分段、分层进行。	
54			风管安装前首先检查支吊架是否牢固、有无脱落的危险,布置的数量、位置是否符合设计和施工规范要求。	
55			严格落实现场管理制度,风管吊装区域四周 10 m 内拉警戒线,挂警示牌,严禁非操作人员进入警戒线内,操作人员作业时严禁在吊装平台下方作业。	
56			在吊装风管时,必须要有专职安全员旁站监督。	
57			吊装时,风管下方严禁站人,并有专人负责指挥吊装,注意周围是否有障碍物,特别注意防止电线接触,严禁带电作业。	
58			风管垂直吊装时,应检查吊装索具是否符合要求,风管、部件起吊离地 200 mm左右时,必须检查绳索卡具是否牢固,确定安全后继续起吊,下面人员应散开,以免风管掉下伤人。	
59			风管吊装时,必须等支吊架安装完毕、标高调整到位、法兰连接好后才可以释放拉链,解开绳索。	
60			严禁用风管作脚手架或其他承重的支点,也不允许随意踩踏风管或用其他物体撞击风管。	
61			临边洞口作业,对需要拆除洞口现场安全防护设施和施工现场安全标志,须由安全员会同技术员商议,并采取相应措施后方可由有关工种进行操作。	
62	消声器安装	安全保障措施	在搬运消声片过程中要防止碰撞、割手等受伤情况,操作人员应佩戴手套。	
63			在搬运组装上层片时注意防止上层片坠落伤人。	
64			吊装上层消声片所用的索具要牢固,吊装时应加溜绳稳住,与电线保持安全距离。	
65			吊装区域四周 10 m 内拉警戒线,挂警示牌,严禁非操作人员进入警戒线内,操作人员作业时严禁在吊装平台下方作业。	
66			整体未安装完的消声器应有防倒塌措施,并设警戒线,挂警示牌。严禁非操作人员进入警戒线内,操作人员作业时严禁在吊装平台下方作业。	

表 B.2(续)

序号	检查项目		检查内容	检查结果
67	消声器安装	安全保障措施	安装的环境全部为金属部件,容易存在漏电现象,施工机具应有自动保护装置,且电源线应绝缘良好。	
68	消声器安装	安全保障措施	高空使用手持机械钻孔,施工人员容易麻痹,发生坠落。	
69	消声器安装	安全保障措施	拼接消声器过程中,板材的边角容易造成身体伤害。	
70	通风机安装	安全保障措施	吊装区域四周 10 m 内拉警戒线,挂警示牌,严禁非操作人员进入警戒线内,操作人员作业时严禁在吊装平台下方作业。	
71	通风机安装	安全保障措施	起吊前应先进行试吊,检查各部位的受力情况,确认正常后方可起吊。	
72	通风机安装	安全保障措施	搬动和安装大型风机时,应由起重工配合进行,并设专人指挥,统一行动。施工用的机具必须经过检查安全可靠,对于吊装的吊具、绳索等应进行试吊,确认安全可靠后方可进行吊装。	
73	通风机安装	安全保障措施	设备在起吊时要缓慢行动,并注意周围环境,不要破坏其他建筑物、设备和砸伤手脚。	
74	通风机安装	安全保障措施	设备吊装必须按施工方案选用索具、工具以及机械设备,严格按照设备吊装方案执行。	
75	通风机安装	安全保障措施	钢丝绳吊索挂好后,应稍加受力,以使千斤顶受力均匀,同时也使设备的部件保持平衡,然后再起吊离地 5～10 cm,检查是否平衡,一切正常后方可正式起吊。设备和附件未经固定或放稳,严禁松钩。	
76	通风机安装	安全保障措施	设备落地时,检查地面是否有杂物,以免将设备支起失去平衡。	
77	通风机安装	安全保障措施	在轨行区作业时,所有人员必须穿好反光防护服,戴好安全帽;作业区域两端至少 100 m 外必须各设一盏红闪灯(作业区域变化时红闪灯也应相应变化);作业时班组中必须安排专人负责瞭望来往车辆,一有情况立即通知班组作业人员避让轨道列车。	
78	通风机安装	安全保障措施	轨行区施工时应保证照明充足,不得摸黑作业,电源线需过轨时应从钢轨下部穿过(便于快速避让列车)。所有材料及工器具等应尽量靠边摆放,以不影响轨道列车通行为宜,作业完成后所有垃圾必须工完场清。	
79	通风机安装	安全保障措施	按计划进入轨行区的材料必须在规定时间内安装完毕,否则必须运出轨行区;使用的工机具必须及时带出轨行区;施工时不得以轨道作为受力支撑点。	
80	通风机安装	安全保障措施	轨行区每时段工作完成后,要及时报告专职安全员和各站站长进行检查确认,确保不留下安全隐患。对轨行区完成的成品和半成品要及时进行保护。	
81	空调水系统设备安装	安全保障措施	搬动和安装大型通风空调设备,应由起重工配合进行,并设专人指挥,统一行动。施工用的机具必须经过检查安全可靠,对于吊装的吊具、绳索等应进行试吊,确认安全可靠后方可进行吊装。	
82	空调水系统设备安装	安全保障措施	设备在起吊时要缓慢行动,并注意周围环境,不要破坏其他建筑物、设备和砸伤手脚。	
83	空调水系统设备安装	安全保障措施	安装分段装配式空调机组时,要防止夹缝夹伤手指,紧固螺栓要用力适度,安装盖板时作业人员要相互配合,防止物件坠落伤人。	

表 B.2(续)

序号	检查项目		检查内容	检查结果
84	空调水系统设备安装	安全保障措施	设备吊装必须按施工方案选用索具、工具以及机械设备,严格按照设备吊装方案执行。	
85			钢丝绳吊索挂好后,应稍加受力,以使千斤顶受力均匀,同时也使设备的部件保持平衡,然后再起吊离地 5～10 cm,检查是否平衡,一切正常后方可正式起吊。设备和附件未经固定或放稳,严禁松钩。	
86			设备落地时,检查地面是否有杂物,以免将设备支起失去平衡。	
87			设备组装后就位对孔时,严禁用手插入连接面或用手去摸螺丝孔。	
88			吊装就位空调设备时,应选用适当的葫芦,操作前应检查绳索和吊点,确保牢固,并复核好空调设备的质量,严禁超负荷吊装。	
89			严禁将易滚动或未经捆扎的工件随设备或部件一并起吊。	
90			设备吊装时,倒链应完好可靠,吊件下方禁止站人,设备就位卡牢后,方可松倒链吊钩。	
91			安装设备时,应该随时注意脚下物体,防止被绊倒或悬空坠落。	
92	空调管道防腐与保温	安全保障措施	施工现场应有良好的通风条件,如在通风条件不好的场地施工时必须安装通风设备,有害气体含量不得超过有关规定。	
93			在用钢丝刷、板锉、气动、电动工具清除铁锈、铁鳞时,为避免眼睛沾污和受伤,应戴上防护眼镜。	
94			在涂刷或喷涂对人体有害的油漆时,需戴上防护口罩,如对眼睛有害,需戴上密闭眼镜进行保护。	
95			在涂刷红丹防锈漆及含铅颜料的油漆时,应注意防止铅中毒,操作时要戴口罩。	
96			施工作业场地严禁存放易燃品(油漆材料除外),现场严禁烟火,场地周围距离 10 m 内不准进行焊接或明火作业。存放涂料及施工现场应有必要的消防设施。在施工中应采用防爆照明设备。	
97			各类油漆和其他易燃易爆、有毒材料,应存放在专用库房内,不得与其他材料混放,挥发性油料应装入密闭容器内妥善保管。	
98			绝热施工离地面 2 m 以上,应有高空作业保护措施;搭设的脚手架要坚固耐用,确保施工人员的安全。	
99			超细玻璃棉、离心玻璃棉作业时,应佩戴手套、口罩,扎紧衣领、袖口,以防止纤维材料对人体呼吸道、皮肤的刺激。	
100			不用手直接接触黏接剂(胶)、嵌缝膏。	
101			废弃的黏接剂、密封膏、保温胶、防火涂料及其容器和保温材料、玻璃丝布等应妥善收集,按有害废弃物处置。	
102			橡塑板材黏接专用胶水要满足黏接技术要求和职业健康要求。	
103			严禁站在风管上进行保温作业或行走。	

表 B.2(续)

序号	检查项目		检查内容	检查结果
104	空调管道防腐与保温	安全保障措施	作业平台临边必须设防护栏杆;作业平台边缘应设安全梯等攀登设施,作业人员上下平台必须走安全梯。	
105			金属套保护层应箍紧,纵向接口不得外翘、开裂,徒手不得触摸接口刃处。	
106			在切割保温材料时,应注意自我保护,防止刀片伤到手或身体其他部位。	
107	风管保温安装	安全保障措施	绝热施工离地面 2 m 以上,应有高空作业保护措施;搭设的脚手架要坚固耐用,确保施工人员的安全。	
108			超细玻璃棉、离心玻璃棉作业时,应佩戴手套、口罩,扎紧衣领、袖口,以防止纤维材料对人体呼吸道、皮肤的刺激。	
109			不用手直接接触黏接剂(胶)、嵌缝膏。	
110			废弃的黏接剂、密封膏、保温胶、防火涂料及其容器和保温材料、玻璃丝布等应妥善收集,按有害废弃物处置。	
111			橡塑板材黏接专用胶水要满足粘接技术要求和职业健康要求。	
112			严禁站在风管上进行保温作业或行走。	
113			作业平台临边必须设防护栏杆;作业平台边缘应设安全梯等攀登设施,作业人员上下平台必须走安全梯。	
114			金属套保护层应箍紧,纵向接口不得外翘、开裂,徒手不得触摸接口刃处。	
115			在切割保温材料时,应注意自我保护,防止刀片伤到手或身体其他部位。	
116	VRV 系统冷媒管道安装	安全保障措施	在 2 m 以上高空作业应系安全带,防止摔下跌伤。	
117			使用脚手架作业前,应检查地基是否夯实平整,架体和构配件是否齐全,不配套的门架与配件不得混合使用于同一脚手架。	
118			电焊工必须持特种作业证上岗,遵守安全操作规程和安全生产纪律。	
119			氧气瓶与乙炔瓶存放和使用时,相距不得小于 5 m,与明火或焊炬的距离不小于 10 m。	
120			焊接作业要严格执行动火审批规定,申请办理动火证,并派专人看火,严禁在禁烟地方吸烟动火。	
121			作业区或焊割部位附近有易燃易爆物品,其距离不小于 20 m,或采取有效安全防护措施,否则严禁作业。	
122			氧气瓶严防沾染油脂,有油脂衣服、手套等禁止与氧气瓶、减压阀、氧气软管接触。	
123			管道试压要分步缓慢进行,防止加压过猛造成事故。	
124			管道试压时,禁止站到管道封堵盲板前。	

表 B.2(续)

序号	检查项目		检查内容	检查结果
125	VRV系统设备安装	安全保障措施	在 2 m 以上高空作业应系安全带,防止摔下跌伤。	
126			使用脚手架作业前,应检查地基是否夯实平整,架体和构配件是否齐全,不配套的门架与配件不得混合使用于同一脚手架。	
127			在脚手架的操作层上应满铺与门架配套的挂扣式脚手板,并扣紧挡板,防止脚手板脱落和松动。脚手板上下不准超载荷堆放构配件材料,上层必须配置防护栏网、栏杆或其他安全设施。	
128			高处作业之前,应进行安全防护设施的逐项检查和验收,验收合格后,方可进行高处作业。验收也可分段、分层进行。	
129			安装设备前,应仔细检查起重工具以及起重绳的可靠性。	
130			禁止安装人员利用起重工具随设备吊起。	
131			设备被吊起移动过程中,设备下方禁止站人。	
132			设备落地时,检查地面是否有杂物,以免将设备支起失去平衡。	
133			安装设备时,应该随时注意脚下物体,防止被绊倒或悬空坠落。	
134	系统调试	安全保障措施	电动工具使用前必须进行检查、保养,所有机具必须有专人进行保养。	
135			使用人字梯必须加设连挡绳,梯子底脚包裹橡皮等物进行防滑处理。	
136			操作高度在 2 m 以上视作是高空作业,高空作业必须系安全带,且安全带要固定牢固。	
127			严禁带电操作,电工应每人配备电笔,防止发生触电。	
138			设备及电气箱柜送电后应挂标牌示警,并禁止随意拉合开关。送电前必须经批准后进行。	
139			开机前,必须全面检查设备有无异常,安全保护设施完好并确认无人在设备上作业,方能启动运转。启动后如发现异常,应立即检查原因,及时反映,在紧急情况下,应按有关规程采取果断措施或立即停机。	
140			送电前,现场各设备开机前检查工作应全部完成;送电后,现场人员保持通信畅通,无关人员不得进入现场。	
141			在带电线路检查测试工作,应设专人监护。为保证调试人员安全,对有可能送电到停电设备的各回路及有可能产生感应电压的回路均进行接地,并三相短路。	
142			在全部停电、部分停电的电气设备上工作,将调试设备与运行设备以明显的标志隔开,工作时不得断开永久接地点。	
143			在隧道轨行区进行调试工作,应上报轨行区施工计划,经审批后方可进行调试。调试期间所有与调试无关的人员均需撤离调试区域并且安排警戒人员,以防止外人误操作。	

表 B.2(续)

序号	检查项目		检查内容	检查结果
144	系统调试	安全保障措施	调试、检查、维护蓄电池时,要防止触电,清扫电气设备时要使用绝缘工具,防止电池短路、断路及两点接地。	
145			管道清洗、氯消毒剂充注/试放时,注意原液、气体及挥发气体对人体造成伤害,做好预防、人身防护及通风工作。	
146			管道试压要分步缓慢进行,防止加压过猛造成事故。	
147			管道试压时,禁止站到管道封堵盲板前。	

被检查单位(项目部章):

被检查单位负责人(签字):

检查人员(签字):

检查日期:

表 B.3 轨道交通机电系统工程施工安全标准化检查表

（给排水工程）

项目名称：

序号	检查项目	检查内容	检查结果
1	一般规定	是否编制给排水工程施工组织设计，完善安全文明施工组织。	
2		新入场的新工人是否进行了入场“三级安全教育”。	
3		特殊工种是否持证上岗。	
4		是否存在违章指挥、违章作业、违反劳动纪律等“三违”行为。	
5		是否定期召开安全生产工作会议，向职工讲解安全知识及杜绝事故隐患等方面内容。	
6		是否定期开展安全检查，隐患整改是否落实“五落实、五到位”。	
7	高空作业	在操作高度小于 3 m 的空间作业时，可搭设人字梯施工；在操作高度不大于 8 m 的空间作业时，采用多层脚手架移动平台辅助施工；高空作业（2 m 以上）必须系安全带，操作时要严格遵守各项安全操作规程和劳动纪律；作业面的荷载，如施工人员、小型工具、机具应避免集结于一处，应按设计荷载能力均匀分布；不能随意拆除安全防护设施，如挡脚板、防护栏杆等，防护设施未设置或不符合要求时，要予以补设，符合安全要求才能使用；在移动平台、排栅平台上进行安装作业时，要注意操作的正确姿势，脚跟要站稳，以免用力过猛失去平衡。	
8		定期进行移动平台、排栅可靠性检查，特别是台风暴雨之后必须进行安全使用检查。	
9		严禁在同一垂直面的上下位置作业。	
10		高空作业人员应带工具袋，严禁从高处向下抛掷物料。	
11		严格执行“安全管理制度”：凡进入施工现场的人员必须按规定戴好安全帽，按规定要求使用安全带；用电设备必须安装质量好的漏电保护器。	
12	“三宝”管理	“三宝”个体防护是否符合以下规定： （1）按要求定期发放劳保用品，并建立管理台账。 （2）施工人员必须统一着装，安全防护用品穿戴整齐。 （3）安全帽应符合《头部防护 安全帽》（GB 2811—2019）的要求，并有出厂合格证、生产许可证号和安全防护标识证号。 （4）进入施工现场必须按规定佩戴安全帽：领导及来宾的安全帽为红色，施工技术人员的安全帽为蓝色，监理、安质人员的安全帽为白色，普通作业工人的安全帽为黄色。帽衬松紧合适，下颌带系好。 （5）安全带应符合《安全带》（GB 6095—2009）的技术和检验要求。进场应提供生产日期、生产许可证、产品合格证、检验证。 （6）安全带上的各种部件不得任意拆除和接长使用。安全带应高挂低用，使用 3 m 以上长绳应加缓冲器。高空作业场所应佩戴全身背带式安全带。	

表 B.3(续)

序号	检查项目	检查内容	检查结果
12	“三宝”管理	(7) 安全网应符合《安全网》(GB 5725)的相关规定,必须有出厂检验合格证,所使用的密目式安全网网目密度不低于 2 000 目/100 cm^2 的要求,并应具有抗冲击、耐贯穿、阻燃性能检测合格报告。 (8) 立网和平网必须严格区分使用,立网绝不允许当平网使用。 (9) 安全网在不使用时,必须妥善存放、保管,防止受潮发霉。	
13	“四口”管理	“四口”安全防护是否符合以下规定: (1)“四口”是指楼梯口、电梯井口、预留洞口、通道口。 (2) 施工过程中,在深度 2 m 及以上的桩孔、沟槽与管道孔洞、楼梯口、电梯口及设备安装预留洞口、上料口、通道口等周边作业,需设置洞口防护。孔、洞采取的防护措施及构造、强度、刚度应符合《建筑施工高处作业安全技术规范》(JGJ 80—2016)的规定要求。	
14	“五临边”管理	“五临边”安全防护是否符合以下规定: (1) 尚未安装栏杆或栏板的阳台与挑平台周边、雨篷与挑檐边、无外脚手架的屋面与楼层边都必须设置防护栏杆。 (2) 临边防护栏杆杆件的规格及连接要求,应符合要求:钢管横杆及栏杆柱均采用 ϕ48 mm×3.5 mm 的管材,以扣件固定。 (3) 搭设临时防护栏杆时,必须符合下列要求: ① 建筑物楼层楼面周边、楼梯口和梯段边、脚手架、建筑物通道的两侧边以及各种垂直运输平台等必须设置防护,防护采用钢管栏杆,栏杆由立杆及两道横杆组成,上横杆离地高度为 1.0～1.2 m,下横杆离地高度为 0.5～0.6 m,立杆间距为 1.5 m,并加挂安全网,设踢脚板,作警戒色标记,加挂警示牌。施工过程中如需临时拆除防护设施,必须有质安员监督指导,施工完后立即恢复。 ② 栏杆柱的固定:当在基坑四周固定时,可采用钢管打入地面 50～70 cm,钢管离边口的距离不应小于 50 cm。在混凝土楼面、屋面或墙面固定时,可用预埋件与钢管或钢筋焊牢。 (4) 防护栏杆必须由上而下用安全网封闭,或在栏杆下边设置严密固定的高度不低于 18 cm 的挡脚板或 40 cm 的挡脚笆,挡脚板或挡脚笆上如有孔眼不应大于 25 mm,板与笆下边距离地面的空隙不应大于 10 mm。 (5) 临近小区路边的外脚手架外侧还应每层设置不小于 2 m 宽的安全挡板进行封闭。 (6) 防护栏杆的拆除:临边防护栏杆的拆除应在防护区域的作业停止后方可拆除。拆除前必须经项目部质安员同意并对拆除人员进行安全技术交底,拆除时必须有质安员在场进行监督指挥。拆除下来的材料不能乱抛乱扔,必须堆放整齐。	
15	移动操作平台	移动操作平台安全防护是否符合以下规定: (1) 移动式操作平台应按规定进行设计计算。 (2) 操作平台应按设计和规范要求进行组装,铺板应严密。 (3) 移动式操作平台的面积不超过 10 m^2,荷载不宜超过 1.5 kN/m^2。 (4) 行走脚轮和导向脚轮应配有制动器或刹车闸等使脚轮切实固定的装置,防止平台失控、滑移。	

表 B.3(续)

序号	检查项目	检查内容	检查结果
15	移动操作平台	(5) 移动式操作平台脚轮的承载力不应小于 5 kN,脚轮的制动器有不应小于 2.5 kN·m 的制动力矩。移动式操作平台架体必须保持垂直,不得弯曲变形,平台脚轮的制动器除在移动情况外均应保持制动状态。 (6) 移动式操作平台可以采用 ϕ48 mm×3.5 mm 镀锌钢管作次梁与主梁,上铺 50 mm 脚手板作铺板。铺板应采用绑扎等方式固定,并以 ϕ48 mm×3.5 mm 的钢管作主柱。 (7) 在施工中,不得在移动操作平台倾斜或移动状态时上下人,不得载人移动。 (8) 移动式操作平台轮子与平台连接应牢固、可靠,立柱底端距地面高度不得大于 80 mm。 (9) 使用移动操作平台作业人员身体条件必须符合登高作业要求,作业前必须接受专项安全教育和安全技术交底。 (10) 作业前,应检查移动操作平台是否平整稳固,架体和构配件是否齐全,存在脱焊、裂缝、变形、锈蚀严重和滑轮刹车失灵的不准使用,不配套的操作平台不得混合使用于同一操作平台上。	
16	临时用电	临时用电管理是否符合以下规定: (1) 施工现场临时用电设备在 5 台及以上或设备总容量在 50 kW 及以上者,应编制用电组织设计。 (2) 施工现场临时用电组织设计应包括下列内容: ① 现场勘测。 ② 确定电源进线、变电所或配电室、配电装置、用电设备位置及线路走向。 ③ 进行负荷计算。 ④ 选择变压器。 ⑤ 设计配电系统。 (a) 设计配电线路,选择导线或电缆。 (b) 设计配电装置,选择电器。 (c) 设计接地装置。 (d) 绘制临时用电工程图纸,主要包括用电工程总平面图、配电装置布置图、配电系统接线图、接地装置设计图。 (e) 设计防雷装置。 (f) 确定防护措施。 (g) 制定安全用电措施和电气防火措施。 (3) 临时用电工程图纸应单独绘制,临时用电工程应按图施工。 (4) 临时用电组织设计及变更时,必须履行"编制、审核、批准"程序,由电气工程技术人员组织编制,经相关部门审核及具有法人资格企业的技术负责人批准后实施。 (5) 临时用电工程必须经编制、审核、批准部门和使用单位共同验收,合格后方可投入使用。 (6) 电工及用电人员: ① 电工必须经过按国家现行标准考核合格后,持证上岗工作;其他用电人员必须通过相关安全教育培训和技术交底,考核合格后方可上岗工作。	

表 B.3(续)

序号	检查项目	检查内容	检查结果
16	临时用电	② 安装、巡检、维修或拆除临时用电设备和线路，必须由电工完成，并应有人监护。电工等级应同工程的难易程度和技术复杂性相适应。 ③ 各类用电人员应掌握安全用电基本知识和所用设备的性能，并应符合下列规定： (a) 使用电气设备前必须按规定穿戴和配备好相应的劳动防护用品，并应检查电气装置和保护设施，严禁设备带“缺陷”运转。 (b) 保管和维护所用设备，发现问题及时报告解决。 (c) 暂时停用设备的开关箱必须分断电源隔离开关，并应关门上锁。 (d) 移动电气设备时，必须经电工切断电源并做妥善处理后进行。 (7) 安全技术档案： 施工现场临时用电必须建立安全技术档案，并应包括下列内容： ① 用电组织设计的全部资料。 ② 修改用电组织设计的资料。 ③ 用电技术交底资料。 ④ 用电工程检查验收表。 ⑤ 电气设备的试、检验凭单和调试记录。 ⑥ 接地电阻、绝缘电阻和漏电保护器漏电动作参数测定记录表。 ⑦ 定期检(复)查表。 ⑧ 电工安装、巡检、维修、拆除工作记录。 ⑨ 安全技术档案应由主管该现场的电气技术人员负责建立与管理。其中“电工安装、巡检、维修、拆除工作记录”可指定电工代管，每周由项目经理审核认可，并应在临时用电工程拆除后统一归档。 ⑩ 临时用电工程应定期检查。定期检查时，应复查接地电阻值和绝缘电阻值。 ⑪ 临时用电工程定期检查应按分部、分项工程进行，对安全隐患必须及时处理，并应履行复查验收手续。	
17		施工现场临时用电是否符合《施工现场临时用电安全技术规范》(JG J46—2018)的规定。	
18	消防安全	施工现场消防安全组织是否满足以下规定： (1) 施工项目部应根据工程规模，成立以项目负责人为总指挥的义务消防队，负责项目全周期的消防安全管理工作，明确义务消防队的各项工作职责，由安质部归口管理。 (2) 施工项目部应当履行下列消防安全义务： ① 制定并落实消防安全管理措施和消防安全操作规程。 ② 建立本项目消防安全责任考核奖惩制度。 ③ 开展消防安全宣传教育和消防知识培训。 ④ 进行经常性的内部防火安全检查，及时制止、纠正违法、违章行为，发现并消除火灾隐患。 ⑤ 按规定配备消防设施、灭火器材并指定专人维护管理，保证消防设施、器材的完好有效。 ⑥ 按规定设置安全疏散指示标志和应急照明设施，保证消防安全疏散指示标志、应急照明处于有效状态。	

表 B.3(续)

序号	检查项目	检查内容	检查结果
18	临时用电	⑦ 保证疏散通道、安全出口畅通,不得占用疏散通道或在疏散通道、安全出口设置障碍物,不得遮挡安全疏散指示标志。 ⑧ 发生火灾应及时报警、迅速组织扑救和人员疏散,不得瞒报、迟报、谎报火警。 ⑨ 结合项目实际,编制《施工现场灭火及疏散应急预案》,并每半年组织一次演练,结合实际,不断完善应急预案。 ⑩ 建立消防安全管理台账,详细反映本项目消防安全工作的基本情况,并及时补充、更新。	
19		施工现场临时消防设施是否满足《建设工程施工现场消防安全技术规范》(GB 50720—2011)的相关要求。	

被检查单位(项目部章):

被检查单位负责人(签字):

检查人员(签字):

检查日期:

表 B.4 轨道交通机电系统工程施工安全标准化检查表

（低压配电与照明工程）

项目名称：

序号	检查项目	检查内容	检查结果
1	材料、设备的吊装及运输	运输前应提前勘查运输道路情况，包括行车路上路面的高度和承载能力，沿途的交通信号设施状况，并与相关交通管理部门进行联系，取得交通管理部门的支持。	
2		应提前安排人员进行场地的平整，吊车、汽车的进场运输路径应填平夯实，吊车支点处的浮土必须清理干净，并垫好道木。	
3		材料、设备装车前应再次检查运输、吊装车辆的车况。确认天气情况，在天气恶劣的情况下，不得进行。	
4		材料、设备运输按照事先调查好的行车路线行进，运输速度不得超过要求。大型设备运输和卸车时，要注意不要碰撞。	
5		材料、设备运输通道应保持畅通，若有砌墙，应等设备运输完后再施工。	
6		通道内应有充足的光照，保证施工安全。	
7		现场吊装必须有专人指挥。	
8		吊装时要先试吊，再正式起吊。	
9		采用手动葫芦垂直吊起或平移设备、材料时，必须对该葫芦的支撑点（膨胀螺栓固定在混凝土上吊钩或预留的吊环）在起重前进行牢固可靠性检查，同时利用该支撑点每次起吊时都必须先进行试吊，吊起设备离地不超过 5 cm 停下，检查确认各受力点无异常后方可继续起吊作业。	
10		设备就位后，要充分做好保护工作，对设备进行全封闭并保持干燥干净，保证设备完好无损；在设备上挂设“严禁烟火”“严禁攀爬”“严禁碰撞”等警示牌并配备灭火器。	
11	成品（半成品）制作	涂刷、喷涂油漆：施工现场应有良好的通风条件，如在通风条件不好的场地施工时必须安装通风设备方可以施工；在用钢丝刷、板锉、气动、电动工具清除铁锈、铁鳞时，为避免眼睛沾污和受伤，应戴上防护眼镜；在涂刷或喷涂对人体有害的油漆时，需戴上防护口罩，如对眼睛有害，需戴上密闭眼镜进行保护；在喷涂硝基漆或其他挥发性、易燃性的涂料时，严禁使用明火；为避免静电集聚引起事故，对罐体涂漆或喷涂设备应安装接地装置。	
12		手持电动工具：使用手持电动工具要按规定穿戴个人绝缘防护用品，手持电动工具不能随意接长电源，开关箱距手持电动工具不能超过 3 m。	

表 B.4(续)

序号	检查项目	检查内容	检查结果
13	成品(半成品)制作	电焊机:现场使用的电焊机应设有防雨、防潮、防晒的机棚,并应装设消防器材;施焊现场 10 m 范围内不得堆放油类、木材、氧气瓶、乙炔发生器等易燃、易爆物品;高空焊接或切割时,必须系好安全带,焊接周围和下方应采取防火措施,并应有专人监护;清除焊缝焊渣时,应戴防护眼镜;电焊机一次线不超过 5 m,二次线不超过 30 m。	
14		砂轮机:安装砂轮前,必须检查砂轮有无裂纹;使用时,须待砂轮机转速稳定后方可使用。一般先空转几次以试机,操作者必须站在机旁,不可正对砂轮,防止发生危险。砂轮机必须装设防护罩,操作人员必须戴防护眼镜。	
15		材料加工平台须按规定铺垫毛毯,并注意不得有杂物。严禁在平台上拖动材料,所有材料移动须垂直抬放;加工完成的材料或成品,须将表面内腔的杂屑全部清除,并进行清洁及加贴保护膜;只有检验合格的材料及成品才能进入成品库,成品库管理员对入库材料或成品须按流程卡上的合同号分类存放,并进行清楚标识;所有材料及成品(半成品)在包装时应注意规格,不同尺寸、品种的材料应避免包扎在一起;材料及成品均须按规范进行管理,做好防尘、防霉、防火等工作,所有材料均须进行覆盖,且登记造册。	
16	高空作业	在操作高度小于 3 m 的空间作业时,可搭设人字梯施工;在操作高度不大于 8 m 的空间作业时,采用多层脚手架移动平台辅助施工;高空作业(2 m 以上)必须系安全带,操作时要严格遵守各项安全操作规程和劳动纪律;作业面的荷载,如施工人员、小型工具、机具应避免集结于一处,应按设计荷载能力均匀分布;不能随意拆除安全防护设施,如挡脚板、防护栏杆等,防护设施未设置或不符合要求时,要予以补设,符合安全要求才能使用;在移动平台、排栅平台上进行安装作业时,要注意操作的正确姿势,脚跟要站稳,以免用力过猛失去平衡。	
17		定期进行移动平台、排栅可靠性检查,特别是台风暴雨之后必须进行安全使用检查。	
18		严禁在同一垂直面的上下位置作业;在进行电焊、气割等作业时,其下方不得有人操作。	
19		高空作业人员应带工具袋,严禁从高处向下抛掷物料。	
20		严格执行“安全管理制度”:凡进入施工现场的人员必须按规定戴好安全帽,按规定要求使用安全带;用电设备必须安装质量好的漏电保护器。	
21	电气安装	所有绝缘、检验工具,应妥善保管,严禁他用,并应定期检查、校验。	
22		现场施工用高低压设备及线路,应按照施工设计及有关电气安全技术规程安装和架设。	
23		线路上禁止带负荷接电或断电,并禁止带电操作。	
24		喷灯不得漏气、漏油及堵塞,不得在易燃、易爆场所点火及使用。工作完毕,灭火放气。	
25		配置环氧树脂及沥青电缆胶时,操作地点应通风良好,并戴好防护用品。	

表 B.4(续)

序号	检查项目	检查内容	检查结果
26	电气安装	多台配电箱(盘)列安装时,手指不得放在两盘的连接处,也不得触摸连接螺孔。	
27		剔槽打眼时,锤头不得松动,铲子应无卷边、裂纹,戴好防护眼镜。楼板、砖墙打透眼时,板下、墙后不得有人靠近。	
28		人力弯管器弯管,应选好场地,防止滑倒和跌落,操作时面部要避开。	
29		安装照明线路不准直接在板条天棚或隔音板上通行及堆放材料。必须通行时,应在大楞上铺设脚手板。	
30		进行耐压试验装置的金属外壳须接地。被试设备或电缆两端,如不在同一地点,另一端应有人看守或加锁,并对仪表、接线等进行检查,人员离开后方可升压。	
31		电气设备或材料作非冲击性试验,升压或降压均应缓慢进行。因故暂停或试压结束,应切断电源,安全放电,并将升压设备高压侧短路接地。	
32		电力传动装置系统及高低压各型开关测试时,应将有关的开关手柄取下或锁上,悬挂标示牌,防止误合闸。	
33		用摇表测定绝缘电阻,应防止有人触及正在测定中的线路或设备。测定容性或感性设备、材料后,必须放电。雷电时禁止测定线路绝缘。	
34		电流互感器禁止开路,电压互感器禁止短路和以升压方式运行。	
35		电气材料或设备需放电时,应穿绝缘防护用品,用绝缘棒安全放电。	
36	配电柜、箱安装	使用电气机具进行半成品制作及安装时要按照正确的操作规程操作,做好防护,用电要满足施工现场临时用电安全技术规范要求。	
37		焊接后进行防腐处理时,需戴上防护口罩,如对眼睛有害,还需戴上密闭眼镜进行保护。	
38		高空作业操作时应严格遵守各项安全操作规程和劳动纪律,作业中所用的物料,均应平稳堆放,工具应随手放入工具袋,作业中的走道、通道板应随时清扫干净,不得向下抛掷物件,系好安全带;脚手架要设置护栏,人字梯增加防滑链。	
39		区间安装时所有施工人员必须穿上反光衣,必须登记人数及姓名,下班时应清点人数。各施工小组在施工点前后 100 m 处必须安放红色闪光灯并有专人看守,防止闪光灯停止工作或被人损坏,造成施工火车没有减速而误伤施工人员;在施工过程中如有施工火车经过应即时无条件移开阻碍物(如施工材料、施工机械、脚手架等),施工人员紧靠隧道墙体站立,待火车安全通过后方可恢复施工;下班时必须带走施工剩余材料及工具,严禁将材料及工具放在轨道上,做到工完场清。	
40		安装完成的配电柜、箱,须将表面内腔的杂屑全部清除,并进行清洁及加贴保护膜,黏贴设备标识。	

表 B.4(续)

序号	检查项目	检查内容	检查结果
41	电气槽架安装	使用电气机具进行半成品制作及安装时要按照正确的操作规程操作,做好防护,用电要满足施工现场临时用电安全技术规范要求。	
42		焊接后进行防腐处理时需戴上防护口罩,如对眼睛有害,还需戴上密闭眼镜进行保护。	
43		顶板打眼时,做好防护,防止灰尘等进入眼睛,造成伤害。	
44		高空作业时要严格遵守各项安全操作规程和劳动纪律,作业中所用的物料均应平稳堆放,工具应随手放入工具袋,作业中的走道、通道板应随时清扫干净,不得向下抛掷物件,系好安全带;脚手架要设置护栏。	
45		剩余的材料或垃圾应清理干净,防止损坏电缆电线,造成漏电危害。	
46	母线槽安装	使用电气机具进行半成品制作及安装时要按照正确的操作规程操作,做好防护,用电要满足施工现场临时用电安全技术规范要求。	
47		焊接后进行防腐处理时需戴上防护口罩,如对眼睛有害,还需戴上密闭眼镜进行保护。	
48		顶板打眼时,做好防护,防止灰尘等进入眼睛,造成伤害。	
49		高空作业时要严格遵守各项安全操作规程和劳动纪律,作业中所用的物料均应平稳堆放,工具应随手放入工具袋,作业中的走道、通道板应随时清扫干净,不得向下抛掷物件,系好安全带;脚手架要设置护栏。	
50		剩余的材料或垃圾应清理干净,防止损坏电缆电线,造成漏电危害。	
51	电力电缆及控制电缆敷设	使用电气机具进行半电缆支架等半成品制作及安装时应按照正确的操作规程操作,做好防护,用电要满足施工现场临时用电安全技术规范要求。	
52		半成品焊接后进行防腐处理时需戴上防护口罩,如对眼睛有害,还需戴上密闭眼镜进行保护。	
53		电缆敷设时应注意脚下、站位合适。	
54		根据电缆质量,确定吊车吨位及吊装位置;吊装时工作人员要注意力集中,听从指挥。吊车周围做好警示标志,保证施工安全。	
55		掀、盖盖板和敷设电缆时,要安排专人现场监护。	
56		高空作业时应严格遵守各项安全操作规程和劳动纪律,作业中所用的物料均应平稳堆放,工具应随手放入工具袋,作业中的走道、通道板应随时清扫干净,不得向下抛掷物件,系好安全带;脚手架要设置护栏,人字梯增加防滑链。	

表 B.4(续)

序号	检查项目	检查内容	检查结果
57	电力电缆及控制电缆敷设	区间安装时所有施工人员必须穿上反光衣，必须登记人数及姓名，下班时应清点人数。各施工小组在施工点前后 100 m 处必须安放红色闪光灯并有专人看守，防止闪光灯停止工作或被人损坏，造成施工火车没有减速而误伤施工人员，在施工过程中如有施工火车经过应即时无条件移开阻碍物(如施工材料、施工机械、脚手架等)，施工人员紧靠隧道墙体站立，待火车安全通过后方可恢复施工；下班时必须带走施工剩余材料及工具，严禁将材料及工具放在轨道上，做到工完场清。	
58		敷设完成后，按照规范要求做好电缆标识、电缆的绝缘测试并记录。	
59	电缆头制作安装	使用电气机具进行半电缆支架等半成品制作及安装时应按照正确的操作规程操作，做好防护，用电应满足施工现场临时用电安全技术规范要求。	
60		使用喷灯要执行有关规程，在动火处进行加工，应注意现场施工条件，做好防护，灭火器具齐全方可实施。	
61		电缆头制作必须严格按照规范及工艺要求，接地可靠，并按规定在电缆头上做好施工人员工号标记。所有电缆施工完毕必须在电缆头部位悬挂电缆标志牌。	
62		工程施工完毕，应清洁现场，及时对电缆孔进行封堵，做好防火、防小动物措施。	
63		高空作业时应严格遵守各项安全操作规程和劳动纪律，作业中所用的物料均应平稳堆放，工具应随手放入工具袋，作业中的走道、通道板应随时清扫干净，不得向下抛掷物件，系好安全带；脚手架应设置护栏，人字梯增加防滑链。	
64		区间安装时所有施工人员必须穿上反光衣，必须登记人数及姓名，下班时应清点人数。各施工小组在施工点前后 100 m 处必须安放红色闪光灯并有专人看守，防止闪光灯停止工作或被人损坏，造成施工火车没有减速而误伤施工人员；在施工过程中如有施工火车经过应即时无条件移开阻碍物(如施工材料、施工机械、脚手架等)，施工人员紧靠隧道墙体站立，待火车安全通过后方可恢复施工；下班时必须带走施工剩余材料及工具，严禁将材料及工具放在轨道上，做到工完场清。	
65	电气线管敷设	使用电气机具进行半成品制作及安装时应按照正确的操作规程操作，做好防护，用电应满足施工现场临时用电安全技术规范要求。	
66		支架等半成品焊接后进行防腐处理时需戴上防护口罩，如对眼睛有害，还需戴上密闭眼镜进行保护。	
67		线管煨弯采用手动煨弯器时应用力均匀，注意打滑，大管径线管煨弯时采用液压煨弯器。	
68		顶板打眼时，做好防护，防止灰尘等进入眼睛，造成伤害。	
69		高空作业时应严格遵守各项安全操作规程和劳动纪律，作业中所用的物料均应平稳堆放，工具应随手放入工具袋，作业中的走道、通道板应随时清扫干净，不得向下抛掷物件，系好安全带；脚手架应设置护栏，人字梯增加防滑链。	

表 B.4(续)

序号	检查项目	检查内容	检查结果
70	电气线管敷设	区间安装时所有施工人员应穿上反光衣，登记人数及姓名，下班时应清点人数。各施工小组在施工点前后 100 m 处必须安放红色闪光灯并有专人看守，防止闪光灯停止工作或被人损坏，造成施工火车没有减速而误伤施工人员；在施工过程中如有施工火车经过应即时无条件移开阻碍物（如施工材料、施工机械、脚手架等），施工人员紧靠隧道墙体站立，待火车安全通过后方可恢复施工；下班时必须带走施工剩余材料及工具，严禁将材料及工具放在轨道上，做到工完场清。	
71		电气线管敷设完成后，管口、接口要做处理，防止损坏线缆造成漏电危害。	
72	管内穿线	高空作业时应严格遵守各项安全操作规程和劳动纪律，作业中所用的物料均应平稳堆放，工具应随手放入工具袋，作业中的走道、通道板应随时清扫干净，不得向下抛掷物件，系好安全带；脚手架要设置护栏，人字梯增加防滑链。	
73		区间安装时所有施工人员必须穿上反光衣，必须登记人数及姓名，下班时应清点人数。各施工小组在施工点前后 100 m 处必须安放红色闪光灯并有专人看守，防止闪光灯停止工作或被人损坏，造成施工火车没有减速而误伤施工人员；在施工过程中如有施工火车经过应即时无条件移开阻碍物（如施工材料、施工机械、脚手架等），施工人员紧靠隧道墙体站立，待火车安全通过后方可恢复施工；下班时必须带走施工剩余材料及工具，严禁将材料及工具放在轨道上，做到工完场清。	
74		检查电气线管管口、接口，防止损坏线缆造成漏电危害。	
75	动机 检查接线	高空作业时应严格遵守各项安全操作规程和劳动纪律，作业中所用的物料均应平稳堆放，工具应随手放入工具袋，作业中的走道、通道板应随时清扫干净，不得向下抛掷物件，系好安全带；脚手架要设置护栏，人字梯增加防滑链。	
76		区间安装时所有施工人员应穿上反光衣，登记人数及姓名，下班时应清点人数。各施工小组在施工点前后 100 m 处必须安放红色闪光灯并有专人看守，防止闪光灯停止工作或被人损坏，造成施工火车没有减速而误伤施工人员；在施工过程中如有施工火车经过应即时无条件移开阻碍物（如施工材料、施工机械、脚手架等），施工人员紧靠隧道墙体站立，待火车安全通过后方可恢复施工；下班时必须带走施工剩余材料及工具，严禁将材料及工具放在轨道上，做到工完场清。	
77		检查及清理电机多余接线线头，防止通电后发生短路危害。	
78	灯具、开关 插座安装	使用电气机具进行半成品制作及安装时要按照正确的操作规程操作，做好防护，用电要满足施工现场临时用电安全技术规范要求。	
79		支架等半成品焊接后进行防腐处理时需戴上防护口罩，如对眼睛有害，还需戴上密闭眼镜进行保护。	
80		高空作业时应严格遵守各项安全操作规程和劳动纪律，作业中所用的物料均应平稳堆放，工具应随手放入工具袋，作业中的走道、通道板应随时清扫干净，不得向下抛掷物件，系好安全带；脚手架要设置护栏，人字梯增加防滑链。	

表 B.4(续)

序号	检查项目	检查内容	检查结果
81	灯具、开关插座安装	区间安装时所有施工人员应穿上反光衣，登记人数及姓名，下班时应清点人数。各施工小组在施工点前后 100 m 处必须安放红色闪光灯并有专人看守，防止闪光灯停止工作或被人损坏，造成施工火车没有减速而误伤施工人员；在施工过程中如有施工火车经过应即时无条件移开阻碍物（如施工材料、施工机械、脚手架等），施工人员紧靠隧道墙体站立，待火车安全通过后方可恢复施工；下班时必须带走施工剩余材料及工具，严禁将材料及工具放在轨道上，做到工完场清。	
82		安装完成的灯具、开关插座须将表面和内腔的杂屑全部清除，并进行清洁及加贴保护膜。	
83	接地安装	使用电气机具进行半成品制作及安装时要按照正确的操作规程操作，做好防护，用电要满足施工现场临时用电安全技术规范要求。	
84		半成品焊接后进行防腐处理时需戴上防护口罩，如对眼睛有害，还需戴上密闭眼镜进行保护。	
85		高空作业时应严格遵守各项安全操作规程和劳动纪律，作业中所用的物料均应平稳堆放，工具应随手放入工具袋，作业中的走道、通道板应随时清扫干净，不得向下抛掷物件，系好安全带；脚手架要设置护栏，人字梯增加防滑链。	
86		区间安装时所有施工人员应穿上反光衣，登记人数及姓名，下班时应清点人数。各施工小组在施工点前后 100 m 处必须安放红色闪光灯并有专人看守，防止闪光灯停止工作或被人损坏，造成施工火车没有减速误伤施工人员；在施工过程中如有施工火车经过应即时无条件移开阻碍物（如施工材料、施工机械、脚手架等），施工人员紧靠隧道墙体站立，待火车安全通过后方可恢复施工；下班时必须带走施工剩余材料及工具，严禁将材料及工具放在轨道上，做到工完场清。	
87	低压配电动力照明调试	通电试运行操作时，均应有两人以上共同进行，一人操作，一人监护。	
88		参加调试操作人员，应戴绝缘手套和穿绝缘鞋。	
89		调试中，对带电的配电箱（柜）应挂上“有电危险”的指示牌；在停电的设备或线路上工作时，应在断电的电源开关、盘柜上挂上“有人工作，禁止合闸”等指示牌。	
90		试运送电时，验电设备及工具校验合格，操作电源开关，面部不得面向开关。	
91		高空作业时应严格遵守各项安全操作规程和劳动纪律，作业中所用的物料均应平稳堆放，工具应随手放入工具袋，作业中的走道、通道板应随时清扫干净，不得向下抛掷物件，系好安全带；脚手架要设置护栏，人字梯增加防滑链。	

表 B.4(续)

序号	检查项目	检查内容	检查结果
92	低压配电动力照明调试	区间调试时所有施工人员必须穿上反光衣，必须登记人数及姓名，下班时要清点人数。各施工小组在施工点前后 100 m 处必须安放红色闪光灯并有专人看守，防止闪光灯停止工作或被人损坏，造成施工火车没有减速而误伤施工人员；在施工过程中如有施工火车经过要即时无条件移开阻碍物，施工人员紧靠隧道墙体站立，待火车安全通过后方可恢复施工；下班时必须带走施工剩余材料及工具，严谨将材料及工具放在轨道上，做到工完场清。	

被检查单位(项目部章)：

被检查单位负责人(签字)：

检查人员(签字)：

检查日期：

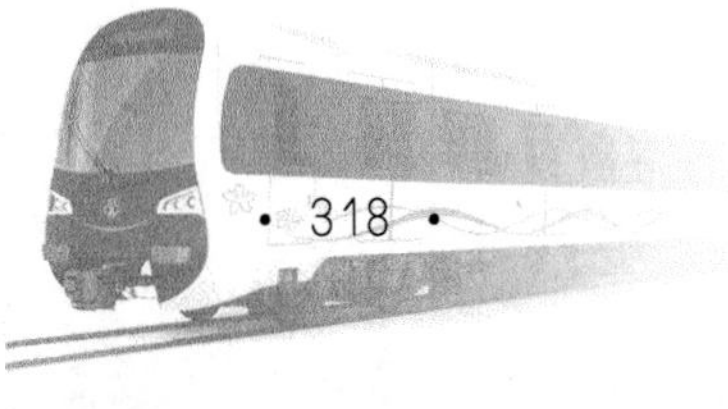

表 B.5　轨道交通机电系统工程施工安全标准化检查表

（通信系统、信号系统工程）

项目名称：

序号	检查项目		检查内容	检查结果
1	通信工程	一般规定	通信系统工程施工是否存在下列主要危险源、危害因素： (1) 电缆施工未防护或防护不当。 (2) 工具、材料侵入限界。 (3) 电缆接续、割接错误，零线与保护接地合设，电源的正负极接错及外电源引入质量不良，通信数据未备份。 (4) 室内施工使用电器产生明火，室内施工损伤既有设备。 (5) 当采用综合接地时，未与综合接地系统的贯通地线进行等电位连接。 (6) 系统的防雷、电磁兼容及接地不彻底。 (7) 电缆接续、测试、高处作业等特殊工种和重要工序的作业人员应按相关规定持证上岗。 (8) 在营业线施工作业时应严格执行“三不动、三不离”(三不动:未联系登记好不动，对设备性能状况不清楚不动，正在使用中的设备不动；三不离:工作完了、不彻底试验良好不离，影响正常使用的设备问题未维修好前不离，发现设备有异状时、未查清原因不离)的规定。 (9) 使用起重机等大型机械进行搬运、吊装等作业前，应核实机械设备状态是否符合使用要求。搬运、吊装的作业半径不得侵入线路限界。使用人力进行搬运等作业时，必须配备足够的人力。 (10) 施工时应有良好的照明条件。 (11) 在高架段、隧道内施工时必须有防护设施，并有专人防护、统一指挥，配备良好的通信设备。 (12) 在高架段墩台侧面钻孔时，如作业空间不够，应搭设作业台，作业台应安全可靠，并设有护栏。 (13) 高处作业人员施工时必须佩戴安全帽，上下传递料具时应用绳索吊工具袋进行，严禁抛掷。 (14) 作业台上放置的材料和工具，应有防止脱落的安全措施。 (15) 隧道内材料的堆放不应侵入界限，堆放处应设反光标志。 (16) 有列车通过时应停止作业。 (17) 隧道内直放站、中继器、电源等设备安装位置和方式应符合设计要求，并应牢固可靠、接地良好。 (18) 施工完毕后，应指派专人进行检查，确保所有作业项目可靠固定，全部施工人员和剩余物料撤离现场。 (19) 使用化学锚栓、药剂应在有效期内；化学锚栓、膨胀锚栓操作必须按照使用说明书进行。 (20) 灌注化学锚栓前，必须清除孔内所有的灰尘及水分，孔内不得有任何的杂质或油污；安装化学锚栓后，检查其安装是否牢固。 (21) 隧道内打孔时，应采用湿式作业方法或其他除尘措施。	

表 B.5(续)

序号	检查项目		检查内容	检查结果
1	通信工程	一般规定	(22) 机房的电缆引入口在电缆引入完成后,必须按照规定进行电缆引入口的封堵。 (23) 机房必须按规定进行接地连接;接地连接完成后方能进行机房内的设备安装,各柜、架、盘等必须按规定的对应位置进行安装,并做好接地连接。	
2		通信线路	光电缆施工中的弯曲半径是否符合下列要求: (1) 光缆弯曲半径不应小于光缆外径的 20 倍,困难地段不应小于光缆外径的 10 倍。 (2) 铝护套电缆的弯曲半径不应小于电缆外径的 15 倍,困难地段不应小于电缆外径的 10 倍。 (3) 铝护套电缆的弯曲半径不应小于电缆外径的 7.5 倍。	
3		光电缆、电杆的运输	光电缆、电杆的运输是否符合下列安全要求: (1) 运输前,应对材料堆放场所进行选取,堆放场所应符合装卸和堆放要求。 (2) 运输前,应做好线路调查,详细了解进入每个卸料点的路径及路况,保证运输过程中的道路交通安全。 (3) 材料出库前,应对材料的包装进行检查。材料包装不符合运输要求时,应对材料进行重新包装。 (4) 严禁将光电缆盘、电杆从运输车上直接推落到地面。 (5) 人工滚动光电缆盘时,应设专人指挥,清理干净地面上的拆箱板。 (6) 光电缆、电杆散放时不得侵入地铁运营线路限界,散在公路旁时,应做好防护。 (7) 滚动(移动)光电缆盘时,应顺盘绕(箭头)方向。 (8) 当移动光电缆盘的距离较长时,应使用专用运输机械。	
4		直埋式光电缆沟开挖	直埋式光电缆沟开挖是否符合下列安全要求: (1) 光电缆沟开挖前应调查确认各类地下设施。在有可能影响或妨碍既有地下设施的地方开挖时,无施工单位与设施产权或运行维修单位签订的安全施工协议,或未制定相应的安全措施,不得施工。 (2) 在挖沟地段应设专人巡回检查。遇有大雨、暴雨、连阴雨天气时,不得进行开挖,已开挖的沟应根据具体情况或地铁运输部门的有关规定及时回填。 (3) 禁止在路肩开挖电缆沟,并应在距离护坡底部 2 m 外开挖。 (4) 开挖电缆沟应有防止道床污染的措施,弃土应投出沟外 0.6 m 以外,堆积高度不得超过轨面。 (5) 当电缆敷设需要通过铁路、公路等交通要道时,应采取非开挖方法进行施工,必须开挖时应采取安全防护措施。当天开挖的土沟应当天回填,如不能当天回填必须采取防止人员坠落的措施。 (6) 敷设完毕的电缆沟应及时回填和覆盖。回填时,挖沟弃土全部回填,并分层夯实。	

表 B.5(续)

序号	检查项目		检查内容	检查结果
5	通信工程	直埋式光电缆敷设	直埋式光电缆敷设是否符合下列安全要求： (1) 放线支架底座应放在坚固、平坦的地面上。顶升时，光电缆盘盘轮离开地面不得大于 100 mm。 (2) 盘轴应水平，光电缆盘应保持在两起重支架的中央。 (3) 严禁以横置线盘方式放缆。 (4) 敷设光电缆时，光电缆应从盘的上端引出。光电缆盘支撑处应由有经验的人员看守，且配备良好的通信工具。 (5) 光电缆盘、人力绞盘、绞盘车应有制动措施。 (6) 使用地滚滑轮时，应选择合适地形，放置应安全稳固。 (7) 进入光电缆井里放缆时，作业人员进入前应先通风，并确认无有害气体。 (8) 进入光电缆井里放缆时，光电缆井内工作应采取防火、防水及防止高空坠物等措施，井口应有专人看守。 (9) 进入光电缆井里放缆时，放光电缆人员距井口距离不应小于 1 m，并扎好安全带。放缆时上下人员应相互呼应，以防发生事故。 (10) 放电缆进入电缆沟、隧道、竖井、建筑物以及穿入管子后，均要对孔洞进行封堵。电缆夹层、隧道、竖井、电缆沟内应保持整洁，不得堆放杂物，在电缆沟洞严禁积油。 (11) 在墙洞、沟口、管口及隔层等处布放光电缆时，布放人员距各开口的距离不应小于 1 m。 (12) 在桥上及隧道内布放光电缆时应制定相应的安全技术措施。高架桥上人工布放光电缆时应走高架桥中心便道，不得在桥边缘行走，人员应站在安全的一侧，转弯时施工人员应站在光电缆转弯的外侧，行走时电缆不得左右摆动，并设监护人员。 (13) 安装电缆桥架时，施工人员不得站在桥架上施工。 (14) 桥架内布放电缆时，在桥架转弯处不应用力过猛。 (15) 敷设架空光电缆时，应执行高处作业安全技术措施，使用梯子应有足够的机械强度，并设专人扶持。 (16) 用机械敷设光电缆时，应考虑牵引动力、牵引绳索、转向滑车、绳索连接环的强度。在牵引中应防止钢丝绳背扣或在尖硬的物件上刮磨，工作人员不许扶、摸移动中的钢丝绳或光电缆，如有故障应停车处理。 (17) 冬季敷设光电缆，对有敷设温度要求的光电缆应采取必要的措施，并符合其技术规定。 (18) 光电缆盘起重架支架较高或在斜坡上支起重架时，应设起重架临时拉线。 (19) 使用机械牵引敷设光电缆时，牵引力应小于光电缆允许拉力，主要牵引力应施加在光电缆的加强构件上，牵引速度不应大于 15 m/min，并应保持匀速，不得突然启动或停止。 (20) 人工抬放光电缆： ① 直线部分人员分布控制在 10～15 m 为宜，遇有转弯或过障碍时，人员分布应适当加密。 ② 光电缆不得在硬质地面上拖拉。 ③ 施工人员应用同侧肩抬运光电缆。	

表 B.5(续)

序号	检查项目		检查内容	检查结果
5	通信工程	直埋式光电缆敷设	④ 施工人员拐弯抬运光电缆时,人应站在光电缆外侧;下坡、跨沟渠和转弯处应设防护人员。 ⑤ 抬运光电缆过桥梁、隧道或在铁路路肩上抬运时,不应将光电缆伸到限界以内。 ⑥ 抬运光电缆过铁路线时,应在统一指挥下平行跨越。 (21) 封闭点内利用轨道车施工时: ① 应有统一的指挥信号,并设专门指挥人员与司机密切配合。 ② 施工用车辆应良好,平板车上的作业架应牢固,高、宽应符合要求,工作台板应有足够的强度。 ③ 轨道车启动前,施工人员应撤离工作台面,施工负责人应确认施工人员已撤离到安全地带后方可通知开车。 ④ 光电缆到达施工现场开始敷设时,轨道车应保持匀速,缆盘的转动速度应与轨道车车速相适应。 ⑤ 光电缆敷设完毕后,空缆盘应在轨道车上绑扎牢固且不得侵限,轨道车迅速撤离现场。	
6	通信工程	架空通信线路支柱施工	架空通信线路支柱施工是否符合下列安全要求: (1) 不得采用有裂纹等不符合要求的电杆。 (2) 人工立杆作业时,立杆人员应站于同一侧。 (3) 支柱基础未回填捣固前,不得撤除边绳和顶头绳。未撤除扳杆前,不得撤除顶头绳。 (4) 支柱未回填夯实前不得登杆。 (5) 用吊车施工时,应设专人指挥,起吊用套子应由专业人员绑扎。 (6) 在特殊终端及转角支柱处作业时,支柱加固前不应撤除线条扎线。 (7) 当拉线的设置靠近公路等行人易接近场所时,应采用拉线保护套进行防护。 (8) 在营业线路上施工时,应注意组立过程中对带电线路的安全距离,组立后应检查是否侵入铁路建筑限界;基坑回填时应分层夯实。	
7	通信工程	架空光电缆敷设	敷设架空光电缆时,除应符合直埋式光电缆的有关规定外,是否符合下列安全要求: (1) 光电缆敷设应在杆塔立起后进行,避免交叉施工。 (2) 作业时,应将通信线条接地。跨越架设时严禁将线条搁在电力线上拖拉,穿盘时在穿越处用绳环将通信线条套住。 (3) 架空光电缆架挂时应每隔 10～15 m 设滑轮。牵引速度不得超过 15 m/min,不得突然启动或停止。 (4) 在现有明线路上架设架空光缆,钢绞线吊线及光缆本身均应采用全悬浮式。钢绞线接头处应用塑料瓷绝缘隔电子作电气绝缘;光缆接头处金属护层、铠装钢带及加强芯均不应连通。钢绞线吊线及光电缆的金属部分不接地。 (5) 在车辆与行人密集处架线作业,应设专人防护。 (6) 跨越通航河道架线,应在上游大于 100 m 和下游大于 50 m 处张挂施工标志,并挂设限制桅杆高度的拦河线和设置防护人员。 (7) 架空线路施工应及时做好防雷接地。	

表 B.5(续)

序号	检查项目		检查内容	检查结果
8	通信工程	架空线路撤除施工	架空线路撤除施工是否符合下列安全要求： （1）架空线路撤除前，应设置安全警戒线，防止非作业人员进入施工影响区域。 （2）撤除架空线路前，应根据线路情况设置临时拉线，保证撤除过程中线路不会倒塌。 （3）撤线作业应统一指挥，遇有险情应停止作业，采取措施后方可继续作业。 （4）撤线作业时，应双侧交替进行，严禁连续剪断同一侧的线路。 （5）拆除穿越电力线路的通信线路时应将通信线条接地。 （6）拆除跨越电力线路的通信线路时，严禁将线条放在电力线上拖拉。 （7）撤除跨越供电线路、铁路、公路、居民区和较大通航河道的线路时，应先撤除跨越部分。	
9		管道光电缆敷设	管道光电缆敷设是否符合下列安全要求： （1）使用机械牵引管道光电缆时，牵引力应小于光电缆允许拉力，主要牵引力应施加在光电缆的加强构件上，牵引速度不应大于 15 m/min，并应保持匀速，不得突然启动或停止。 （2）气吹法敷设光缆时，光缆盘应保持与吹缆机吹缆方向在一直线上，出缆应顺畅，并保持与吹缆速度一致。空压机操作人员在开启阀门时，应逐渐由小到大，并与气阀保持一定距离。 （3）吹法敷设光缆时应密切注意线路动态，当线路上硅芯管有漏洞时，光缆有可能顺着漏洞顶破土方，堆积于路面，造成行车危险。 （4）气吹法敷设光缆时，管道对端必须设专人防护，并保持通信联络，防止润滑海绵塞、气封活塞及光缆头等物吹出伤人。	
10		槽道光电缆敷设	槽道光电缆敷设是否符合下列安全要求： （1）敷设前对槽道进行清理，清除盖板上方的土层或碎石，防止杂物掉入槽内。 （2）槽道盖板应依次掀开，掀开后码放整齐、稳固，且不得侵入铁路建筑限界。 （3）敷设后及时按原样恢复槽道盖板，并注意避免盖板砸伤线缆，掀开盖板时应注意保护盖板。 （4）光电缆穿越接触网支柱基础时，应采取保护措施，以免刮伤电缆。 （5）当需要在桥栏外侧安装槽道时，应使用专门制作的作业平台，并符合高处作业安全要求。 （6）水线缆敷设应选择晴天、风速较小及平潮枯水期进行。	
11		穿越铁路、公路电缆施工	穿越铁路、公路电缆施工是否符合下列安全要求： （1）光电缆过轨道、公路应采用顶钢管安装。穿越轨道的防护管长度必须大于轨枕以外 0.3 m；穿越公路的防护管长度应大于公路面两侧以外 0.2 m。 （2）顶管施工前，应调查施工地段地下管线状况，严禁在煤气管、供水管、通信线等限界内实施顶管作业。 （3）顶管施工时的脚手架应搭建牢固，严禁侵入铁路建筑限界。 （4）顶管施工完毕，应及时将钢管封堵。	

表 B.5(续)

序号	检查项目		检查内容	检查结果
11	通信工程	穿越铁路、公路电缆施工	(5) 在铁路线路附近进行光电缆接续时，应将接续伞或接续帐篷搭扎牢固。 (6) 对电缆芯线进行电气强度测试前，测试点应与各作业点联系，使各作业点在测试时间内停止线路作业并不得触碰电缆。测试时仪器的保护接地应可靠。	
12		在高压危险影响区进行通信线路施工	在高压危险影响区进行通信线路施工时是否符合下列安全要求： (1) 作业设专人防护，并按带电作业规定进行作业。 (2) 切割光电缆金属外皮或打开接头套管前，应将光电缆两端金属外皮连通，并临时接地。 (3) 用仪表测试电缆芯线有危险电压时，应申请停电作业；无危险电压时，亦应对芯线接地后方准作业。 (4) 在与电缆芯线的各种外线引入端子相连的设备上作业，应使用带绝缘柄的工具。	
13		无人站、人孔(井)、手孔(井)等密闭空间内施工	无人站、人孔(井)、手孔(井)等密闭空间内施工是否符合下列安全要求： (1) 空间内不得存放易燃、易爆、有毒物品。 (2) 进入前应先通风，确认无有害气体后方可进入施工。已探明有有害气体时，应佩戴安全防护用品。 (3) 进入时，站、孔外面应设安全标志或专人防护。进出应攀梯上下，不应踩蹬螺栓、机架、光电缆上下。 (4) 空间内严禁明火作业。 (5) 当用发电机照明时，发电机应设在站、孔(井)外，灯具应有防护罩。 (6) 夜间施工时，人孔(井)口应设警示灯。	
14		漏泄同轴电缆的安装	漏泄同轴电缆的安装是否符合下列安全要求： (1) 打孔时施工人员应配备防尘眼罩、防护帽等防护用具。使用的扶梯应有专人防护。 (2) 各类支架和漏泄同轴电缆均应固定牢固，不得松动、脱落。漏泄同轴电缆应按设计要求安装防火夹子。 (3) 在电气化牵引区段施工时，若安全距离不能达到要求时，应在接触网停电情况下进行作业，两端应设防护人员。 (4) 用锯锯断漏泄同轴电缆时，应保持抛弃的一段在下方，并保证切面平整。 (5) 剥外护套时不能伤到外导体，如果发现已伤及外导体，务必重新锯断并将外导体表面打磨平整。 (6) 漏泄同轴电缆敷设与直埋式光电缆敷设安全要求相同。 (7) 人工敷设漏泄同轴电缆时，敷设人员间隔不应大于 7 m，以免电缆拖地。 (8) 漏泄同轴电缆敷设过程中，严禁急剧弯曲。漏泄同轴电缆最小转弯半径应符合产品使用要求。 (9) 漏泄同轴电缆的金属外皮必须及时可靠接地，接地方式和位置应符合设计要求。	

表 B.5(续)

序号	检查项目		检查内容	检查结果
15	通信工程	无线通信系统的天馈线施工	无线通信系统的天馈线施工是否符合下列安全要求： (1) 天馈线的金属外皮必须及时可靠地接地，接地方式和位置应符合设计要求。 (2) 天馈线安装过程中应采取必要的防护措施，防止损伤。 (3) 天馈线施工应符合高处作业安全的相关要求。	
16		室外向室内或机械室内部移动较笨重机柜设备	室外向室内或机械室内部移动较笨重机柜设备时，是否符合下列安全要求： (1) 应采用适当的运输工具。 (2) 采用运输工具时应缓慢行进，应注意设备行进方向，随时纠正，防止倾斜。 (3) 由地面向楼上运送设备时，宜采用电梯运输。 (4) 采用人工搬运时，单人负重不得超过 50 kg。 (5) 通过窗户吊运设备时，应搭建装卸平台。 (6) 搬运安装时，应防止挤压手、脚和损坏盘、柜上的设备。 (7) 在设备未固定牢固前应有放倒措施。	
17		室内列架和槽道安装	室内列架和槽道安装是否符合下列安全要求： (1) 列架组立后应进行固定。 (2) 列架组立后应可靠接地。 (3) 安装沿墙走线架时，在墙上埋设的支撑要牢固可靠。 (4) 竖立机架、放绑配线和光电缆等作业，不得攀扶骨列架、走线架。 (5) 走线架穿过楼板或墙壁时，应采取措施避免刮伤、擦伤线缆。 (6) 所有列架、槽道不应有尖锐凸出部分，特殊需要凸出的应采取保护措施，防止刮伤人员。	
18		室内机架、引入设备和配线设备安装	室内机架、引入设备和配线设备安装是否符合下列安全要求： (1) 电气化区段进行光电缆引入时，应做引入绝缘处理。 (2) 电气化铁路区段的引入架等与通信电缆直接相连时，机架或机壳应对地绝缘。 (3) 安装有防静电要求的插板时，应戴上防静电护腕。	
19		室内设备配线	室内设备配线是否符合下列安全要求： (1) 如需打孔施工时，应注意避开既有的预埋管线。 (2) 配线用电缆或电线完成绝缘测试后，应进行放电。 (3) 电源线连接前，应注意确认极性。 (4) 不应将眼睛直视光通信设备和仪表上的激光发射端孔。	
20		通信电源设备施工	通信电源设备施工是否符合下列安全要求： (1) 施工前必须保证电源与负载之间的所有开关处于断开状态，在开关处设有“停电作业，严禁合闸”等警示牌并做好防护隔离，同时在场地进出处做好警示标志。 (2) 设备加载前应对电源进行测量，确认电压等参数符合用电要求。 (3) 加电后作业严禁将手、脚、头部以及其他可导电物体伸入设备内部。	

表 B.5(续)

序号	检查项目		检查内容	检查结果
20	通信工程	通信电源设备施工	(4) 加电后需要人手进入设备内部操作的，人体应有绝缘防护措施。接触或接近带电部分的金属工具除接触面外，裸露的金属应全部缠绕胶带以便绝缘。 (5) 施工完成后，应检查设备和电源指示灯工作正常和各项电源参数正常，通信电源告警必须有效。 (6) 施工完成后必须将机房和设备门窗、洞口封闭，电源设备和电源开关、危险电压和电流应做隔离防护和警示处理。电源设备门在非维护期间应处于关闭状态。 (7) 电源室应保持干燥通风和通道畅通。	
21		蓄电池安装	蓄电池安装是否符合下列要求： (1) 安装环境不应有有机溶剂和腐蚀性气体。 (2) 蓄电池不应接近热源和火源，与变压器、电源开关或熔断器等设施的距离应不大于 0.5 m。 (3) 蓄电池密封阀不应松动，不得拆卸密封阀。 (4) 蓄电池较重时应选用运输吊装工具，严禁翻滚、摔掷；在装卸、搬移过程中注意防止短路。 (5) 蓄电池安装时必须使用绝缘工具。 (6) 蓄电池与负载或充电器连接时，电路开关应断开，同时注意核对极性，严禁反极性或短路。 (7) 作业人员应做好人身防腐蚀措施，发现蓄电池外壳破裂硫酸外溢时，严禁碰触。 (8) 清洁蓄电池时不得使用有机溶剂。	
22		安装室内接地线	安装室内接地线是否符合下列安全要求： (1) 接地线严禁使用裸导线布放，其截面积应符合设计要求。 (2) 室内通信设备的接地线应单独与室内接地汇集排相连，不得在一条接地线上串接。不得通过安装加固螺栓与建筑钢筋相碰而形成电气接通。 (3) 配线架应从室内接地汇集排上引入保护地线。配线架与通信设备之间不应通过走线架形成电气连通。 (4) 通信设备的工作地线和保护接地线应从室内接地汇集排上引入。 (5) 电源地线、保护地线与交流中性线应分开敷设，不得相碰，更不得合用。	
23		室外设备	通信设备通话柱、扩音柱、直放站支柱、视频摄像杆塔等的安装不得侵入铁路建筑限界，以免影响铁路信号的显示。	
24			安装高处扬声器、视频摄像机等设备时，应检查是否符合高处作业安全要求，并应及时做好防雷接地。	
25			通信设备中继器、直放站、远端站等安装在隧道壁上时，应检查是否牢固可靠，放在避车洞内时，应采取相应的防护措施。	

表 B.5(续)

序号	检查项目		检查内容	检查结果
26	通信工程	室外设备	机车信号设备安装是否符合下列安全要求： (1) 安装设备时，机车必须入库，且必须在机车停机状态下进行，并应做好机车防溜和人身防护措施，在驾驶室放置“正在施工作业”明示牌。 (2) 需登机车顶部作业时，应符合高处作业安全要求，在电气化区段需登顶作业时，接触网必须断电。 (3) 设备安装位置及安装方式应符合设计要求，并应通风良好、不影响司机操作。控制盒安装的位置应便于司机操作。 (4) 设备主机与其他弱电设备合用安装机架时，应确保电磁兼容要求。 (5) 机车天馈线在机车顶部走线时，每隔 0.5 m 固定一次，最后集中从一个孔洞引入机车内部，引入孔洞应做防水处理。 (6) 机车天馈线转弯半径应大于 5 倍天馈线半径。 (7) 在机车上敷设电缆时，应避开周围热管路。机车通信设备、线路安装应固定牢靠。	
27	通信工程	系统调试	系统调试前应单机调试正常。设备单机调试前，应先确认是否符合下列安全要求： (1) 机架安装位置和安装强度应符合设计要求。子架安装位置及单元电路板插入可靠、位置正确。 (2) 设备配线已完成，检查核对无误。 (3) 通信机房提供的电源符合设备使用技术要求，电源设备调试合格。 (4) 设备已可靠接地，接地电阻符合要求。 (5) 设备单机加电后运转良好，内置风扇正常启动，各单机显示告警状态符合当前实际使用情况。 (6) 各种业务接入时，已按设计要求和用户入网方式，分清接口类型，进行正确连接。 (7) 设备单机性能检测宜在设备开机通电后 30 min 后进行。	
28	通信工程	系统调试	在操作系统网管前，应确认是否符合下列安全要求： (1) 操作者级别与权限已经设定，操作密码已经设定。 (2) 系统冗余已经得到充分考虑。 (3) 系统数据已经做好备份。	
29	通信工程	系统调试	通信测试有关仪表是否符合下列安全要求： (1) 仪表操作人员应已得到充分的培训，达到胜任条件并取得操作授权。 (2) 仪表应状态良好并在计量检定有效期内。 (3) 通信测试仪表应严格按照使用说明书规定的方法操作。 (4) 仪表应正确连接，并且不得超量程使用。严禁无关人员拨动仪表。 (5) 不得在仪表室(盘)周围安放对仪表灵敏度能产生干扰的设备、线路和管道等；也不得堆放产生腐蚀性气体的化学物品。 (6) 对有接地要求的仪表，测试前应做好接地连接。	

表 B.5(续)

序号	检查项目		检查内容	检查结果
30	信号工程	一般规定	信号工程施工是否存在下列主要危险因素： (1) 未与设备管理单位和行车组织单位签订施工安全协议;未调查了解既有信号设备类型和使用情况。 (2) 施工及施工过渡、开通方案不合理或未按批准的方案实施,未制定应急预案。 (3) 挖沟、坑前未对地下设施进行调查。应采取相应的防护措施,避免造成挖伤、挖断光电缆现象发生。 (4) 过渡施工未对新设备与既有设备结合部位查线摸底,确认实物与图纸是否相符。 (5) 信号电缆绝缘不良,设备配线错误。 (6) 施工借用既有信号电缆、电源。 (7) 工具、材料放置侵界或使轨道电路短路。 (8) 道岔调整不密贴。在非正常行车施工中,工务钉固道岔的转辙机未甩杆、未断开安全接点、未切断启动电源。 (9) 竖立或拆除高柱信号机柱时未登记要点及按规定设置防护。 (10) 尚未开通的信号机不打无效标或漏光。 (11) 高空作业未佩戴安全帽及系安全带。 (12) 机械室施工无防火措施。 (13) 采用封连线或其他手段封连使用中的各种信号设备电气接点。 (14) 信号联锁、列控及列车调度指挥、调度集中等系统未试验或试验不彻底。 (15) 新开通线路,可能造成分路不良的轨道区段未登记。 (16) 设备开通前信号设备变化资料未按规定上报公示。 (17) 在营业线上安装、更换钢轨绝缘时未登记要点;电力牵引区段更换轨道设备需断开轨道牵引回流通道路时,未执行先通后断原则。 (18) 在营业线路上施工,未对既有设备进行可靠防护。 (19) 在营业线路上施工,未按规定设置列车和人身安全防护。	
31			信号施工时,不得将材料、工具物品放置在道岔、钢轨以及其他任何妨碍行车安全的地点,以免放置的材料、工具将轨道电路短路。	
32			信号设备安装不得侵入铁路建筑限界。	
33			使用起重机等大型机械进行搬运、吊装等作业前,应核实机械设备状态正常并符合使用要求。搬运、吊装的作业半径不得侵入铁路建筑限界。	
34			使用人力进行搬运机械设备等作业时,必须配备足够的人力。	
35			进行轨道钻孔作业时,必须使用专门钻孔设备。电力钻孔设备电源应采用发电机电源,不得借用既有信号设备的电缆、电源;发电机应放置在线路外侧 2 m 以外。	
36			进行轨道钻孔作业,电源线横过线路钢轨时,应从钢轨底部穿过。中间停止作业时,应设专人看守或即时收回。	
37			在无砟轨道的轨道板、道床板、防护墙、隧道壁等混凝土构件上钻孔作业时,应经相关单位同意后进行,钻孔前应进行钢筋探测,钻孔的深度不得大于规定值。	
38			信号工程施工应有良好的照明条件。	

表 B.5(续)

序号	检查项目		检查内容	检查结果
39	信号工程	光电缆线路及贯通地线	多工种交叉施工时应做好防护，防止其他专业施工损坏电缆、箱盒及管道等设备。	
40			人工敷设贯通地线时，严禁压、折、摔、磨、扭曲贯通地线，不得在地上拖拉贯通地线。贯通地线应平顺连接。	
41		地面固定信号	在土质松软、不稳定且有坍塌危险的地点挖坑时，应采取加固防护措施。高柱信号机机柱坑底应采取防沉降措施。人工挖高柱信号机机柱坑时，机柱马道应顺着线路方向。	
42			人工竖立高柱信号机机柱应符合下列安全要求： (1) 人工竖立机柱前，应对参加作业人员进行作业程序及方法的培训。 (2) 立杆前应检查立杆工具，特别是“把杆”、大绳及各种钩环必须结实无损伤。 (3) 作业人员应服从指挥，步调统一，牵引大绳人员用力要均匀，脚不应离地，绳子不应缠在腰间及手臂上。 (4) 基坑回填时应分层夯实。	
43			竖立高柱信号机机柱，在机柱坑未回填及夯实前不得攀登机柱。	
44			撤除高柱信号机机柱时，用绳索牵引及叉杆加固后再进行作业。机柱倾倒方向应避免倒向线路、接触网、电力线和其他建筑物、设备；使用机械拔杆时，必须做好防护措施。机械设备的作业半径不得侵入铁路建筑限界。	
45			在信号机机柱上作业应符合下列安全要求： (1) 雾天、雷雨或 6 级以上大风天气时严禁在信号机机柱上作业。 (2) 工具、材料等物品应放在工具袋内，不得放在信号机上。 (3) 必须系好安全带并检查扣环是否扣牢，必须正确佩戴安全帽。 (4) 严禁在同一机柱上、下同时作业或两人站在一个靠梯上作业。 (5) 作业人员不得站在最高两级梯档上作业。 (6) 作业人员身体重心不得倾斜到梯脚范围之外。 (7) 作业人员在梯子上作业时，梯子内侧不得有人逗留。 (8) 作业人员严禁上、下抛递配件或者工具。	
46			在电力牵引区段，竖立、撤除信号机柱以及吊装信号机构时，施工机具、设备外缘及施工作业人员距接触网带电部分不得小于 2 m。小于 2 m 时，应按规定办理停电手续或利用停电天窗时间施工。	
47			在带电区域附近作业时，作业人员与带电体的安全距离应符合规定。	
48		转辙装置	转辙装置安装作业应符合下列安全要求： (1) 在进行安装作业时，严禁进行该道岔的任何转换作业。 (2) 施工时严禁用手指探销孔。 (3) 需转动道岔时，应确认轨道之间无作业人员和工具、材料。 (4) 安装完毕后，应确认各紧固件、开口销及防松卡安装正确、齐全、牢固。 (5) 在道岔钻孔作业时，应在轨道间放置带有木柄或铁环的木垫；作业完毕后，应立即将木垫撤除。 (6) 道岔手动转换时应指定专人统一指挥，指挥信号准确清晰，作业人员要听从指挥，避免转辙机等零部件损坏。 (7) 各紧固件应连接齐全牢固，弹簧垫应紧牢。各牵引点手动转换无异常后，再进行电动试验。	

表 B.5(续)

序号	检查项目		检查内容	检查结果
49	信号工程	轨道电路及轨旁设备	道岔跳线及钢轨连接线应及时盘绕、固定,穿越钢轨的跳线或钢轨连接线距轨底不得小于 30 mm。	
50			在爆炸焊接作业时,点火燃烧过程中,作业人员必须在燃烧点 1.5 m 以外。	
51			电力牵引区段更换扼流变压器、中心连接板(线)、连接线、钢轨绝缘时应按规定办理要点停电手续或利用停电天窗时间,确认停电后方可进行施工。	
52			严禁在轨道上拉临时线沟通轨道电路。	
53			安装计轴设备应符合下列安全要求: (1) 禁止金属器具在已开通使用的计轴传感器上滑行。 (2) 计轴设备轨道箱不得侵入铁路建筑限界,距所属线路不得小于规定值。	
54			应答器安装应符合下列安全要求: (1) 安装人员应经过安全培训和安装培训,并考试合格。 (2) 在安装前应确认应答器标签上标明的安装位置、线路公里标位置、上下行位置与设计图纸中的安装应答器位置相符合。 (3) 应答器距轨面的高度应以应答器侧面的电气中心十字标记为准,距两轨的中心以应答器上表面的电气中心十字标记为准,应答器安装误差应符合相关要求。	
		车载信号	车载信号设备的安装应按规定在地铁运营管理部门的配合下进行,未经允许不得动用车上的设备。	
56			在机车底部、机车顶部安装车载信号设备时,必须在机车静止、断电状态下进行,并做好机车防溜和人身防护措施,应在驾驶室放置"正在施工作业"标识牌。	
57			安装车载设备上下机车时,应有防跌落的防护措施。	
58			在机车内、外部进行焊接作业时,应有防火防爆措施。	
59			设备配线应采用阻燃线或阻燃电缆,配线不得有中间接头。	
60			车载信号设备电源不得接入其他用电设备。	
61			在电力牵引区段的机车顶部作业时,必须申请办理停电作业手续,确认机车顶部区域接触网停电并采取防护措施后,方能施工作业。	
62			在电缆井及引入通道进行电缆引入和固定施工时,电缆井内作业人员必须做好防护措施。室内外作业人员应加强联系,协调作业。电缆的安装、固定以及预留量的盘绕方式应符合规定。	
63			电源屏引入电源时,电源屏的开关必须断开,并应设置"禁止合闸"标识牌。	
64			室内施工临时用电的电源插座必须加装漏电保护器,施工人员撤离时应及时断电。	
65			室内各机柜(架、盘)、控制台、电源屏等应安装应平稳、连接牢固。继电器、变压器、LEU 等设备应插接牢固。	

表 B.5(续)

序号	检查项目		检查内容	检查结果
66	信号工程	室内设备	室内配线作业必须在机柜(架、盘)连接牢固后进行,作业人员严禁在机柜(架)上部设置的走线架上停留休息。	
67			室内各种配线应使用阻燃线且不得有中间接头和绝缘破损现象。	
68			室内焊线时电烙铁应放在支架上,不得任意放置,防止烫伤手脚和电线;不用电烙铁时应切断电源,冷却后收起,以防止发生火灾;焊线时焊锡不应向下滴落,防止烫伤电线或落在两焊点之间造成短路。	
69			梯凳承重能力应符合作业要求,应使用专用绝缘梯,禁止使用金属梯子。梯凳应摆放平稳,使用过程中符合梯凳的有关安全要求,防止人员跌伤。室内电缆引入口、沟、槽应设盖板防护,防止人员跌伤。	
70			室内设备器材应堆放在规定位置,并摆放整齐有序。在室内施工时必须制定防火措施,并配备灭火装置。在既有机械室内施工时,除满足上述条件外还应符合下列安全要求: (1) 接到技术人员交底,进入既有机械室施工后,应遵守设备管理单位相关规定,并对既有设备进行可靠防护。 (2) 应在设备管理人员的配合下,确保新设备与既有设备结合部位的实物与图纸相符。新增配线及拆除线均应标识清楚。 (3) 施工人员查线时,不得影响既有设备使用。 (4) 室内施工用电和新设备导通试验,严禁使用既有设备电源。 (5) 施工完毕必须对更换后的设备进行试验,经设备管理单位确认合格后交付使用。 (6) 改造施工中,拆除室内废弃设备和配线时,应在施工点内进行,并做好防护措施。	
71		信号设备防雷接地	电源室(电源引入处)防雷箱处、防雷分线室(或分线盘)处的接地汇集线应单独设置,并分别就近与环形接地装置单点冗余连接。	
72			室外设备接地应符合下列安全要求: (1) 信号室外设备的接地应就近与贯通地线的接地连接端子连接,其引接线截面积应符合设计要求。 (2) 室外设备进行接地连接前,应检查和测试贯通地线或综合接地连接端子的接地电阻不应大于 1 Ω。 (3) 信号防雷设备安装前必须先做好接地连接。 (4) 信号设备在进行通电前必须做好接地连接。 (5) 信号设备安全地线、屏蔽地线和防雷地线等应符合设计要求。接地导线上严禁设置开关、熔断器或断路器。 (6) 信号设备防雷及接地装置的位置应符合设计要求。接地线与接地体之间应可靠连接,严禁虚焊虚接。 (7) 电力牵引区段有综合接地系统时,信号机构与梯子、继电器箱、道岔握柄、带柄道岔表示器以及距离接触网带电部分 5 m 范围以内信号设备的金属结构物应接入贯通地线接地端子,无综合接地系统时应可靠接地。	

表 B.5(续)

序号	检查项目		检查内容	检查结果
73			室内外设备施工完毕,应首先对配线进行全面核对,做到图实相符。	
74			系统调试前应对室内工作人员做出安全提示。在配电盘、电源屏、机架电源端子等处应做出安全标识,黏贴电源类型标签。系统调试带电作业电压大于 36 V 时,作业人员必须穿绝缘鞋,戴绝缘手套。	
75			室内外设备连接前,应按照规定进行室内外电源测试;单项设备通电调试之前,应确认线缆连接正确,接地连接良好。	
76			系统调试过程中,测试仪器仪表前,应核对仪器仪表的挡位,且测试线连接良好。	
77			通电调试应符合下列安全要求: (1) 调试前应对设备部位进行检查,并应确认各种接地连接符合设计要求。 (2) 楼内电源主开关由专人负责,按照指令进行操作。 (3) 试验过程中,出现异常时应立即断电查找原因。 (4) 室内外联合调试时,应以室内负责人指挥为主,通断电应相互告知。	
78	信号工程	系统调试	电源屏调试应符合下列安全要求: (1) 电源屏在外部电源接入前,必须检查电源屏元器件是否齐全,各部端子压接、焊接必须正确牢固,开关动作良好。 (2) 电源屏在进行电源引入时,必须核对引入电源的电压、极性、相位等相关参数。 (3) 电源屏、配电盘必须在安全地线、防雷地线连接良好、测试通过后方能通电。 (4) 电源屏在带载使用前,必须测试电源屏各种输出电源参数,并符合设计文件及相关技术标准的规定。	
79			道岔设备调试应符合下列安全要求: (1) 道岔第一连接杆处尖轨与基本轨间有 4 mm 及以上间隙时,道岔不得锁闭。 (2) 室内作业人员操作道岔时,室内外作业人员应做到呼唤应答,室外应设立专人进行道岔区域的防护。 (3) 室内外作业人员必须共同确认道岔实际开通位置与控制台定反位表示、控制台显示、继电器状态及联锁表位置一致。 (4) 三相交流转辙机必须进行断相检查。 (5) 营业线道岔试验结束时,应经设备管理人员验收确认正确后,方可销点、撤离现场。	
80			信号机调试应符合下列安全要求: (1) 信号机在安装完成,检查各个灯位的安装、排列顺序、配线是否正确后,再从室内分线盘处对各灯位逐一进行送电试验。 (2) 列车色灯信号机必须进行主副灯丝的转换试验,并与室内进行核对。 (3) 信号机、表示器灯光必须显示正确,必须达到正常的显示距离要求。 (4) 营业线进行信号机送电试验不得影响行车,信号机试验期间灯光必须遮挡,不得与既有信号混淆。 (5) 信号机应进行灯光转移试验。	

表 B.5(续)

序号	检查项目		检查内容	检查结果
81	信号工程	系统调试	轨道电路调试应符合下列安全要求： (1) 送电试验前，应检查各部件的接地连接、送电电压等是否符合相关技术规范规定，检查死区段的长度是否符合设计要求，并配备好对讲机。 (2) 轨道区段应逐个区段进行送电试验，室内送电电压必须符合规定，并对轨面电压、电流、分路状态、残压、死区段等逐项进行测量，并符合有关技术条件的要求。 (3) 营业线轨道电路试验不得影响既有轨道电路的使用，如需接入试验必须要点进行，试验结束后必须恢复既有轨道电路。	
82			联锁试验调试应符合下列安全要求： (1) 联锁试验应在室内外单项试验结束后进行。 (2) 联锁试验前应拆除单项试验所使用的各种模拟条件。 (3) 试验必须满足设计要求，联锁关系正确，室内外表示一致。 (4) 联锁试验人员必须经过培训、考试合格后持证进行联锁试验。 (5) 联锁试验应按照已制订的试验方案进行，必须由专人统一指挥试验并规范试验用语。 (6) 联锁试验时必须设专人监控联锁试验过程，防止出现试验漏项、超范围、误操作等现象。 (7) 严禁使用封连线进行联锁试验。	
83			车载信号调试应符合下列安全要求： (1) 车载信号设备安装前，必须进行单体设备的试验。 (2) 设备通电前，必须进行线缆的绝缘测试。 (3) 车载信号设备使用电源必须进行容量核实确认。 (4) 车载信号设备安装连接完成后，必须进行各项性能指标测试，并符合相关技术标准规定。 (5) 车载信号试验的记录如果涉及线路、车站坐标等数据时，试验记录必须由专人进行处理保存，不得外泄。	
84			营业线施工调试应符合下列安全要求： (1) 严禁将尚未纳入联锁的设备与既有设备连接，严禁利用使用中的设备作为条件进行试验。 (2) 严禁在试验过程中采用“夹子线”“封连线”“二极管”或其他手段封连使用中的各种信号设备的电气接点。 (3) 试验过程中，严禁将使用中的设备拆除进行新安装设备的试验。 (4) 新设备的试验不得影响既有设备的使用。 (5) 试验车运行期间，不得随意进行改变运行方向和运行计划的试验。 (6) 保证车站与试验车、车站与现场试验人员的通信畅通。 (7) 需要进入现场处理故障时，必须办理申请要点手续。 (8) 试验人员应对每次试验情况做好记录，对试验中发现的问题及时汇报，报请设计单位分析、处理。 (9) 系统调试中发现系统功能或个别运营场景作业不能满足安全和运营需求时，变更修改必须在设计单位组织下进行。	

表 B.5(续)

序号	检查项目		检查内容	检查结果
84	信号工程	系统调试	(10) 设计单位修改过的软件、电路等,必须重新试验,验证其正确性。 (11) 应按照联调联试方案进行各种动态场景试验,检查系统的配置、功能、性能和安全方面能否满足系统设计方案和运营需要。 (12) 应检查、测试信号系统设备灾害防护、雷电防护、综合接地防护等方案是否符合施工规范要求和设计要求。 (13) 联调联试必须按试验方案和设计系统方案要求全面彻底地进行调试,特别是在发生通信故障、车站区间设备故障等特殊状况下,保证系统的故障导向安全的原则。	

被检查单位(项目部章):

被检查单位负责人(签字):

检查人员(签字):

检查日期:

表 B.6　轨道交通机电系统工程施工安全标准化检查表
（自动售检票系统工程）

项目名称：

序号	检查项目		检查内容	检查结果
1	作业条件		施工车站土建施工主体结构、中板结构是否已经完成。	
2	作业条件		出入口或竖井是否方便材料搬运。	
3	作业条件		车站土建方是否提供标高基准线、柱中线及主体结构、二次结构装修位置线。	
4	作业条件		车站土建方是否提供足够强度的现场照明，方便 AFC 专业施工。	
5	作业条件		场地是否平整，无其他材料、杂物堆放。	
6	地面线槽预留预埋施工	施工准备阶段	施工前，是否进行现场踏勘，核对施工路径、预留孔洞，确认现场条件能够进场施工。	
7	地面线槽预留预埋施工	施工准备阶段	是否与土建方签订进场协议、安全消防协议、临时用电协议等。	
8	地面线槽预留预埋施工	施工准备阶段	项目工程师是否编制专项施工方案，报项目技术负责人审批，并将通过审批后的施工方案细化至作业指导书层面。	
9	地面线槽预留预埋施工	施工准备阶段	是否根据土建专业要求，进行现场临时用电布设、配置消防器材。	
10	地面线槽预留预埋施工	施工准备阶段	编制作业指导书后，是否在开工前组织技术人员认真学习实施性施工组织设计，阅读、审核施工图纸，澄清相关技术问题，熟悉规范及技术标准。	
11	地面线槽预留预埋施工	施工准备阶段	是否制定施工安全保证措施，提出应急预案。是否对施工人员进行安全技术交底，对参加施工人员进行上岗前技术培训，考核合格后持证上岗。	
12	地面线槽预留预埋施工	施工准备阶段	是否执行“三宝、四口、五临边”的防护要求，按照规范要求准备安全防护用品。	
13	地面线槽预留预埋施工	施工技术标准	线槽和分线盒、出线盒规格是否符合设计要求，线槽固定连接牢固，接口处严密整齐，端头密封，槽内无杂物。线槽口平滑、无毛刺。	
14	地面线槽预留预埋施工	施工技术标准	线槽水平或垂直敷设直线部分的平直度和垂直度允许偏差是否不大于 2 mm/m。	
15	地面线槽预留预埋施工	施工技术标准	地面线槽的安装需和地面钢管安装、墙内线槽配电箱安装是否同步进行，预先留出预埋管线的位置。	
16	地面线槽预留预埋施工	施工技术标准	线槽之间、箱盒之间的接地线是否连接可靠。	
17	地面线槽预留预埋施工	施工技术标准	线槽的保护层是否达到 15～20 mm 或以上，严禁地面线槽、分线盒、出线盒超出地面。	
18	地面线槽预留预埋施工	物资材料标准	材料是否符合设计要求，是否符合国家规范或行业规范要求，并有 3C 认证。	
19	地面线槽预留预埋施工	物资材料标准	地面线盒是否有良好的密封性能，防护等级不低于 IP40，面板与箱体连接是否能够调节高度，盒体应有明显的接地螺钉；盒内是否设有屏蔽分离板，以保证强弱电之间的隔离。地面出线盒是否能承受 5 000 MPa 的重压，应不损螺纹连接，盒体无明显变形。	

表 B.6(续)

序号	检查项目		检查内容	检查结果
20	地面线槽预留预埋施工	物资材料标准	地面线槽是否采用冷轧钢板热镀锌,内无锌渣残留,镀锌层是否露出金属基体,表面没有明显的层次感,是否有剥离、起皮、凸起等现象,镀锌层厚度是否达 65 μm,线槽厚度是否达到 2.5 mm。	
21			地面线槽焊接处是否有漏焊、裂纹、夹渣、烧穿、弧坑等缺陷。	
22			地面线槽加工成型后断面形状是否端正,应无弯曲、扭曲、裂纹、边沿毛刺、翘边等缺陷。	
23			地面线槽是否按 GB/T 2433.17—2008 的规定,经 48 h 的盐雾试验应不低于JB/T 6743—2013中的相关要求。	
24			电缆线槽安装附件采用的钢板、圆钢、扁钢、角钢、螺栓、螺母、螺丝、垫圈、弹簧垫等金属材料是否经过镀锌处理。	
25		安全环保控制措施	施工区域应设警示标志,严禁非施工人员进入。	
26			施工中应对机具进行定期检查、养护、维护。	
27			为保证施工安全,现场应有专人统一指挥,并设一名专职安全员负责现场的安全工作,坚持进行班前安全教育制度。	
28			管槽施工过程中,制定合理的作业程序,现场设专人指挥、调度,并设立明显标志,防止相互干扰碰撞。电动工具作业要留有安全距离,确保协调、安全施工。	
29			进入施工场地时,必须穿工作服,佩戴安全帽,穿好荧光服,佩戴好胸卡。	
30			使用电器设备,电动工具要有可靠的保护接地措施,施工用的临时电源应带漏电保护装置。	
31			保持施工现场、施工临时场地环境清洁,减少噪声、振动和固体废弃物对环境的影响,符合国家和地方有关环境保护法规及条例的要求。	
32			坚持按《建筑施工场界环境噪声排放标准》(GB 12523—2016)及有关环保法规进行施工。	
33			工程施工过程中,确保施工现场不出现不必要的障碍,存放和处置好设备及多余货物,从现场清除掉所有垃圾或者不再需要的临时设施。	
34			施工现场工具材料必须摆放整齐,保证施工场地整洁、干净,工完料清。	
35	闸机底座安装	施工准备阶段	施工前,进行现场踏勘,核对施工路径、预留孔洞,确认现场条件能够进场施工。	
36			与土建方签订进场协议、安全消防协议、临时用电协议等。	
37			根据土建方要求,进行现场临时用电布设、配置消防器材。	
38			编制作业指导书后,应在开工前组织技术人员认真学习实施性施工组织设计,阅读、审核施工图纸,澄清相关技术问题,熟悉规范及技术标准。	
39			制定施工安全保证措施,提出应急预案。对施工人员进行安全技术交底,对参加施工人员进行上岗前技术培训,考核合格后持证上岗。	
40			执行"三宝、四口、五临边"的防护要求,按照规范要求准备安全防护用品。	

表 B.6(续)

序号	检查项目		检查内容	检查结果
41	闸机底座安装	施工技术标准	终端设备构件连接应紧密、牢固,安装用的紧固件应有防锈保护层,与膨胀螺栓应固定牢固,垫片螺帽齐全,不得松脱。	
42			闸机底座安装符合设计要求	
43		物资材料要求	系统所需的闸机底座应满足设计图纸的安装、尺寸、颜色要求。	
44			闸机底座应经细致清洗和防锈处理,并符合现场环境条件。	
45			应具有足够的机械强度和刚度,闸机底座经过常规的运输、储存和安装后,不产生破损变形。	
46		安全控制措施	施工区域应设警示标志,严禁非施工人员进入。	
47			施工中应对机具进行定期检查、养护、维修。	
48			为保证施工安全,现场应有专人统一指挥,并设一名专职安全员负责现场的安全工作,坚持进行班前安全教育制度。	
49			闸机底座安装施工过程中,制定合理的作业程序,现场设专人指挥、调度,并设立明显标志,防止相互干扰碰撞。电动工具作业要留有安全距离,确保协调、安全施工。	
50			进入施工场地时,必须穿工作服,佩戴安全帽,穿好荧光服,佩戴好胸卡。	
51			使用电器设备,电动工具要有可靠的保护接地措施,施工用的临时电源应带漏电保护装置。	
52			保持施工现场、施工临时场地环境清洁,减少噪声、振动和固体废弃物对环境的影响,符合国家和地方有关环境保护法规及条例的要求。	
53			坚持按《建筑施工场界环境噪声排放标准》(GB 12523—2016)及有关环保法规进行施工。	
54			工程施工过程中,确保施工现场不出现不必要的障碍,存放和处置好设备及多余货物,从现场清除掉所有垃圾或者不再需要的临时设施。	
55			施工现场工具材料必须摆放整齐,保证施工场地整洁、干净,工完料清。	
56	闸机设备安装	施工准备阶段	施工前,设备已搬运至安装区域,确认现场条件能够进场施工。	
57			编制作业指导书后,应在开工前组织技术人员认真学习实施性施工组织设计,阅读、审核施工图纸,澄清相关技术问题,熟悉规范及技术标准。	
58			制定施工安全保证措施,提出应急预案。	
59			对施工人员进行安全技术交底,对参加施工人员进行上岗前技术培训,考核合格后持证上岗。	
60			执行"三宝、四口、五临边"的防护要求,按照规范要求准备安全防护用品。	
61		施工技术标准	闸机设备构件连接应紧密、牢固,安装用的紧固件应有防锈保护层,与膨胀螺栓应固定牢固,垫片螺帽齐全,不得松脱。	
62			闸机设备就位时要"小心轻放";设备安装与地面垂直、平稳,倾斜偏差小于设备高度的 1/1 000。	
63			闸机设备底部与地板间要求密封防水。	

表 B.6(续)

序号	检查项目		检查内容	检查结果
64	闸机设备安装	施工技术标准	闸机设备外壳、机柜应可靠地接地,连接到配电箱 PE 线。	
65			闸机设备外形完整、表面完好,无划痕和破损。设备外形尺寸、设备内的部件和端口的型号、规格符合设计要求。	
66		物资材料要求	系统所安装的尺寸符合设计图纸要求。	
67			应具有足够的机械强度和刚度,设备安装固定方式应具有防震抗震能力,应保证设备经过常规的运输、储存和安装后,不产生破损变形。	
68		安全环保控制措施	施工区域应设警示标志,严禁非施工人员进入。	
69			施工中应对机具进行定期检查、养护、维修。	
70			为保证施工安全,现场应有专人统一指挥,并设一名专职安全员负责现场的安全工作,坚持进行班前安全教育制度。	
71			闸机设备安装过程中,制定合理的作业程序,现场设专人指挥、调度,并设立明显标志,防止相互干扰碰撞。	
72			闸机设备安装完成后要做好成品保护,黏贴成品保护标示。	
73			进入施工场地时必须穿工作服,佩戴安全帽,穿好荧光服,佩戴好胸卡。	
74			使用电器设备,电动工具要有可靠的保护接地措施,施工用的临时电源应带漏电保护装置。	
75			保持施工现场、施工临时场地环境清洁,减少噪声、振动和固体废弃物对环境的影响,符合国家和地方有关环境保护法规及条例的要求。	
76			坚持按《建筑施工场界环境噪声排放标准》(GB 12523—2016)及有关环保法规进行施工。	
77			工程施工过程中,确保施工现场不出现不必要的障碍,存放和处置好设备及多余货物,从现场清除掉所有垃圾或者不再需要的临时设施。	
78			施工现场工具材料必须摆放整齐,保证施工场地整洁、干净,工完料清。	
79	自动售检票机底座安装	施工准备阶段	施工前,设备已搬运至安装区域,确认现场条件能够进场施工。	
80			编制作业指导书后,应在开工前组织技术人员认真学习实施性施工组织设计,阅读、审核施工图纸,澄清相关技术问题,熟悉规范及技术标准。	
81			制定施工安全保证措施,提出应急预案。	
82			对施工人员进行安全技术交底,对参加施工人员进行上岗前技术培训,考核合格后持证上岗。	
83			执行“三宝、四口、五临边”的防护要求,按照规范要求准备安全防护用品。	
84		施工技术标准	自动售票机底座安装牢固,安装用的紧固件应有防锈保护层,与膨胀螺栓应固定牢固,垫片螺帽齐全,不得松脱。	
85			终端设备就位时要“小心轻放”;设备安装与地面垂直、平稳,倾斜偏差小于设备高度的1/1 000。	
86			自动售票机底座安装尺寸、规格符合设计要求。	
87			设备底座制作中,表面镀锌厚度不小于 50 μm,底座面各种尺寸偏差不大于 2 mm。	

表 B.6(续)

序号	检查项目		检查内容	检查结果
88	自动售检票机底座安装	物资材料要求	系统的底座规格、尺寸、颜色应符合设计要求,并提交业主确认。	
89			底座焊接处不得有漏焊、裂纹、夹渣、烧穿、弧坑等缺陷。	
90			应具有足够的机械强度和刚度,设备安装固定方式应具有防震抗震能力,应保证设备经过常规的运输、储存和安装后,不产生破损变形。	
91		安全环保控制措施	施工区域应设警示标志,严禁非施工人员进入。	
92			施工中应对机具进行定期检查、养护、维修。	
93			为保证施工安全,现场应有专人统一指挥,并设一名专职安全员负责现场的安全工作,坚持进行班前安全教育制度。	
94			自动售票机底座安装过程中,制定合理的作业程序,现场设专人指挥、调度,并设立明显标志,防止相互干扰碰撞。	
95			自动售票机底座安装完成后要做好成品保护。	
96			进入施工场地时必须穿工作服,佩戴安全帽,穿好荧光服,佩戴好胸卡。	
97			使用电器设备,电动工具要有可靠的保护接地措施,施工用的临时电源应带漏电保护装置。	
98			保持施工现场、施工临时场地环境清洁,减少噪声、振动和固体废弃物对环境的影响,符合国家和地方有关环境保护法规及条例的要求。	
99			坚持按《建筑施工场界环境噪声排放标准》(GB 12523—2016)及有关环保法规进行施工。	
100			工程施工过程中,确保施工现场不出现不必要的障碍,存放和处置好设备及多余货物,从现场清除掉所有垃圾或者不再需要的临时设施。	
101			施工现场工具材料必须摆放整齐,保证施工场地整洁、干净,工完料清。	
102	自动售检票机设备安装	施工准备阶段	施工前,设备已搬运至安装区域,确认现场条件能够进场施工。	
103			编制作业指导书后,应在开工前组织技术人员认真学习实施性施工组织设计,阅读、审核施工图纸,澄清相关技术问题,熟悉规范及技术标准。	
104			制定施工安全保证措施,提出应急预案。	
105			对施工人员进行安全技术交底,对参加施工人员进行上岗前技术培训,考核合格后持证上岗。	
106			执行“三宝、四口、五临边”的防护要求,按照规范要求准备安全防护用品。	
107		施工技术标准	自动售票机设备构件应紧密、牢固,安装用的紧固件应有防锈保护层,与膨胀螺栓应固定牢固,垫片螺帽齐全,不得松脱。	
108			自动售票机设备就位时要“小心轻放”;设备安装与地面垂直、平稳,倾斜偏差小于设备高度的 1/1 000。	
109			自动售票机设备底部与地板间要求密封防水。	
110			自动售票机设备外壳、机柜应可靠接地连接到配电箱 PE 线。	
111			自动售票机设备外形完整、表面完好,无划痕和破损。设备外形尺寸、设备内的部位和端口的型号、规格符合设计要求。	

表 B.6(续)

序号	检查项目		检查内容	检查结果
112	自动售检票机设备安装	物资材料要求	自动售票机安装尺寸、间距满足设计要求。	
113			应具有足够的机械强度和刚度,自动售票机设备安装固定方式应具有防震抗震能力,应保证设备经过常规的运输、储存和安装后,不产生破损变形。	
114			自动售票机底座焊接处不得有漏焊、裂纹、夹渣、烧穿、弧坑等缺陷。	
115		安全环保控制措施	施工区域应设警示标志,严禁非施工人员进入。	
116			施工中应对机具进行定期检查、养护、维修。	
117			为保证施工安全,现场应有专人统一指挥,并设一名专职安全员负责现场的安全工作,坚持进行班前安全教育制度。	
118			自动售票机设备安装过程中,制定合理的作业程序,现场设专人指挥、调度,并设立明显标志,防止相互干扰碰撞。电动工具作业要留有安全距离,确保协调、安全施工。	
119			保持施工现场、施工临时场地环境清洁,减少噪声、振动和固体废弃物对环境的影响,符合国家和地方有关环境保护法规及条例的要求。	
120			工程施工过程中,确保施工现场不出现不必要的障碍,存放和处置好设备及多余货物,从现场清除掉所有垃圾或者不再需要的临时设施。	
121			施工现场工具材料必须摆放整齐,保证施工场地整洁、干净、工完料清。	
122			坚持按《建筑施工场界环境噪声排放标准》(GB 12523—2016)及有关环保法规进行施工。	
123	自动查询机安装	施工准备阶段	施工前,设备已搬运至安装区域,确认现场条件能够进场施工。	
124			编制作业指导书后,应在开工前组织技术人员认真学习实施性施工组织设计,阅读、审核施工图纸,澄清相关技术问题,熟悉规范及技术标准。	
125			制定施工安全保证措施,提出应急预案。	
126			对施工人员进行安全技术交底,对参加施工人员进行上岗前技术培训,考核合格后持证上岗。	
127			执行“三宝、四口、五临边”的防护要求,按照规范要求准备安全防护用品。	
128		施工技术标准	自动查询机与膨胀螺栓应固定牢固,垫片螺帽齐全,不得松脱。	
129			自动查询机就位时要“小心轻放”;自动查询机安装与地面垂直、平稳,倾斜偏差小于设备高度的1/1 000。	
130			自动查询机底部与地板间要求密封防水。	
131			自动查询机外壳应可靠地接地,连接到配电箱PE线。	
132			自动查询机外形尺寸、设备内的部位和端口的型号、规格符合设计要求。	
133		物资材料要求	系统所需的膨胀螺栓需具有防锈功能。	
134			应具有足够的机械强度和刚度,自动查询机安装固定方式应具有防震抗震能力,应保证设备经过常规的运输、储存和安装后,不产生破损变形。	
135			自动查询机膨胀螺栓长度满足设计要求。	

表 B.6(续)

序号	检查项目		检查内容	检查结果
136	自动查询机安装	安全环保控制措施	施工区域应设警示标志,严禁非施工人员进入。	
137			施工中应对机具进行定期检查、养护、维修。	
138			为保证施工安全,现场应有专人统一指挥,并设一名专职安全员负责现场的安全工作,坚持进行班前安全教育制度。	
139			自动查询机安装过程中,制定合理的作业程序,现场设专人指挥、调度,并设立明显标志,防止相互干扰碰撞。电动工具作业要留有安全距离,确保协调、安全施工。	
140			保持施工现场、施工临时场地环境清洁,减少噪声、振动和固体废弃物对环境的影响,符合国家和地方有关环境保护法规及条例的要求。	
141			坚持按《建筑施工场界环境噪声排放标准》(GB 12523—2016)及有关环保法规进行施工。	
142			工程施工过程中,确保施工现场不出现不必要的障碍,存放和处置好设备及多余货物,从现场清除掉所有垃圾或者不再需要的临时设施。	
143			施工现场工具材料必须摆放整齐,保证施工场地整洁、干净,工完料清。	
144	线路联调	与既有清分中心调试	LC 与 ACC 网络互通,数据传输功能正常,网络带宽符合规范要求。	
145			交易系统接口测试:一卡通、一票通、审计交易数据正常。	
146			通信系统接口测试:心跳报文、设备状态报文准确性符合要求;ACC 下发的控制指令,如停止服务、模式切换、紧急模式、开站/闭站等,LC、SC 能正确响应。	
147			参数系统接口测试:系统控制参数准确,符合规范要求。	
148		与既有线路互通调试	检验终端设备、车站计算机系统、线路中心系统与 ACC、一卡通系统间数据统计的准确性与完整性,验证 ACC 清分数据的正确性。	
149			检验 AFC 系统与既有线路 AFC 系统间的互联互通功能,检验购票、进站、出站的情况及数据信息的准确性。	
150			研判 AFC 系统是否达到与该城市的路网互联互通的规范相关要求。	
151		与 ISCS 系统联调	通道测试:检查各接口是否恰当地、正确地连接到双方指定的端子上;检查各接口端对端是否恰当地、正确地连接;验证接口性能合乎要求。	
152			功能测试:车站将 IBP 盘 AFC 紧急释放按钮打到“FAS 禁止”位,按下 AFC 紧急按钮,验证车站大厅 AFC 进出闸机门打开状况,中心环调、车站值班员核对相关设备信息与现场一致;车站 SC 工作站发出紧急状态闸机工作模式指令,验证进出口闸机和自动售票机的动作状态,中心环调、车站值班员核对相关设备信息与现场一致;车站 AFC 设备模拟故障点位及报警信息,中心环调、车站值班员核对相关设备信息与现场一致。	
153		与 FAS 系统联调	IBP 盘 AFC 紧急释放按钮打到“FAS 允许”位,FAS 在车站产生一个火灾报警信号,验证出口闸机和自动售票机的动作状态,中心环调、车站值班员核对相关设备信息与现场一致。	

被检查单位(项目部章):

被检查单位负责人(签字):

检查人员(签字):

检查日期:

表 B.7　轨道交通机电系统工程施工安全标准化检查表

（火灾自动报警系统工程）

项目名称：

序号	检查项目		检查内容	检查结果
1	一般规定		使用人字梯进行高处开槽作业时，应对人字梯进行外观检查及蹬踏试验。使用人字梯时必须架设平稳、可靠，人字梯夹角间距宜为35°～45°，梯脚要采取防滑措施，不得垫高使用。梯上作业时，梯下要有人看护。	
2			施工工（器）具电源线必须从配电箱漏电保护器下接线，作业人员做好安全防护措施。如电源线从配电箱漏保处引线，线与配电箱接触要求应按照《施工现场临时用电安全技术规范》（JGJ 46—2005）的要求，下部接线，电缆线与配电箱接触部分应有护套。	
3			墙面线管开槽时，应避免砖渣蹦弹及开槽机切片弹飞造成人员伤害事故。作业人员须佩戴防尘口罩及防护镜，以免眼部受伤及灰尘吸入肺部。	
4			气灭管道试验压力较高，管道试压宜在夜间进行。试压区域应设置警戒线，无关人员严禁进入试压区域，避免出现安全事故。现场应有安全人员监护，场外有应急车辆待命。试压方案经过项目总工审核，并应包含安全防范措施，报监理批准后实施。	
5			FAS系统探测器安装完成后，原带的防尘罩不要拆除，外加塑料袋满包，与底座裹紧。其他终端设备安装时注意表面，安装后将表面污渍清除后即用防潮膜满铺保护，然后用珍珠棉满铺保护。终端设备（除探测器外）保护后，张贴成品保护牌。	
6			FAS系统控制器安装时注意表面避免划痕。安装后清除表面污染，然后用保护罩将FAS控制器包裹住，保护罩材质宜为三防布。气灭控制器和吸气式主机安装后，清除表面污染，使用珍珠棉将其满包，且贴上成品保护牌。	
7			气瓶运输时，应采用多人搬抬的方式运输，严禁将气瓶在地上滚动，以免造成气瓶面漆被破坏和气瓶爆炸。气瓶安装完成后，使用自黏型塑料薄膜全方位将气瓶包裹起来，避免磕碰及灰尘污染，并悬挂成品保护牌及高压危险警示牌。	
8	火灾报警系统主要设备、设施安装	布线	火灾自动报警系统的布线应符合设计的要求以及《火灾自动报警系统施工及验收标准》（GB 50166—2019）、《电气装置安装工程电缆线路施工及验收标准》（GB 50168—2018）和《电气装置安装工程接地装置施工及验收规范》（GB 50169—2016）等现行有关规范的规定。	
9			所有现场安装的设备、线路、交接位、喉管、线槽，应加以适当的标记以便识别，所有标记必须依照施工图列名。	
10			火灾自动报警系统布线时应根据现行国家标准《火灾自动报警系统设计规范》（GB 50116—2013）的规定，对导线的种类、电压等级进行检查。	

表 B.7(续)

序号	检查项目		检查内容	检查结果
11			不同系统、不同电压等级、不同电流类别的线路,不应穿在同一管内或线槽的同一槽孔内,并且相距至少 0.5 m。管路必须可靠接地,但不可作为地线使用。	
12			报警回路及 24 V 供电的控制线路可穿入同一根管内,与消防电话通信电缆必须分别独立穿管,不得混乱。所有导线的连接必须在已确认接线端子内,每个端子上只能同时容纳两根导线。接线端子箱内的端子为压接的端子板,其接线端子上及导线上应有相应的标号。	
13			导线在管内或线槽内,不应有接头或扭结。导线的接头,应在接线盒内焊接或用端子连接,不允许中途搭接。	
14	火灾报警系统主要设备、设施安装	布线	由于采用十二位模块箱,模块到监控设备的线路相对集中,应注意穿管绝缘导线或电缆的总截面积不应超过管内截面积的 40%。必要时,由模块箱到监视或控制设备的电线电缆所采用的线管应采取多根穿线敷设。当在管内进行布线时,必须做好防护措施(例如加入适当的润滑剂),以防止伤及导线。	
15			当敷设光纤电缆时,必须安排至少一位合格的工程师在场指导,所有接头的安装必由合格的技人员负责。	
16			光纤电缆敷设完后,安装单位必须安排相关的测试,确保光缆能正常工作。最后应通过系统承包商、监理及业主确认。	
17			火灾自动报警系统导线敷设后,在接上设备前应对每回路的导线用 500 V 的兆欧表测量绝缘电阻,其对地绝缘电阻不应少于 20 MΩ。注意:测试时应确保回路上未安装有任何电子设备,包括探测器底座,否则会烧毁回路上设备。	
18		系统接地	用截面为 4.0 mm^2 的导线将控制盘的接地端子和气瓶室内的专用弱电接地母排相连。火灾控制器的外壳、金属支架作保护接地,接地线与保护接地线连接。	
19	管网安装		灭火剂输送管道应采用无缝钢管,其质量应符合现行国家标准《输送流体用无缝钢管》(GB/T 8163—2018)、《高压锅炉用无缝钢管》(GB 5310—2017)等的规定。	
20			每段气体管道安装前,应用干净的布条将钢管内腔清洁干净。	
21			灭火剂输送管道及管件内外表面应采用热浸锌镀锌防腐处理,锌层的质量可参照《低压流体输送用镀锌焊接钢管》(GB/T 3091—2015)的规定。	
22			灭火剂输送管道可采用螺纹连接、法兰连接或焊接。公称直径等于或小于 80 mm的管道,采用螺纹连接;公称直径大于 80 mm 的管道,采用法兰连接。	
23			无缝钢管采用法兰连接时(包括与选择阀等个别连接部位需要法兰焊接连接)应采用《对焊钢制管法兰》(JB/T 82—2015)中规定的法兰,并应采用金属齿形垫片,并在焊接后进行内外镀锌。	
24			灭火剂输送管道采用螺纹连接时,应采用《60°密封管螺纹》(GB/T 12716—2011)中规定的螺纹。对已镀锌的管道不能采用焊接连接,如必须焊接连接,则在焊接后进行内外镀锌。	

表 B.7(续)

序号	检查项目		检查内容	检查结果
25	管网安装		与法兰焊接连接的管道焊接后进行内外镀锌,减压装置下游螺纹连接的管道采用镀锌无缝钢管。机械套丝后,如果直接安装,应先去油,然后上填充物,安装管接件;如果套丝后不直接安装,在安装前就先不要去油。安装后,对于暴露在管接件外的丝扣部分,需加防锈油漆处理。	
26			灭火剂输送管不允许从公共区通过,管线走向要求以最短的距离从气瓶间到气体保护房间,从走道或房间吊顶通过,管道布置必须顺直,尽量减少转弯,并应符合综合管线要求。	
27			管道穿越楼板、墙壁等应设置套管。具体做法应符合《气体灭火系统施工及验收规范》(GB 50263—2007)中第 2.6.2 条的规定。当管道穿越墙壁时,套管的长度应与墙壁的厚度相等;当管道穿越楼板时,套管的长度应高出地板 50 mm。管道与套管间的空隙应采用柔性不燃烧材料填塞密实。	
28			灭火剂输送管道的外表面应涂红色油漆。在吊顶内、活动地板下等隐蔽场所内的管道,可涂色环。色环颜色、喷涂要求按公司文件要求执行。	
29			系统喷嘴处均应设置支架固定,支架与喷嘴间的管道长度不应大 300 mm,同时不应影响喷头喷放。其余管道支吊架设置应符合《气体灭火系统施工及验收规范》(GB 50263—2007)中第 2.6.3 的规定。	
30			管道的三通接头的分流出口应水平安装。	
31			在安装有释放喷嘴的管道的末端应采用三通接头,加装 50 mm 左右长的短管和螺纹管帽。	
32	气瓶间设备安装	设备安装	容器阀、选择阀、单向阀、喷嘴和阀驱动装置等系统组件应有出厂合格证和由中国国家质量监督检验测试中心出具的检验报告检验;灭火剂输送管道及管道附件应有出厂检验报告与合格证、质量检验报告。系统中采用的不能复验的产品(如安全膜片等),应有生产厂出具的同批产品检验报告与合格证。	
33			施工应按照设计施工图纸和相应的技术文件进行,不得随意更改。当需要修改时,应经设计单位和业主同意。灭火系统的施工应按国家规范要求做好施工记录。防护区地板下、吊顶上或其他隐蔽区域内的管道应做好隐蔽工程中间验收记录。	
34			集流管的制作,阀门、高压软管的安装,管道及支架的制作、安装以及管道的吹扫、试验、涂漆,除应符合相关规范的规定外,还应符合现行国家标准《工业金属管道工程施工规范》(GB 50235—2010)中的有关规定。	
35			系统安装前应对选择阀、液体单向阀、高压软管和阀驱动装置中的气体单向阀逐个进行水压试验和气压严密性试验,并应符合《气体灭火系统施工及验收规范》(GB 50263—2007)中第 3.2.3 条的规定。	
36			在系统安装前应对阀驱动装置进行检查,并应符合《气体灭火系统施工及验收规范》(GB 50263—2007)中第 3.2.4 条的规定。	

表 B.7(续)

序号	检查项目		检查内容	检查结果
37	气瓶间设备安装	灭火剂瓶组安装	灭火剂瓶组内的灭火剂充装与增压应在生产厂完成。	
38			产品出厂前，钢瓶中已充满 IG541 气体，灭火剂瓶组的操作面距墙或操作面之间的距离不小于 1.0 m。	
39			灭火剂瓶组的压力表应朝向操作面，安装高度和方向应一致。	
40			支、框架应固定牢靠，且应采取防腐处理措施。	
41			灭火剂瓶组正面应设耐久的固定标牌，标明每个储存容器的编号、容积、灭火剂名称、充装压力和充装日期等。	
42			钢瓶的安装应严格按照图纸设计要求进行，钢瓶的位置、数量应与图纸相符。	
43		选择阀安装	选择阀适用于组合分配的灭火系统，可以引导药剂流向指定的保护范围。每个保护区的气体输送管上安装一个相应尺寸的选择阀，选择阀设备设于钢瓶间。	
44			选择阀上有气体流动方向标志，安装时按照标志的方向将选择阀安装在气体输送管上。DN32～DN100 的选择阀用丝口连接，采用螺纹连接的选择阀与管道连接处采用活接头。	
45			每个选择阀上都应安装一个应急操作的选择阀紧急机械启动器，为便于操作和维修，选择阀操作手柄应安装在操作面一侧，安装高度应为 1.5 m 左右，且不应超过 1.7 m。	
46			每个选择阀上应有标明保护区名称或编号的永久性标志(如指示牌)，并应将标志牌固定在操作手柄附近。	
47		电磁阀启动器安装	电磁阀应安装在指定的启动钢瓶容器阀上。	
48			防护区的启动钢瓶上的电磁阀接入控制盘的一个释放回路上。	
49			在系统交付使用前，电磁阀应与释放回路断开。	
50		启动钢瓶安装	启动钢瓶是用高强度的合金钢制成，以满足 6 MPa 的储存压力和 9 MPa 的水压强度试验压力。钢瓶容积为 4 L，在规定的储存压力下可储存氮气。产品出厂前，钢瓶中已充有压力为 6 MPa 的氮气。	
51			钢瓶组的操作面距墙或操作面之间的距离不宜小于 1.0 m。	
52			钢瓶容器阀上的压力表应朝操作面，安装高度和方向应一致；每个钢瓶组的正面应该标有气体名称和钢瓶的编号。	
53			钢瓶的安装应严格按照图纸设计要求进行，钢瓶的位置、数量应与图纸相符。	
54		启动管路安装	启动管路安装在启动钢瓶容器阀上，应按照图纸上的启动管路连接示意图进行正确的连接。	
55			材质为紫铜管、壁厚为 1 mm、管路通径为 DN6，工作压力为 6.0 MPa，测试压力为 9.0 MPa。	
56			在每个启动装置的后面应安装启动管路放气阀(即低通高阻阀)。	

表 B.7(续)

序号	检查项目		检查内容	检查结果
57	气瓶间设备安装	高压释放软管安装	高压施放软管是 12 mm 内径的双层金属编织金属软管，连有接头和单向阀，它是连接钢瓶和集流管之间的管道。	
58			高压释放软管的内置单向阀能防止部分钢瓶拆下后(软管仍连在集流管上)，其他钢瓶喷射时引起系统药剂损失。	
59		喷嘴安装	释放喷嘴由铜制成，并永久性地标有喷嘴形式、尺寸、开孔孔径等，安装时必须与设计图纸中喷嘴的尺寸、开孔孔径相符。	
60			设有吊顶的保护区内，吊顶下的喷嘴应安装喷嘴挡流罩，以控制药剂的喷射方向，防止损坏吊顶或其他易损的灯具。如安装在吊顶下的不带装饰罩的喷嘴，其连接管管端螺纹不应露出吊顶。	
61	钢管及线槽安装		火灾自动报警系统的管道安装应符合设计的要求以及《火灾自动报警系统施工及验收标准》(GB 50166—2019)、《电气装置安装工程 电缆线路施工及验收标准》(GB 50168—2018)和《电气装置安装工程 接地装置施工及验收规范》(GB 50169—2016)等现行有关规范的规定。	
62			所有现场安装的设备、线路、交接位、喉管、线槽，应加以适当的标记以便识别，所有标记必须依照施工图列名。	
63			火灾自动报警系统的管道连接采用螺纹连接，管道与接线盒必须加丝扣套连接。线管与控制盘连接后必须做相应密封处理。所有的管道必须采用镀锌钢管(部分位置采用线槽，详见设计施工图纸)，管道的敷设方式大部分采用明敷，并应在其表面涂上防火涂料，防火涂料应涂抹均匀，且不应被其他涂料所覆盖。若管道需要经过一些易爆或易受腐蚀的区域时，必须采取相应的防爆防腐保护措施。	
64			管道或线槽穿线前，应将管内或线槽内的积水及杂物清除干净。在穿线前，应将管内的锋利边缘清除干净，避免线路受损。	
65			当在室外敷设管道及设备时，对防水、防潮及防雷方面应做出适当的保护。	
66			所有管道安装必须保持整齐，在一个相同的基准内施工，应与墙身及相邻的管道保持平行或垂直。在同一平面的相同区间内，所有管道必须保持高度一致。	
67			敷设管路超过下列长度时，应在便于接线处装设接线盒： (1) 管子长度每超过 45 m，无弯曲时。 (2) 管子长度每超过 30 m，有一弯曲时。 (3) 管子长度每超过 20 m，有二弯曲时。 (4) 管子长度每超过 12 m，有三弯曲时。	
68			管子入盒时，盒外侧应套锁母，内侧必须装护口，在吊顶内敷设时，盒的内外侧均应套锁母。	
69			在吊顶内敷设各类管路和线槽时，宜采用单独的卡具吊装或支撑物固定。	
70			线槽的直线段每隔 1.0～1.5 m 设置吊点或支点，在下列部位也应设置吊点或支点： (1) 槽接头处。 (2) 距接线盒 0.2 m 处。 (3) 线槽走向改变或转角处。	

表 B.7(续)

序号	检查项目	检查内容	检查结果
71	钢管及线槽安装	吊装线槽的吊杆直径不应少于 6 mm。	
72		管线经过建筑物的变形缝(包括沉降缝、伸缩缝、抗震缝等)处,应采取补偿措施,导线跨越变形缝的两侧应固定,并留有适当余量。	
73		从接线盒、线槽等处引到探测器底座盒、模块箱的线路均应加金属软管保护,使用的金属软管长度不能超过 1 m。	
74		敷设在多尘或潮湿场所的管路的管口和管子连接处,均应作密封处理。	
75		所有在管道内、接线盒、现场设备及控制盘内的接线必须保持整齐。	
76		火灾自动报警系统所有的安装材料应满足有关消防规定。由于地下车站湿度较大,安装控制盘和模块箱时,应考虑必要的防水措施,并在设备安装完毕后采取适当的防潮措施。所有的接线盒、模块盒及接线附材等必须采用热镀锌处理。	
77	安全环保控制措施	施工区域应设警示标志,严禁非施工人员进入。	
78		施工中应对机具进行定期检查、养护、维修。	
79		为保证施工安全,现场应有专人统一指挥,并设一名专职安全员负责现场的安全工作,坚持进行班前安全教育制度。	
80		火灾自动报警系统施工过程中,制订合理的作业程序,现场设专人指挥、调度,并设立明显标志,防止相互干扰碰撞。电动工具作业要留有安全距离,确保协调、安全施工。	
81		进入施工场地时,必须穿工作服,佩戴安全帽,穿好荧光服,佩戴好胸卡。	
82		使用电器设备,电动工具要有可靠的保护接地措施,施工用的临时电源应带漏电保护装置。	
83		禁止在同一垂直面的上下位置作业,否则必须签订交叉作业安全生产协议,同时进行安全技术交底,中间采取隔离防护措施。	
84		在进行电焊、气割等作业时,其下方不得有人操作。	
85		保持施工现场、施工临时场地环境清洁,减少噪声、振动和固体废弃物对环境的影响,符合国家和地方有关环境保护法规及条例的要求。	
86		坚持按《建筑施工场界环境噪声排放标准》(GB 12523—2011)及有关环保法规进行施工。	
87		工程施工过程中,确保施工现场不出现不必要的障碍,存放和处置好设备及多余货物,从现场清除掉所有垃圾或者不再需要的临时设施。	
88		施工现场工具材料必须摆放整齐,保证施工场地整洁、干净,工完料清。	

被检查单位(项目部章):

被检查单位负责人(签字):

检查人员(签字):

检查日期:

表 B.8　轨道交通机电系统工程施工安全标准化检查表
（综合监控系统工程）

项目名称：

序号	检查项目	检查内容	检查结果
1	施工准备阶段	编制施工作业指导书后，对施工人员进行安全技术交底。	
2		做好综合监控系统设备安装施工所涉及的各种外部技术数据的收集，施工劳动组织的配备、材料的准备及设备工器具的配置。	
3	施工技术标准	基础支架、线槽、机柜的规格、型号、高度、安装位置符合设计要求。	
4		IBP 盘安装牢固，按键操作灵活。	
5		调度台安装符合设计要求，满足调度使用要求。	
6		工作站安装位置方便操作。	
7		各种线缆标识清晰正确。	
8	安全环保控制措施	高处作业时，主辅人员相互提醒，必须系好安全带，做好防护。	
9		仔细检查机柜内设备电缆的连接状态，详细阅读设备说明和仪表使用说明，正确使用设备和仪表。	
10		移动设备时严禁损坏和划伤设备，也不能损坏地板。	
11		在安装设备时，应保持墙面、地面、顶棚的清洁。	
12		搬运材料和使用梯子时，不得碰坏门窗和墙面。	
13		施工使用临时电源要带漏电保护装置，电动工具必须有可靠的保护接地（接零）措施，施工时保证足够的照明。	
14		使用电钻时手要紧握，防止电钻打滑碰伤手脚及设备。	
15		使用的人字梯必须牢固，梯脚必须采取防滑措施，距梯脚 40～60 cm 处要设拉绳。	
16		施工现场的工具、材料应堆放整齐，保持场地整洁，做到工完场清。	
17		工作场地应保持整齐清洁，原材料、成品和半成品的堆放不能妨碍操作和通行。	
18		施工中采取有效措施，加强对施工机械的管理，改进施工工艺，减少施工对环境和绿化的污染，减少施工过程中的噪声。	
19		在工程完成后，要拆除临时设施和施工时的生活设施，拆除后的现场应彻底清扫干净。	

被检查单位(项目部章)：

被检查单位负责人(签字)：

检查人员(签字)：

检查日期：

表 B.9 轨道交通机电系统工程施工安全标准化检查表
（门禁系统工程）

项目名称：

序号	检查项目		检查内容	检查结果
1	施工准备阶段		编制施工作业指导书后，对施工人员进行安全技术交底，配置劳动防护用品。	
2			做好门禁系统工程设备及电缆线布设施工所涉及的各种外部技术数据的收集。	
3			门禁系统工程所用材料、设备、装置均应现场检查，其规格、型号、数量应符合设计要求，附件、备件和技术文件应齐全，并应有出厂合格证明文件。	
4	设备安装	读卡器安装	读卡器其安装高度应符合设计要求，安装要牢固，且底边应与低压专业开关的底边保持平齐，并据此对安装高度进行调整。	
5			感应式读卡器在安装时应注意可感应范围，不得靠近高频、强磁场。	
6		设备柜安装	设备柜安装应牢固，垂直偏差度应不大于 3 mm，柜面标示要完整清晰。	
7			设备柜内的设备应安装牢固，端子配线正确，接触紧密，各类零件不得脱落或碰坏。	
8			引进柜内的控制电缆应排列整齐，避免交叉，电缆型号、规格应符合设计要求，电缆固定牢靠，不得使所接端子排受到机械应力。	
9		控制器安装	控制器安装应符合设计要求，安装牢固，且应安装在便于维护的地点。	
10		磁力锁及门磁安装	磁力锁和门磁安装方式及位置应符合设计要求，牢固灵活。	
11			所有安装产品的门扇和门框上均须预留加强钢板，钢板厚度大于 3 mm。	
12		开门按钮与紧急破玻安装	开门按钮、破玻其安装高度应符合设计要求，安装牢固。	
13			开门按钮、破玻安装在室内，高度与读卡器平齐。	
14		设备布线	电源线、信号线、网线、控制线缆进场时应全部检查，型号、规格、质量应符合设计要求及相关产品标准规定，线径正确，不应破损受潮。	
15			电源线、信号线、网线、控制线缆线径正确，不应破损受潮。电源线或信号线缆不应有断线、错线，线间绝缘、组间绝缘应符合产品技术条件或设计要求。	
16			水平线槽垂直排列时，布放应按弱电、强电的顺序从上至下排列。	
17			线槽内的线缆应排列整齐，不应交叉及溢出线槽。	
18			线缆在管内或线槽内不应有接头；线缆的接头应在接线盒内焊接或用端子连接；电缆头一般固定于最低端子排 150～200 mm 处；电缆应按设计要求编号挂牌，且挂牌应为永久标志。	

表 B.9(续)

序号	检查项目		检查内容	检查结果
19	设备安装	设备布线	采用屏蔽电缆或穿金属保护管以及在线槽内敷设时，与具有强磁场和强电场的电气设备之间的净距离应大于 0.8 m，屏蔽线应单端接地。	
20			电源线与信号线交叉敷设时，应呈直角；当平行敷设时，相互间的距离应符合设计要求。	
21			多芯线缆的弯曲半径不应小于其外径的 6 倍。光纤熔接处应加以保护和固定。光缆弯曲半径为电缆外径的 20 倍。	
22			门磁开关及出门按钮与控制器之间的通信信号线，线芯最小截面积不宜小于 0.50 mm^2。	
23			控制器与执行设备之间的绝缘导线，线芯最小截面积不宜小于 0.75 mm^2。	
24			线缆敷设、引用、接续应符合国家标准《自动化仪表工程施工及质量验收规范》(GB 50093—2013)及《综合布线工程验收规范》(GB 50312—2016)内容要求外，线缆须采用低烟、无卤、阻燃的电缆，阻燃等级不低于 B 级，与专用放排烟设备的连接电缆需采用防火电缆。	
25	安全环保控制措施		高处作业时，主辅人员相互提醒，必须系好安全带，做好防护。	
26			移动设备时严禁损坏和划伤设备，也不能损坏地板。	
27			在安装设备时，应保持墙面、地面、顶棚的清洁。	
28			搬运材料和使用梯子时，不得碰坏门窗和墙面。	
29			施工使用临时电源要带漏电保护装置，电动工具必须有可靠的保护接地(接零)措施，施工时保证足够的照明。	
30			使用电钻时手要紧握，防止电钻打滑碰伤手脚及设备。	
31			使用的人字梯必须牢固，梯脚必须采取防滑措施，距梯脚 40～60 cm 处要设拉绳。	
32			施工现场的工具、材料应堆放整齐，保持场地整洁，做到工完场清。	
33			工作场地应保持整齐清洁，原材料、成品和半成品的堆放不能妨碍操作和通行。	

被检查单位(项目部章)：

被检查单位负责人(签字)：

检查人员(签字)：

检查日期：

表 B.10　轨道交通机电系统工程施工安全标准化检查表
（电扶梯工程）

项目名称：

序号	检查项目		检查内容	检查结果
1	一般规定		电扶梯安装之前应完成安全技术交底，安装人员应取得电梯特种设备作业资格证，并在有效期内，施工作业前由项目负责人对作业人员开展安全教育培训。	
2			电扶梯施工单位在土建移交之前提前确认井道、预埋件及吊钩的设置准确性情况，土建交接验收合格后，施工单位可进行电扶梯的安装工作。	
3			自动扶梯吊装之前，使用的起重机械应手续齐全，经监理单位、施工单位共同验收合格后准予进场，要按照起重吊装作业安全操作规程作业。	
4			现场临时用电依据建设单位下发的《施工现场临时用电管理办法》相关要求配置设备设施，并按照相关要求安全操作。	
5			电焊作业前，按照现场管理规定办理动火作业手续，周围无易燃易爆物品，按照规定配置灭火器，电焊作业人员正确佩戴劳动防护用品。	
6			自动扶梯安装施工时应满足《自动扶梯和自动人行道的制造与安装安全规范》(GB 16899—2011)有关规定。	
7			电梯安装施工时应满足《电梯制造与安装安全规范》(GB 7588—2003)有关规定。	
8	施工准备阶段		编制施工作业指导书后，应对施工人员进行安全技术交底，配置劳动防护用品。	
9			安装入场前应对井道土建尺寸进行确认。因扶梯属大型设备，如与现场实际不符将严重影响安装工作的进度、质量及安全，故安装前随时跟踪土建的施工进度与施工质量，发现问题会同业主、监理及时与土建施工方协调解决。	
10			地铁站出入口处于繁华地段，地面建筑物密集、周边环境复杂，这不仅使地面上施工场地狭小，也给使用汽车吊或设置吊装机具造成困难。因此扶梯进场吊装就位工作是扶梯安装工作的重中之重，既要保证质量，又要保证安全。	
11	电梯安装	机房	每台电梯应单设一个切断该电梯的主电源开关，该开关位置应能从机房入口处方便迅速地接近。如果几台电梯共用同一个机房，各台电梯主电源开关应易于识别。其容量应能切断电梯正常使用情况下的最大电流，但该开关不应切断下列供电电路： (1) 轿厢照明和通风。 (2) 机房和滑轮间照明。 (3) 机房内电源插座。 (4) 轿厢顶与底坑的电源插座。 (5) 电梯井道照明。 (6) 报警装置。	

表 B.10(续)

序号	检查项目		检查内容	检查结果
12			每台电梯应配备供电系统断相、错相保护装置，该装置在电梯运行中断相也应起保护作用。	
13			电梯动力与控制线路应分别敷设，从进机房电源起零线和接地线应始终分开，接地线的颜色为黄绿双色绝缘电线，除 36 V 以下安全电压外的电气设备金属罩壳均应设有易于识别的接地端，且应有良好的接地。接地线应分别直接接至接地线柱上，不得互相串接后再接地。	
14			线管、线槽的敷设应平直、整齐、牢固。线槽内导线总面积不大于槽净面积的 60%；线管内导线总面积不大于管内净面积的 40%；软管固定间距不大于 1 m，端头固定间距不大于 0.1 m。	
15			控制柜、屏的安装位置应符合： (1) 控制柜、屏正面距门、窗不小于 600 mm。 (2) 控制柜、屏的维修侧距墙不小于 600 mm。 (3) 控制柜、屏距机械设备不小于 500 mm。	
16			机房内钢丝绳与楼板孔洞每边间隙均应为 20～40 mm，通向井道的孔洞四周应筑一高 50 mm 以上的台阶。	
17			曳引机承重梁如需埋入承重墙内，则支承长度应超过墙厚中心 20 mm，且不应小于 75 mm。	
18	电梯安装	机房	在电动机或飞轮上应有与轿厢升降方向相对应的标志。曳引轮、飞轮、限速器轮外侧面应漆成黄色。制动器手动松闸扳手应漆成红色，并挂在易接近的墙上。	
19			曳引机应有适量润滑油。油标应齐全，油位显示应清晰，限速器各活动润滑部位也应有可靠润滑。	
20			制动器动作灵活，制动时两侧闸瓦应紧密、均匀地贴合在制动轮的工作面上，松闸时应同步离开，其四角处间隙平均值两侧各不大于 0.7 mm。	
21			限速器绳轮、选层器钢带轮对铅垂线的偏差均不大于 0.5 mm，曳引轮、导向轮对铅垂线的偏差在空载或满载工况下均不大于 2 mm。	
22			限速器运转应平稳，出厂时动作速度整定封记应完好无拆动痕迹，限速器安装位置正确，底座牢固，当与安全钳联动时无颤动现象。	
23			停电或电气系统发生故障时应有轿厢慢速移动措施，如用手动紧急操作装置，应能用松闸扳手松开制动器，并需用一个持续力去保持其松开状态。	
24			每根导轨至少有 2 个导轨支架，其间距不大于 2.5 mm，特殊情况应有措施保证导轨安装满足《电梯制造与安装安全规范》(GB 7588—2003)规定的弯曲强度要求。导轨支架水平度不大于 1.5%，导轨支架的地脚螺栓或支架直接埋入墙的深度不应小于 120 mm。如果用焊接支架，其焊缝应连续并应双面焊牢。	
25			当电梯冲顶时，导靴不应越出导轨。	

表 B.10(续)

序号	检查项目		检查内容	检查结果
26	电梯安装	机房	每列导轨工作面(包括侧面与顶面)对安装基准线每 5 m 的偏差均应不大于下列数值:轿厢导轨和设有安全钳的对重导轨为 0.6 mm;不设安全钳的 T 型对重导轨为 1.0 mm。在有安装基准线时,每列导轨应相对基准线整列检测,取最大偏差值。电梯安装完成后检验导轨时,可对每 5 m 铅垂线分段连续检测(至少测 3 次),测量值的相对最大偏差应不大于上述规定值的 2 倍。	
27			轿厢导轨和设有安全钳的对重导轨工作面接头处不应有连续缝隙,且局部缝隙不大于 0.5 mm,导轨接头处台阶用直线度为 0.01/300 的平直尺或其他工具测量,应不大于 0.5 mm,如超过应修平,修光长度为 150 mm 以上;不设安全钳的对重导轨接头处缝隙不得大于 1 mm,导轨工作面接头处台阶应不大于 0.15 mm,如超差亦应校正。	
28			两列导轨顶面间的距离偏差: 轿厢导轨为 0+2 mm,对重导轨为 0+3 mm。	
29			导轨应用压板固定在导轨架上,不应采用焊接或螺栓直接连接。	
30			轿厢导轨与设有安全钳的对重导轨的下端应支承在地面坚固的导轨座上。	
31			对重块应可靠紧固,对重架若有反绳轮时其反绳轮应润滑良好,并应设有挡绳装置。	
32			限速器钢丝绳至导轨导向面与顶面两个方向的偏差均不得超过 10 mm。	
33			轿厢与对重间的最小距离为 50 mm,限速器钢丝绳和选层器钢带应张紧,在运行中不得与轿厢或对重相碰触。	
34			当对重完全压缩缓冲器时,轿顶空间应满足: 井道顶的最低部件与固定在轿顶上设备的最高部件间的距离(不包括导靴或滚轮,钢丝绳附件和垂直滑动门的横梁或部件最高部分)与电梯的额定速度 v(单位:m/s)有关,其值应不小于$(0.3+0.035v^2)$m。 轿厢顶上方应有一个不小于 0.5 m×0.6 m×0.8 m 的矩形空间,钢丝绳中心线距矩形体至少一个铅垂面距离不超过 0.15 m,钢丝绳的连接装置可包括在这个空间里。	
35			封闭式井道内应设置照明,井道最高与最低 0.5 m 以内各装设一盏灯外,中间灯距不超过 7 m。	
36			电缆支架的安装应满足: (1) 避免随行电缆与限速器钢丝绳、选层器钢带、限位极限等开关、井道传感器及对重装置等交叉。 (2) 保证随行电缆在运动中不得与电线槽、管发生卡阻。 (3) 轿厢底电缆支架应与井道电缆支架平行,并使电梯电缆处于井道底部时能避开缓冲器,并保持一定距离。	
37			电缆的安装应满足: (1) 随行电缆两端应可靠固定。 (2) 轿厢压缩缓冲器后,电缆不得与底坑地面和轿厢底边框接触。 (3) 随行电缆不应有打结和波浪扭曲现象。	

表 B.10(续)

序号	检查项目		检查内容	检查结果
38	电梯安装	轿道	轿厢顶有反绳轮时，反绳轮应有保护罩和挡绳装置，且润滑良好，反绳轮铅垂度不大于 1 mm。	
39			轿厢底盘平面的水平度应不超过 3/1 000。	
40			曳引绳头组合应安全可靠，并使每根曳引绳受力相近，其张力与平均值偏差均不大于 5%，且每个绳头锁紧螺母均应安装有锁紧销。	
41			曳引绳应符合《电梯用钢丝绳》(GB 8903—2018)的规定，曳引绳表面应清洁没有杂质，并宜涂有薄而均匀的 ET 极压稀释型钢丝绳脂。	
42			轿厢内操纵按钮动作应灵活，信号应显示清晰，轿厢超载装置或称量装置应动作可靠。	
43			轿厢顶应有停止电梯运行的非自动复位的红色停止开关，且动作可靠，在轿厢顶检修接通后，轿厢内检修开关应失效。	
44			轿厢架上若安装有限位开关碰铁时，相对铅垂线最大偏差不超过 3 mm。	
45			各种安全保护开关应可靠固定，但不得使用焊接固定，安装后不得因电梯正常运行的碰撞或因钢丝绳、钢带、皮带的正常摆动使开关产生位移、损坏和误动作。	
46		层站	层站指示信号及按钮安装应符合图纸规定，位置正确，指示信号清晰明亮，按钮动作准确无误，消防开关工作可靠。	
47			层门地坎应具有足够的强度，水平度不大于 2/1 000，地坎应高出装修地面 2～5 mm。	
48			层门地坎至轿厢门地坎水平距离偏差为$^{+3}_{0}$ mm。	
49			层门的门扇与门扇、门扇与门套、门扇下端与地坎的间隙，乘客电梯应为 1～6 mm。	
50			门刀与层门地坎、门锁滚轮与轿厢地坎的间隙应为 5～10 mm。	
51			在关门行程 1/3 之后，阻止关门的力不超过 150 N。	
52			层门锁钩、锁臂及动接点动作灵活，在电气安全装置动作之前，锁紧元件的最小啮合长度为 7 mm。	
53			层门外观应平整、光洁、无划伤或碰伤痕迹。	
54			由轿厢门自动驱动层门情况下，当轿厢在开锁区域以外时，无论层门由于任何原因而被开启，都应有一种装置能确保层门自动关闭。	
55		底坑	轿厢在两端站平层位置时，轿厢、对重装置的撞板与缓冲器顶面间的距离，耗能型缓冲器应为 150～400 mm，蓄能型缓冲器应为 200～350 mm，轿厢、对重装置的撞板中心与缓冲器中心的偏差不大于 20 mm。	
56			同一基础上的两个缓冲器顶部与轿底对应距离差不大于 2 mm。	
57			液压缓冲器柱塞铅垂度不大于 0.5%，充液量正确，且应设有在缓冲器动作后未恢复到正常位置时使电梯不能正常运行的电气安全开关。	
58			底坑应设有停止电梯运行的非自动复位的红色停止开关。	

表 B.10(续)

序号	检查项目		检查内容	检查结果
59	电梯安装	底坑	当轿厢完全压缩在缓冲器上时，轿厢最低部分与坑底之间的净空间距离不小于 0.5 m，且底部应有一个不小于 0.5 m×0.6 m×1.0 m 的矩形空间(可以任何面朝下放置)。	
60		运行试验	轿厢分别以空载、50%额定载荷和额定载荷三种工况，并在通电持续率 40%情况下，到达全行程范围，按 120 次/h，每天不少于 8 h，各起、制动运行 1 000 次，电梯应运行平稳、制动可靠、连续运行无故障。	
61			制动器温升不应超过 60 K，曳引机减速器油温升不超过 60 K，其温度不应超过 85 ℃，电动机温升不超过相关规定。	
62			曳引机减速器，除蜗杆轴伸出一端渗漏油面积平均每小时不超过 150 cm^2 外，其余各处不得有渗漏油。	
63			断开超载控制电路，电梯在 110%的额定载荷、通电持续率 40%情况下，到达全行程范围，起、制动运行 30 次，电梯应能可靠地起动、运行和停止(平层不计)，曳引机工作正常。	
64			乘客与病床电梯的机房噪声、轿厢内运行噪声与层、轿门开关过程的噪声应符合《电梯技术条件》(GB 10058—2009)的规定要求。	
65			平层准确度应符合《电梯技术条件》(GB 10058—2009)的规定要求。	
66			整机其他性能宜符合《电梯技术条件》(GB 10058—2009)的有关规定要求。	
67	电扶梯安装	围板、相邻区域、金属结构和照明	除乘客可踏上的梯级、踏板或胶带以及可接触的扶手带部分外，自动扶梯的所有机械运动部分均应完全封闭在无孔的围板或墙内(用于通风的孔除外)。	
68			如果采取对公众不会产生危险的措施(例如房间门上锁，只允许指定的人员进入)，可以允许运动部分不设围板。	
69			积聚的杂物(如润滑脂、油、灰尘、纸等)会产生火灾的危险，因此应清扫围板内部的污物。	
70			围板应具有足够的机械强度和刚度。	
71			通往相邻自动扶梯的检查门或活板门应装设符合规范要求的安全触点，当这些门打开时相邻的自动扶梯不能运行。	
72			在自动扶梯的出入口应有充分畅通的区域，以容纳乘客。该畅通区的宽度至少等于扶手带中心线之间的距离，其纵深尺寸从扶手带转向端端部起算，至少为 2.5 m。如果该区宽度增至扶手带中心距的两倍以上，则其纵深尺寸允许减少至 2 m。必须注意到，应将该畅通区看作整个交通系统的组成部分，因此有时需要增大畅通区的尺寸。	
73			设计自动扶梯或自动人行道金属结构的依据是：自动扶梯的自重加上 5 000 N/m^2 的乘客载荷(承载面积$=z_1\times l_1$，其中 z_1 为自动扶梯的名义宽度；l_1 为两支承之间的距离)，乘客载荷不需要增加动荷系数。	
74			自动扶梯及其周边特别是在梳齿板的附近应有足够和适当的照明。	
75			照明允许装在周边空间或在设备本身上。在出入口，包括梳齿板处的光照度应和该区域所要求的光照度相一致。室内或室外自动扶梯出入口处的光照度分别至少为 50 lx 或 15 lx，这些均是在地面测出的值。	

表 B.10(续)

序号	检查项目		检查内容	检查结果
76	电扶梯安装	扶手带安装	每一扶手装置的顶部应装有运行的扶手带，其运行方向应与梯级、踏板或胶带相同。扶手带的运行速度相对于梯级、踏板或胶带的速度允差为 0～+2%。	
77			在出入口，该延伸段的水平部分长度，自梳齿板齿根起至少为 0.3 m。	
78			扶手带在扶手转向端的入口处最低点与地板之间的距离不应小于 0.1 m，且不大于 0.25 m。	
79			扶手转向端顶点到扶手带入口处之间的水平距离应至少为 0.3 m。	
80			在扶手转向端的扶手带入口处应设手指和手的保护装置，并应装设一个符合有关规定的开关。	
81		电气设备与安装	自动扶梯或自动人行道电气设备的设计和制造应保证在使用中能防止由于电气设备本身引起的危险，或能防止由于外界对电气设备影响所可能引起的危险。电气装置应维修方便。	
82			在分离的机房、分离的驱动和转向站内，应采用防护罩壳以防止直接触电。所用外壳防护等级至少为 IP2X。	
83			对于控制电路和安全电路，导体之间或导体对地之间的直流电压平均值或交流电压的有效值不应超过 250 V。	
84			零线和地线应始终分开。	
85			直接与电源连接的电动机应进行短路保护。	
86			当过载检测取决于电动机绕组温升时，断路器可在绕组充分冷却后自动地闭合，但只是在特定的条件下可能再启动自动扶梯。	
87			当自动扶梯的驱动电动机是由电动机驱动的直流发电机供电时，发电机的驱动电动机应设过载保护。	
88	安全环保控制措施		高处作业时，主辅人员相互提醒，必须系好安全带，做好防护。	
89			作为吊装用的锚点应先征得设计、总包单位的同意，并办理签认手续，或在选择图纸上指定的部位。	
90			电梯、扶梯安装处的基础应通过了验收。	
91			提供施工用 40 kW 动力电源，并保证作业时连续供电。	
92			施工现场具备电梯、扶梯入场运输的通道。	
93			施工时，坑口部位必须有不低于 1.2 m 的防护栏杆。	
94			脚手架上作业时，每档需设一道安全网防护。	
95			应配齐电气焊专用防护面罩及专用手套，作业人员作业时必须佩戴。	
96			设备进场大部分在夜间，卸车时应遵守当地的夜间噪声管理规定，不得扰民。	
97			施工过程产生的废渣废料要按照工地管理规定，存放到指定地点。	

被检查单位(项目部章)：

被检查单位负责人(签字)：

检查人员(签字)：

检查日期：

表 B.11　轨道交通机电系统工程施工安全标准化检查表
（站台屏蔽门工程）

项目名称：

序号	检查项目	检查内容	检查结果
1	一般规定	已铺轨地段封闭点计划已向地铁监管单位申报并获批。	
2		各种施工作业中需要的技术数据已向相关站前单位收集齐全。	
3		屏蔽门基础、站台板、下反梁养护时间已满足施工。	
4	施工准备阶段	编制作业指导书后，应在开工前组织技术人员认真学习实施性施工组织设计，阅读、审核施工图纸，澄清相关技术问题，熟悉规范及技术标准。	
5		制定施工安全保证措施，提出应急预案。对施工人员进行安全技术交底，对参加施工人员进行上岗前技术培训，考核合格后持证上岗。	
6		施工机械状态良好，操作人员按照岗位要求做好准备。	
7		立柱、门机梁等各项物资、工具材料按照型号、规格等要求已准备好。	
8	安全环保控制措施	安装屏蔽门，所画测量线应加以保护，站台边缘要设置防护栏，以防行人坠落、伤人等。	
9		轨道列车在运行期间施工，要严格落实请、消点制度，站台两端设置警示标志。	
10		设备、材料、吊装、运输严格遵照安全操作规程作业。	
11		提高施工人员的敬业精神，自觉维护企业的声誉。	
12		加大在安全生产方面的投入，真正将各项安全防护措施落实到位。	
13		生产中的剩余材料或其他工程垃圾等废弃物应及时处理，运到当地环保部门指定的地点弃置。	
14		按照环保部门要求，集中处理测量及生活中产生的污水及废水。	
15	系统调试	调试使用的电源应经过检测，满足设备测试要求。	
16		调试人员需要经过安全教育培训，掌握相关调试作业标准和要求。	
17		调试人员要服从现场管理人员的安排，按照调试大纲认真做好调试记录。	
18		噪音计、推拉力计、绝缘表等测量设备要经过校验，并在有效期内。	
19		整侧开关门测试过程中要设置专人进行现场巡查，防止无关人员通过滑动门上下轨行区。	
20		门机设备检查、调整时要先断开电源，防止手指卡到传动系统中去。	
21		站台门系统与信号系统、综合监控系统的接口符合双方接口文件技术条款的要求。	

被检查单位(项目部章)：
被检查单位负责人(签字)：
检查人员(签字)：
检查日期：

表 B.12　轨道交通机电系统工程施工安全标准化检查表（装饰、装修工程）

项目名称：

序号	检查项目	检查内容	检查结果
1		脚手架上堆料量不得超过规定荷载和高度，同一块脚手板上的操作人员不得超过 2 人。	
2		砌墙时，每个工作班组的砌筑高度不得超过 1.8 m，每天砌筑高度不宜超过 1.2 m。砖柱和独立构筑物的砌筑高度，每个工作班组也不得超过 1.8 m，冻期施工更要严格控制一次砌筑高度。	
3		不得站在墙顶上做划线、勾缝和清扫墙面或检查大角垂直等工作。	
4	砌砖工程	不得用不稳固的工具或物体垫高脚手板面操作，脚手板不允许有探头现象，不准用 5 cm×10 cm 木料或钢模板作立人板。	
5		砌筑作业时不得勉强在高度超过胸部以上墙体上进行，以免将墙撞倒或失稳坠落或砌块失手掉下造成事故。	
6		对石料加工凿面时要戴防护眼睛，防止石渣、石屑飞溅伤害眼睛或皮肤。	
7		用脚手架砌筑时，其脚手板操作面不得超过砌体高度，一般应低于 20 cm。	
8		在同一垂直面上下交叉作业时，必须设置安全隔板，操作人员戴好安全帽。	
9		冬季施工时应采取防冰、防滑措施。	
10		作业前，必须检查各起重机械、夹具、绳索、脚手架以及其他施工安全设施，尤其应重点检查夹具的灵活可靠性能，剪刀夹具悬空吊起后是否自动拉拢，夹板齿或橡胶块是否磨损，夹板齿槽内是否有垃圾杂物。	
11		夹具的夹板应夹在砌块的中心线上，如砌块歪斜，应撬正后再夹。	
12		吊运砌块时，拔杆及吊钩下不得站人或进行其他操作；吊装时，不得在下层楼面进行其他任何工作。	
13	砌块工程	堆放砌块的场地应平整，无杂物。在中板、顶板卸下、堆放砌块时，应避免冲击，严禁倾斜和撞击中板、顶板。	
14		砌块吊装就位，应待砌块放稳到位后方可松开夹具。	
15		就位的砌块应立即进行竖缝灌浆，对稳定性较差的窗间墙、独立柱和挑出墙面较多的部位，应加临时支撑。	
16		在砌块砌体上，不宜拉缆风绳，不宜吊挂重物，不宜作其他临时设施的支撑点。	
17	吊顶、墙面、地面工程	脚手架的施工荷载不得大于 2 kN/m²，当使用挂脚手架、吊篮等时，施工荷载不大于 1 kN/m²，挂脚手架每跨同时操作人数不超过 2 人。	

表 B.12(续)

序号	检查项目	检查内容	检查结果
18	吊顶、墙面、地面工程	从事地铁控制中心等高层建筑外墙抹灰装饰作业时，应遵守高空作业安全技术规程，系好安全带，配置水平安全网，同时应注意所使用的材料和工具不能乱丢或抛掷。	
19		不能随意拆除、斩断脚手架的拉结，不得随意拆除脚手架上的安全设施，如妨碍施工必须经施工负责人批准后，方能拆除妨碍部位。	
20		严禁模板支架、起重设备、缆风绳及材料输送管道等固定在脚手架架体上，严禁拆除或移动使用中的架体安全防护设施。	
21		吊杆工序完成前，应按设计要求报检测单位进行拉拔试验，合格后方可施工转序。	
22		吊杆上部为网架、钢屋架或吊杆长度大于 2.5 m 时应设置钢架转换层，钢架安装时下方不得站人。	
23		需要拆除临边、洞口防护的作业，施工单位在施工完成后应按照安全防护要求及时恢复临边、洞口防护。	
24		手持加工件时要注意不要碰伤手指。	
25		对有毒、有刺激、有腐蚀的材料要注意了解熟悉其保管和使用方法，穿戴好防护用品及口罩和护目镜，保护眼睛、呼吸道及皮肤。	
26		易燃材料堆放处禁止吸烟，并配备相应的灭火器材。	
27		施工中尽量避免垂直立体交叉作业。	
28		使用各种瓷砖、大理石等装饰面层，加工切割石板时，不应两人面对面作业，使用切砖机、磨砖机、锯片机时，要防止锯片破碎、石渣飞溅伤害身体或眼睛。	
29	装饰幕墙	幕墙设计单位和施工单位应具备相应资质。	
30		施工单位应编制重要部位/工序(幕墙安装、吊篮等)的专项施工方案并应经监理等单位审批后方可实施。	
31		幕墙的附件应齐全并应符合设计要求，幕墙与主体结构的连接应牢固可靠，严禁结构件作为其他用途的载重。	
32		幕墙工程的材料、构件、组件及“四性”(风压变形性能、空气渗透性能、雨水渗透性能和平面内变形性能)试验结果应符合《建筑幕墙》(GB/T 21086—2007)的要求。	
33		幕墙工程结构硅酮胶的相容性试验和剥离黏结性试验必须符合设计和规范要求。	
34		螺栓检测应由相应资质的检测单位进行检测，合格后方可进行基层龙骨的安装。	
35		钢结构基层应进行保持，充分利用钢结构自身作为防雷接地装置。	
36		构件储存架、周转架应有足够的承载能力和刚度，设置专用场地堆放，叠放时确保板块间应有隔离措施和安全保护措施。	

表 B.12(续)

序号	检查项目	检查内容	检查结果
37	装饰幕墙	安装施工前,幕墙安装单位应检查现场情况,对脚手架和起重运输设备进行验收,确保具备幕墙施工条件。	
38		单元板吊点和挂点应符合设计要求,不应少于 2 个,必要时可增设吊点或采取加固措施并试吊。	
39		单元板就位时,应先将其挂到主体结构的挂点上,单元板未固定前,吊具不得拆除。	
40		吊篮施工应满足以下安全技术要求: (1) 吊篮进场时供应商/出租方应提供质量、合格证明文件和使用说明书等,安装完成经验收合格后方可使用,并定期进行维修保养。 (2) 吊篮不应作为竖向运输工具,并不得超载,且吊篮检修不应在空中进行。 (3) 吊篮上施工人员须系安全带,安全带应正确挂置在独立设置的专用安全带上,禁止将安全带系挂在吊篮上。安全绳应固定在建筑物或可靠位置上,不得与吊篮任何部位连接。	
41		当幕墙安装与主体结构施工交叉作业时,主体结构的施工层下方应设置防护网。	
42		现场焊接时,应按照《钢结构焊接规范》(GB 50661—2011)规定执行且应采取防火措施。	
43	油漆涂刷工程	施工场地应有良好的通风条件,否则应安装通风设备。	
44		在涂刷或喷涂有毒涂料时,特别是用含铅、苯、乙烯、铝粉等涂料,必须戴防护口罩和密封式防护眼睛,穿好工作服,扎好领口、袖口、裤脚等处,防止中毒。	
45		在喷涂硝基漆或其他具有挥发性、易燃性溶剂稀释的涂料时,不准使用明火,不准吸烟。罐体或喷漆作业机械应妥善接地,泄放静电。涂刷大面积场地时,应采用防爆型电气、照明设备。	
46		使用钢丝刷、板锉及气动、电动工具清除铁锈、铁鳞时,需戴上防护眼睛及防护口罩。	
47		作业人员如感到头痛、头昏、心悸或恶心时,应立即离开工作现场到通风处换气,必要时送医院治疗。	
48		油漆及稀释剂应专人保管。油漆涂料凝结时,不准用火烤。易燃性原材料应隔离储存。易挥发性原料要用密封好的容器储存。油漆仓库通风性能要良好,库内温度不得过高。仓库建筑要符合国家防火等级规定。	
49		在配料或提取易燃品时不得吸烟,浸擦过油漆、稀释剂的棉纱、擦手布不能随便乱丢,应全部收集存放在有盖的金属箱内,待不用时集中销毁。	
50		工人下班后应先洗手和清洗皮肤裸露部分,未洗手之前不触摸其他皮肤或食品,以防刺激引起过敏反应和中毒。	

表 B.12(续)

序号	检查项目	检查内容	检查结果
51	油漆涂刷工程	国家明令淘汰落后涂料产品主要有： (1) 聚乙烯醇水玻璃内墙涂料(106 内墙涂料)。 (2) 多彩内墙涂料(树脂以硝化纤维素为主，溶剂以二甲苯为主的O/W型涂料)。 (3) 氯乙烯-偏氯乙烯共聚乳液外墙涂料。 (4) 焦油型聚氨酯防水涂料。 (5) 水性聚氯乙烯焦油防水涂料。 (6) 聚乙烯醇及其缩醛类内外墙涂料。 (7) 聚醋酸乙烯乳液类(含 EVA 乳液)外墙涂料。 (8) 聚氯乙烯建筑防水接缝材料(焦油型)。	
52	玻璃工程	作业人员在搬运玻璃时应戴手套或用布、纸垫住边口锐利部分，以防被玻璃刺伤。	
53		裁划玻璃时应在规定场所进行，边角料要集中堆放并及时处理，以防扎伤他人。	
54		安装 2 m 以上的玻璃位置时要系好安全带。	
55		安装窗扇玻璃时要按顺序依次进行，不得在垂直方向的上下两层同时作业，避免玻璃掉落伤人。	
56		安装或修理天窗玻璃时，应在天窗下满铺脚手板，以防玻璃和工具掉落伤人，必要时设置防护区域，禁止人员通行。	
57	挡烟垂壁	挡烟垂壁紧固件应紧固有效，防止组件掉落伤人。	
58		挡烟垂壁基层焊接时，应严格按照《钢结构焊接规范》(GB 50661—2011)实施。	
59		挡烟垂壁安装时下方不应站人，施工单位应设置围栏或警示牌。	
60		施工过程中，门式架应有防倾倒措施且架顶应有安全防护措施。	

被检查单位(项目部章)：

被检查单位负责人(签字)：

检查人员(签字)：

检查日期：